노인복지학

WELFARE FOR THE ELDERLY

노인복지학

| 전명숙 저 |

dm 동문사

머리말

사회복지는 인간이 적응하지 못하는 사회문제를 해결하기 위한 조직적이고 체계적인 활동이라 할 수 있다. 사회문제를 해결하는 것은 개인을 변화시켜 사회에 적응하도록 하는 방법과 사회 그 자체를 변화시켜 개인이 적응할 수 있도록 하는 방법 이 두 가지 노력에 의해 이루어진다. 한 사회에서 일어나는 현상이 개인이 해결할 수 없는 사회문제로 이슈(issue)화 되면 거시(macro), 중시(meso), 미시(micro) 측면에서 체계(system) 작동을 준비하게 된다. 우리나라뿐만 아니라 전 세계적으로 저출산으로 인한 생산가능인구의 감소와 인구의 고령화 현상은 개인, 가족, 특정 집단의 문제를 넘어 사회구성원 전체가 고민하고 함께 해결해야 하는 사회문제로 자리매김되었다. 이러한 사회문제를 해결하기 위한 조직적이고 사회적인 노력의 일환으로서 사회복지 활동을 노인의 생활상의 일부로, 노인복지의 주요 이슈를 중심으로 개인과 사회의 변화를 추구하는 관점에서 노인복지를 논하고 싶은 욕심을 담아 교재 집필을 시작하게 되었다.

비조직적이고 비사회적인 형태로 이루어지는 단순한 시혜(dole)적 나눔이 아닌 권리형 나눔으로 노인을 사회구성원으로 수용하고 인생의 발달과업을 성공적으로 수행하여 인생 통합 단계에 도달하는 노인을 바라보고 기능적 노화를 이해하는 패러다임의 전환을 제시하고 싶은 저자의 개인적 고집도 담겨 있다.

이 책의 구성은 총 5PART로 나누어서 19CHAPTER로 배치하였으며 전체적인 내용으로 고령화 시대의 노인 문제를 시작으로 노인복지실천과 주요 이슈로 마무리되는 세부내용을 다루고 있다. PART 1에서는 노인과 노화의 이해 측면에서 우리나라의 고령화의 원인과 문제를 기반으로 생활상에서 경험하는 노인 문제를 구체적으로 설명하였다.

PART 2에서는 노인복지의 기초와 관련된 이론을 다룸으로써 노인복지 개론의 관점에서 접근하여 노인복지의 기초를 자세히 설명하고 역사적 이해를 위한 노인복지 패러다임과 이론의 발전을 노인복지의 변천과 연결시켜 노인복지 관련 법을 구체적으로 다루었다.

PART 3에서는 활동적 노화, 기능적 노화의 촉진으로서 일상생활에 밀접하게 관여하는 노인복지정책에 대해서 다루고 있다. 구체적으로 노년기의 생활상과 노인복지를 시작으로 노후소득보장제도, 사회참여지원제도, 노인건강보장정책, 노인주거보장정책에 대해 자세히 설명하고 있다.

PART 4에서는 사회복지 실천의 개입 방향을 노인복지실천 기술로 접목하여 복합적이고 다양한 노인의 욕구 해결의 기술로서 포괄적 노인사정(査定)에 이어 노인사례관리, 노인상담까지 폭넓은 측면에서 내용을 자세히 다루면서 노인상담의 과제로 마무리하였다. 기존 상담과 사례관리 분야에서 다루지 않았던 신체적 허약(虛弱)에 관여하는 요인 평가를 '포괄적 노인사정(査定)'으로 배치하여, 실천 개입 기술을 상담과 사례관리로 한정하지 않은 것은 사회복지 실천 기술의 방법으로 사례관리와 상담이 나아가야 할 방향성을 제시하고 싶었기 때문이다.

PART 5에서는 노인복지의 주요 이슈를 노인인권을 시작으로 지역사회 통합돌봄, 죽음, 호스피스·완화의료, 노인의 성(性)의 다양한 시선, 관점을 제시하여 노인답게, 인간다운 삶과 온전하게 살아가는 공동체의 구성원으로서 이해하고 접근하고 싶은 마음을 담아 집필하였다.

사회복지 교육 현장에서 마주하게 될 사회복지사를 희망하는 학생들이 저자의 책을 통해 노인을 세대 연대의 대상이 아닌 나눔의 대상으로 긍정적인 이미지의 노인상(老人相)을 인식하는 계기가 되길 간절히 바라본다.

출판을 맡아 주신 동문사 임직원 여러분께 감사드리며, 전 과정에 함께 해주신 유재영 상무님께 감사의 말씀을 전한다. 끝으로, 올해 95세를 넘기시며 건강한 노년기를 보내고 계신 어머니와 늘 책상에 앉은 아내의 뒷모습을 보며 쓸쓸한 시간을 보냈을 우리집 쏘머즈, 마음 깊이 사랑하는 두 자녀 의진, 채진에게 고마움을 전한다.

2023年 1月

全 明 淑

차 례

Part 04 노인복지실천

Part 05 노인복지의 주요 이슈

노인복지학

Part 01

고령화 시대의 노인 문제

Chapter

01 노인과 노화의 이해

1 노인의 개념

산업의 발전과 현대 과학 문명이 발달하고 현대인들은 건강에 대한 관심이 커지면서 인간의 수명이 점점 더 연장되고 있다. 이러한 모습에 노인에 대한 학문적·사회적 관심이 높아지면서 노인의 개념에 대한 다양한 논의가 진행되었다. 일반적으로 노인은 생애주기의 최종단계에 돌입하게 되면서 신체적·정신적·사회적 측면에서 능력이나 적응성이 퇴화하는 현상을 보이기 때문에 단순히 몇 살이라는 역연령으로만 정의될 수 있는 것이 아니며 생물학적·심리학적·사회학적 측면과 관련된 복합적 개념으로 이해해야 한다(백진호·현승권, 2005).

우리 사회에서 전통적으로 60세가 넘으면 노인으로 인정하였다. 이전에는 노인들의 수명이 지금보다 훨씬 짧아서 만60세가 되면 환갑잔치를 하면서 장수를 기원하였다. 환갑잔치는 두 가지의 의미를 담고 있는데, 하나는 장수를 기원하는 것이고, 다른 하나는 만70세에 칠순 잔치를 기대할 수 없기 때문이다.

제도적인 측면에서 「국민연금법」에서는 연급 수혜자를 60세 이상으로 규정하고 있으며, 「고령자 고용촉진법」은 고령자를 55세 이상의 자로, 준고령자는 50세 이상에서 55세 미만의 자로 규정한다. 반면 「노인복지법」은 65세 이상의 개인으로 노인을 정의하고 있다(이영분 외, 2004). 최근 학계에서는 은퇴 연령인 만65세 이후의 시기를 노인으로 규정하기도 한다(엄현목, 2019).

국제노년학회는 노인을 노화 과정에서 나타나는 생리적·심리적·환경적 행동의 변화가 상호작용하는 복합형태의 과정에 있는 사람이라고 보고, 노인에 대한 정의를 의학적 관점에서 다섯 가지로 정의하였다. 첫째, 환경변화에 적절히 적응할 수 있는 자체 조직에서 결핍을 가진 사람, 둘째, 생활 자체가 자신을 통합하려는 능력이 감퇴하는 시기에 있는 사람, 셋째, 인체의 기관, 조직, 기능 등에 있어서 감퇴 현상이 일어나는 시기에 있는 사람, 넷째, 인생 자체의 적응이 정신적으로 결손되어 가고 있는 사람, 다섯째, 인체의 조직 및 기능의 소모로 적응감퇴 상태에 있는 사람이다(정계순, 2008).

브린(Breen, 1960)은 노인을 생리적·생물학적·심리적·사회적 노화의 관점에서 생리적 및 생물학적인 면에서 퇴화기에 있는 사람, 심리적인 면에서 정신기능과 성격이 변화되고 있는 사람, 사회적인 면에서 지위와 역할이 상실되어 가는 사람으로 정의하였다(장세철, 2006).

이처럼 노인에 대한 개념은 다양한 관점에 의해 정의될 수 있다. 이에 다음에서는 노인에 대한 정의를 개인의 자각에 의한 노인, 역연령에 따른 노인, 사회적 역할 상실에 따른 노인, 기능적 연령에 따른 노인, 발달단계에 따른 노인의 정의를 살펴보고자 한다.

첫째, 개인의 자각(self-awareness)에 따른 노인으로 스스로 자신이 노인이라고 생각하는 것으로 노인을 규정하는 것을 말한다. 어떤 사람은 누가 보아도 노인이라고 여겨지지만 정작 본인은 아직 노인이 아니라고 생각할 수 있는 반면, 어떤 사람은 여전히 중·장년기에 속해 있는데도 불구하고 자신을 노인이라고 말하고 있기에 노인으로 규정할 수도 있다. 이러한 개인의 자각에 의한 노인의 정의는 노화의 다양한 측면을 고려해야 하고, 종합적인 판단을 내포하고 있어야 한다. 하지만 이 개념은 매우 주관적이면서도 추상적이기에 노인에 대한 정책이나 연구에 있어 한계점을 지닐 수밖에 없다. 다만 이 개념은 노인들에 있어서 대인관계나 혹은 노인을 위한 상담, 노인에 대한 일상적인 모습을 연구하고 임상적으로 실천함에 매우 유용하게 사용될 수 있을 것으로 여겨진다(엄현목, 2019).

둘째, 역연령(曆年齡, chronological age)에 따른 노인으로 보편적으로 가장 많이 사용되고 있는 노인의 정의이다. 역연령에 따른 노인은 출생 이후부터 달력상의 나이로 계산한 만나이가 60세 또는 65세 이상일 경우 노인으로 규정한다. 서구에서는 일반적으로 사회보장제도의 급여수급 자격을 기준으로 노인을 65세로 규정하고 있다. 그러나 65세라는 획일적 기준을 적용할 경우 다양한 사회보장제도의 급여나 서비스를 이용할 필요가 없는 사람이 포함되거나 반대로 필요한 사람들은 오히려 제외되는 문제가 생길 수 있으며, 학술 연구에서도 여러 가지 제약을 가할 수 있다.

우리나라의 노인 관련 법규를 살펴보면, 「고용상 연령차별금지 및 고령자고용촉진에 관한 법률」에서는 55세 이상을 고령자로 규정하고 있고, 「국민연금법」에서는 노령연금 수급기준을 60세로, 「노인복지법」에서는 65세로 노인으로 규정하고 있으며, 「국민기초생활보장법」에서는 「노인복지법」의 노인 연령기준을 원용하고 있다. 그리고 대부분의 노인복지관에서 노인의 연령기준을 60세 또는 65세로 설정하고 있다. 특히 우리나라에는 60세를 회갑이라고 하여 이 시점부터 노인이 되는 것으로 인정하는 사회적 관습이 있고, 또 일반 기업체의 정년퇴직연령도 55세 정도인 경우가 대부분이다. 이러한 제반 법규와 사회문화적 특성을 근거로 하여 볼 때, 우리나라에서의 노인에 관한 연령 기준은 55~65세라고 할 수 있다(권중돈, 2014). 역연령에 따른 노인의 정의와 연령을 기준으로 한 노인집단의 분류에는 한계가 있으나, 65세라는 연령은 노인이 되는 법적·정책적·행정적 기준으로 보편적으로 활용되고 있으며, 학술적으로도 이 시기부터 노인이라고 규정하고 있다.

셋째, 사회적 역할상실에 따른 노인은 사회적 지위와 역할이 상당히 상실된 사람이라고 본다. 이는 사회적인 활동에서 퇴직이나 혹은 가정으로부터 지위와 역할을 상실한 상태에 있는 노인을 말한다. 이러한 정의는 노인을 사회적인 역할만을 고려하고 있다는 한계와 노인이 사회적 지위와 역할이 불분명하거나 혹은 그 역할을 수행하지 못하는 사람들의 경우에는 적용하기 힘들다. 무엇보다 여성의 경우에는 더욱 그러할 것이다. 우리나라에서는 대부분 55세에 정년퇴직을 하고 있으며, 그 이후에는 사회적 지위나 역할에 있어서 매우 저조한 상태에 놓여 있으므로 55세 이후에는 사실상 사회 통념상으로 볼 때 사회적으로 노인이 되는 것으로 이해한다(엄현목, 2019).

넷째, 기능적 연령(functional age)에 따른 노인이다. 기능적 연령은 산업 노년학의 분야에서 관심을 가지고 발전시킨 개념으로 특정 연령의 범주에 속하는 개인을 외모나 혹은 생산성, 신체적 기능, 정신적 기능, 자아 통제력 등을 기준으로 노인을 정의하고 있다. 대개 연령이 증가함에 따라 신체적 기능이나 업무수행능력은 줄어드는 것이 일반적이지만, 모든 사람에게서 기능의 수준이 줄어드는 것은 아니다. 오히려 70대에 기업체의 신입사원으로 입사하여 젊은 사람 못지않게 생산성을 보이는 경우도 있다. 심지어 80대에 마라톤 풀코스를 완주하는 경우도 종종 보게 된다. 그러므로 기능적 연령에 따른 노인에 대한 정의에서는 노인 개인이 할 수 있는 일이나 특정한 업무에 있어서 그의 기능이 저하된 상태에 한해서 노인이라고 규정하는 것이다. 기능적인 연령에 따른 노인의 정의는 일괄적으로 역연령에 따라서 노인으로 규정하는 것으로부터 나타날 수 있는 개인적 차이에 대한 한계점을 보완할 수 있는 장점이 있다. 하지만 기능적 연령을 기준으로 하는 영역에 있어서 매우 복잡할 수 있고, 더 나아가 행정이나 정책에 있어서 그 편의성이 매우 낮아 노인 연구에 있어 법과 정책, 실천현장에서 활용하는 데 많은 한계가 있다(엄현목, 2019).

마지막으로 발달단계에 따른 노인이다. 사람의 발달단계는 사회적인 심리와 속성, 생물학적인 특성과 환경적인 특성에 따라서 구분할 수 있다. 중년기는 사회적 전이가 심하며, 노화 증상이 나타나기 시작하는 시기이다. 하지만 중년기에 노화가 시작돼도 40~50대에 속한 사람을 노인으로 규정하지는 않는다. 대개 일반적으로 60대부터 심리적인 노화와 함께 생물학적인 노화가 진행된다. 그러므로 보통 이때로부터 노인들은 사회적인 지위와 그의 역할을 상실하게 되며, 사회에 참여하는 참여도가 현저히 줄어들고, 심지어 자녀를 출가시키고, 노인 부부만 홀로 남게 되는 그러한 상태의 노화를 경험하게 되며 이러한 사회적 노화가 급속하게 진행되는 것이다. 그리고 70대 후반에 이르러서는 신체가 갖는 쇠약함을 극도로 느끼고 심지어 만성질환을 앓게 되는 경우가 많아진다. 그로 인해서 인지기능 역시 저하되고 사회관계망과 사회활동 참여가 축소되며, 타인에 대한 의존성이 급격히 증가하게 된다. 그러므로 노인은 이러한 인간발달단계를 근거로 해서 50대 후반부터 초기 노년기 혹은 후기 성인기로 구분하며, 60세와 65세부터 노년기로 분류한다. 그리고 75세 이후를 후기 노년기로 구분하기도 한다(권중돈, 2010).

노인에 대한 다양한 관점에서의 정의를 종합하면, 노인은 신체적으로나 생리적으로 퇴화하고 있으며, 정신적 기능과 변화되며, 개인적으로나 사회적으로 지위와 역할이 약화된 65세 이상의 사람으로 정의할 수 있다.

2 노화의 개념

인간은 연령이 증가함에 따라 노화 과정을 거치게 된다. 국립국어원 표준국어대사전에서 노화를 자연적인 시간의 흐름에 따라 신체의 구조와 기능이 쇠퇴하는 현상으로 정의하고 있다. 이는 노화가 인간이 연령이 증가함에 따라 신체의 구조와 기능이 점진적으로 약해지며, 질병과 사망에 대한 감수성이 급격히 증가하여 쇠약해지는 것을 말한다.

비버와 밀러(Beaver & Miller, 1983)는 사람은 노화를 건강한 성인에서 대부분의 신체 장기와 기관에서 비축 능력이 떨어지고 질병과 죽음에 대한 취약성이 급격하게 증가하는 상태로 변해가는 과정으로 정의했다. 노년학자들은 노화를 유기체가 환경으로부터 오는 스트레스로부터 항상성을 유지하는 능력이 감퇴하는 과정으로 정의한다(박종한, 2008). 생물학자들은 성장을 수정부터 성숙에 이르는 순간까지 일어나는 신체적 변화과정으로 그리고 노화를 유기체의 세포, 조직, 기관 등이 쇠퇴하기 시작하여 불가피하게 죽음에 이르는 과정으로 정의한다. 다시 말해 노화란 신체, 생리적인 기능이 절정의 순간을 거친 후 한참 그 효율성을 유지하다가 서서히 감퇴해 가는 과정이다. 그러나 발달학자들은 생물학자들의 관점보다 노화를 광범위한 범위에서의 변화로 설명한다. 노화는 전 생애를 통해 신체적·심리적·사회적으로 변화를 경험함에 있어 나타나는 획득과 손실, 그리고 중성적 변화들을 모두 포함한 발달과정으로 정의한다(한림대학교 고령사회연구소, 2017). 이들은 인간의 노화는 곧 인간이 발달하는 과정이며, 정자와 난자가 수정하는 자궁에서부터 죽음에 이르러 무덤에 들어가는 순간까지 인간에게 일어나는 체계적인 변화과정으로 이해되어야 함을 주장한다.

비(Bee, 2000)는 발달과정으로서 노화를 정확히 이해하기 위해서는 다음과 같은 사항을 고려해야 한다고 주장하고 있다.

첫째, 노화를 일반적으로 발달상의 변화로만 이해하는 것이 아니라 안정성을 고려해야 한다. 노화는 노화의 과정에서만 일어나는 변화뿐만 아니라 생물학적·심리적·사회적 측면에서 변하지 않고 동일하게 남아 있는 특성(staying the same)인 안정성에 대해서도 함께 고려해야 한다.

둘째, 노화의 과정에서는 상실이나 쇠퇴가 일반적인 특징이지만, 경험과 지혜가 확장되는 것과 같이 새로운 특성을 얻기도 하므로 이러한 특성들을 이해하여 노화를 정의해야 한다.

셋째, 노화가 모든 사람에게 보편적으로 나타나는 일차적이고 본질적인 것이지만 개인에 따라 노화의 속도나 정도에 차이가 있으므로 노화의 보편성과 개별성을 동시에 고려해야 한다.

넷째, 노화를 유전적 프로그램에 기인하는 외적 변화로 인식하고 있지만, 외부의 환경적 요인 역시 노화를 유발하는 주요 요인이 된다. 그러므로 노화의 원인과 결과를 논의할 때 반드시 유전과 환경 등 내적·외적 요인을 동시에 고려해야 한다.

다섯째, 생물학적 노화를 기준으로 하여 일단 노화되면 비가역적이라고 하지만 직업적 역할상실과 같은 사회적 노화는 얼마든지 원상회복이 가능하다. 그러므로 노화는 비가역적 특성과 반드시 일치하지 않는다는 점을 고려해야 한다.

3 노화 과정

노화 과정을 올바르게 이해하기 위해서 출생하여 죽음에 이르는 모든 과정 가운데 일어나는 생물학적·심리적·사회적 노화 과정에 대하여 살펴보도록 하겠다.

그림 1-1 노화 과정

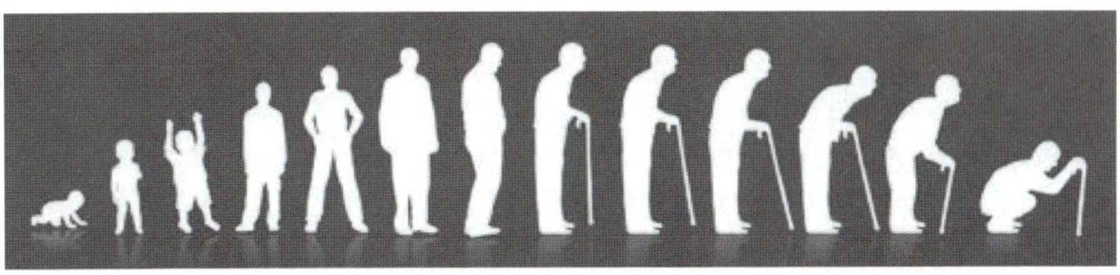

1) 생물학적 노화

노화는 시간이 흐름에 따라 유기체의 세포, 조직, 기관조직, 유기체 전체에 일어나는 점진적인 변화로서 이는 인간의 정상적인 발달과정의 한 부분이다(Beaver, 1983).

그러므로 노화란 사람들이 일상생활을 살아나가는 동안 생물학적으로 성숙된 인간들에게 일어나는 모든 규칙적 변화이다(홍숙자, 1999).

생물학적 측면에서 노화는 수정에서 시작되어 사망 시까지 계속되는 과정이며, 세포와 신체조직, 신체기관에 걸쳐 일어나는 기능·구조·생화학적 변화과정으로 볼 수 있다(손유림·김재룡, 2017). 노화란 연령증가와 더불어 신체기능이 쇠퇴해 가는 과정으로서 출생·성장·성숙이 모두 정상적인 노화 과정의 일부분으로 노화현상(senility)은 어떤 질병이나 사고에 의한 것이 아니고, 가령과 동시에 자연적으로 일어나는 생체조직의 변화와 세포의 내인성[1]에 기인하며, 노화는 성숙기가 끝난 시기부터 시작되며, 일반적으로는 65세 이후를 노년기라고 하지만 노화 현상은 개인차가 매우 크다(손유림·김재룡, 2017).

노화의 과정은 한 개인의 출생에서 전 생애과정을 통해 발생한 변화의 총합으로 유아기에 가장 현저하게 일어나며, 학동기[2]에서 성숙기를 거치면서 점차 천천히 일어나는 것으로 알려져 있다. 노화와 수반되는 생리적 변화는 일반적으로 각기 다른 속도로, 각기 다른 조직에서 진행되며(조유향, 1992), 노인에게 있어 전신의 체력이 감퇴하는 신체기능 쇠퇴는 활동성을 감소시키고 흥미의 범위를 협소화시키며, 시각, 청각 능력의 퇴화로 말미암아 사고나 상호작용이 점점 더 어려워져 외부적 감각자극을 제대로 받아들이지 못하게 된다(김미옥, 1987). 생물학적 노화로 인하여 몸이 불편하면 대부분 사람은 질병으로 혼동하게 되는데, 연구결과를 보면 노화에 대한 상식 부족으로 정상적인 노화와 병리적인 노화를 혼동하고 있기 때문이다(손유림·김재룡, 2017).

노화 과정을 질병과 연관하여 정상적 노화와 병리적 노화 과정으로 구분된다. 노화는 인간에게 유해무익한 과정으로 노화가 진행될수록 죽음에 이를 가능성이 커진다. 또한, 죽음과 밀접한 연관성을 지니고 있어 노화의 결과를 질병과 죽음으로 간주하는 경향이 있다. 그러나 노화 과정 자체만으로는 질병이 유발되지 않는다. 즉, 정상적 노화로 인하여 신체적 기능이 저하된 상태에서 특정한 위험요인인자들

1) 어떤 병의 원인이 몸속에 있는 성질을 의미한다.

2) 학동기는 만7세부터 만12세까지의 초등학교의 시기를 말하며, 학교 내외에서 심신의 활동이 계속되는 때이다. 심신의 균형이 비교적 잘 이루어지고 질병에 걸리는 수도 적으며 성장과 함께 신체 각 기관과 조직의 발달이 꾸준히 이루어지는 시기이다. 학동기의 체질과 식습관이 성인까지 계속되므로 이 시기에 올바른 식습관을 형성하는 것이 중요하다.

이 개입하게 되면서 정상적 노화 과정은 병리적 노화 과정으로 변하게 되며, 그 결과 질병에 이환되는 것이다(권중돈, 2010). 따라서 일반적인 노화 과정은 사람들에게 당연히 일어나는 현상으로서 막을 수 없지만, 정상적 노화 현상들은 노력으로 충분히 늦추거나 경감시킬 수 있다. 그러므로 노화 자체는 병이 아니다. 노화 과정이나 노화에 따라 생길 수 있는 질병에 대한 지나친 염려나 오해는 실제 신체적인 노화로 인한 것보다 더 부정적인 결과를 초래할 수 있으므로 일반적인 노화와 그 과정에 대한 인식과 이해는 필요하다(진영선, 2014).

그림 1-2 정상적 노화와 병리적 노화의 관계

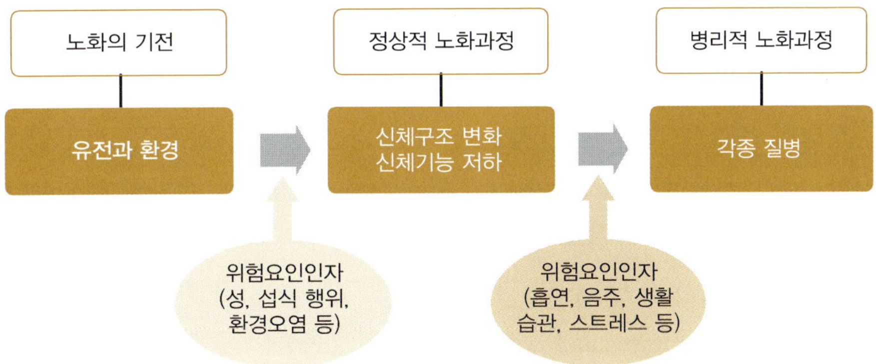

출처: 권중돈(2010).

생물학적 노화가 진행되면서 노인이 신체는 각 기관의 기능이 쇠퇴하며 생물학적 변화가 나타나기 시작한다. 김정은(2009)은 노인의 생물학적 특성을 신체구조의 쇠퇴, 외형적 변화, 신체적 기능의 감퇴로 구분하였다. 피부, 지방조직, 세포, 치아의 감소 및 골격, 골격근의 약화 등 신체구조의 쇠퇴가 일어나고 흰머리, 주름, 키 등 외형적인 변화를 보이며, 시력저하, 만성질환 등 발병률이 증가하며 신체적 기능이 감퇴한다고 하였다. 성수용(2005)은 보통 40대 이후부터 노안에 접어들기 시작하여, 백내장 등의 질환이 동반되며 시력저하가 나타나고, 청각의 경우 70대에 약 30%, 80대에서는 50% 이상이 난청이 된다고 하였다.

노화가 진행되면서 노인은 체력저하와 함께 운동기능 능력이 떨어지고 주위 환경에 대한 적응력이 저하되면서 외부 자극에 대한 반응속도가 느려진다. 또한, 면역능력도 저하되면서 외부의 힘에 대한 이상 상태가 정상상태로 돌아오기까지의 회복속도가 느리고, 상처를 입는 경우 상처의 회복속도가 느리다고 하였다(안나영, 2002). 나이가 들며 몸의 장기는 기능이 떨어지게 되는데, 심장은 크기와 형태가 변하지는 않지만 지방갈색소와 지방조직이 증가하여 심장판막과 혈관벽이 두꺼워지며 탄력성을 잃게 된다. 심장에서 뿜어져 나오는 피의 양이 감소하고 박동력이 떨어진다. 이러한 문제로 심장의 능력이 떨어지게 되며, 가슴부위의 척주 뼈가 휘어져 허파의 팽창이 어려워져서 호흡의 불편감이 오기도 한다. 몸에서 받아들일 수 있는 산소의 양이 점점 줄어들어 70세에 이르게 되면 생존에 필요한 최소한의 산소 섭취능력만이 남게 된다. 칼슘의 흡수율이 낮아져 뼈에 있는 칼슘을 가져오게 되어 체내 칼슘양이 현저히 줄어들며 골다공증의 위험이 증가하게 된다(정수경, 2003). 척추 사이에 있는 연골조직들이 얇아지면서 척추가 굽고 압축되기도 한다(황홍경, 2008).

노인 질병의 특징을 보면 한 가지 이상의 질병을 동시에 앓고 있으며 만성적 질환이 많다. 원인이 불분명하거나 복합적 원인으로 발병되며 질병의 경과는 길어지고 재발이 쉽다. 한 질병이 경과되고 있음에도 또 다른 새로운 질병이 발병되는 경향이 있다(김정균, 1984). 또한, 몸의 각 부분을 연결하는 조직인 엘라스틴(elastin), 콜라겐(collagen), 레티큐린(reticulin) 등의 감소로 신경통증이 증가하여 운동에 제한이 생겨 근육과 피부 등의 조직의 빠른 퇴화가 온다(한영희, 2003).

생물학적 노화에 관한 보편적 이론은 정립되지 못하고 있지만 생물학적 노화의 원인에 대해 여러 가지 이론과 가설이 등장하게 되었다. 대표적으로 유전이론(Genetic Theory of Aging), 세포이론(Cellular Theory of Aging), 면역이론(Immunological Theory of Aging), 생리적 통제적 이론(Physiological Control Theory of Aging) 등이 있다(최성재·장인협, 2010).

2) 심리적 노화

심리·사회적 측면에서 인생을 4등분하여 성장하는 기간과 일을 하는 기간, 그리고 늙어가는 기간이라고 할 수 있다. 이에 의하면 인생의 마지막인 늙어가면서 보내는 기간 동안 이루어지는 심리적 노화는 퇴행적 발달의 의미가 강하다. 즉, 심리적 노화는 경험에 의한 행동기능과 감각기능, 지각기능, 그리고 자아에 대한 인식 등이 나이가 들어갈수록 변화하는 것을 의미한다. 심리적 노화에 관한 연구는 인지, 성격, 인간발달의 세 측면에서 진행되고 있다(엄현목, 2019).

심리적 노화의 양상은 감각기능에서 제일 먼저 나타나는데 신체의 변화에 대한 정보를 수집하여 뇌에 전달하는 감각기관의 기능이 저하된다. 즉, 노년기가 되면 뇌신경 자극 전달세포의 감소, 조심성, 심사숙고하는 성향이 짙어짐에 따라 문제해결 능력과 운동 반응 시간, 정보처리 과정, 기억력 등에서 반응속도가 저하된다. 인지 및 정신기능에서도 변화가 생기는데 지적 능력의 감퇴가 시작되면 정보와 기술을 배우는 학습능력이 떨어진다. 사고능력과 기억력의 심각한 감퇴로 인한 치매는 심각한 사회문제로 제기되고 있다. 치매는 뇌혈관의 장애, 뇌 질량의 감소와 인지기능과 고등 정신기능이 감퇴하는 기질성 정신장애로 판단장애, 추상적 사고장애, 대뇌피질 장애, 기억장애, 성격 변화가 수반되어 직업이나, 사회활동 또는 대인관계에 어려움을 겪는 복합적 임상증후군이다(엄현목, 2019).

심리적 노화의 양상으로는 정서와 성격의 변화가 나타난다. 내향성 및 수동성이 증가하고 조심성, 경직성이 증가하며, 우울 성향이 높아진다. 특히 노년기에는 의존성이 높아지고 삶에 대한 회상 경향이 나타나며 좋아하는 물건에 대한 애착이 생기기도 한다(설은주, 2005).

황홍경(2008)은 노인은 유행을 추구하지 않으며, 본질에 대해 다루려 하고 생각이 깊으며 친절하고 의리가 있지만, 반면에 활동성이 감퇴하고 흥미를 잃어가고 타인에게 의존하려 하는 성향이 강해지고 자기중심적이며 질투심이 많아지는 등 부정적인 면이 많다고 하였다.

정수경(2003)은 노인들은 소외감과 고독감이 강하다고 하였다. 사회에서 자신이 외면당하는 느낌을 받고 다양한 상황으로 인해 많은 것을 잃게 되면서 가정이나 직장에서의 지위와 역할의 상실, 대인관계의 상실, 자신감의 상실 등은 외로움과 소외감을 느끼게 하며 존재가치를 잃어간다는 생각을 하게 되고 이것은 곧 스트레스로 직결된다고 하였다.

김정은(2009)은 노인은 자신의 결정에 대해 정확한 판단에 대한 욕구가 있으나 시각, 청각 등 감각기능의 감퇴와 신체적·심리적 기능이 저하되기 때문에 노인이 되어감에 따라 판단력이 약해지고 시간의 변화에 대한 적응능력이 감소하면서 쉽게 자신감을 잃게 된다고 하였다.

심리적 노화로 인해 노인은 과거 지향적으로 과거에 대해 집착하는 성향이 강하게 나타난다. 과거에 대해 회상하며 현재와 미래에 적응할 힘이 생기고 성향에 따라서는 과거를 현실보다 더 실제적인 것으로 인지하기도 한다(정수경, 2003). 주관적 판단이 강해지고 한번 내린 결정에 대해서는 잘 바꾸려 하지 않는 경직성과 창조성, 창의력, 성취욕 등이 감소한다. 주변 환경에 대해 소극적인 자세가 되어 위축되고 내향적인 태도로 바뀌는 경향도 있다(국민생활체육협의회, 1993).

심리적 노화에 관한 연구는 곰퍼츠(Gompertz, 1825)가 연령과 사망률과의 상관성 연구를 하면서 시작되었다. 하지만 아직도 문화와 시대를 초월하는 보편적 경험적 차원의 검증된 이론들은 많지 않다. 심리적 이론은 발달과업이론, 성격발달이론, 인지이론, 행동유전이론, 노년초월이론 등 매우 다양한데, 그중 심리적 노화와 관련된 주요이론은 심리발달이론(Erikson, 1963) 발달과업이론(Havighurst, 1972), 적응발달과업이론(Peck, 1968), 인지이론(Clark & Anderson, 1976), 정체감위기이론(Thome, 1977), 정체감 유지이론(Miller, 1965), 노년초월이론(Atchley, 1971) 등이 있다(한국임상사업학회, 2006).

3) 사회적 노화

인간은 태어나면서부터 죽음에 이르는 순간까지 다양한 사회구조 속에서, 예를 들어 가족과 친구, 지역사회, 직장, 종교집단 등에서 자신의 지위를 획득하고 그에 따른 다양한 역할을 수행하는 사회적 관계가 변화하는 것을 경험한다. 사람들의 나이가 들어감에 따라 생물학적으로 그리고 심리적으로 변화하는 것처럼 사람들이 처한 사회 환경이 바뀌므로 사회적 관계와 사회적인 역할도 변화하게 되는데, 이를 사회적 노화라 한다(진영선, 2014).

사회적 노화는 개인적 관점과 사회제도적 관점으로 구분하여 살펴볼 수 있다. 개인적 관점의 사회적 노화는 자녀의 진수, 의존성, 생활환경의 변화 등이며, 사회제도적 관점의 사회적 노화는 역할과 지위의 변화, 은퇴 등이다.

사회 구조적으로 젊음을 지향하게 되고 젊은이 위주의 역동적인 사회 속에서 노인은 불편한 존재로서 분리되어 버리는 소외감과 대립감, 거리감을 느끼게 되는 것이다(김미옥, 1987). 사회적 문화는 자연스럽게 젊은 세대들이 주도할 수밖에 없고, 현재 노인문화가 제대로 형성되어 있지 않기 때문에 사회적으로의 소외는 불가피한 것이다. 오늘날 산업화 사회에서는 노인들의 지식과 축적된 경험들이 사회에서 더는 필요하지 않다고 느껴지고 있으며 노인의 생활방식도 무시되고 있다. 특히 우리나라의 노인들은 과거의 사회 환경, 통념상의 문제로 제대로 된 교육을 받지 못하고 생활고를 겪어왔기 때문에 더욱 이러한 현상이 보이는 것이다(김대훈, 2005).

노인은 은퇴를 경험하게 되면서 경제적인 측면뿐 아니라 대인, 사회관계가 줄어들게 되고 자녀들의 분가 등 핵가족화가 되어 사회적 고립에 처하게 된다. 사회적 유동성에 의해 사회적인 접촉이 감소하게 됨으로써 고독감, 외로움을 느끼게 되고 다양한 신체적·심리적 문제와 함께 실존적 공허 상태에 이르게 된다(신종태, 2000). 자신의 역할을 잃게 되면서 역할 수행의 활동영역을 잃게 되고, 이것은 다른 사람들로부터 역할 지원을 잃게 되어 내가 누구인가 하는 정체성을 잃어버리게 되는 것이다(나항진, 2002).

일반적으로 노인에게는 시간적인 여유가 많고 그 시간이 공허하지 않기 위하여 어떤 것이든 할 일이 필요하다. 과거 우리나라 노인의 경우 대부분 TV나 라디오, 손자나 친지와 담소, 낮잠 등으로 시간을 보내는 경우가 많았다(송정선, 1996). 그러나 최근 들어 나이가 들어서도 활발한 사회활동의 여가를 즐기려 하고, 외모를 꾸미며 자원봉사 등 의미 있는 사회활동에 적극적으로 참여하려는 움직임이 나타나고 있으나 정치·사회단체 활동에서 실제 참여율은 낮은 수준이다(정경희 외, 2013). 이는 사회활동에 대한 욕구는 있으나 현실적인 제약으로 인해 활동하지 못하고 있지만, 자신의 경험과 능력을 활용하고자 하는 희망이 있는 것으로 보인다.

노화에 대한 이론들은 노화와 관련된 사회적 관계와 여러 상황 속에서 이뤄지므로 노화가 사회적 현상에 어떠한 영향을 미치는가에 대한 다양한 이론들이 제시되고 있다(조추용 외, 2019). 이러한 이론들은 사회의 구조와 노인집단, 노인의 역할과 사회적 적응, 사회적 관계와 노인계층, 노년기 활동 등에 관한 것으로 노화와 관련되어 한 개인의 사회적 적응과정이나 사회의 반응과 대응이라는 여러 가지의 사회적 현상들을 총체적으로 설명하고 있다(권중돈, 2010). 대표적으로 개인적 관점의 사회적 노화의 주요이론으로는 활동이론(Havighurst, 1953; Lemon, Bengtson, & Peterson, 1972)과 분리이론(Cumming & Henry, 1961), 지속이론(Atchley, 1989), 역할이론(Cottrell, 1942; Hagestad & Neugarten, 1985), 스트레스 이론(Selye, 1976) 등이 있으며, 사회제도적 관점의 사회적 노화의 주요이론으로 현대화 이론(Cowgill & Holmes, 1972), 사회와해이론(Bengtson, 1973), 교환이론(Homans, 1961; Dowd, 1980), 연령계층화이론(Riley & Forne, 1968) 등이 있다.

참고문헌

국민생활체육협의회(1993). 국민생활체육실태.

권중돈(2010). 노인복지론. 서울: 학지사.

김대훈(2005). 노인의 생활체육활동이 생활만족도에 미치는 영향. 한국스포츠학회지, 3(1), 39-55.

김미옥(1987). 노인의 소외감과 신체적 노화에 관한 연구. 이화여자대학교 대학원 석사학위논문.

김정균(1984). 노인보건과 건강관리. 월간간호, 8(2), 35.

김정은(2009). 노인의 정기적 신체활동과 정신건강에 관한 연구. 서울시립대학교 대학원 석사학위논문.

나항진(2002). 성공적 노화를 위한 노인의 여가에 관한 연구. 노인복지연구, 18, 131-163.

박종한(2006). 성공적 노화에 영향을 미치는 사회적, 심리적, 생물학적 결정요인들. 영남대학교 대학원 박사학위논문.

백진호 · 현승권(2005). 노인의 건강행동과 삶에 대한 고찰. 코칭능력개발지, 7(2), 13-24.

설은주(2005). 특집/저출산, 고령화시대의 목회: 평생교육의 장을 만들자. 기독교사상, 49(5), 46-59.

성수용(2005). 노인체육생활화를 위한 체육정책의 발전방안 연구. 연세대학교 대학원 석사학위논문.

손유림 · 김재룡(2017). 우리는 다시 젊어질 수 있는가? 생물학적 노화 연구의 시사점. *Yeungnam University Journal of Medicine, 34*(1), 1-10.

송정선(1996). 노인의 여가활동이 생활만족도에 미치는 영향. 과학논집, 23(1), 25-44.

신종태(2000). 노인의 심리사회적 문제에 따른 사회복지서비스 방안에 관한 연구. 대구대학교 대학원 석사학위논문.

안나영(2002). 노인의 생활체육 참여와 여가생활 만족에 미치는 영향. 경기대학교 대학원 석사학위논문.

엄현목(2019). 고령화 시대 노인 문제 유형과 노인 목회를 통한 교회 성장 방안. 총신대학교 대학원 박사학위논문.

이영분 · 신준섭 · 최희정 · 박상진 · 최혜지(2004). 고령화사회와 노인인구의 보건복지. 서울: 건국대학교출판부.

장세철(2006). 노인복지. 경기: 교문사.

정경희 · 염주희 · 황남희 · 김정석 · 이금룡 · 오신휘(2013). 중 · 노년층의 삶의 질과 정책과제. 한국보건사회연구원.

정계순(2008). 운동프로그램 참가 노인의 신체적 자기개념이 심리적 행복감 및 생활만족에 미치는 영향. 명지대학교 대학원 박사학위논문.

정수결(2003). 일부도시 노인들의 생활체육활동과 시설만족도에 관한 연구. 경희대학교 대학원 석사학위논문.

조유향(1992). 노인간호. 서울: 현문사.

조추용 · 김양이 · 윤은경(2019). 노인복지론. 서울: 창지사.

진영선(2014). 노년: 인생 제2막의 삶. 대구: 경북대학교 출판부.

최성재 · 장인협(2010). 노인복지학. 서울: 서울대학교출판문화원.

한국임상사회사업학회(2006). 노인복지론. 서울: 양서원.
한림대학교 고령사회연구소(2017). 고령사회의 이해. 서울: 소화.
한영희(2003). 노인들의 생활체육 참여에 따른 생활만족 및 정신건강과의 관계. 한국체육대학교 대학원 석사학위논문.
홍숙자(1999). 노년학 개론. 서울: 하우.
황홍경(2008). 노인운동이 우울, 자아존중감 및 생활만족도에 미치는 효과. 경남대학교 대학원 석사학위논문.

Atchley, R. C. (1971). Retirement and leisure participation: Continuity or crisis?. *The Gerontologist, 11*(1_Part_1), 13-17.
Atchley, R. C. (1989). A continuity theory of normal aging. *The gerontologist, 29*(2), 183-190.
Beaver, M. L., & Miller, D. (1985). *Clinical social work practice with the elderly: Primary, secondary and tertiary interventions*. Homewood, IL: Dorsey Press.
Bee, H. L. (2000). *The journey of adulthood*(4th ed). Englewood Cliffs, NJ; Prentice-Hall.
Bengtson, V. L. (1973). *The social psychology of aging*. Bobbs-Merrill Company.
Breen, L. Z. (1960). *Handbook of social gerontology*. Chicago, Read Mcnally.
Cottrell Jr, L. S. (1942). The adjustment of the individual to his age and sex roles. *American Sociological Review*, 617-620.
Cowgill, D. O., & Holmes, L. D. (1972). *Aging and modernization*. Appleton-Century-Crofts and Fleschner Publishing Company.
Dowd, J. J. (1980). Exchange rates and old people. *Journal of Gerontology, 35*(4), 596-602.
Erikson, E. H. (1963). *Childhood and society* (2nd ed.). New York: Norton.
Hagestad, G. O., & Neugarten, B. (1985). *Age and the life course*. Handbook of aging and the social sciences. New York: Van Nostrand and Reinhold.
Havighurst, R. J. (1972). *Developmental tasks and education*. New York: David McKay Company. Inc.
Homans, G. C. (1961). *Social behaviour: Its elementary forms*. New York, NY: Harcourt, Brace & World.
Lemon, B. W., Bengtson, V. L., & Peterson, J. A. (1972). An exploration of the activity theory of aging: Activity types and life satisfaction among in-movers to a retirement community. *Journal of gerontology, 27*(4), 511-523.
Selye, H. (1976). Forty years of stress research: Principal remaining problems and misconceptions. *Canadian Medical Association Journal, 115*(1), 53-65.

Chapter

02 한국의 고령화 원인과 문제

1 한국의 고령화 현황과 전망

인구구조(population composition) 변화는 일정 시점에서 출생한 인구수에서 사망한 인구수를 제하고 유입된 인구수와 유출된 인구수의 차이를 더하여 결정된다. 즉, 인구구조 변화는 출산, 사망, 인구이동으로 영향을 받는다. 출산율 감소는 인구피라미드의 기저(base)를 감소시키는데, 인구피라미드에서 젊은 연령층이 줄어듦으로써 인구의 연령 구조가 고령화된다. 반면 사망률 감소는 인구피라미드의 정점(peak)을 확장해 인구 고령화 현상을 가져온다. 국제기구를 비롯한 많은 국가들은 인구를 나이에 따라 크게 세 그룹으로 구분하고 있다. 먼저 0~14세까지 인구는 유소년인구로, 15~64세 인구는 생산가능인구, 마지막으로 65세 이상의 인구를 고령인구라 한다(이연호 · 김광민, 2015). 생산가능인구는 실질적으로 해당 국가의 경제활동에 가장 중추적인 역할을 담당하며 경제활동이 가장 활발한 시기의 25~49세의 인구를 핵심 생산인구라 일컫고 이들은 생산, 소비 등 경제 흐름의 주도적 역할을 하는 연령집단이라고 할 수 있다.

우리나라 인구구조를 단편적으로 보여주는 인구피라미드를 보면, 1970년에는 베이비부머[3] 세대가 0~14세의 시기로 가장 많은 인구분포를 보였으며, 이후 1990년까지는 베이비부머 세대가 주 생산연령층인 20~40세에 이르고, 그들의 자녀세대[4]가 출생하였던 시기로 출생률과 사망률이 동시에 높으면서 인구가 증가하는 전형적인 피라미드형 인구구조를 보였다. 그러나 출산율의 감소와 평균수명 연장으로 인해 2020년에는

3) 베이비부머는 한국전쟁 이후 출산율이 급격하게 증가한 시기인 1955~1963년에 태어난 세대를 지칭함

4) 베이비부머의 자녀세대는 1970년대 후반부터 1990년 초반에 태어난 세대로 베이비부머 세대가 메아리처럼 다시 출생 붐을 일으켜 태어났다는 의미에서 에코세대라고도 지칭함

20세 이하 연령층과 70세 이상 연령층의 인구 비중은 적고, 40~60대 연령층의 인구 비중이 높은 전형적인 항아리형 구조를 보이고 있으며, 출산율이 현재와 비슷한 수준으로 유지되고 기대수명이 증가한다는 것을 전제로 2040년에는 인구 규모가 가장 큰 연령층이 70세 이상이 되는 전형적인 호리병형의 인구피라미드 구조가 나타날 것으로 전망된다(**그림 2-1** 참조). 인구피라미드가 호리병형 구조로 변해 가는 것은 우리나라의 인구 고령화 현상이 심화된다는 것을 의미한다.

그림 2-1 인구피라미드 구조

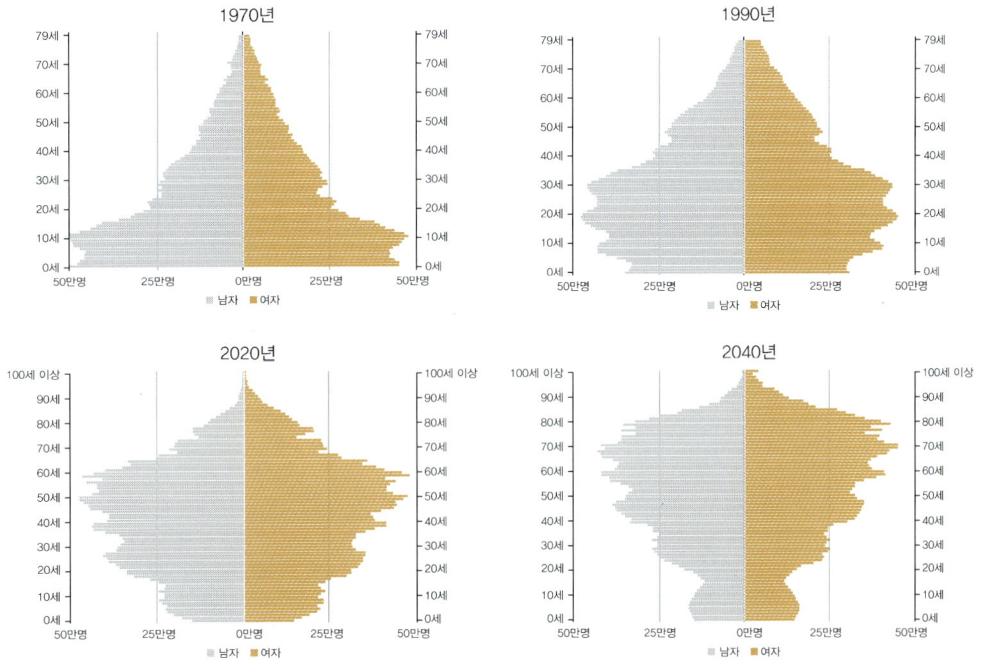

출처: 통계청 SGIS플러스(통계지리정보서비스).

인구 고령화(ageing)는 한 사회에서 전체 인구 중 65세 이상 노인 인구가 차지하는 비중이 높아지는 현상을 일컫는다. UN에서는 사회별 고령화 속도를 비교하기 위해 전체 인구 중 노인 인구 비율이 7% 이상인 사회를 고령화사회(aging society), 14% 이상이면 고령사회(aged society), 20%부터는 초고령사회(ultra aged society)로 구분한다. 우리나라는 지금 평균수명의 연장과 산업화, 의료기술의 발달로 점점 더 고령화되어 가고 있다. 또한, 자녀양육에 있어 많은 비용과 교육비의 상승으로 인해서 저출산의 모습이 심각한 지경에 이르렀다. 이것은 비단 우리나라만의 문제가 아니라 세계적으로 직면하고 있는 문제인 것이다. 전 세계의 인구는 점점 노령화되고 있으며, 세대 간의 불균형이 심각한 수준에 이르렀다. 이러한 인구 고령화 현상은 노인 문제를 사회문제의 하나로 대두되게 하는 주요 요인으로, 앞으로 노인 문제해결을 위한 사회적 노력이 요구된다(오정숙, 2019).

현재 우리나라는 고령화사회를 지나서 고령사회에 진입하였고, 이제 초고령사회를 눈앞에 두고 있다(통계청, 2020). 우리나라는 1960년 65세 이상 노인 인구가 726,450명으로 전체 인구의 2.9%였는데, 2000년에 3,394,896명으로 7.2%를 넘어서면서 고령화사회로 진입하였다. 2018년에 7,372,160명으로 전체 인구의 14.3%가 넘어 고령사회가 되었고, 2025년에 가서는 노인 인구가 1천만 명이 넘어 전체 인구의 20.3%의 초고령사회로 진입할 것으로 전망하고 있다(통계청, 2020).

그림 2-2 연령계층별 인구구성비

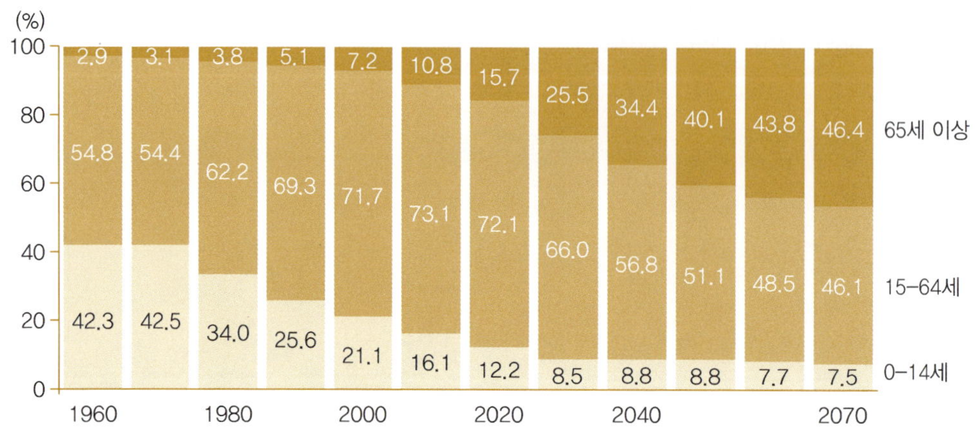

출처: 통계청, 장래인구추계.

주요 국가별 인구 고령화 진전현황 비교를 보면, 우리나라의 고령화는 다른 선진국인 미국, 프랑스보다 훨씬 빠른 속도로 진행되고 있음을 보여주고 있다. 초고령사회에 가장 먼저 진입한 일본과 이탈리아와 비교해 봐도 우리나라의 고령화 속도는 매우 빠르다고 할 수 있다.

표 2-1 주요 국가별 인구 고령화 진전현황 비교

국가	도달 연수			증가 소요 연수	
	고령화(7%)	고령(14%)	초고령(20%)	7%→14%	14%→20%
한국	2000	2018	2025	18	7
스웨덴	1887	1972	2014	85	42
이탈리아	1927	1988	2006	61	18
미국	1942	2015	2036	73	21
프랑스	1864	1979	2018	115	39
일본	1970	1994	2006	24	12

출처: OECD data.

2 한국의 고령화 원인

의료기술의 발전, 과학기술의 발전, 대중교육의 확대, 도시화 등 현대사회를 특징하는 다양한 요인들로 인하여 우리나라는 고령사회로 접어들었으며, 그 속도도 세계 선진국들과 비교해 매우 빠른 양상을 보이고 있다. 그렇다면 어떠한 요인이 고령인구를 증가하게 하는지 고령화의 원인을 살펴보면 우선 저출산 및 평균수명 연장을 들 수 있다.

통계청 자료에 의하면 합계출산율, 즉 여성 1명이 평생 낳을 것으로 예상되는 평균출생아수가 1970년대 4.53명, 1980년 2.83명, 1993년 1.67명, 2003년에 1.19명, 2004년에 1.15명, 2005년에 1.08명, 2006년에 1.12명, 2007년에 1.25명이며, 2008년도에는 1.19명으로 나타났다. 그리고 2015년 1.24명, 2016년 1.17명으로 낮아졌으며, 2018년에는 0.98명으로 1명 이하로 감소하였으며, 이러한 추세는 2019년 0.92명, 2021년 0.81명으로 계속 낮아지는 현상을 보이고 있다.

그림 2-3 합계 출산율 추이

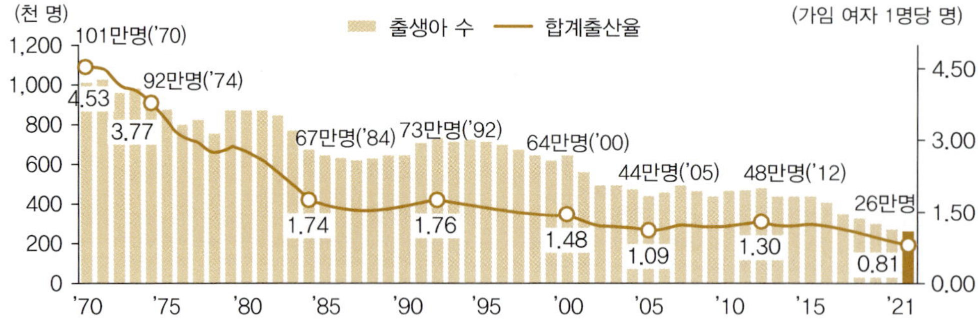

출처: 통계청(2022). 2021년 출산 통계.

특히 우리나라 합계출산율은 OECD 회원국 중 가장 낮은 수준을 보여주고 있다. 그림 2-4는 OECD에 속하는 국가들과 한국의 합계출산율을 나타낸 그래프이다. 그래프에서 2019년 우리나라 합계출산율은 0.92명으로 OECD 평균의 1.61명에 비해 상당히 낮은 수준이며, 세계 선진국인 미국의 1.71명, 일본의 1.36명에 비해서도 낮은 수준을 보이고 있다.

그림 2-4 OECD 회원국의 합계출산율 비교

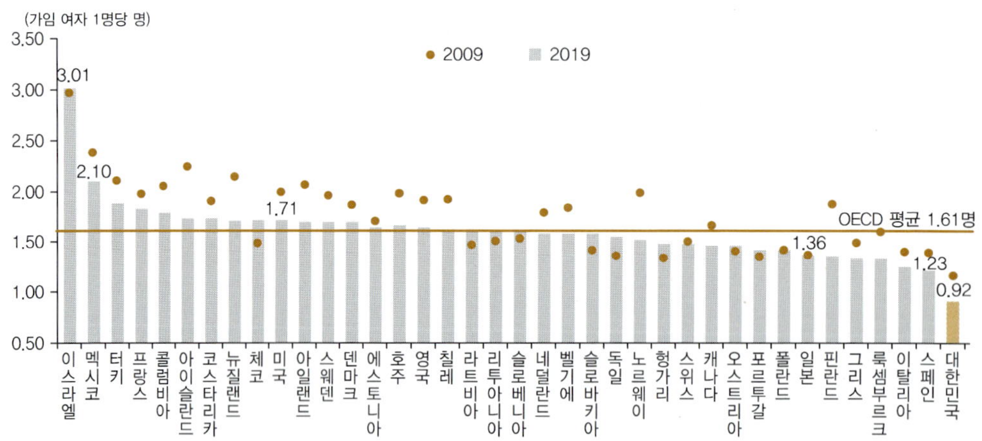

출처: 통계청(2022). 2021년 출생·사망통계.

우리나라의 합계출산율이 낮은 이유는 첫째, 1960년대 초부터 정부 주도로 시행된 산아제한 정책이다. 둘째, 급격한 경제성장으로 인한 여성들의 활발한 경제활동과 이에 반해 양육과 경제활동을 병행하는 제도가 불충분하다. 셋째, 여성의 경제활동이 활발해짐으로써 여성 측에서 만혼과 독신이 증가했으며 혼인비용의 증가, 자유로운 생활에 대한 선호 등으로 인해 결혼 연령이 점점 늦어지고 있고 이로 인해 첫 출산의 연령이 증가하고 있다. 늦은 출산으로 인해 둘째 아이의 출산 시기가 30대 중반이 되면서 출산을 꺼려하는 경향을 갖는다. 넷째, 피임 기술의 발달이다. 다섯째, 과거보다 자녀 양육에 훨씬 많은 비용이 들기 때문에 경제적으로도 아이를 많이 낳기 어렵다(박종한, 2008).

한 세기 전만 해도 우리나라 국민의 평균수명이 35세에 불과했는데, 그때에는 100세를 넘어 산다는 것은 상상할 수도 없는 일이었으며, 당연히 노후에 대한 걱정이나 대비가 크게 필요 없었다(조성남, 2009). 그러나 요즘은 평균 한 세기 전보다 수명이 배가 훨씬 넘었고, 고령화사회 또는 장수사회라는 용어가 낯설지 않게 되었을 뿐만 아니라 도리어 커다란 사회적인 문제로 대두되기에 이르렀다. 위생 및 영양상태가 좋아지고, 다양한 질병으로부터의 예방 및 치료에 관한 의학이 발전하면서 사람들이 과거에 비해 더 오래 살 수 있게 되어 평균수명은 빠르게 증가하고 있다. 출생한 아이가 생존할 것으로 기대되는 평균 생존연수를 나타내는 기대수명은 1970년대 이후로 아주 빠른 속도로 증가하고 있다. 1977년에 남자 60.9세, 여자 69.1세였던 평균수명이 2019년에는 남자 80세, 여자 85.9세로 20년 정도 연장되었고, 2067년에는 남자 88.5세, 여자 91.7세까지 연장될 것으로 예측된다.

그림 2-5 평균 기대수명

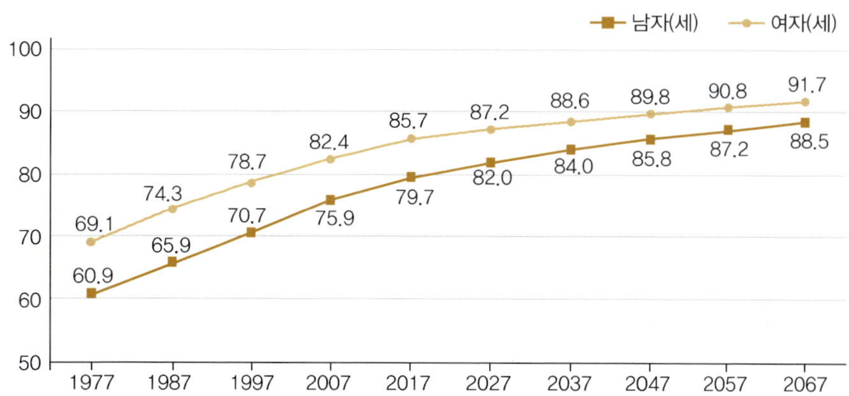

출처: 통계청, 장래인구추계.

인구의 고령화를 가속하는 다른 요인은 베이비붐 세대의 고령인구 진입이다. 우리나라의 베이비부머 세대는 한국전쟁 후 출산 붐을 타고 1955~1963년도에 태어난 사람들의 집단으로 우리나라의 경우 다른 선진국들보다 약 10년 정도 늦게 베이비부머 세대가 고령층으로 진입하면서 급격한 출산율의 저하와 맞물려 고령화의 진전을 더욱 가속하고 있다. 이들은 2018년 약 762만 5,000명으로 총인구의 약 14%를 차지하는 거대한 인구집단이며, 2020년부터 점차 고령연령에 진입하면서 인구의 무게중심을 고령층으로 이동시키고 있다. 이들이 태어나던 시기에는 출산율은 높고 의료기술의 발달로 영유아 사망률이 낮아지면서 대부분 출생아들이 살아남았고 이전세대와 비교하여 긴 수명을 영위하였다. 그러므로 이들은 다른 세대에 비하여 큰 인구 규모를 가지고 있는 집단이기 때문에 이들 세대의 성장 단계마다 우리나라의 인구구조는 큰 변화를 겪었으며 이는 경제, 사회적으로도 큰 영향을 준다.

마지막으로 국가 정책에 있어서 인구조절정책의 미흡으로 볼 수 있다. 1960년대 우리나라는 한국전쟁이 끝나면서 일어난 베이비부머 세대와 의학기술의 보급으로 인한 사망률 감소로 인구가 급격히 증가하였다. 한강의 기적을 꿈꾸던 우리나라는 1962년 시작된 경제개발정책에 발맞추어 경제성장을 가로막는 인구성장을 제어하기 위해 1965년부터 본격적으로 출산억제정책을 시작하여 1980년대까지도 지속되었다. 출산억제정책의 결과 1960년대 가구당 6명이던 출산율이 1970년대에는 4명으로 감소하였다. 가구당 출산율이 2명대로 접어든 1980년대에 들어서도 출산억제정책은 계속되었다. 그러나 우리나라 1970~80년대는 산업화로 인구가 도시로 집중되면서 여성의 경제활동 참여가 증가함에 따라 자녀 양육의 어려움이 커져 출산율은 자연스럽게 낮아지기 시작하였으며, 최근에는 사교육비 문제, 자녀에 대한 가치관의 변화 등으로 더욱 우리나라 출산율은 낮아지게 되어 고령화 현상은 더욱 두드러지게 나타나게 된 것이다.

3 한국의 고령화 문제

인구 고령화의 현상은 앞으로 갈수록 더욱 심각해질 것으로 전망하고 있다. 특히 우리나라의 경우는 세계 다른 나라보다 고령화로 진입하는 속도가 매우 빠르게 나타나고 있다. 고령화의 급속한 진행은 다양한 사회·경제적 문제의 원인으로 작용할 가능성이 크다. 특히 고령화 문제는 특정 개인이 해결할 수 있는 문제가 아니라 국가적 차원과 사회적 차원, 그리고 개인적 차원에서 해결해야 하기 때문에 고령화 문제로부터 자유로울 사람은 단 한 사람도 없을 것이다. 여기에서는 고령화의 문제를 사회·경제적 측면에서 살펴보기로 한다.

1) 조세 부담의 증가

조세란 국가 또는 지방 공공 단체가 필요한 경비로 사용하기 위하여 국민이나 주민으로부터 강제로 징수하는 금전을 의미한다. 이는 국가 재정을 확보하기 위함이다. 만약 조세의 수입이 충분하지 못하게 되면 국가의 재정 부족분에 대해서는 국공채나 혹은 세외 수입에 의존하게 된다. 이러한 수입조달은 정치적 저항을 받기 쉬우며 나아가 재정 불균형을 초래할 가능성을 가지고 있다. 그러므로 세외 수입의 국고적 목적 달성에는 한계가 있으므로 조세 수입의 역할이 그만큼 중요하다는 것이다(김동건·원윤희, 2012). 고령화사회에서는 조세를 부담해야 하는 경제활동인구가 감소하기 때문에 경제활동을 하는 인구에게는 그만큼 조세 부담이 증가하게 된다.

2) 경제적 부담

우리나라의 경우 고령화로 인해서 인구가 감소하거나, 노인 인구의 증가 추세가 매우 빠르게 진행되고 있다. 그러므로 이러한 상황에서 정책적 대응이 매우 시급한 상황이다. 특히 경제적 변화와 관련하여 사회적 대응이 마련되어야 하는데, 이는 고령화가 연금, 경제활동 참가율, 실업문제 등의 경제 문제와 직결되어 있기 때문이다. 고령화로 인해서 발생하는 문제들은 서로 연결이 되어 있어 매우 복잡한 양상을 보인다.

급속한 고령화는 사회복지에 대한 재정적인 부담을 높이고 그로 인한 재정적인 위기는 다시 세금 인상과 보험료 인상으로 이어지게 되어 결국 경제적인 부담이 커지게 된다. 이는 결국 기업의 노동 임금 비용 증가를 가져오게 되고, 가계에 있어서 소비는 더욱 위축하게 되는 악순환으로 연결되며, 이는 다시 기업의 수익성과 경쟁력을 약화시켜 경제성장 저조와 구조적 실업 문제를 초래하게 하는 것이다. 이러한 문제들은 다시 보험료 수입을 위축시켜 재정위기의 악순환으로 이어져 사회보장제도 및 복지국가의 정당성 위기로까지 확장시킬 수 있다(조성남, 2004).

고령화로 인한 경제적 부담의 문제는 국가 기반을 흔드는 충격과 통제 불능의 심각성까지 불러올 수 있다. 이런 현실은 도시 고령층도 예외는 아니지만, 낙후된 농촌 지역에서 고령화는 더 빨리 전개되기 때문에 대체인력이 시급하게 개발되지 않으면 지역 정체가 지속하게 되므로 본연의 기능마저 마비 상태에 이르게 된다. 경제적인 부담은 생산단가의 증가로 인해 실질적인 본인의 노동의 대가는 찾을 수 없게 되어 개인 및 농촌 지역 가정의 생계까지 위협을 받을 수 있다(조성남, 2004). 최재헌과 윤현위(2012)는 인구가 적은 농어촌지역에서 고령화가 빠르게 증가하고 있어 농어촌지역의 공동화와 과소화 문제를 더욱 심화시킬 우려가 있으며, 지역쇠퇴의 결과이기도 하지만 지역쇠퇴의 원인으로 작용할 가능성이 크므로 이에 대한 방안 마련이 시급하다고 하였다.

3) 노인부양 및 가족의 부담

고령화사회에서 가족들은 노인과 관련하여 부양이나 보호에 관한 문제는 여전히 존재하고 있다. 무엇보다 고령 가족들이 겪고 있는 가장 큰 어려움은 경제적 어려움이다. 노인들은 경제적인 어려움에 대해서 33% 정도로 가장 크다고 말한다. 그리고 다음은 건강문제로 29% 정도이며, 소외감과 외로움에 대한 것은 11%이며, 일거리가 없음에 대해서는 10% 정도이고, 특히 직업이 없음은 5% 정도로 조사되었다(조성남, 2004).

국가는 노인복지를 위해서 다양한 정책을 보여주고 있지만, 실제로 노인이 생활하는 가정과 자녀는 노인에 대한 부양 부담을 여전히 가지고 있다. 국가가 노인복지에 투자해야 하지만 이러한 투자는 결국 생산인구의 부담으로 돌아오게 될 것이다(엄현목, 2019). 폴 월리스(Paul Wallice)는 그의 저서 『증가하는 고령인구, 다시 그리는 경제지도』에서 베이비부머 세대가 퇴직하게 되는 2020년 정도에 서방 경제가 근본부터 흔들릴 것인데, 그 강도를 리히터 지진계로 측정한다면 진도 9에 이를 것으로 예측했다. 세계 경제와 서방 경제에 가해진 충격이 최악의 상황에 이를 것이고, 이는 아시아와 한국경제에 엄청난 충격으로 다가오리라는 것이다. 이러한 충격적인 경제 상황은 앞으로 더욱 극복하기 힘든 상황에 빠져들 것으로 전망하게 된다.

고령화 시대에 노인을 부양할 경제활동인구의 역할이 확대되는데, 우리나라는 노인부양을 부담하는 생산 가능한 인구 추이를 살펴보면 더욱 문제의 심각성을 인식할 수 있다. 노년부양비는 생산가능인구 100명이 부양할 노인 인구수로 우리나라의 노년부양비는 2020년 21.8명에서 2036년 50명을 넘고, 2070년 100.6명 수준으로 증가할 것으로 예상된다. 현재 65세 이상 노인 1명을 생산가능인구 4명이 부양했다면 2070년에는 1명이 부양해야 한다는 의미로 생산가능인구의 부담이 커진다는 것이다. 또한, 노인부양에 있어서 사회적인 부담과 함께 가정과 자녀들의 부담이 그만큼 가중된다는 것이다. 그러므로 국가나 사회적인 차원에서 부양문제를 해결할 수 있도록 모색하는 것이 시급하다.

그림 2-6 유소년부양비와 노년부양비

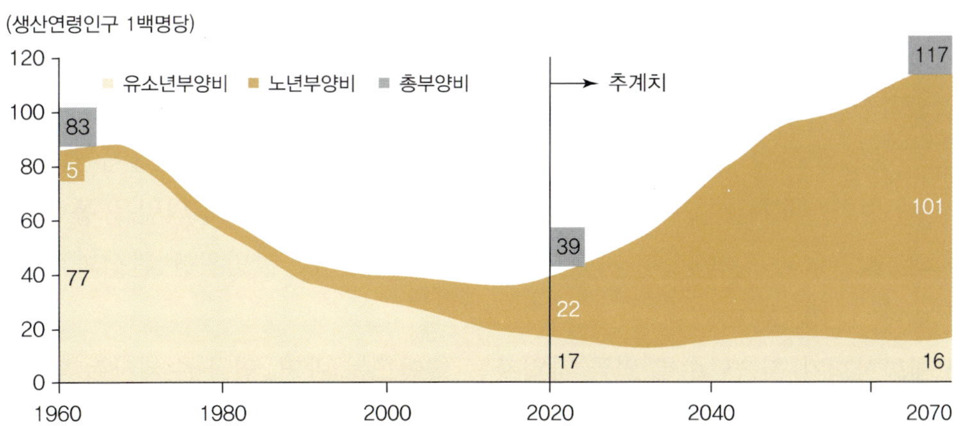

출처: 통계청, 장래인구추계.

4) 의료비와 연금 부담

대개 노인들은 발병률이 높고, 질병 상태에 있어 만성적인 모습을 보이기 때문에 관리와 치료에 있어서 복잡하다. 또한, 많은 비용과 오랜 시간을 필요로 하기 때문에 노인들에 대한 의료비 부담은 점점 더 가중될 수밖에 없다. 노인 의료비가 인구 규모에 비해서 상대적으로 많은 것은 노인의 진료비와 수진율이 다른 연령집단에 비해 상대적으로 높기 때문인데 이러한 현상은 고령화사회일수록 더욱 심화된다.

65세 이상 노인 인구가 사용한 의료비 지출은 2009년 기준 전체 진료비의 3분의 1이고, 2016년에는 그 비중이 40%에 이른다. 2016년 기준 1인당 진료비 역시 전체 인구는 127만 원인 데 반해, 노인 인구는 381만 원으로 3배 이상 높다. 국민건강보험공단에 따르면, 노인 의료비는 2030년 91조 원으로 2015년 22조 원보다 4배 이상 증가하며, 1인당 노인 의료비도 2015년 357만 원에서 2030년 760만 원으로 2배 가까이 증가할 것으로 전망된다(국민건강보험공단, 2017). 65세 이상 노인 인구의 의료비 지출이 증가하는 이유는 급성기 질환보다는 만성질환 유병률이 높기 때문이다. 2016년 65세 이상 노인의 외래 및 입원의 다빈도 상병을 살펴보면 대부분이 만성질환에 속한다. 예를 들면, 외래의 경우 고혈압, 당뇨병, 관절염, 입원의 경우 치매, 뇌혈관질환, 심장질환 등이 만성질환에 해당한다(이은경, 2018). 따라서 노인 의료비 급증을 막기 위해서는 만성질환의 예방 및 관리 정책이 강화되어야 할 것이다.

현재 우리나라의 만성질환 예방 정책으로 보건복지부의 국가건강검진 사업, 국가예방접종 사업 등이 있지만 한국의 보건의료체계는 여전히 예방보다는 치료 중심으로 운영되고 있다. 그러나 만성질환 예방을 위해서는 건강한 생활습관(금연, 금주, 운동) 형성, 건강관리 프로그램 참여 등 일상의 노력부터 동네 의원을 통한 단골주치의 제도 등과 같은 정부 차원의 노력에 이르기까지 광범위한 관심과 투자가 필요하다(이은경, 2018).

고령화사회가 지속할수록 연금 가입자는 줄어드는 반면, 연금 수혜자는 더욱 늘어만 갈 것이다. 결국, 다음 세대에 국가적인 부채를 남겨주게 될 것이며, 국민과 국가에는 더욱 부담이 가중될 것이다. 국민연금은 심각한 수급 불균형이 멀지 않을 것이고, 앞으로 2020년에는 재정이 적자로 돌아설 것으로 예상한다. 연금보험료의 경우, 보험료를 내는 사람보다 연금을 타는 사람들이 많아지기 때문이다. 앞으로

50년 후에는 가입자가 17%로 줄어들 것이고, 연금의 수혜자는 8배 이상으로 증가할 것으로 예상한다(이현승 · 김현진, 2003).

고령화로 인한 부담은 가족부양의 부담과 조세 부담, 경제활동 부담이 될 것이다. 노인의 일자리 감소와 생산의 감소는 결국 경제성장률 둔화로 이어지게 되며, 그로 인해 노인들은 명퇴 혹은 조기 은퇴하는 자들이 늘어나게 될 것이다. 노인들은 사회에서 발생하는 위기 속에서 정확하게 혹은 신속하게 대처하기 어려울 것이다. 위기대처능력이 현저히 저하되기 때문에 사회적으로도 국가적으로도 부담으로 다가오게 된다. 결국, 이러한 패턴이 국가발전에 도움이 되기보다는 어려움을 겪게 만들 것이며, 사회는 더욱 고령화가 되어 갈 것이다. 고령화 문제는 이미 우리나라에 시작되었고, 현실로 다가왔다. 가정과 사회에서는 이러한 상황을 기억하고 새로운 대안을 모색하며 지혜롭게 대처해 나가야 한다.

4 한국의 고령화가 미치는 영향

고령화 시대에 노인의 문제는 모든 사람이 몸으로 느끼고 경험해야 할 문제가 될 것이다. 이러한 문제들은 고령층에게 더욱 절실하게 다가오는가 하면, 젊은 세대는 머지않아 고령층의 문제를 심각하게 바라보게 될 것이다. 이를 위해 고령화 시대가 사회와 경제에 어떠한 변화와 영향이 있는지, 그리고 고령화가 어떠한 문화적인 변화를 가져올지에 대하여 살펴보고자 한다.

1) 고령화의 사회 · 경제적인 변화

현대사회는 사회 제도와 함께 가치관의 변화 속에 변화를 가져왔다. 더욱이 현대사회는 경제적, 문화적, 교육관의 변화를 거치며 노인 인구의 증가와 발을 맞추고 있다. 우선 생산성을 중시하는 추세에 따라 과거 중화학, 건설, 설비산업에서 교육, 의료, 복지산업으로 산업이 추가 이행하고 있으며, 금전 소비에서 시간 소비로 소비의 형태가 변화하고 있음을 보게 된다(최성훈, 2017). 고령화는 산업에 있어서 사회적인 변화뿐만 아니라 소비형태에서도 다양한 사회적 변화를 가져오고 있다는 것이다.

고령화는 구조 조정과 조기 퇴직의 사회적인 변화도 가져왔다. 인간들은 직업에 의해 사회적 존재로 역할을 하였고, 그 지위를 통해서 자아를 실현하거나 존재의 의미를 찾기도 하였다. 이러한 의미를 주는 현대사회의 직업은 산업화와 함께 직업 구조의 변동이라는 원인에 의해 여러 가지 다양한 모습의 형태로 직업을 발생시켰으며, 그에 따른 사회적 이동을 증가시켰던 것이다(임희섭, 2003).

인간은 일정한 직업을 가지고 있고, 그에 따른 일을 수행하면서 삶을 살아간다. 일은 인간에게 있어서 삶에 중심적인 역할을 하며, 자긍심과 만족감을 느끼게 하는 중요한 요인이 된다. 이처럼 직업은 자아실현과 함께 삶의 의미를 주는 것으로 점점 변화되었다. 산업사회에서의 인간은 일을 통해서 성취감과 만족감을 찾으며, 사회적인 지위와 자리를 갖게 되며, 개인의 정체감 또한 갖게 된다(노용구, 1995). 현대사회의 직업은 사회적인 관계를 확대시켰으며, 개인과 가족구성원들에게 생계유지라는 중요한 수단이 되어 왔으며, 사회적 지위를 결정하는 중요한 지표가 되었다. 그러므로 직업은 경제적인 의미를 넘어 자아실현이라는 가치 있는 일임을 인식하게 된 것이다(Dowd, 1975). 고령화 시대에 퇴직의 문제는 재정적인 문제와 자아 정체감의 상실, 가족관계 속에서 불화와 갈등의 모습으로 나타나게 되며, 사회적인 관계뿐 아니라 심리적인 변화까지도 초래하여 노인 문제를 첨예화시킨다(Kohn & Blumenthal, 2014).

현대사회는 가족 규모가 대규모에서 소규모로, 대가족에서 핵가족으로 그 형태를 변화시켰다. 가족의 규모가 축소되면서 급속한 사회분화가 진행되었고, 그로 인하여 노인들의 위치는 고립된 모습으로 변화되어 가고 있다. 산업화와 도시화는 핵가족화를 더욱 촉진하여 가족구조와 가치관의 변화를 가져왔다. 이는 가족 기능의 약화와 가족 규모의 단순화, 가족의 가치관 변화, 그리고 노인의 지위와 역할상실 등의 문제를 유발하였다. 도시화와 산업화로 인해서 핵가족화가 나타나게 되었고, 노령화 사회구조에서 노인의 지위와 역할에 엄청난 변화를 초래하였다(현외성 외, 2001).

많은 사람은 노인을 현대사회 속에서 쓸모없는 존재로, 무능력한 존재와 역할이 없는 존재로 평가하고 생각해 왔다. 모든 연령으로부터 노인들은 평가 절하되는 대상이 되었다. 현대사회에서의 연령은 중요한 사회적 척도가 되고 있으며, 연령의 기준에 따른 노인의 편견과 차별은 사회 구조적인 문제를 가져오게 되었다. 단순히 연령이 많다는 이유로 노인을 배제하고, 소외시킴으로써 연령편견의 극단적인 모습을 보여준 것이다(Morgan, 1988).

고령화로 인해서 사회적으로 노인들은 대중매체와 의사소통의 문제도 가져왔다. 젊은이들과 비교하면 노인들은 대중매체와 접하는 것 자체가 어려우며, 때로는 변화의 속도를 따라가기가 어려운 지경이며, 의사소통에서도 문제가 나타나게 되었다. 소위 신세대라고 말하는 젊은이들과 노인들은 공감대를 형성하기가 어렵다. 특별히 젊은이들이 사용하는 언어, 말의 줄임말, 비속어 등은 노인과의 소통을 더욱 어렵게 하여 소통의 부재가 생겨났다. 소통의 부재와 문제는 결국 사회적인 변화로 나타나고 있다.

2) 고령화의 문화·예술적인 변화

고령화 시대에 노인의 문제는 사회·경제적인 변화뿐 아니라 문화·예술의 분야에서도 다양한 변화로 나타나게 된다. 문화예술이란 문학, 응용미술을 포함한 미술, 음악과 무용, 연극과 영화, 연예, 국악, 사진, 건축, 출판 및 만화를 말한다.[5] 예술을 통해서 창조적 커뮤니티를 형성하며, 문화예술을 통해서 그동안 관객 입장에서 청중이었던 자들이 본인 스스로가 주인공이 될 기회를 얻게 되었다. 사람들은 자신을 드러내 놓고 좋게 보이고 싶은 욕망을 가지고 있다. 이러한 모습으로 문화예술의 영역에서 다양한 인간관계의 모습 속 인간의 정서적 문제를 음악치료, 연극치료, 미술치료 등을 통해서 치유하고 새롭게 회복하기를 노력하고 있다.

고령화 시대에 노인들의 문화예술 분야에서 다양한 변화는 노인들의 여가활동의 모습으로 나타난다. 하비거스트(Havighurst)는 여가활동의 개념은 창조적인 여가의 내용을 포함하고 있다. 그는 노년기의 여가는 일이나 직장에서의 긴장된 상태에서 벗어나 자기 생활의 균형을 회복하는 의미로서의 문화성과 창조성을 발휘할 수 있는 여가활동에 참여함으로써 젊었을 때 시도하지 못한 새로운 경험을 시도하는 것을 여가의 개념이라고 강조하였다(최순남, 2005). 그는 여가의 내용을 다음과 같이

5) 「문화예술진흥법」 2016년 제2조 제1항 제1호.

9가지의 내용으로 열거하고 있는데 직업활동과 일의 보충적 활동을 제외한 모든 활동을 노인의 여가활동 영역으로 간주하였다. 이러한 여가활동은 노동과 대립되는 개념으로 강제성과 의무성에서 벗어나 자유시간을 의미한다는 점과 그러한 여가에서는 창조적인 여가와 오락적인 여가의 의미가 내포되어 있다(최순남, 2005).

- **직업활동**: 노동조합활동
- **일의 보충적 활동**: 직무승진의 준비로서의 학습
- **가정유지 활동**: 세대유지, 분위기 있는 가정형성
- **가사활동**: 육아, 친지 방문, 친지 초청, 가족원과의 통신
- **교회 활동**: 예배출석(기도, 성경 읽기, 찬양), 교회를 위한 봉사활동
- **시민 정치 활동**: 정당 활동, 자선사업, 사회봉사활동, 지역봉사활동
- **사회클럽활동**: 사회봉사활동
- **친구 관계**: 친구와의 우정, 이웃과의 교제 등
- **취미 · 오락**: 독서, 음악감상, TV 시청, 원예 및 정원 가꾸기, 우표 및 화폐 등의 수집, 애완동물 기르기, 낚시, 바둑, 스포츠 등의 취미 생활 등

고령화 시대 노인의 다양한 문화예술은 여가활동의 모습으로 나타났으며 예전에 살펴볼 수 없을 정도로 다양한 모습으로 발전하고 있다. 특히 100세 시대를 맞아 노인문화예술 분야를 더욱 활성화하고, 노인들의 문화복지 향상과 여가문화 개선과 노인의 문화 향유 욕구충족을 위해서 다양한 지원이 필요하다. 또한, 노인들의 문화활동이 지역에서 자발적인 모습 속에서 자리 잡을 수 있도록 해야 하며, 현재 운영되는 노인들의 소규모 문화 동아리도 활성화하며, 사회참여를 유도하기 위해 활동비도 지원하는 모습이 필요할 것이다.

참고문헌

국민건강보험공단(2017). 고령사회를 대비한 노인의료비 효율적 관리방안. 건강복지정책연구원.

김동건 · 원윤희(2012). 현대재정학(제 6 판). 서울: 박영사.

노용구(1995). 한국사회의 노령화 현상과 사회정책적 대응 방안 연구. 고려대학교 대학원 박사학위논문.

박종한(2006). 성공적 노화에 영향을 미치는 사회적, 심리적, 생물학적 결정요인들. 영남대학교 대학원 박사학위논문.

오정숙(2019). 노인의 사회복지서비스가 사회활동과 자아통합감을 매개하여 삶의 만족도에 미치는 영향. 사회과학연구, 30(1), 87-111.

이연호 · 김광민(2015). 인구변화가 지역경제 성장에 미치는 영향: 충북의 경우. 산업경제연구, 28(4), 1493-1513.

이은경(2018). 건강보험 재정의 현황과 정책과제. 보건복지포럼, 2018(2), 51-64.

이현승 · 김현진(2003). 늙어가는 대한민국: 저출산 고령화의 시한폭탄. 삼성경제연구소.

임희섭(2003). 지역사회 공동체 증진방안. 영남대학교 대학원 석사학위논문.

조성남(2004). 에이지붐 시대: 고령화 사회의 미래와 도전. Ewha Womans University Press.

조성남(2009). 에이지붐 시대: 고령화 사회의 미래와 도전. Ewha Womans University Press.

중앙자살예방센터(2020). 2020 자살예방백서.

최순남(2005). 인간의 행동과 사회환경. 경기: 한신대학교출판부.

최재헌 · 윤현위(2012). 한국 인구고령화의 지역적 전개 양상. 대한지리학회지, 47(3), 359-374.

통계청 SGIS플러스(통계지리정보서비스). https://sgis.kostat.go.kr

통계청(2020). 2020 고령자 통계. 통계청.

통계청(2021). 장래인구추계. 통계청.

통계청(2022). 2021년 인구동향조사 출생 · 사망통계. 통계청.

현외성 · 장필립 · 홍태용 · 김은자 · 조추용 · 김혜경 · 손덕옥 · 남정자 · 김용환 · 윤은경(2001). 노인케어론. 서울: 양서원.

Dowd, J. J. (1980). Exchange rates and old people. *Journal of Gerontology, 35*(4), 596-602.

Kohn, N. A., & Blumenthal, J. A. (2014). A critical assessment of supported decision-making for persons aging with intellectual disabilities. *Disability and health journal, 7*(1), S40-S43.

Morgan, D. L. (1988). *Focus groups as qualitative research.* London: Sage.

OECD data. https://data.oecd.org/

Chapter

03 노인 문제

1 노인 빈곤

고령화 시대 노인들이 직면한 가장 어려운 문제는 경제적인 문제와 신체적인 문제이다. 노인들은 자신이 가진 능력이 상실되므로 사회로부터 고립 상태에 빠지기도 하며, 소외당하기도 한다. 또한, 소득이 줄거나 없는 경우에 가족과 주변 사람들로부터 따가운 시선을 받기도 하고, 필요 없는 사람으로 취급을 당하기도 한다.

노인 가구에 있어서 개인 소득과 가구 소득의 원천 대부분 사적이전소득이 주류를 이루고 있으며, 최근에는 국민연금과 기초보장, 기초노령연금 등 공적인 연금 비중이 증가하는 추세이다. 공적연금의 경우 1994년에 2.9%였는데 2004년에는 14.1%로 늘어났고, 2014년에는 31.9%로 가파르게 늘어났음을 볼 수 있다(한국보건사회연구원, 2015). 노인들은 평균 1억 2천만 원의 재산을 가지고 있으며, 금융자산의 경우 74.8%를 소유하고 있는 것으로 나타났다. 본인 소유 부동산은 59.1%로 나타났다. 노인 본인 명의 부채는 19.9%를 부담하고 있는 것으로 나타났다. 노인 가구에 있어서 소비 지출은 월평균 143만 원이었으며, 주로 남성의 경우 도시에 거주하는 노인들의 지출이 높았다. 지출항목은 주거 관련하여 많은 비용이 지출되고 있으며, 기타 식비, 경조사비, 보건 의료비 등의 지출이 있음이 나타났다. 특히 월평균 의료비는 7만1천 원, 경조사비는 3만2천 원, 문화여가비는 4만4천 원이었다(한국보건사회연구원, 2015).

노인의 39.9%가 스스로 생활비조차도 많은 부담이 된다고 응답하고 있는데, 이는 노인의 경제적인 상태가 전반적으로 열악하다는 사실을 보여주고 있다. 노인들의 경제적인 문제는 이렇게 다양한 모습, 다양한 형태로 나타나고 있다(한국보건사회연구원, 2015). 눈에 보이는 곳에 노인들의 경제 문제가 나타나면 어느 정도 도움을 줄 수 있지만, 오히려 노인들의 경제 문제가 보이지 않는 사각지대에 있다면 도움을 주기는 어렵다. 이러한 사각지대에 놓인 노인들은 많은 어려움 속에서 극단적인 선택을 한다는 것이 오늘날의 현실이다.

고령화사회 속에서 노인은 경제적인 어려움을 겪게 되는데 가장 문제는 빈곤이라 할 수 있다. 경제적인 빈곤의 가장 큰 이유로 급속한 산업화 과정에서 나타나는 산업구조의 변화와 함께 과학 생산기술의 발달로 인한 조기 퇴직 때문이다.

우리나라의 노인빈곤율은 OECD 국가 중에서 가장 높은 수준을 유지하고 있으며, 기초연금 확대 등 정부의 정책에도 불구하고 수준이 줄어들고 있지 않은 상황이다(이주미 · 김태완, 2020). 통계청 소득분배 지표를 기준으로 중위소득 50% 이하의 65세 이상 노인빈곤율이 시장소득 기준으로 2011년 56.9%에서 2018년 58.5%로 1.6%P가 늘었으며, 가처분소득 기준으로는 2011년 46.5%에서 2018년 42.0%로 4.5%P가 줄어들었다(통계청, 2020). 시장에서의 여건은 개선되고 있지 못하지만 공적 이전소득, 특히 기초연금이 늘어나면서 가처분소득의 빈곤율은 감소한 것으로 보인다. 하지만 42.0%의 노인빈곤율은 다른 국가들에 비해서는 여전히 높은 수준이다. 노인빈곤율이 높은 원인에 대하여 여유진(2019)은 국민연금의 적립방식 도입, 연금 사각지대 존재, 노동시장 이중구조, 여성 노인의 높은 빈곤율, 소득대체율 하락 및 사적 부양의 약화를 들고 있다. 이는 현세대 노인들을 위한 빈곤정책의 한계를 보여주고 있다고 할 수 있다. 최근 강성호와 이태열(2020)은 노인빈곤율이 높은 이유로 가구 분화를 지적하였다. 노인가구가 2세대 이상에서 1세대로 분화되고 황혼이혼 등이 늘어나고, 70대 이후에는 자녀와의 분화가 노인 빈곤을 악화시키고 있다고 하였다. 김태완과 이주미(2020)는 소득분배 악화의 원인으로 1인 가구의 증가, 실업 및 비경제활동인구의 증가를 지적하였다.

빈곤과 관련하여 노인의 중요한 경제적 문제로 소득 감소 및 단절을 들 수 있다. 노인은 퇴직으로 인해 정기적 수입이 단절되고 연금, 퇴직금, 저축, 재산 수입 등에 의존하게 되어 과거보다 소득이 월등히 부족한 상태이다. 우리나라에 있어서 58.6%의 노인들은 생계비로 인한 고통을 받고 있으며, 수입이 전혀 없는 노인도 60.8%나 되었다. 또한, 용돈이 부족한 노인도 45.0%가 되었다. 이는 노인들에게 있어서 경제적인 불안정은 큰 걱정거리임을 보여준다(엄현목, 2019). 우리나라 노인이 특히 빈곤한 원인은 조기 은퇴, 연금 및 사회보장제도의 미흡, 자녀 양육으로 인한 과다지출이 67.1%로써 노후준비를 하지 못하는 원인이 되고 있다. 갤럽연구소의 조사에 따르면, 우리나라에서 60세 이상의 노인 중에 78.2%가 자녀에게 의존하고 있는 것으로 나타났다. 이는 일본의 29.8%, 미국의 2.4%에 비하면 상당히 높은 수치이다(박재간, 1995).

2 노인 질병

연령이 높을수록 질병과 육체적인 손상을 당하는 빈도가 증가한다. 우리나라는 인구 전체 발병률이 40.4%이다. 그런데 60세 이상 노인에게 있어서 발병률은 67.6%이며, 65세 이상은 69.3%로 높게 나타나고 있다. 특히 만성질환은 전체가 1/3 수준이라면 60세 혹은 65세 이상의 경우는 2/3나 차지하고 있다.

우리나라 노인의 만성질환 실태를 보면, 전체 노인의 89.5%가 한 가지 이상의 만성질환을 앓고 있으며, 두 가지 이상도 73.0%나 되는 것으로 나타나고 있다. 유병률이 높은 질병은 고혈압, 관절염, 고지혈증, 요통·좌골신경통, 당뇨병, 골다공증, 위·십이지장궤양, 전립선비대증, 백내장, 뇌졸중, 협심증·심근경색증 등의 순서로 나타났다(정경희 외, 2017). 이처럼 대부분 노인이 만성질환에 시달리고 있는 것으로 나타나고 있다. 따라서 노인은 빈번한 의료서비스가 필요하며, 더욱 많은 의료비용을 부담하게 된다. 특히 고령화에 따라 치매 노인의 수도 많이 증가하는 추세이다. 실제로 최근 국내에서 발표된 자료를 보면 2020년에는 치매 노인이 61만 9천 명에 이를 것이라는 연구도 있다(엄현목, 2019). 급속한 고령화 현상으로 인하여 국내에는 치매 인구가 증가하고 있다. 이제는 치매 문제에 대한 사회적 공감대가 형성되고 있음을 보게 된다. 대부분 노인이 만성질환으로 건강상태가 좋지 못하기 때문에 건강 보호에 대한 어려움을 호소하고 있으며, 가족이나 보호사들로부터 자신들이 보호받기를 원하고 있다. 하지만 사회적 정비와 서비스 차원에서의 노인보호가 제대로 이루어지지 않고 있으며, 노인 가족을 둔 구성원들은 다양한 어려움으로 인해서 더욱 노인보호에 신경을 쓰지 못하고 있다.

대부분 노인이 만성질환에 시달리고 있는 가장 큰 원인은 신체적·생리적 변화 내지는 쇠퇴에 있다. 엄현목(2019)은 노인의 신체적·생리적 변화 내지는 쇠퇴를 다음과 같이 설명하고 있다.

첫째, 피부의 변화이다. 노인이 되면 피부 탄력이 없어지고, 손이나 발톱이 두꺼워지며, 피부층이 얇아진다. 이러한 변화로 피부에 주름이 생기고, 거칠어지며 심지어 피부 착색이 나타나기도 한다.

둘째, 감각기관의 퇴화이다. 감각의 주된 변화는 시각과 청각에서 일어나게 된다. 시각 자극을 처리하는 속도가 느려져 시각 자극의 상이 남아 있는 잔상 효과가 증가한다. 또한, 청각 기능의 저하를 원인으로 소리의 고저와 강도에 대한 감지능력이 현저하게 약화된다. 그로 인해 난청이 생기고, 소리에 대한 예민성이 둔화한다.

셋째, 호흡 및 순환 기능의 변화이다. 성인의 경우 정상적으로 호흡하는 경우는 1분에 15회에서 18회 정도이다. 하지만 노인은 이러한 횟수가 많이 감소하게 된다. 특히 70세 이상의 노인들의 경우 폐활량은 50세인 사람에 비해 50%도 되지 않는다. 그러므로 노인들은 호흡기 질환이나 호흡 기능의 저하로 나타나는 질병에 자주 걸리게 된다. 그리고 순환 기능도 저하되어 노년기에는 심장 박동의 리듬이 느려지고 불규칙해진다. 그에 따라 동맥경화 혹은 뇌출혈 같은 위험이 뒤따르게 된다.

넷째, 소화 기관의 변화이다. 노인들은 소화 불량, 가스 등으로 어려움을 호소한다. 노인들의 소화기 변화는 영양의 흡수나 장운동에서의 기능 감소 또는 소화액의 분비가 감소하는 것으로 나타난다. 노인들의 소화 기능 저하로 위에 염증이 나타나기도 하며, 다양한 소화 기관에 변화를 겪게 된다.

다섯째, 골격의 변화이다. 노인이 되면 자세가 나빠지고, 키가 줄어든다. 새우등이 되어 몸이 구부정해진다. 골다공증이 오게 되어 뼈가 얇아지고 구멍이 많아진다. 따라서 골절이 되기 쉬우며 관절염이 생기기 쉽다.

여섯째, 내장기관의 변화이다. 노인의 경우 간은 그 크기가 20%나 축소되기도 하며 이로 인해 간의 기능이 약화되어 분해 능력이 저하된다. 신장의 구조나 기능에도 역시 변화가 나타나게 된다. 노화로 인해 방광의 용적이 축소되어 배뇨빈도도 증가하기도 하며, 특별히 남성의 경우 신장 여과 기능이 50% 이상 감퇴하기도 한다.

일곱째, 미각의 변화이다. 노인들은 연령이 증가하면서 미각에도 다양한 변화가 나타난다. 맛을 감지하는 혀의 기능이 떨어지고, 입술의 탄력이 줄어들며, 타액분비가 감소한다. 노인이 되면 입에 있는 점막이 탄력을 잃어 쉽게 상처를 입는다. 혀의 미각 기관의 수가 줄어들어 단맛과 신맛, 쓴맛의 구별 능력이 저하된다.

여덟째, 대사 기능의 변화이다. 노인들은 세포 대사 기능의 변화가 일어나면서 세포수가 줄어든다. 따라서 50대 이후가 되면 근육량과 골격량이 감소하여 10~15% 정도 기초대사율이 감소한다. 또한, 연령이 높아지면 체내 대사도 변화한다.

아홉째, 생식기관의 변화이다. 노인들은 생식기관에 있어서 다양한 변화를 경험하는데, 여성의 경우 생리 중단, 생식력 감소, 여성 호르몬의 감소가 그의 예이다. 이로 인해서 얼굴이 화끈거리고 붉어지며 갑자기 더워지고 가슴이 두근거리며 식은땀을 흘리고, 눈의 피로감이 심해진다. 심혈관계 질환과 골다공증, 우울증이 수반되기도 한다.

열째, 만성질환의 유병률이 증가하게 된다. 동맥경화와 고혈압, 심장병, 당뇨병, 신장병 등의 만성질환이 나타나게 된다. 노인의 생리적 기능 노화와 만성질환은 상당히 밀접한 관련이 있다. 또한, 신경계에 대한 자극이 감퇴하여 반응이 늦어져 외상이나 스트레스를 받기 쉬워지게 된다.

열한째, 빈뇨나 요실금이 나타난다. 노년기에는 방광의 괄약근이 약화되어 발생한다. 대개 노인들은 다양한 신체적인 변화로 인해서 환경에 적응하기 어려워하고, 모든 면에서 기능이 감퇴하기 때문에 각종 질병을 초래하게 된다.

3 고독감과 우울

현대 과학 기술시대에서 노인들은 정말로 많은 어려움을 당하는 계층이다. 끊임없는 변화 속에서 많은 긴장감을 가지게 되며, 가정과 사회로부터 다가오는 변화로 인해서 불안감을 가지기도 하며, 심지어 노인들은 고독과 소외를 경험하기도 한다. 한국노인문제연구소가 우리나라 노인 584명을 대상으로 노인들이 나이가 들어서

할 일이 없는 상황 속에서 오랫동안 살아가게 된다면 어떠한 처지가 되는 것이 좋을 것인가 하는 질문에 50.9%의 노인은 늙으면 죽어야 한다는 대답을 하였다. 이는 노인들에게 있어 역할상실은 그들의 심리적인 상태에 지대한 영향을 끼치고 있음을 보여주고 있다.

1) 고독과 소외감

노인들은 경제적인 문제로 인해 빈곤을 느끼고, 질병으로 인해서 거동이 불편하며, 퇴직으로 인해서 사회적으로 역할을 상실하게 된다. 그로 인해서 가족과의 관계와 대인관계에 어려움을 겪으면서 상당한 심리적인 고통을 호소하게 된다. 산업화·도시화 및 가족 유형의 변화로 인하여 가정에서 노인들의 역할이 점점 감소되고, 신체적·정신적·기술적 기능의 약화로 산업현장에서 물러나게 되면서부터 직업적 역할은 물론 생계유지자의 역할과 가계를 이끌어 가는 가장의 역할까지도 상실하는 결과를 초래하고 있다.

노인의 지위와 역할이 약화하거나 상실되는 주요 원인은 개인의 부 또는 경제적 힘의 약화일 것이다. 농경사회에서는 토지가 가장 큰 재산이었고 소유권은 일반적으로 노인에게 있었으므로 노인이 재산권을 가지고 자녀들을 통제하는 영향력을 발휘할 수 있었다. 그러나 산업사회가 진전됨에 따라 노동에 의한 임금 수입이 주요한 부의 원천이 되면서 노화로 인하여 노동현장에서 물러남에 따라 경제적 자원의 결핍으로 노인의 지위와 역할이 약화되고 상실되는 결과를 초래하고 있다. 직업적 역할의 경우를 보면, 수입이 되는 일에 종사하고 있는 노인은 전체의 30.9%, 종사하지 않는 노인이 69.1%로서 많은 노인들이 노동현장에 참여하지 못하고 있다. 또한, 과거 농경사회에서는 노인들이 재산권을 가지고 가장으로서 자녀들을 통제하는 영향력을 발휘한 반면, 현재에는 가정에서 주로 손자녀 돌보기, 가사일 보조, 주택단장·수리, 공공기관 출입, 친척의 경조사 참가 등의 역할을 수행하는 것으로 나타나고 있다. 이러한 직업적·가정적 지위와 역할의 상실은 노인들로 하여금 무력감, 고독, 부정적인 자아상 등의 원인이 될 수 있어서 심각한 노인 문제가 아닐 수 없다.

노년기에 접어들면서 다가오는 고독과 소외감은 자신감을 잃어버리게 하고 심지어 심한 좌절감을 느끼게 하여 우울증과 자살까지 이르게 한다. 우리나라의 노인가구는 1998년 41.7%였던 것이 2017년에 71.0%로 증가하였으며, 자녀동거 가구는 1998년 53.2%였던 것이 2017년에 23.7%로 감소하였다. 이처럼 자녀와 동거하는 노인의 감소로 사회적으로 소외되고 고독하게 살아가는 노인이 점차 증가하고 있다. 고독과 소외의 문제는 현대사회의 특징으로 많은 사람들이 경험하는 일이기는 하지만, 많은 것을 상실한 노인들에게는 더욱 심각한 문제가 아닐 수 없다. 특히 가족, 이웃, 친구, 직장동료 등과 거의 교류를 하지 않고 단절되어 살아가는 노인에게 고독과 소외는 더욱 심각한 문제이다.

2) 우울

노년기에는 신체적·정신적 기능이 저하되고, 배우자 상실이나 은퇴 등을 경험하기 때문에 우울을 경험하기 쉬우며, 이를 극복하는 것도 어려운 일이다(김동배·손의성, 2005). 또한, 노인 우울은 사회경제적·의학적으로도 중요한 문제이기 때문에 환자에게 고통뿐만 아니라 삶의 질에도 영향을 미치며(안지숙, 2018), 적절한 치료가 시행되지 못할 경우 신체 질환의 발생을 증가시켜 사망률을 높이고 자살 위험성도 높이는 것으로 알려져 있다(박은지, 2018).

우울은 단기적 슬픔 또는 우울감과 같은 심리적 상태에서 강한 무력감과 상실감이 지속되는 정신질환의 상태까지를 포함한다(김미령 외, 2013). 우울은 슬픈 감정이 매우 심하고 일상생활에 대한 흥미와 관심이 없으며 활동 수준이 떨어지고 비관적이고 자기 비판적인 사고가 팽배하여 자신이 처한 현재와 미래의 상황을 어둡게 보고 사소한 일에도 의사결정을 잘못하여 고립된 생활을 하는 것을 말한다(Pfeiffer, 2005). DSM-IV(Diagnostic and Statistical Manual of Mental Disorders 4th Edition, 정신장애의 진단 및 통계편람)에 따르면 우울은 우울한 정서 상태뿐 아니라 복합적인 정신적·신체적 증상들인 의욕상실, 주의집중력 감퇴, 식욕의 변화, 체중의 변화, 불면증, 자살 충동 및 자살시도를 수반하며, 이들 증상 중 5가지 이상이 2주 동안 나타나는 것으로 정의된다(WHO, 2015).

노인 우울은 다른 연령대와는 다른 특징을 보이는데, 에너지의 감소, 수면 장애,

식욕 및 체중감소와 신체적 증상의 호소, 인지기능의 감퇴 및 불안, 초조가 그 특징이다(오병훈, 2006). 배재남(2002)은 노년기 우울증 환자는 다른 연령의 우울증 환자보다 멜랑콜리성 우울증[6]이 흔한데, 건강염려증적 호소와 새벽에 일찍 깨어 다시 잠들기 어려워하는 증상, 초조 등의 증상과 정신증적 양상을 보이며, 인지기능 장애가 흔하게 나타나는 특징을 가지고 있다고 설명한다. 또한, 노인 우울의 특징적인 증상으로는 무기력감과 절망감인데, 무기력은 개인들이 중요한 생활 사건들을 통제할 수 없다는 느낌으로 노인들은 다른 연령층보다 무기력을 받기 쉽다고 하였다(김형수, 2000). 그리고 절망감을 미래에 대한 부정적인 생각으로 노인은 자신이나 어느 누구도 불행이나 고통을 변화시키기 위하여 아무것도 하지 못할 것이라고 믿는다는 것이 노인 우울이라 하였다(김형수, 2000).

우울은 노화로 인해 유발되는 질병은 아니지만, 노년기에 보편적으로 경험할 수 있는 정신건강 문제이다(Zastrow et al., 2004). 노인들은 노화에 따라 신체적 기능이 약화되고, 사회경제적 활동에서의 은퇴 등과 맞물려 사회적 관계는 더욱 좁아지며, 가까운 사람들의 죽음을 겪는 등 상실을 지속적으로 경험하며(김동배·손의성, 2005), 경제적 압박, 신체적 능력의 쇠퇴, 질병 이환율의 증가 등으로 인해 흔히 우울을 경험하게 된다(서홍란 외, 2013). 또한, 배우자와의 사별을 경험하고, 자녀들과의 관계가 멀어지는 시기이며, 소외감, 고독감, 자아존중감 저하 등 각종 신체적·심리적·사회적 상실 등을 경험하며, 이로 인해 심리적 위축을 초래하고 생활만족도가 저하되어 우울을 경험할 가능성이 높다(Baltes & Mayer, 1999).

노인 우울은 일상생활과 삶의 질에 부정적인 영향을 미치며, 조기에 우울증을 발견하지 못하거나, 적절한 치료를 받지 않을 경우에 질병의 악화가 나타나며, 더 나아가 자살의 증가로 이어지기도 하기 때문에 매우 심각한 사회문제라고 할 수 있다(강현욱·박경민, 2012).

2014년 노인실태조사에서 우울증 유병률은 2.8%였으며, 남성이 1.4%, 여성이 3.8%로 조사되었다. 2017년 노인실태조사에서는 우울증 유병률이 3.0%로 남성이 1.9%, 여성이 3.8%로 조사되어 2014년에 비해 2017년에 의사에게 우울증이라 진단

6) 멜랑콜리성 우울증은 정신의학 진단기준에 나와 있는 우울증의 한 종류로 일반적으로 보다 심한 형태의 우울증으로, 스트레스나 고통을 경험한 후에 발생하기보다는 생물학적인 원인이 더 큰 것으로 알려져 있다.

받은 노인의 비율이 0.2% 증가한 것을 알 수 있다. 2017년 노인실태조사에서 우울증상을 단축형 노인우울척도로 조사한 결과 전체 노인의 21.1%가 우울증상이 있는 것으로 나타났다.

노인 우울장애의 치료방법으로는 약물치료나 전기충격요법의 생물학적 치료와 심리적 치료, 가족치료 등이 있다. 항우울제인 삼환제, 모노아민 산화효소 억제제, 세로토닌 증진제 등을 처방하는데, 임상연구 결과를 보면 효과와 함께 인지장애와 같은 부작용이 나타나는 경우가 있다고 보도되고 있다. 심리치료는 인지행동적 치료, 대인관계 치료, 정신역동적 치료, 회고적 심리치료 등이 활용하고 있다(Hersen et al., 2013). 가족치료는 노인 한 사람만을 대상으로 하기보다는 가족과 함께 협력하여 우울증에 개입하는 방식이다(Blazer, 2007).

4 노인 주거

주거는 먹고 자는 것과 같은 생명유지에 필요한 기본 활동과 심리적 재충전을 위한 휴식이 이루어지는 공간이다. 개인적인 생활이 보호되는 사적인 공간이며, 가족 간의 교류가 이루어지는 사회적 공간이기도 하다. 안전하고 안락한 주거는 인간다운 삶을 영위하는 데 필요한 조건이다.

주거는 모든 인간의 삶에서 매우 중요하지만, 특히 노인에게 주거는 신체적·심리적·사회적 측면에 의미가 크다. 노인은 학교나 직장과 같이 규칙적인 외부 활동이 상대적으로 줄어들고 신체적·정신적 기능이 약화되어 이동이 제한되므로 집에 머무르는 시간이 길어진다. 집을 기반으로 근린생활권에서 친구와 이웃, 친인척 등과 다양한 정서적·사회적 활동이 이루어지므로 주거는 노후생활의 중요한 기반이 된다(박순미 외, 2017). 특히 상당수 노인이 시설이나 병원에 입소하지 않고 최대한 자신이 사는 집과 지역사회에서 노후를 보내기 희망한다. 이를 실현하기 위해 선진국에서 정책적으로 에이징 인 플레이스(aging in place)와 커뮤니티 케어(community care)를 적극적으로 지향하고 있다. 이러한 측면에서 주거의 중요성은 매우 크다.

주거환경이 노인에게 적합하게 조성되면 노인의 신체적 건강이나 기능의 약화를 예방하고, 정서적인 안녕과 사람들과의 사회적 관계를 유지할 수 있는 공간으로 역할을 하게 된다. 따라서 주거는 단순한 물리적 공간을 넘어 집과 지역사회에서 건강한 생활을 영위하고 외로움을 느끼거나 고립되지 않고 살아가는 데 중요한 기반이자 보호체계가 되어야 한다(박순미 외, 2017).

주거복지는 주거를 인간 삶의 기본적인 필수조건으로 보고, 인간답게 살 수 있고 사회적 관계가 잘 이루어지는 환경을 조성하는 것으로 정의할 수 있다. 그러나 우리나라 주거복지는 매우 취약한 실정이다. 국토교통부를 중심으로 공공임대주택을 공급하기 위한 정책을 추진하고 있지만, 노인을 위한 주거복지는 소홀하게 다루어 노인의 실제 주거환경은 대단히 열악하다는 평가를 받고 있다(박순미 외, 2017).

2017년 노인실태조사 결과를 보면, 노인들이 거주하는 주택은 약 절반인 48.8%가 단독주택이고, 아파트 35.1%, 연립 다세대주택 14.6%의 순으로 나타났다(정경희 외, 2017). 노인들이 단독주택에 거주하는 비율이 갈수록 줄어들고 있지만, 도시의 경우 단독주택과 아파트 비율이 39.2%와 41.0%로 비슷하고, 농촌은 노인의 69.8%가 단독주택에 거주하고 있어 단독주택 비율이 높은 편이다.

국토교통부(2018) 발표에 따르면, 노인가구의 75.3%는 자가 소유였으며, 30년 이상 된 노후주택에 거주하는 노인가구 비율이 36.6%, 일반가구의 18.4%에 비해 월등히 높았다. 이러한 상황 때문에 노인가구의 26.4%가 가장 필요한 정책지원으로 주택 개량·개보수 관련 현물 및 자금 대출 지원을 꼽았다. 가장 필요한 주택개조 부분은 미끄럼 방지 등을 위한 안전한 바닥재 37.6%, 주택 내 응급 비상벨 31.1%, 욕실 안전 손잡이 29.3% 순으로 응답하였다. 응답자의 33.5%는 주택개조가 필요하지만 경제적 부담으로 주택개조를 하지 않았다고 하였다.

주거의 편리성 측면에서 93.9%의 노인이 현 주거형태가 노인 친화적 설비를 갖추지 못했다고 응답하였고, 노인의 84.0%는 주거가 생활하기에 불편하지는 않지만 노인을 배려하는 시설이 없다고 응답하였으며, 9.9%는 생활하기 불편한 구조라고 하였다(정경희 외, 2017). 연령대가 높아질수록 생활하기 불편한 구조라고 응답한 비율이 높았는데, 65~69세가 7.5%인데 85세 이상은 15.5%로 두 배나 높았다. 따라서 고령일수록 일상생활 수행능력의 어려움이 높아지면서 친고령화적인 주거설비가 더욱 필요하다고 생각하고 있었다. 또한, 가구소득이 낮을수록 주거설비가 더

불편하다는 노인의 비율이 높았다(정경희 외, 2017). 전체 5분위 분배율 중에서 가장 소득이 낮은 1분위 노인의 18.0%가 생활하기 불편한 주거구조라 응답한 반면에 가장 높은 소득의 5분위 노인은 5.8%만 불편하다고 응답하여 주거 편리성에서도 소득에 따른 불평등이 존재하는 것으로 나타났다.

5 노인 자살

1) 노인 자살의 개념

자살에 대한 개념 정의는 학자마다 다양하나, 일반적으로 자살은 자발적으로 그리고 의도적으로 자신의 생명을 끊는 행위라는 의미에서 자발성과 의도성을 내포한 자기 파괴적인 행위라고 볼 수 있다(박희숙 외, 2016). 뒤르켐(Durkheim, 1951)은 자살을 희생자 자신이 일어나게 될 결과를 알고 행하는 적극적 혹은 소극적 행위에서 비롯되는 직접적 혹은 간접적 결과로 발생하는 모든 죽음으로 스스로의 혐오감으로부터 도피하기 위한 동기로 규정하였다(Durkheim, 1987). 이러한 자기 혐오감은 스스로에 대한 기대나 기준에 심각하게 도달하지 못할 때 발생하며 결국에는 자살이라는 죽음으로 도피한다는 것이다. 세계보건기구(WHO, 2018)에서는 자살에 대해 죽음이라는 결과를 초래하는 자해행위로 규정하였고, 미국 질병통제 및 예방센터(Center for Disease Control, CDC)에서는 자살을 자기 자신을 해치고자 하는 의지를 보여주는 손상 및 중독이나 질식에 따른 죽음이라고 정의하였다(WHO, 2018).

이러한 자살에 대한 다양한 개념에 대한 정의에 공통점이 존재한다. 즉, 자살은 스스로 자신에게 초래한 행위라는 것이며, 죽으려는 의도가 있고, 행동의 결과 죽음을 유발했다는 것이다(유영직, 2014). 이러한 자살의 개념을 통해 노인 자살은 65세 이상의 노인이 자의로 자신의 목숨을 끊는 행위로 정의된다. 자살행위(suicidal behavior)에는 자살생각(suicidal ideation), 자살시도(suicidal attempt), 그리고 자살실행(completed suicide)에 이르는 포괄적이고 영속적인 개념으로 정의되는데(Harwood, Hawton, Hope, & Jacoby, 2006), 이러한 자살행위에 대한 표집에는 한계가 있으므로 대부분의 연구는 자살 사고에 중심을 두고 이루어진다(박봉길·송인석, 2014).

자살생각은 자살하기 위한 상상 또는 계획으로 실제 자살시도에 앞서는 과정이므로 자살시도의 중요한 예측지표로 볼 수 있으며(Kumar & Steer, 1995), 논리적으로나 경험적으로 자살시도나 자살행위에 앞서므로 자살생각의 결정요인을 이해한다는 것은 자살행위의 위험을 이해하거나 예방하는 중요한 선행 작업으로 볼 수 있다(양옥경·주소희, 2011). 자살생각 경험은 자살 위험군의 대표적인 특징이며 실제로 자살의 위기 및 자살률과도 높은 상관관계를 가진다. 자살생각은 살아가면서 어느 순간 자살에 대해 심각하게 고려해 본 것을 의미하며, 자살계획은 실제 자살시도에 앞서는 과정이라 할 수 있다(오인근, 2008). 자살생각은 자살시도의 중요한 예언지표로, 자살시도는 자신을 파괴하고자 하는 의도를 갖고 고의로 자신에게 상처를 입히는 행동이며 실제로 죽음이 발생하지 않은 경우를 의미한다(오인근, 2008). 아울러 자살행동은 자살을 실제 행동으로 옮겨 스스로 만든 죽음을 의미한다.

노인 자살은 자살생각, 자살시도, 자살실행 등의 연속적인 개념 안에서 폭넓게 설명될 수 있다(오인근, 2008). 버크 등(Berk et al., 2006)은 자살에 이르는 과정모델을 다음과 같이 자살생각, 자살계획, 자살시도를 통해 자살에 이르게 하는 연속적인 과정이라고 제시하였다(Beck, Kovacs, & Weissman, 1979; Brown & Vinokur, 2003). 경험적 연구에 의해서도 하나의 과정임이 증명되었는데, 자살생각은 생각만으로 그치는 것이 아니라 실제 자살시도나 자살행위로 이어진다고 주장되고 있다(Ashmore, 2006). 러드(Rudd, 1990)는 대학생 737명을 대상으로 조사한 결과 43%가 지난해에 자살생각을 가졌으며, 그중 15%가 자살기도를 계획하였고, 6%가 실제로 자살을 시도했다고 밝혔다. 페이켈 등(Paykel et al., 1974)은 일반인을 대상으로 자살에 대한 가능성을 ① 자살에 대한 생각만 지닌 차원과 ② 자살위협 차원, ③ 경미한 정도의 자살시도 차원, 그리고 ④ 심각한 정도의 자살시도 차원의 4가지 차원으로 구분하여, 자살생각이 자살행동으로 연결되는 하나의 지속선상에 있음을 증명하였다(박재산 외, 2009). 자살생각이 반드시 자살시도로 이어지고, 또 자살로 귀결되는 것은 아니지만 그 가능성은 높은 편이라고 할 수 있다는 것이다(Kumar & Steer, 1995). 따라서 자살에 대한 관심은 자살 이전단계인 자살시도나 자살생각에 중점을 두고 다양한 연구들이 진행되고 있다(Dai et al., 2011). 아주 경미한 수준의 자살에 대한 생각이라도 이후 심각한 수준으로 발전되거나 자살시도로 직접 연결될 수 있어 자살에 대한 생각 그 자체만으로도 자살을 측정하는 예언지표가 될 수 있다는 것이다(Simons & Murphy, 1985).

2) 노인 자살의 특성

노인 자살은 청소년이나 일반 성인의 다른 연령대에서의 자살과 차이를 보이는 몇 가지 특징이 있다.

첫째, 노인의 경우 급성적 자살(목매달기, 고의적인 교통사고, 다량의 약물 복용, 추락 등)보다 유사 자살을 선택하는 경향이 많다(임병우 외, 2015). 죽을 의도를 가지고 스스로 저지르는 행동에 의해 서서히 죽음에 이르는 것을 유사 자살이라고 지칭하고, 생명을 지속시키는 약물 투여를 거부하거나 자기 방임, 아사지경에 이를 때까지 먹지 않는 등의 방법을 선택하여 자살을 시도하는 경우가 많다.

둘째, 노년층의 자살은 젊은 성인에 비해 자살실행률이 3~5배 정도 높다는 것이다. 청소년의 경우 자살생각을 한 적 있는 경우가 12.1%, 자살을 시도까지 한 경우가 2.6%인 데 비해 노인은 6.1%가 자살을 생각한 적 있고 실제로 13.2%가 자살을 시도했다(정경희 외, 2017).

셋째, 노인의 자살은 청소년과 성인 자살에 비해 자살 성공률이 높다(박희숙 외, 2016). 보건복지부(2016)에 의하면, 자살 성공률은 연령이 증가할수록 높아지는 것으로 나타났는데, 60대 이상의 경우 18.4%로 그 외 연령층의 5.4%보다 약 3배 이상 높은 것으로 보고되었다. 극단적인 방법을 시도하지는 않지만, 다른 연령층보다 치명적인 자해방법과 자살행위를 시도하며, 아울러 자살 생각과 계획을 다른 사람에게 알리지 않고 치밀하게 계획하는 경향이 있기 때문으로 추정하고 있다(황정우 외, 2017). 아울러 노인 자살은 신체적 특성상 노령으로 인해 자살계획을 행동으로 옮길 시 회복할 능력이 떨어지고, 죽고자 하는 강한 욕구로 행해지므로 자살생각과 계획을 타인에게 쉽게 알리지 않고 치밀하게 계획하는 경향이 있어 높은 자살 성공률을 지닌다. 더구나 독거노인의 경우는 자살행위 후 조기발견이 어려워 자살 성공률이 한층 더 높다(서인균 · 이연실, 2016).

넷째, 노인의 자살은 주변에 도움을 요청하거나 알리는 경우가 드물기 때문에 예측하기 어렵다(배진희 · 엄기욱, 2009). 노인은 자살 예방과 관련된 정보가 부족하여 각종 정신건강 서비스를 받으러 가지 않기도 하고, 자살 의도와 관련하여 다른 사람들과 이야기하는 것을 꺼리기 때문에 그들에게 도움을 줄 수 있는 개입을 진행하기 어렵다(임병우 외, 2015).

마지막으로 성별의 비교에 있어서 전체적으로 남성의 자살률이 여성의 자살률보다 높게 나타나는 것이 일반적이지만, 특히 노인의 경우 그 차이가 더욱 크게 나타난다. 2017년 기준 남성 전체 자살률은 34.9명, 여성 전체 자살률은 13.8명으로 여성에 비해 남성이 약 20명 정도 더 많은 것으로 나타났다(보건복지부, 2019). 노인자살률의 경우 70대 남성 노인의 자살률은 81.7명, 80대 남성 노인의 자살률은 무려 138.4명에 달했다. 여성 노인의 경우 70대가 23.4명, 80대 여성 노인의 자살률은 38.6명으로 집계되어 후기 노인으로 고령화될수록 자살률이 높아지는 것을 알 수 있었고, 특히 후기 남성 노인의 자살이 매우 심각한 수준으로 나타났다.

3) 노인 자살의 현황과 원인

국가인권위원회에서 지난 2018년 노인의 날을 맞이하여 발표한 노인인권 실태조사 결과에 따르면, 노인 4명 중 1명이 죽고 싶다는 생각을 해 본 적이 있고, 심지어 고독사를 염려하고 있다고 응답했다(국가인권위원회, 2019). 그림 3-1에 나타난 바와 같이 WHO에서 제공하는 2018 Mortality data base를 활용하여 산출한 OECD 주요 가입 국가의 노인자살률에서 한국이 가장 높은 것으로 나타났다(WHO, 2019). 우리나라는 65세 이상의 노년층을 대상으로 산출한 자살률에서 34개 회원국 평균치의 3~4배에 달하는 수치를 나타냈으며, 2011년부터 최근 연도까지 가장 높은 노인자살률을 기록하고 있다. 자세히 살펴보면, 한국의 노인자살률은 2011년(79.7명) 이후 지속적으로 감소하는 추세를 보이고 있으나, 2015년은 58.6명으로 전년보다 소폭(3.1명) 증가한 상태이며, 최근 자료를 기준으로 노인자살률 2위를 차지한 슬로베니아의 1.5배, 34개 회원국 평균치의 3.1배에 이르는 수준이다.

그림 3-1 OECD 주요 가입국가의 노인자살률 비교

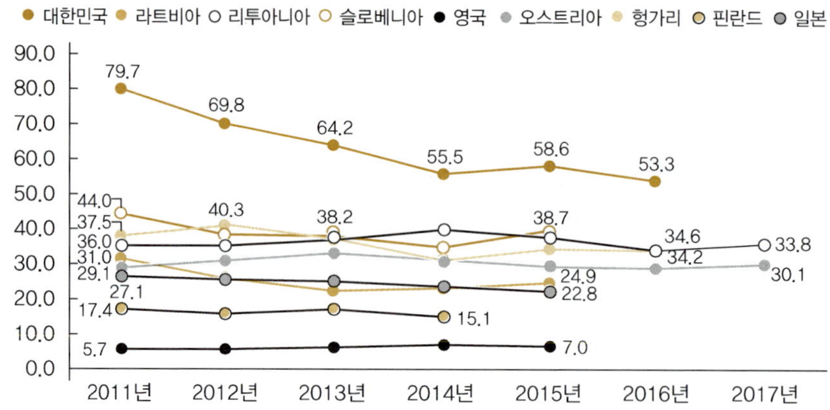

출처: 중앙자살예방센터 자살예방백서(2020).

2020년 자살예방백서에서 2014년부터 2018년까지 연령대별 자살률 추이를 살펴보면, 그림 3-2와 같이 65세 이상의 노년층 가운데 특히 70대와 80대의 노인 자살률이 다른 연령층에 비해 상당히 높은 수치를 기록하고 있어 노인자살률이 유독 심각한 수준인 것을 알 수 있다.

그림 3-2 2014~2018 연령별 자살률 추이

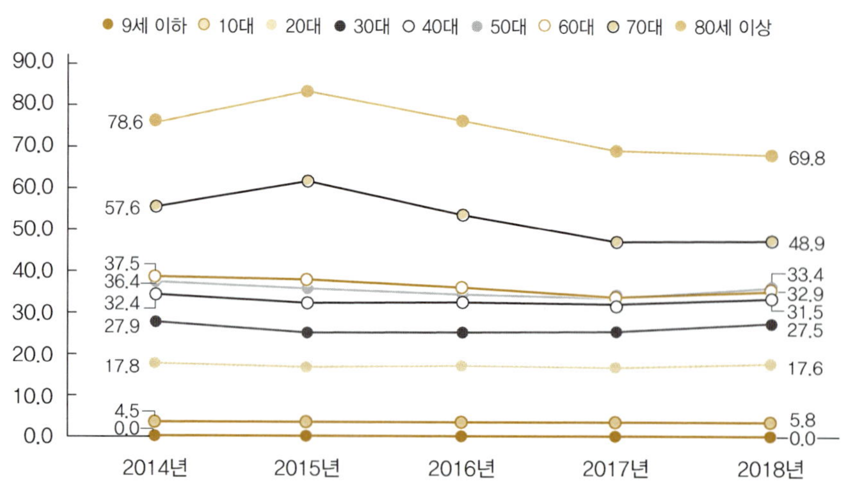

출처: 중앙자살예방센터 자살예방백서(2020).

2020년 자살예방백서에서 가장 최근 통계청에서 보고된 2018년 사망원인통계에서 자살 현황을 연령별로 살펴보면 그림 3-3과 같이 인구 10만 명당 자살률이 80대 이상 69.8명, 70대 이상 48.9명으로 다른 연령층보다 상대적으로 높은 자살률을 보이고 있다. 연령별 자살률은 연령대가 올라갈수록 높아지는 양상을 보이는데, 10대의 자살률은 5.8명, 20대의 자살률은 17.6명, 30대와 40대의 자살률이 각각 27.5명, 31.5명, 그리고 50대와 60대는 각각 33.4명, 32.9명으로 보고되었다.

그림 3-3 2018년 연령별 자살률 현황 비교

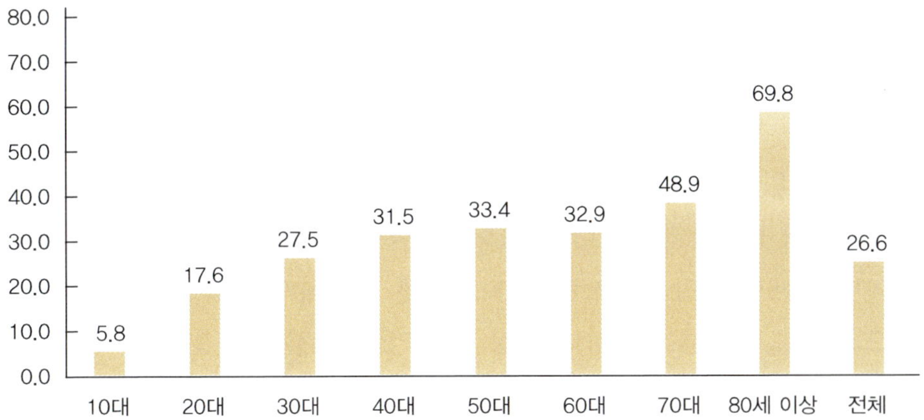

출처: 중앙자살예방센터 자살예방백서(2020).

노인이 자살하는 주요한 원인으로는 신체적 질병, 경제적 어려움, 외로움과 고독, 가정불화 등이 있으며(통계청, 2020), 그 외에도 우울증, 직업 역할의 상실, 신체적·정신적 장애, 사회관계 범위의 축소, 건강약화, 배우자의 상실 등 전반적인 노인 문제가 원인으로 지목되고 있다(한국노인복지학, 2006).

6 노인학대

1) 노인학대의 개념

보건복지부 업무수행지침에 의하면 신체적 학대는 물리적인 힘을 가하거나 도구를 이용하여 노인 등에게 신체, 고통, 정신, 장애 등을 유발하는 행위로 간주하고 강제로 가두거나 출입을 통제, 노인을 폭행하거나, 신체 억압과 생명, 저해 통제 등을 구체적인 학대행위 지표로 삼고 있다. 노인학대의 개념과 정의는 다양하게 혼용되어 사용하고 있으며, 연구주제에 따라 달리 정의하고 있다. 노인학대의 개념은 다차원성과 사회문화적, 국가 또는 학자에 따라 각기 다른 의견과 다양한 정의가 존재한다(유지웅, 2011). 개념과 유형은 국가나 사회, 그리고 문화적 배경에 따라 다르게 정의되고 있다. 그리고 누가 학대를 정의하는지에 따라 상이한 결과를 나타내고 있다. 따라서 노인학대는 시대적·사회적 분위기와 상황에 따라 달라질 수 있다.

노인학대의 개념을 광의적으로 보면 노인에게 가해지는 외형적 신체학대이며, 광의적으로 신체적 학대뿐만 아니라 심리적·언어적·정서적·의료적·성적 학대와 방임 행위를 포함하는 개념으로 정의하고 있으며 경우에 따라 방임 행위까지 광의의 학대로 포함할 수 있다(장규원 외, 2018). 세계 각국은 2000년대 후반에 들어 노인학대에 대한 합의가 이루어지고 정의가 이루어지기 시작했다. 세계보건기구(WHO) 토론토 노인학대선언문(Toronto Declaration on Elder Abuse) 정의에 의하면 노인학대(elder abuse)는 노인과 신뢰 관계에 있는 사람이 노인에게 위해(harm)나 스트레스를 발생시키는 일회성의 행위 또는 반복적인 행위, 적절한 행위의 결핍을 뜻한다(Lachs & Pillemer, 2004).

2) 노인학대의 유형과 현황

미국 노인학대센터(National Center on Elder Abuse, NCEA)와 법무부 통계에 따르면 미국에서 매년 발생하는 노인학대 사례의 약 16%가 경제적 학대로 나타난다(BITS, 2012). 또한, 미국과학학술원(the US National Academy of Sciences) 패널들의 노인학대에 대한 정의 역시 세계보건기구의 정의와 유사하다. 이들은 노인학대를 수발자 또는 노인과 신뢰관계에 있는 자가 취약한 노인에게 위해 또는 심각한 위해를 발생시킬 수 있는 의도적인 행위, 수발자가 노인의 기본적인 욕구를 충족시키지 못하거나 위해로부터 노인을 보호하지 못한 행위로 정의하고 있다(Lachs & Pillemer, 2004). 이는 우리나라의 노인학대에 대한 개념보다 광범위한 개념이다.

다음으로 노인학대의 개념을 보다 체계화하기 위해서는 어떠한 행위가 노인학대에 속하는지 학대의 유형을 분류하면 다음과 같다. 노인학대에 속하는 일반적인 유형으로는 신체적 학대, 심리적 학대, 성적 학대, 경제적 학대, 방임이 포함되는 것으로 나타나고 있으며(Lachs & Pillemer, 2004), 우리나라 「노인복지법」에서도 이와 유사하게 노인학대를 노인에 대하여 신체적·정신적·성적 폭력 및 경제적 착취 또는 가혹행위를 하거나 유기 또는 방임하는 것으로 정의하고 있다(「노인복지법」 제1조).

학대행위가 발생하는 장소와 내용에 따라 분류하면 가정 내 학대, 시설 내 학대, 자기방임의 세 가지로 분류하고 있다(Tatara, 1990). 학대행위에 따라서 국제적으로 논의되고 있는 것은 정서적·신체적·성적·경제적 학대, 방임의 5가지 유형으로 나누고 있다(Garre-Olmo et al., 2009).

전국 노인보호전문기관을 통하여 2018년 접수된 노인학대의 전체 신고 건수는 15,482건이며, 그중에서 학대사례는 5,188건으로 나타났다(중앙노인보호전문기관, 2019). 연도별로 보면 지난 5년 동안 학대사례 건수가 증가하였지만, 노인학대의 특성상 노출되지 않는 숨겨진 부분을 감안하면 이보다 훨씬 많은 노인이 학대를 받고 있을 것으로 판단된다. 학대사례 중에서 여성 노인이 전체의 73.9%로서 남성 노인의 2.8배이며, 학대 가해자는 아들이 37.2%로 가장 많고, 다음으로 배우자가 27.5%이다. 학대유형 중에서는 정서적 학대가 전체의 42.9%를 차지하여 가장 많고, 다음으로 신체적 학대가 37.3%인 것으로 나타나고 있다.

1981년 「노인복지법」 제정 이후 2004년에 이르러서야 노인학대 관련 조항이 신설되었으며, 이후 「노인복지법」의 개정마다 노인학대와 관련된 사항들이 지속적으로 개정되고 있다(박수경, 2018). 2004년 국가와 지방자치단체가 노인학대의 예방, 발견, 보호를 위해 노인보호전문기관을 설치하도록 하고, 의료인을 포함한 5개 직군의 노인학대 신고의무자에 대한 신고의무 조항을 신설하였다. 2011년에는 노인학대 신고의무자의 신분보호를 강화하였으며, 다음 해에는 신고의무 위반 시의 처벌규정을 마련하고, 2017년 14개 직군으로 확대된 신고의무자에게 인권교육을 하도록 하였다. 2018년 3월에는 노인학대 신고의무자 교육이 추가 개정되어 노인학대 신고의무자가 소속된 기관의 장은 노인학대 신고의무자에게 노인학대 예방 및 신고의무에 관한 교육을 하고 그 결과를 보건복지부 장관에게 제출하여야 한다. 지난 2020년 4월에는 노인학대 신고 활성화 및 피해노인의 정보 유출 방지 등을 위하여 관련 처벌규정이 신설 및 강화된 바 있다(국가법령정보센터, 2020).

7 노인 치매

1) 치매의 개념과 증상

치매(dementia)는 퇴행성 뇌질환 또는 뇌혈관계 질환 등으로 인하여 기억력, 언어능력, 지남력, 판단력 및 수행능력 등의 기능(인지기능)이 저하됨으로써 일상생활에서 지장을 초래하는 후천적인 다발성 장애(「치매관리법」 제2조)로 70여 가지의 원인 질환들에 의해 유발되는 임상 증후군이라고 할 수 있다. 치매는 모든 노인이 걸리는 질병은 아니지만, 나이가 들수록 발병 확률이 높아지고, 발병하면 완치가 되지 않는 질환이다.

치매는 일상생활에 큰 무리 없이 정상이던 사람이 여러 질환으로 인하여 뇌에 자극을 주어 지적 능력을 상실하게 되는 경우를 말한다. 즉, 정상적으로 획득된 인지기능이 후천적으로 소실되어 일상생활이나 직업적 업무수행에 지장을 초래할 정도로 심하게 진행된 상태를 말한다(박경원, 2001). 정신장애 진단분류체계인 DSM-IV-TR(APA, 2000)에 따르면, 치매는 인지장애라는 기본 증상 외에도 일상생활하는 데 어려움이 있는 실인증, 실행증, 실어증, 수행기능의 장애가 최소한 한 가지 이상을 동반하며, 이로 인해 사회적·직업적 기능을 수행하는 데 있어 장애가 초래된다(권중돈, 2015).

치매의 원인은 연령, 성별, 교육 유무, 배우자의 유무, 우울증, 유전, 흡연, 두부외상 등이 있다. 일반적으로 60세부터 5년마다 치매 발생률이 약 2배씩 증가한다. 남성보다 여성이 치매의 위험이 1.3배 높게 노출되어 있다. 그리고 저학력자가 고학

력보다 치매 위험이 크며, 중등학력 이상 교육을 받은 노인과 비교하였을 때, 초등 이하 교육을 받은 노인이 치매 위험이 1.6배, 무학 노인은 4.5배로 높다. 또한, 배우자와 거주하고 있는 노인보다 배우자와 거주하지 않는 노인의 치매 발생률이 2.4배 높으며, 비흡연 노인보다 흡연 노인의 치매 발생률이 1.5배 높다. 그리고 머리를 다친 적이 있는 노인은 치매 위험이 2배 정도 높으며, 우울증을 앓는 노인이 3배 정도 치매 위험이 높다(보건복지부, 2008).

치매의 증상은 원인 질환에 따라 다양한 형태로 나타나지만 가장 대표적인 증상은 단기·장기 기억장애, 계산능력 장애, 방향감각 장애, 막연한 사고능력 장애, 사람의 성격이 무너지며, 주된 증상으로는 흥분·공격적 행동, 망상, 환각, 사람을 잘 알아보지 못하는 등의 섭식장애, 불결 행동, 야간 불면, 이상행동 등이 있다. 일상생활에서 할 수 있는 능력, 행동의 증상과 인지 등이 나빠지는 현상은 서로 다르게 나타날 수 있다. 특히 알츠하이머형 치매의 경우는 점차적으로 진행이 나빠지는 반면, 혈관성 치매의 경우에는 단계적으로 진행이 나빠지는 특징이 있다.

간이 정신상태 검사(MMSE)를 통한 치매의 범위로는 최고점은 30점이며, 24점 이상은 정상, 점수가 낮을수록 인지기능이 낮은 것을 나타낸다. 젝(Zec, 1996)의 연구를 기준하여 24점 이상은 정상으로 판단하며, 20~23점은 경도 치매, 10~19점은 중등도 치매, 9점 이하는 중도 치매로 구분할 수 있다.

표 3-1 간이 정신상태 검사(MMSE)의 일반적 치매기준

초기(경도, 20~23점)	중기(중등도, 10~19점)	말기(중도, 9점 이하)
• 정상인에게 보이는 것 이상의 건망증 • 단기기억손상, 특히 새로 배우는 것 • 숫자가 의미하는 것을 알아차리기 어려움 • 독창성과 흥미 상실 • 판단력 감퇴 • 지리적 지남력장애	• 가까운 가족이나 친구를 알아보는 능력 감소 • 초조, 혼란 • 배회, 길을 잃음 • 장기기억손상 • 이해력 장애 • 간단한 작업을 수행하는 방법을 잊음 • 운동신경 장애 • 수용성 실어증 • 표현성 실어증 • 불면증, 섬망 • 망상, 환각 • 행동 장애	• 단기기억, 새로운 정보를 이해하지 못함 • 단어를 이해하지 못함 • 음식을 넣고 삼키지 못함 • 단어나 소리 반복 • 스스로 케어 못함 • 부동 • 대소변이 무의식중에 배출됨

일반적으로 치매 원인에 따라서 특징이나 치매 출현 증상이 다르게 나타날 수 있으나 치매의 진행단계는 초기(최경도, 경도), 중기(중증도), 말기(고도) 3가지로 구분해 볼 수 있다.

첫째, 치매의 초기 단계는 기억력 감퇴로 시작된다. 사회생활이나 일상생활능력에 약간의 문제가 생기더라도 어느 정도 개인의 독립적인 생활을 영위할 수 있으며, 비교적 사회적인 판단력은 통상적으로 유지된다.

둘째, 중기에서는 초기 단계에서 보였던 기억력 감퇴, 언어능력 등의 증상이 악화되며, 사회적 판단에도 어려움이 생긴다. 진행속도에 따라 일상생활에 필요한 동작에도 어려움을 보이며 주변 사람들의 도움이 필요하게 된다.

셋째, 말기단계는 모든 지적 능력이 손상되고 일상생활의 능력이 심하게 감퇴되어 기본적인 생활유지가 어려우며 전적으로 주변의 도움이 필요하게 된다(대한노인정신의학회, 2018).

치매등급판정 기준은 신체기능, 인지기능, 행동 변화, 간호 처치, 재활영역에 걸쳐 환자 심신 기능 상태조사 등 장기요양 인정점수 합계를 구한 뒤 1등급~5등급으로 환자를 분류한다. 치매 등급자들은 단기보호, 방문간호 등 재가급여서비스를 이용할 수 있다. 치매 등급 이용자들이 사용할 수 있는 서비스의 종류는 3, 4등급 이용자들이 이용할 수 있는 서비스 종류와 동일하나, 치매 등급 이용자들은 주·야간보호 또는 방문요양을 통하여 매주 3회 또는 월 12회 이상 인지활동형 프로그램에 의무적으로 참가해야 한다(이동규, 2017). 이처럼 치매는 점차 발생하여 일상생활과 지적 능력의 전반적인 문제가 생겨 사회적 불능 상태에 이르게 된다. 이것은 결코 노화의 정상적인 것으로 나타나는 것이 아니며, 뇌의 전체 영역에 해를 끼쳐 신경세포의 되돌릴 수 없는 상실의 결과를 초래한다.

2) 치매의 현황과 부양문제

1980년 3.8%에 머물러 있던 65세 이상 노인 인구의 비율은 2000년에 전체 인구의 7.2%에 도달하여 우리나라도 고령화사회에 진입하였고, 그 후로도 전례가 없이 빠른 속도로 고령화가 진행되어 2018년에는 고령사회에, 2026년에는 초고령사회에 도달할 것으로 예측된다. 이와 함께 노인의 대표적 질환인 치매의 유병률 또한 가파르게 증가하고 있다. 여러 국내 역학조사에서 65세 이상 노인의 치매 유병률은 6.3~13%로 보고되었으며, 표 3-2와 같이 2008년 현재 우리나라의 치매 환자 수는 약 42만 명으로 추산되고 있는데, 이는 2012년에 50만 명을 넘어서고, 2030년에는 110만 명, 2050년에는 212만 명에 이를 것으로 예상된다.

표 3-2 우리나라 65세 이상 노인의 치매 유병률 및 치매 환자 수 추이

연도	2008년	2012년	2020년	2030년	2050년
치매 환자 수(명)	421,387	521,516	749,719	1,135,441	2,127,491
치매 유병률(%)	8.40	9.08	9.74	9.61	13.17

치매 노인은 일반적으로 그들의 가족에 의해 보살핌을 받고 있다. 시설보호가 발달된 미국에서도 역시 대부분 치매 노인이 가족에 의해 정서적인 보호를 받고 있다. 치매 노인을 부양하는 책임은 가족 중 한 사람이 거의 맡게 되며, 이들을 주부양자(primary caregiver)라 한다. 부양 부담이란 가족이 치매 노인을 케어하면서 겪게 되는 신체적·심리적·정서적·사회적·경제적 문제를 의미하는 것으로 나타나는 것이 일반적이다.

치매 노인의 발생은 가족구조 및 역할의 변화를 가져오는 결과로 이에 가족들은 심경의 변화를 겪으며 혼란스러움과 동시에 전혀 다른 생활을 하게 된다. 가족들은 부모와 자식의 역할이 바뀐 채 치매 노인을 보살피게 되고, 치매 노인을 대하면서 슬픔과 치매를 받아들이지 못하며, 반면 죄책감과 불안 등 가족들은 혼란스러운 감정의 변화과정을 겪게 된다. 치매 노인 가족에게 나타나는 이러한 갈등과 고통, 불안은 치매 노인에 대한 질 높은 보호를 가능하지 못하게 한다. 따라서 치매 노인의 삶의 만족도는 더욱 떨어지게 되며, 더불어 치매 노인 가족의 삶에 불만족의 결과를 주게 된다. 이때의 생활 변화는 가족구성원 간의 관계에 부정적인 영향을 끼쳐 갈등을 유발하며, 서로 지지하고 협조하는 경우보다는 서로를 비난, 원망하거나 서로에게 예민하게 반응하는 경우가 많다(김신미, 1993).

치매 노인 가족의 부양 부담은 사회활동의 제한 및 가족 간의 부정적 변화, 심리적 부담 및 경제적 부담, 건강의 악화 등이 있다.

첫째, 사회활동의 제한 및 가족 간의 부정적 변화로 치매 노인 가족은 치매 노인의 특성상 행동의 문제로 치매 노인에게 24시간 항상 신경을 써야 하므로 개인적인 시간과 여유를 찾을 수 없으며, 친구를 만날 수 있는 시간도 없고 사회적 활동이 제한적이다. 치매 노인 가족의 사회활동 제한에는 개인 시간의 부족과 자유의 한정적인 부분이 있지만, 이러한 부분이 해소될지라도 치매 노인 부양에 대한 부담감으로 개인의 사회활동에 참여하지 못하는 경우가 있다.

둘째, 심리적 부담 및 경제적 부담으로 치매 노인 가족은 치매 노인을 부양한 이후로 자주 짜증을 내거나, 화를 내는 경우가 늘어날 수 있고, 타인에게 친절하지 못하고 비판을 하는 상황이 생기기도 한다. 그리고 본인이 아무리 애를 써도 완치가 되지 않는 치매 노인으로 인해 허무한 생각이 많이 들고, 올바른 방법으로 대처하지 못하게 되어 무력감을 가지게 된다. 치매 노인 가족은 치매 노인의 치료와 간호에 필요한 비용으로 인하여 경제적 부담을 가지게 되며, 경제활동에 지장을 받는 부분이 크다.

셋째, 건강의 악화로 치매 노인돌봄을 신체적 건강 또는 정신적 건강에 많은 영향을 미치는 것으로 알려져 있다. 치매 노인을 포함한 인지기능 장애가 있는 노인을 돌보는 가족의 경우 정상 노인이나 신체가 불편한 노인의 가족에 비해서 건강에 더 부정적인 영향을 받는 것으로 나타나고 있다. 한국의 치매 노인 가족의 경우 돌봄 이후로 심장질환, 고혈압, 관절염 등의 신체적 질환을 한 가지 이상 가지고 있는 부양자가 절반 이상으로 나타나 신체적 건강상의 부담이 매우 높다.

참고문헌

강성호 · 이태열(2020). 가구분화에 따른 노인빈곤과 시사점. KIRI고령화 리뷰, 36, 1-9.

강현욱 · 박경민(2012). 도시와 농촌 노인의 우울에 미치는 영향요인 비교. *Journal of the Korean Gerontological Society, 32*(1), 129-143.

국가법령정보센터(2020). 국가법령정보센터 www.law.go.kr

국가인권위원회(2019). 노노돌봄 현황 실태조사. 국가인권위원회.

국토교통부(2018). 2018 주거실태조사. 국토교통부.

권중돈(2015). 노인복지론. 서울: 학지사.

김동배 · 손의성(2005). 한국노인의 우울 관련변인에 관한 메타분석. 한국노년학, 25(4), 167-187.

김미령 외(2013). 노인복지상담. 서울: 한국노년학포럼.

김신미(1993). 치매노인 환자가족에 대한 간호접근. 중앙의학, 58(6), 361-367.

김태완 · 이주미(2020). 코로나 시대의 소득불균형 심화와 정책적 대응. 보건복지포럼, 2020(12), 20-33.

김형수(2000). 노인자살의 이해와 일차적 예방. 한국인구학, 23(2), 167-187.

대한노인정신의학회(2018). 치매의 진단. 대한노인정신의학회.

박경원(2001). 도시 거버넌스와 협력적 계획모형. 국토계획, 36(5), 195-209.

박봉길 · 송인석(2014). 독거노인의 스트레스와 자살생각 간의 관계. 한국사회복지학, 66(2), 51-74.

박수경(2018). 노인복지법과 입법평가-노인복지법상의 노인학대 예방사업 관련 조항을 중심으로-. 입법평가연구, 13, 137-200.

박순미 · 김유진 · 박소정(2017). 국내 노인주거복지서비스 현황 및 특성 분석. 노인복지연구, 72(3), 395-428.

박은지(2018). 원예치료가 장애인의 자아존중감과 우울에 미치는 영향. 목포대학교 대학원 박사학위논문.

박재간(1995). 고령화사회의 위기와 도전. 나남.

박재산 · 이정찬 · 김귀현 · 문재우(2009). 우리나라 노인의 자살충동에 영향을 주는 관련요인 연구. 보건과 사회과학, 26, 115-136.

박희숙 · 장원태 · 오정희(2016). NSC 노인복지론. 경기: 공동체.

배재남(2002). 노년기 우울증. 대한내과학회지, 63(5), 602-608.

배진희 · 엄기욱(2009). 노인의 자살시도에 영향을 미치는 요인. 한국노년학, 29(4), 1427-1444.

보건복지부(2008). 2008년 지역사회건강조사. 보건복지부.

보건복지부(2016). 2006~2015 손상 유형 및 원인 통계, 응급실 손상환자 심층조사. 보건복지부.

보건복지부(2019). 노인복지사업안내. 보건복지부.

서인균 · 이연실(2016). 독거노인의 사회적 자원과 자살생각 간의 관계에 대한 우울의 매개효과. 노인복지연구, 71(2), 219-247.

서홍란 · 정윤경 · 김희년(2013). 신체적 질환이 노인 우울에 미치는 영향과 자기돌봄행위의 조절효과. 노인복지연구, 61, 57-83.

안지숙(2018). 한국 노인의 건강관련 삶의 질과 영향요인 추이. 한국보건간호학회지, 32(2), 275-287.

안지혜·이지연·장보형·한창수(2014). 사망원인으로 분석한 우리나라 노인 자살자의 특성. 근거와 가치, 3(1), 18-31.

양옥경·주소희(2011). 독거노인 자살사고에 영향을 미치는 요인에 관한 탐색적 연구. 정신보건과 사회사업, 37(4), 321-347.

여유진(2019). 한국의 노인빈곤과 노후소득보장. 보건·복지 Issue&Focus, 364, 1-8.

오병훈(2006). 노인 우울증의 진단과 치료. 대한임상노인의학회지, 7, 83-92.

오인근(2008). 노인자살생각에 대한 경로 분석. 연세대학교 대학원 박사학위논문.

유영직(2014). 시·군지역의 노인자살률에 영향을 미치는 요인에 관한 연구. 목포대학교 대학원 박사학위논문.

유지웅(2011). 노인학대 조기발견 대책과 경찰의 역할. 치안정책연구, 25(1), 87-114.

이동규(2017). 장기요양보험이 장기요양서비스와 의료이용에 미치는 영향. 서울대학교 대학원 석사학위논문.

이주미·김태완(2020). 노인빈곤 원인에 대한 고찰: 노동시장 경험과 가족구조 변화를 중심으로. 보건사회연구, 40(2), 193-221.

임병우·김은주·임중철·주경희(2015). 노인복지론. 경기: 공동체.

장규원·박호현·김종호(2018). 노인복지법 개정논의에 관한 고찰-노인학대를 중심으로. 법과정책, 24(2), 275-297.

정경희 외(2017). 2017년도 노인실태조사. 보건복지부.

중앙노인보호전문기관(2019). 2019 노인학대현황보고서. 중앙노인보호전문기관.

중앙자살예방센터(2019). 2019년 자살예방백서. 중앙자살예방센터.

통계청(2009). 사망원인통계결과. 통계청.

통계청(2019). 2019년 사망원인 조사. 통계청.

한국보건사회연구원(2015). 한국복지패널 9차년도 조사자료 User's Guide. 세종: 한국보건사회연구원.

황정우·이강욱·김정유·이동하·김두명(2017). 동거 및 독거노인의 우울이 자살사고에 미치는 영향과 대인관계의 조절효과. 정신건강과 사회복지, 45(1), 36-62.

Ashmore, R. (2006). Why people die by suicide. *Mental Health Practice, 10*(2), 26-27.

Balte, P. B., & Mayer, K. U. (1999). *The berlin aging study: Aging from 70-100.* Cambridge press: New York.

Beck, A. T., Kovacs, M., & Weissman, A. (1979). Assessment of suicidal intention: The scale for suicide ideation. *Journal of consulting and clinical psychology, 47*(2), 343.

Berk, M., Dodd, S., & Henry, M. (2006). The effect of macroeconomic variables on suicide. *Psychological medicine, 36*(2), 181-189.

BITS(2012). Protecting the Elderly from Financial Fraud and Exploitation. A Publication of BITS, 1001 Pennsylvania Avenue NW Suite 500 South Washington DC20004(202), 289-4322.

Blazer, D. G. (2007). *Essentials of geriatric psychiatry*. American Psychiatric Publishing, Inc.

Brown, S. L., & Vinokur, A. D. (2003). The interplay among risk factors for suicidal ideation and suicide: The role of depression, poor health, and loved ones' messages of support and criticism. *American Journal of Community Psychology, 32*(1-2), 131-141.

Dai, J., H. F. K. Chiu, K. R. Conner, S. S. M. Chan, Z. J. Hou, X. Yu, E. D. Caine(2011). Suicidal ideation and attempts among rural Chinese aged 16-34years— Socio-demographic correlates in the context of a transforming China. *Journal of Affective Disorders, 130*(3), 438-446.

Durkheim, E. (1987). 자살론. 황보종우(역)(2008). 서울: 청아출판사: La division del trabajo social. Ediciones Akal.

Garre-Olmo, J., Plana-Pujol, X., López-Pousa, S., Juvinya, D., Vila, A., & Vilalta-Franch, J. (2009). Prevalence and risk factors of suspected elder abuse subtypes in people aged 75 and older. *Journal of American Geriatrics Society, 57*, 815-822.

Hersen, M., & Van Hasselt, V. B. (Eds.). (2013). *Basic interviewing: A practical guide for counselors and clinicians*. Routledge.

Kumar, G., & Steer, R. (1995). Psychosocial correlation of suicidal in adolescent psychiatric inpatients. *Adolescence, 25*(3), 213-247.

Lachs, M. S., & Pillemer, K. (2004). Elder abuse. *Lancet, 364*, 1263-1272.

Paykel, E. S., Myers, J. K., Lindenthal, J. J., & Tanner, J. (1974). Suicidal feelings in the general population: A prevalence study. *The British Journal of Psychiatry, 124*(582), 460-469.

Rudd, M. D. (1990). An integrative model of suicidal ideation. *Suicide and Life - Threatening Behavior, 20*(1), 16-30.

Simons, R. L., & Murphy, P. I. (1985). Sex differences in the causes of adolescent suicide ideation. *Journal of Youth and Adolescence, 14*(5), 423-434.

Tatara, T. (1990). *NARCEA's suggested state guidelines for gathering and reporting domestic elder abuse statistics for compiling national data*. Washington, DC: NARCEA.

WHO. (2018). World health statistics 2018: Monitoring health for the SDGs sustainable development goals. World Health Organization.

Zastrow, C., & Bremner, J. (2004). *Understanding human behavior and the social environment*. Thomson Learning.

노인복지학

Part 02

노인복지의 기초와 이론

Chapter

04 노인복지의 기초

1 노인복지의 필요성과 개념

1) 노인복지의 필요성

노인복지의 필요성이 인정된 것은 산업사회가 도래하고, 사회국가가 등장한 이후이다. 산업사회 이전에는 노인이 보호를 필요로 하는 약자가 아니었기 때문에 노인복지의 필요성이 인정되지 않았다(김정화, 2020). 노인은 산업사회가 도래하면서 보호를 해야 하는 사회적 약자의 지위에 놓이게 되었고, 사회국가가 되면서 사회적 약자에 대한 보호의 필요성이 대두되었다.

산업사회 이전은 인구의 대부분이 농업에 종사하는 농업사회였다. 농업사회의 마을공동체는 혼인 및 혈연관계에 기초하여 형성되었으며, 가족 형태는 직계나 방계의 친족으로 이루어진 대가족의 형태가 일반적이었다. 따라서 가족 수가 오늘날에 비해 많았고 남성 중심의 가부장적인 질서가 지배하고 있었기 때문에 여성은 남성(가장)의 의사에 따라야 했다. 가족구성원들 간에 역할이 나뉘어 있어서 여성은 주로 집안일 및 자녀양육을 담당하였고, 경제활동은 주로 남성들의 몫이었다. 그리고 가족 또는 마을공동체 구성원은 서로 협력하여 경제활동을 하였다(김정화, 2020). 농업사회에서 노인은 약자로 인식되지 않았는데, 농업사회의 중요한 생산요소인 토지를 일반적으로 가족구성원 중에 연장자인 남성이 소유하였기 때문이다. 또한, 농업사회에서 경제활동은 연령에 상관없이 건강이 유지되는 한 지속할 수 있었기 때문에 노인은 쇠약해지기 전까지 경제활동을 할 수 있었고, 오랜 경륜(經綸)의 소유자로서 젊은 세대에게 지식을 전수하는 등 공동체 내에 존경의 대상이었다(조성백·최민호, 1996).

그러나 산업화의 진전은 노인의 지위를 변화시켰다. 과학의 발전은 종교와 전통지식을 대체하였으며, 개인의 성취와 능률을 강조하는 사회 분위기가 형성되었다

(김주현, 2009). 산업화로 인한 기계의 발전으로 생산구조가 변화하여 생산 활동에서 토지의 비중은 감소하였고, 노동력의 비중은 증가하였으며, 노인의 경험은 예전처럼 유용하지 않게 되었다. 그 결과 노동시장에서 청장년층의 수요는 크게 증가한 반면 노인은 점차 배제되어 사회적 약자로 인정되었다(이세주, 2019). 또한, 산업화가 진행되면서 가족과 이웃, 마을공동체 등으로 이루어진 전통적인 안전망은 점차 약화되었으며, 경제활동을 위해 농촌의 많은 인구가 도시로 이동함에 따라 마을공동체의 박애개념과 연대성이 약화되면서 전통적 안전망인 가족, 친구, 이웃으로는 충분한 보호를 담보할 수 없게 되었다(차진아, 2005). 이러한 시대적 변화는 기존의 전통적인 안전망을 보완하여 사회적 약자를 보호할 수 있는 사회적 안전망, 즉 사회보장의 필요성이 인정되었다(권중돈, 2010).

2) 노인복지의 개념

노인복지는 노인을 대상으로 하는 사회복지의 한 분야이며, 노인이 인간다운 삶을 영위할 수 있도록 필요한 서비스를 제공하는 모든 활동이라 할 수 있을 것이다. 따라서 노인복지의 개념을 정의하기에 앞서 사회복지의 개념을 파악하는 것이 필요하며, 노인이 인간다운 삶을 영위하는 데 필요한 서비스를 제공하는 활동이 무엇인가를 알아야 할 것이다. 사회복지가 다른 학문 분야와의 큰 차이점 중의 하나는 사회복지가 인간의 사회적 욕구에 초점을 둔다는 것이다. 이러한 점에서 사회복지는 인간의 사회적 욕구라는 사회현상을 이해하고 해결하기 위한 과학적 지식체계이며, 사회적 욕구를 충족시키지 못함에 따라 발생할 수 있는 이러한 측면에서 보면, 노인복지는 노인의 사회적 욕구인 소득, 건강(의료), 여가, 주거, 일자리, 신체적 수발 등을 충족시키기 위한 사회적 노력이며, 노인 문제인 빈곤, 질병, 고독, 소외, 역할상실, 치매, 학대, 자살 등을 예방하고 해결하기 위한 사회적 대책으로서, 노인이 인간다운 삶을 영위하는 데 필요한 서비스를 제공하는 정책적 활동과 실천적 활동을 포함하는 모든 활동이라 할 수 있을 것이다(이근홍, 2018).

노인복지에 관한 기존의 개념을 살펴보면 다음과 같다. 노인복지란 노인이 인간다운 생활을 영위하면서 자기가 속한 가족과 사회에 적응하고 통합될 수 있도록 필요한 자원과 서비스를 제공하는 데 관련된 공적·사적 차원에서의 계획과 서비스 제공 활동이다(최성재·장인협, 2011). 노인복지란 노인들이 인간다운 생활을 영위할 수 있도록 제반 사회복지서비스를 제공하고 실천하는 사회적 활동을 말하며, 노인에게 직면한 각종 욕구와 문제를 해결하고 예방하려는 사회적 노력의 총화인 것이다(현외성, 2007). 노인복지란 노인의 심신 건강유지와 생활안정을 위하여 필요한 노인 생활 전면 보장 및 복지서비스이다(양옥남 외, 2016), 이처럼 노인복지에 관한 개념은 학자에 따라 다양한 측면에서 정의될 수 있다.

따라서 노인복지란 노인의 사회적 욕구를 충족시키기 위한 사회적 노력이며, 노인 문제를 예방하고 해결하기 위한 대책으로서, 노인이 인간다운 삶을 영위할 수 있도록 필요한 서비스를 제공하는 정책적·실천적 모든 활동이다(이근홍, 2018).

2 노인복지의 원칙

노인복지를 적절히 실현하기 위해서는 노인복지가 지향하는 기본적인 이념을 이해하고, 이를 바탕으로 노인복지를 증진하기 위한 실행원칙에 따라 실천해야 할 것이다.

1) 노인복지의 기본이념

노인복지의 기본이념을 우리나라의 「노인복지법」에 나타난 내용을 중심으로 살펴보면 다음과 같다. 첫째, 노인은 후손의 양육과 국가 및 사회의 발전에 기여해 온 자로서 존경받으며 건전하고 안정된 생활을 보장받는다. 둘째, 노인은 그 능력에 따라 적당한 일에 종사하고 사회적 활동에 참여할 기회를 보장받는다. 셋째, 노인은 노령에 따르는 심신의 변화를 자각하여 항상 심신의 건강을 유지하고 그 지식과 경험을 활용하여 사회의 발전에 기여하도록 노력하여야 한다고 명시되어 있다.

노인복지는 노인이 신체적·심리적·사회적·문화적 측면에서 인간다운 삶을 영위할 수 있도록 다양한 서비스를 제공하여 심신의 건강을 유지하고 노후생활의 안정을 도모하는 것을 목적으로 하며, 이러한 목적은 기본이념에 근거하여 실현되어야 한다. 「노인복지법」에 명시된 내용을 바탕으로 노인복지의 기본이념을 살펴보면, 다른 세대로부터 존경받는 노인, 건전하고 안정된 노후생활의 유지, 적절한 소득이 보장되는 일자리의 보장, 다양한 사회참여 기회의 확대, 자신의 심신의 건강을 유지하기 위한 적극적인 노력, 그동안 쌓아온 지식과 경험을 바탕으로 사회 발전에 기여하기 위한 헌신 등의 6가지로 설명할 수 있다.

2) 노인복지의 실행원칙

노인복지를 증진하기 위한 실행원칙으로는 대표적으로 최성재와 장인협(2006)이 제시한 노인복지의 원칙과 1991년 유엔에서 발표한 노인을 위한 유엔 원칙, 2002년 마드리드 고령화 국제행동 계획을 들 수 있다.

(1) 노인복지의 원칙

비어스텍(Felix P. Biestek, 1957)이 그의 저서 『The Casework Relationship』에서 제시한 7대 관계원칙(Seven Principles of the Social Work Relationship)의 기본원칙을 바탕으로 최성재와 장인협(2006)은 사회복지의 노인복지사업의 목표를 달성하기 위해 준수해야 할 9가지 원칙을 다음과 같이 설명하였다.

① 존엄성 및 개성존중의 원칙

인간은 자신의 신분이나 직업, 연령, 신체적·정신적 건강, 경제적 지위 등에 의해 다른 사람들과도 어떠한 차별도 받지 않는 인간적인 권리로서 존엄성이 존중되어야 하며, 개인은 또한 다른 개인과 구별되는 특성과 욕구를 지닌 개성 있는 존재로서 인정되어야만 한다. 특히 노인의 경우에는 생산성의 저하로 그 존엄성이 무시되는 경우가 많은데, 어떠한 경우에서도 노인의 존엄성이 무시되어서는 안 된다.

② 개별화의 원칙

인간은 누구나 타인과 구별되는 고유한 특성을 가진 존재로서 그 어떤 사람이든 간에 자신이 가지고 있는 독특한 개성이 존중될 수 있도록 개별적으로 다루어져야 한다. 일반적으로 노인을 역(曆)연령에 따라 60세 또는 65세 이상으로서 동일한 한 집단으로 다루게 되는 경우가 많은데, 실질적으로는 노인의 연령을 60세에서 120세 이상까지 매우 폭넓게 이해해야 한다. 그러므로 60세 노인과 80세 노인 그리고 100세 노인의 욕구들이 다 같을 수는 없는 것이다. 따라서 노인들을 일반화시키거나 고정 관념적인 편견(stereotype)을 갖는 것은 노인복지에서는 가급적 피해야 한다.

③ 자기결정의 원칙

노인도 한 인간으로서 존엄성과 개성을 가진 존재이므로 노인 자신의 복리에 영향을 미치는 결정은 자신이 직접 선택할 수 있도록 하여야 한다.

④ 권리와 책임의 원칙

인간이면 누구나 자기에게 맞는 권리와 책임이 뒤따르기 마련이다. 이러한 권리와 의무가 노인이라고 해서 예외가 되는 것은 아니다. 현재 이러한 원칙들은 「노인복지법」 제2조에서도 다음과 같이 잘 명시되어 있다. 노인은 후손의 양육과 국가 및 사회의 발전에 기여하여 온 자로서 존경받으며, 건전하고 안정된 생활을 보장받으며, 노인은 능력에 따라 적당한 일에 종사하고 사회적인 활동에 참여할 기회를 보장받는다는 권리를 인정하고 있다. 한편으로 노인은 노령에 따르는 심신의 변화를 자각하여 항상 심신의 건강을 유지하고, 그 지식과 경험을 활용하여 사회의 발전에 기여하도록 노력하여야 한다는 의무와 책임의 이행을 권장하고 있다.

⑤ 보편성과 선별성의 원칙

국가나 지방자치단체 또는 각 기관에서 노인을 위한 프로그램을 계획할 때에는 그 대상을 어디에 두는가에 따라 보편적인 프로그램과 선별적인 프로그램으로 구분하게 된다. 선별적인 프로그램은 급여의 자격요건(eligibility)이 잠재적인 수혜자의 재정적인 상태를 평가하는 자산조사의 결과에 따라 결정되는 데 반하여, 보편적인 프로그램은 경제적인 상태와 관계없이 어떤 계층이나 범주(category)에 속하는 모든 사람에게 그 혜택이 주어지는 것이다. 그러므로 노인에게 있어서는 경제적인 상태와 관계없이 노인이면 누구나 가지게 되는 공통적인 욕구와 발달과업을 가지고 있다. 이러한 욕구나 과업의 해결을 위해서는 60~65세 이상의 전체 노인들에게 공통적으로 주어지는 서비스가 필요하다. 다른 한편으로는 개인의 경제적인 사정이 다르므로 경제적인 욕구의 정도에 따라 다르게 나타날 수도 있다. 이러한 경우 사회적인 입장에서 비용의 절감과 비용의 효과성을 위해 경제적인 소득이 일정 수준이하인 노인에게만 한정하여 선별적으로 혜택을 줄 필요성이 있다. 따라서 노인복지서비스는 정부에서 주어진 재정적·사회적인 여건을 고려하여 노인의 욕구에 따라 선별적인 원칙과 보편적인 원칙들이 적절히 적용되어야 할 것이다.

⑥ 개발적인 기능의 원칙

개발적인 기능의 원칙은 노인의 잠재적인 능력을 도출해 내는 것을 원칙으로 하는 것으로서, 노인의 개발성이나 주체성을 인정하는 데에서 비롯되는 원칙이다. 문제를 가진 노인의 경우에는 노인 스스로가 자발적으로 문제를 해결하도록 도움을 주어야 하며, 가급적 노인을 대신해서 문제를 해결하려는 도움은 자제해야 한다. 따라서 노인복지서비스의 과제는 노인에게 내재되어 있는 능력을 도출해 내어 발전할 수 있도록 도와주는 것으로서, 노인 자신도 알지 못하는 잠재력을 개발해 내도록 하는 것이다. 이러한 원칙은 개인뿐만 아니라 소집단이나 지역사회를 대상으로도 실행될 수 있다.

⑦ 전체성의 원칙

노인복지서비스를 전개하면서 노인을 하나의 전체성을 띤 인간으로서 받아들여야 한다는 것이다. 노인은 신체적·정서적·지적·사회적·심리적·영적인 측면의 총체로서 인정해야지 어느 한 측면만을 강조하여 서비스를 제공하는 것은 바람직스럽지 못하다는 것이다. 노화는 신체적·심리적·사회적 측면에서 각각 다르게 나타나고 있으며, 이러한 측면들이 서로 상호 관련이 있으므로, 노인의 신체적·지적·정서적·사회적·심리적·영적인 모든 측면을 전체적으로 이해하고, 이를 기반으로 서비스가 실행되어야 한다는 원칙이다.

⑧ 전문성의 원칙

노인복지사업은 전문적인 지식과 기술을 기반으로 하여 시행되어야 한다. 흔히 노인복지를 자선이나 연민의 차원에서 자발적인 행동으로 간주하여 경로와 봉사의 마음만 있으면 누구라도 노인의 사회생활상에 대한 제반 문제를 해결할 수 있다는 생각을 하고 있는데, 이것은 아주 잘못된 생각이다. 노인복지사업이 그 목표를 달성하기 위해서는 전문적인 사회복지 조직이나 기구와 아울러 전문적인 훈련을 받은 인력을 활용해야만 한다. 사회복지의 발달사적 측면에서 자선적·상식적인 차원의 자원봉사자만으로는 인간의 생활상의 제반 문제들을 잘 해결할 수 없음이 밝혀져서 전문적인 교육을 받은 사회복지 전문가의 참여가 필요했다. 오늘날 노년학의 제반 응용 분야인 노년의학, 노인간호학, 노년사회복지학 등의 등장은 노인 문제를 전문적인 지식과 기술을 바탕으로 해결하려는 필요성의 반영으로 볼 수 있다.

⑨ 노인의 시대적인 욕구 반영의 원칙

인간이 연령과 관계없이 동질적인 사람이 아닌 것과 같이 노인이라 불리는 사람들도 시대에 따라 각기 다르게 이해해야 한다. 오늘의 노인과 내일의 노인은 같지 않다는 것이다. 노인을 동년배 집단별로 보면 이들은 각각 다른 사회적·역사적 경험을 하였으며, 다른 사회화 과정을 거치면서 노령기에 이르렀기에 그들의 욕구도 시대에 따라 달라질 수밖에 없다. 그러므로 노인복지사업은 노인들의 시대적인 욕구를 잘 파악하여 이를 적절히 반영해야 한다.

(2) 노인을 위한 유엔 원칙

노인을 위한 유엔 원칙(United Nations Principles for Older Persons)은 유엔이 노인생활의 삶의 질을 향상시키기 위해 각 회원국에 권고한 원칙이다. 이것은 크게 독립의 원칙, 참여의 원칙, 보호의 원칙, 자아실현의 원칙, 존엄의 원칙 등 다섯 가지로 구분하고 총 18개 항의 원칙을 제시하고 있다(보건복지부, 2000).

① 독립의 원칙

노인을 위한 유엔의 원칙 중 독립의 원칙은 6개 항으로 구성되어 있다. 첫째, 노인은 소득, 가족과 지역사회의 지원 및 자조를 통하여 적절한 식량, 물, 주거, 의복 및 건강 보호에 접근할 수 있어야 한다. 둘째, 일할 기회를 제공받거나 다른 소득을 얻을 기회에 접근할 수 있어야 한다. 셋째, 직장에서 언제 어떻게 그만둘 것인지에 대한 결정에 참여할 수 있어야 한다. 넷째, 적절한 교육과 훈련 프로그램에 접근할 수 있어야 한다. 다섯째, 개인의 선호와 변화하는 능력에 맞추어 안전하고 적응할 수 있는 환경에서 살 수 있어야 한다. 여섯째, 가능한 한 오랫동안 가정에서 살 수 있어야 한다.

② 참여의 원칙

참여의 원칙은 3개 항으로 구성되어 있다. 첫째, 사회에 통합되어야 하며, 그들의 복지에 직접 영향을 미치는 정책의 형성과 이행에 적극적으로 참여하고, 그들의 지식과 기술을 젊은 세대와 함께 공유하여야 한다. 둘째, 지역사회 봉사를 위한 기회를 찾고 개발하여야 하며, 그들의 흥미와 능력에 알맞은 자원봉사자로서 봉사할 수 있어야 한다. 셋째, 노인들을 위한 사회운동과 단체를 형성할 수 있어야 한다.

③ 보호의 원칙

보호의 원칙은 5개 항으로 구성되어 있다. 첫째, 각 사회의 문화적 가치체계에 따라 가족과 지역사회의 보살핌과 보호를 받아야 한다. 둘째, 신체적·정신적·정서적 안녕의 최적 수준을 유지하거나 되찾도록 도와주고 질병을 예방하거나 그 시작을 지연시키는 건강 보호에 접근할 수 있어야 한다. 셋째, 그들의 자율과 보호를 위한 사회적 법률적인 서비스에 접근할 수 있어야 한다. 넷째, 인간적이고 안전한 환경에서 보호, 재활, 사회적·정신적 격려를 제공하는 적정수준의 시설보호를 이용할 수 있어야 한다. 다섯째, 그들이 보호시설이나 치료시설에서 거주할 때도 그들의 존엄, 신념, 욕구와 사생활을 존중받으며, 자신들의 건강 보호와 삶의 질을 결정하는 권리도 존중받는 것을 포함하는 인간의 권리와 기본적인 자유를 향유할 수 있어야 한다.

④ 자아실현의 원칙

자아실현의 원칙은 자신들의 잠재력을 완전히 발전시키기 위한 기회를 추구하여야 한다는 원칙과 사회의 교육적·문화적·정신적 그리고 여가에 관한 자원에 접근할 수 있어야 한다는 2개 항으로 구성되어 있다.

⑤ 존엄의 원칙

존엄의 원칙은 존엄과 안전 속에서 살 수 있어야 하며, 착취와 육체적·정신적 학대로부터 자유로워야 한다는 원칙과 나이, 성별, 인종이나 민족적인 배경, 장애나 여타 지위에 상관없이 공정하게 대우받아야 하며, 그들의 경제적 기여와 관계없이 평가되어야 한다는 2개 항으로 구성되어 있다.

(3) 마드리드 고령화 국제행동 계획

마드리드 고령화 국제행동 계획(Madrid International Plan of action on Aging)에 담겨 있는 다양한 내용 중에서 노인복지의 원칙은 모두 11개로 구성되어 있다(보건복지부, 2002).

① 모든 사람의 인권과 모든 노인들의 기본적인 자유의 완전한 실현
② 노년기의 빈곤해소 및 노인을 위한 유엔원칙을 세우는 목표를 재확인하는 것을 포함하여 안전한 노후의 달성
③ 노인들의 소득활동과 봉사활동을 포함하여 사회의 경제적·정치적·사회적 활동에 완전하고 효과적으로 참여할 수 있는 능력의 부여
④ 노인들이 단일한 동질집단이 아니라는 것을 인식하면서, 노후에 지역사회에서의 평생교육과 참여와 같은 것은 물론 전 생애를 통한 개인개발, 자아실현 및 복지를 위한 기회의 제공
⑤ 개인의 경제적·사회적·문화적 권리 및 시민적·정치적 권리의 완전한 향유와 노인에 대한 모든 형태의 폭력과 차별의 철폐
⑥ 특히 성차별의 철폐를 통하여 노인의 성평등 달성
⑦ 사회개발을 위하여 가정, 세대 간 상호의존, 연대와 호혜주의의 중요성 인식
⑧ 예방적 보건의료와 재활 관련 보건의료를 포함한 노인을 위한 보건의료, 지원, 사회적 보호의 제공
⑨ 국제행동계획을 실제적인 행동으로 전환하면서 모든 수준의 정부, 시민사회, 민간분야 및 노인들 사이의 협력 관계 추진
⑩ 특히 개발도상국에서 과학적 연구와 전문적 지식을 강화하고, 기술의 가능성을 고령화가 개인, 사회, 건강 분야에 미치는 영향에 초점을 맞추도록 하는 것
⑪ 노화 과정에 있는 노인의 고유한 상황과 노인들의 특수한 환경에 대한 인식 및 노인들에게 직접 영향을 미치는 결정에 노인들이 자신들의 소리를 효과적으로 낼 방법을 찾을 필요성에 대한 인식

3 노인복지의 철학

노인복지의 근본적인 가치와 철학은 노인들이 인간으로의 존엄성을 지니고 정상적인 생활환경 속에서 사회구성원들과 효과적인 상호작용을 통하여 그들의 권리를 적절히 보장받으면서 인간다운 삶을 영위할 수 있도록 해야 한다는 것이다. 한편 노인복지 철학의 근간이 될 수 있는 사회복지의 철학을 보면, 대개 인간의 존엄성, 개인의 자율성, 사회적 평등성, 개인의 권리보장 등이라 할 수 있다(이근홍, 2018). 이러한 철학과 노인복지의 가치를 바탕으로 노인복지의 철학을 인권존중, 정상화, 통합화, 권리보장, 경로사상 등의 5가지로 제시할 수 있다.

1) 인권존중

노인복지에서 일관성 있게 수용되고 준수해야 할 가치와 원리 중의 하나는 사람은 누구나 태어나면서부터 인간의 존엄성과 권리를 지니고 있다는 것이다. 그러나 최근 사회적 기능상의 심각한 문제를 지니고 있는 노인은 가족과 지역사회로부터 소외되고 무시당하는 경향이 있으며, 여러 가지 기능상의 문제나 심신의 손상으로 인하여 정상적인 인간다운 삶을 영위하지 못하거나 일상생활에서 불이익을 당하는 경우가 많다. 특히 이들은 대부분 상대적으로 사회경제적 지위가 낮고 능력이 부족하기 때문에 인간으로서의 기본적인 권리가 무시되거나 사회적 약자로서 취급되기도 한다. 따라서 노인들이 인간의 존엄성과 권리를 가지고 사회의 구성원으로서 가족 및 지역사회와 밀접한 상호작용을 하면서 그들의 복합적인 욕구를 충족시키고 문제를 해결하면서 인간다운 삶을 영위할 수 있도록 해야 한다(이근홍, 2018).

2) 정상화

노인들로 하여금 그들의 다양한 욕구를 충족시키고 문제들을 해결하여 가족과 지역사회 내에서 인간다운 삶을 영위할 수 있도록 하기 위해서는 정상화(normalization)의 원리에 바탕을 두고 노인복지가 실천되어야 한다. 정상화란 무능력한 사람들이 인간으로서의 평등에 관한 신념을 바탕으로 가치 있는 일상적인 생활을 영위할 수 있는 권리를 갖는 원리이며(Ramon, 1991), 일상적인 생활의 유형과 조건을 사회 주류의 규범과 양식에 가능한 한 밀접하고 이용 가능하도록 정비하는 것이다. 여기에서 일상적인 생활이란 정상적인 생활의 리듬, 통상적인 규모의 생활단위, 적절한 사생활, 다른 사람과의 사회적·정서적·성적인 관계에 대한 정상적인 접근, 정상적인 성장 경험, 적절한 급여가 제공되는 일의 가능성, 개인의 미래에 영향을 미치는 결정에서의 선택과 참여 등을 포함하는 것이다(Nirje, 1969).

또한, 정상화란 사회적 역할의 안정화를 말하는 것으로 무능력한 사람들이 사회적으로 바람직한 역할을 수행하여 사회로부터 가치 있는 인간으로 취급되도록 하는 것이다(Wolfensberger, 1983). 이것은 한 사회 안의 모든 구성원들이 동등한 권리와 가치를 가지고 삶을 영위하도록 하는 윤리적인 원칙으로서, 무능력한 사람이 사회구성원의 한 사람으로서 역할을 수행하고 정상적인 생활을 누리도록 생활환경을 현실적으로 조성하는 것을 말한다(Wolfensbergert, 1972).

이러한 정상화는 노인복지의 방향이 시설복지에서 지역사회복지로 이행되는 대인 서비스에서의 탈시설화, 일상생활의 기회 제공, 사회적 역할의 안정화, 인간존중, 자기결정의 권리, 권한부여(empowerment) 등과 밀접한 관계를 가지고 있다.

따라서 노인복지에서는 정상화에 입각하여 사회적 기능상의 심각한 문제를 가진 노인들이 보통의 생활환경 속에서 정상적인 생활을 영위할 수 있도록 물리적·정신적·교육적·사회적·문화적 환경을 조성하고, 사회의 구성원으로서의 그들의 권리와 가치가 존중되도록 해야 한다(이근홍, 2018).

3) 통합화

노인복지는 노인의 복합적인 욕구를 충족시키며 노인 문제를 해결하기 위해서 노인과 다양한 서비스를 연결하고 이러한 서비스들을 통합하며, 지역사회 구성원들과 밀접한 관계를 가지고 상호작용을 하도록 하는 통합화(integration)의 원리와 밀접하게 관련되어 있다. 통합화는 기본적으로 사회적 무능력자들을 보통사람들과 분리시키거나 그들을 집단화시키지 않고 사회 전체의 주류에 최대한 합류시키는 것을 말한다(Brandon, 1991). 이것은 노인복지와 관련하여 두 가지의 차원으로 분류할 수 있다.

첫째는 사회적 통합으로서 사회적 기능상의 심각한 문제를 가진 노인들이 가족과 지역사회의 다양한 사람들과 접촉하고 상호작용을 하는 것이다. 즉, 다양한 사회집단들이 모여 조화로운 관계를 형성하는 과정으로써 노인이 가족, 집단, 조직 및 지역사회와 밀접한 관계를 맺고 효과적인 연결을 촉진시키는 것을 말한다(이근홍, 2018).

둘째는 서비스의 통합으로서 노인의 다양하고 복합적인 욕구를 충족시키고 문제를 해결하기 위해 지역사회의 공식적 지원체계와 비공식적 지원체계의 서비스를 동원하여 통합하는 것이다. 즉, 이것은 노인의 복합적인 욕구를 충족시키고 다양한 문제를 해결하기 위해서 노인에게 적절한 서비스를 선택하여 연결시키고 조정하는 것을 말한다.

따라서 노인복지에서는 통합화에 입각하여 노인을 사회의 구성원들과 통합하여 효과적인 상호작용을 촉진하고, 지역사회 자원과의 연결과 서비스의 통합을 통하여 노인의 욕구를 충족시키고 문제를 해결하여 인간다운 삶을 영위할 수 있도록 해야 한다(이근홍, 2018).

4) 권리보장

노인은 다른 사회구성원들에 비해 사회적 기능상의 심각한 문제로 인하여 정상적인 인간다운 삶을 영위하지 못하는 경우가 많다. 즉, 신체적 기능이 저하되고 심리적으로 위축되며 사회적 역할이 상실되어 인간다운 삶을 영위하지 못하고 사회적 소외자로 살아가는 경우가 많다. 따라서 노인들의 인권이 보장되고 그들이 필요로 하는 서비스에 접근하며, 사회참여를 촉진하고 잠재 능력을 발휘할 기회를 증진하기 위해서는 그들의 권리가 최대한 보장되어야 한다(이근홍, 2018).

노인은 사회구성원으로서 최소한의 문화적인 생활을 영위할 수 있는 권리가 보장되어야 한다. 노인은 그동안 국가와 지역사회 발전에 기여한 공헌자로서 마땅히 존경받아야 하며, 소득, 건강, 여가, 주거, 신체적 수발, 교육, 교통 등을 포함한 다양한 욕구를 충족하면서 안정적인 생활을 유지하고 사회의 발전에 기여할 수 있도록 다양한 권리가 보장되어야 한다.

5) 경로사상

경로사상은 노인을 공경하는 사회구성원들의 생각이라 할 수 있다. 노인이 되면 가족, 지역사회 및 국가의 도움이 없이는 안락한 생활을 할 수 없는 사회적 약자일 수 있으므로 노인들이 심신의 안정과 건강을 유지하고 안락하고 편안한 생활을 영위할 수 있도록 하기 위해서는 노인을 공경하고 보살피는 노력이 필요하다(이근홍, 2018).

한편 노인이 공경의 대상이 되고 가족이나 지역사회에서 존경받기 위해서는 우리 사회에서 경로사상을 더욱 확산하고 고취시켜야 하며, 노인들이 자신의 건강을 지키고 능력에 따라 사회에 적극적으로 참여하며 독립적인 생활을 영위하기 위한 자발적인 노력이 필요할 것이다. 그와 더불어 노인에 대한 이해, 3세대 프로그램, 세대 간의 갈등해소, 전통적 가족제도 등이 촉진되어야 할 것이다(이근홍, 2018).

4 노인복지의 분야

노인복지는 사회복지의 한 분야이므로 사회복지학의 연구에서 분류하는 분야를 중심으로 노인복지의 분야를 분류할 수 있다. 사회복지학은 사회복지정책과 사회복지실천의 두 가지 분야로 구성된 개념이다. 즉, 법과 제도를 통하여 사회복지를 실천하는 분야는 사회복지정책이며, 대인관계(인간관계)를 통하여 사회복지를 실천하는 분야는 사회복지실천이다.

노인복지에서도 대개 노인복지정책과 노인복지실천으로 구분하여 개념을 구성하고 있다(이근홍, 2018). 노인복지정책은 소득보장정책, 건강(의료)보장정책, 여가보장정책, 주거보장정책, 장기요양보장정책, 노인복지서비스 등이라 할 수 있다. 노인복지실천은 노인사례관리, 지역사회보호, 노인상담, 노인자원봉사, 노인학대예방, 노인자살예방 등이라 할 수 있다. 그러나 시설서비스, 재가노인복지서비스, 고령친화산업 등과 같이 노인복지정책과 노인복지실천이 동시에 포함된 분야도 있어 두 가지 분야로 명확하게 규정하여 분류하기 어려운 경우도 있다.

참고문헌

김정화(2020). 사회보험을 통한 노인복지의 개선방향에 관한 헌법적 연구. 고려대학교 대학원 박사학위논문.

김주현(2009). 연령주의(Ageism) 관점을 통한 노년의 이해. 사회와 역사(구 한국사회사학회논문집), 82, 361-391.

보건복지부(2000). 고령화 관련 국제행동계획과 노인을 위한 유엔 원칙.

보건복지부(2002). 마드리드 고령화국제행동계획.

양옥남 외(2016). 노인복지론. 공동체

이근홍(2018). 노인복지론. 지식공동체

이세주(2019). 사회적 약자의 기본권과 실질적 보장의 실현-노인의 권리 보장 실현을 위한 유럽에서의 논의를 중심으로. 공법학연구, 20(3), 145-172.

조성백 · 최민호(1996). 농업생산력의 변화에 따른 농업생산조직의 발전과정. 한국농촌지도학회지, 3(1), 1-16.

최성재 · 장인협(2006). 노인 복지학. 서울대학교출판부.

최성재 · 장인협(2011). 고령사회와 노인 복지학. 서울대학교출판부.

Brandon, D. (1991). The implications of normalisation work for professional skills. In S. Ramon(Ed.), *Beyond community care: Normalisation and integration work.* Houndmills: Macmillan.

Nirje, B. (1969). *The normalization principle and its human management implications.* Changing patterns in residential services for the mentally retarded. Washington: President's Committee on Mental Retardation.

Ramon, S. (1991). *Beyond community care normalisation and integration work.* Houndmills: MacMillan Press Ltd.

Wolfensberger, W. (1972). *The principle of normalization in human services.* Toronto: National Institute on Mental Retardation.

Wolfensberger, W. (1983). Social role valorization: A proposed new term for the principle of normalization. *Mental retardation, 21*(6), 234.

Chapter

05 노인복지 패러다임과 노년학 이론

1 노인복지의 패러다임

1) 패러다임 변화 이론

패러다임은 미국의 토머스 쿤(Thomas Kuhn)이 1962년 그의 저서 『과학혁명의 구조(The Structure of Scientific Revolutions)』에서 주장한 개념이다. 쿤은 과학적 탐구를 공동체적 활동으로 파악하고 정상과학과 과학혁명의 두 가지 이질적인 활동으로 구분했다.

정상과학이란 하나 또는 그 이상의 과학적 성취에 확고한 기반을 둔 연구를 의미한다(조형, 1980). 정상과학은 과거의 과학자 집단이 오랫동안 연구하며 얻은 업적이며, 앞으로의 연구 기초로 되는 것으로 이 업적들을 패러다임이라고 부른다. 그런 의미에서 패러다임이라는 정상과학은 중요한 핵심개념이 된다. 이 패러다임은 학계에서 인정받은 실제 과학연구의 법칙 이론, 적용, 도구화 등을 제공함으로써 과학연구의 일관성을 유지하게 된다(조형, 1980).

정상과학을 통해 일정한 성과가 누적되면 기존의 패러다임에서 다양한 문제를 발견하게 되며, 이로 인해 기존의 패러다임은 점차 부정되고 경쟁적인 새로운 패러다임이 등장하게 되는데, 이를 과학혁명이라 한다. 과학혁명은 새로운 패러다임으로의 전환을 의미한다. 기존 패러다임의 변칙성 또는 위기에 직면한 과학자들은 기존의 패러다임에 관하여 다른 태도를 갖게 된다. 경쟁적인 주장이 난입하고 새로운 시도를 할 수 있는 준비를 하고 불만을 표현하고 철학에 호소하고 근본적인 문제에 대해 논쟁을 하는 등의 패러다임 전환의 징조들이 나타나게 된다. 쿤은 과학적 혁명을 정치적 혁명과 유사하게 바라보고 있다(조형, 1980). 정치적 혁명이나 과학적 혁명 모두 기존의 패러다임으로 조성된 환경이 문제시되고 위기감이 고조됨으로써 시작한다. 그리고 정치적 혁명은 정치적 제도를 변화시키는 데 목적이 있고 혁명은 반드시 제도의 변화를 수반한다. 다시 말하면 위기는 패러다임의 규칙을 완화시키는 것과 같이 정치적 제도의 역할을 약화시키고 그로 인해 제도적 틀 안에서 사회를 재건하려는 구체적 제안들을 발생케 하는 것이다. 그 사회 한편에서는 구제도를 방어하고 다른 한편에서는 무엇인가 새로운 것을 구성하려 한다. 이렇듯 양극화되면 타협이란 있을 수 없다. 혁명이 이루어지면 구제도가 금지하는 방법으로 제도를 변화시키게 된다. 이와 마찬가지로 패러다임의 전화에 있어서 새로운 패러다임은 기존의 패러다임과 전혀 다르며 그것과 비교될 수 없다.

이처럼 쿤은 기존의 정치제도가 거기서 파생하는 문제들을 해결할 수 없게 될 때 혁명이 일어나듯 자연과학에서도 혁명은 일어나며, 이는 패러다임의 변화로 설명된다고 하였다. 따라서 패러다임이란 어떤 한 시대 사람들의 견해나 사고를 근본적으로 규정하고 있는 테두리로서의 인식의 체계 또는 사물에 대한 이론적인 틀이나 체계로 정의할 수 있으며, 패러다임 이론은 과학 분야뿐만 아니라 사회과학, 정치학, 교육학, 사회복지학 등 다양한 학문 분야에서도 적용되어 내·환경의 급속한 변화로 파생된 새로운 개념, 가치, 이해 및 실천 등을 설명하는 이론적 기반으로 활용될 수 있다.

2) 노인복지의 패러다임

노인이 정책대상자로 명확히 규정되기 시작한 것은 1981년의 「노인복지법」 제정으로 볼 수 있다. 즉, 노인복지제도는 1981년부터 법적 기반을 갖고 시행되기 시작한 것으로 2017년은 한국에서 제도로서의 노인복지가 시작된 지 36년이 되는 해이다. 2017년은 노인 인구가 처음으로 700만 명을 넘어선 해로, 2018년에는 노인 인구가 전체 인구의 14.3%에 달하게 되고, 2025년에는 한국인 5명 중 1명이 65세 이상이 될 것으로 전망되고 있다. 또한, 노인의 특성 및 노인이 생활하는 사회적 특성 또한 급격하게 변화해 왔다(정경희, 2017).

노인복지정책이라는 관점에서 볼 때 노인의 특성변화 중 가장 주목해야 할 것은 다음과 같은 세 가지 점이다(정경희, 2017).

첫째, 평균수명의 증대로 인한 노년기의 확대되어 개인당 평균적으로 20년 이상의 노년기가 예상되기 때문에 개인적인 차원에서 좀 더 철저한 노년기 준비가 요구된다. 이러한 노년기는 체계적인 준비 없이는 노년기의 4가지 고통인 빈곤, 질병, 무위, 고독을 더욱 심각하게 경험할 수 있다. 또한, 길어진 노년기는 크게 기능적으로 독립적인 시기와 더불어 수명의 증대를 따라가지 못하는 건강수명과의 격차 등으로 인하여 발생하는 의존적인 노년기로 나누어 볼 수 있다. 각 시기별 비중이 개인별로 상이할 수 있으며, 노년기에 진입하였다고 하여 노년기에 대한 준비가 끝난 것이 아니라는 점을 염두에 둘 필요가 있다. 이러한 평균수명 증대는 노인복지정책에 있어 갖는 함의 또한 크다. 무엇보다 먼저 노인복지정책대상자의 적용 기간이 길어질 가능성이 크다. 한번 공적인 노인복지정책의 대상이 되면 이전보다 대상자인 기간이 길어진다는 것이다. 이는 재정에 미치는 파급효과가 크다는 측면과 더불어 공적 서비스와 비공식서비스, 또는 국가와 시민사회, 가족, 개인 등이 어떻게 역할을 분담하고 조율해야 노인의 삶의 질과 동시에 사회적 지속가능성을 담보할 수 있을 것인가에 대한 고민이 필요하다.

둘째, 가구 형태의 급격한 변화로 인하여 노인단독가구가 급격하게 증가할 것으로 예상된다. 1994년에는 약 절반의 노인이 자녀와 동거하고 있었지만, 2014년에는 약 4분의 1만이 자녀와 동거하고 있고, 약 3분의 2가 노인단독가구이다. 노인독거 비중은 23.0%인데, 이 비율은 통계청의 가구 추계에 의하면 2035년도에는 38.0%에 달할 것으로 전망된다. 따라서 자녀동거를 기본으로 설정한 과거 노인복지정책은 향후 노년기의 긴 빈 둥우리 단계를 보낸 후 혼자 생활하다가 사망에 이르는 과정을 기본으로 설정하는 변화를 추진해야 할 것이다(정경희, 2017).

셋째, 노인의 교육수준 향상이 이루어지고 있고 향후도 지속될 것이다. 20년 전만 해도 노인의 약 3분의 2가 공식적인 교육을 받은 경험이 없었던 것에 비하여, 2014년 현재는 노인의 약 3분의 1이 중·고등학교 이상의 학력을 갖고 있으며, 2025년에는 약 절반의 노인이 고등학교 이상의 학력을 소지하고 있을 것으로 전망된다. 2035년에는 30.3%가 대학교 이상의 학력자로, 지난 20년간의 변화에 맞먹는 변화를 예상할 수 있다. 이렇게 높아지는 교육수준과 다양화로 인하여 미래의 노인은 다양한 서비스와 재화를 요구할 것이며, 무엇이 적절한 서비스 수준인가에 대한 생각 또한 변화할 것이다.

이상과 같은 노인 인구의 증가와 특성변화는 사회문제로서의 노인 문제 해결을 위해 노인복지 패러다임은 신보수주의적 패러다임으로 변화할 것으로 예측한다. 노인 인구의 증가와 학력 수준의 향상 등은 노인의 정치적 영향력을 강화시켜 정치권에서는 노인복지 증진과 권익 보호를 위한 다양한 복지대책을 제시할 것이며, 노인복지에 대한 욕구의 증가와 다원화는 복지서비스의 민영화로 전환을 통하여 해결할 것으로 예측된다.

이러한 변화는 정부의 노인복지정책 기조의 변화에서도 찾아볼 수 있다. 최근 정부의 노인복지에 대한 정책적 기조는 생산적 복지에서 참여복지 그리고 능동적 복지의 개념을 강조하고 있다. 생산적 복지는 노인들로부터 구체적인 사회적 기여를 강조하는 실용주의적 사상(Kaye et al., 2003)과 노인 스스로 긍정적 삶의 철학으로 삶의 질 향상을 위해 능동적으로 활동할 기회를 확대하고 것이다. 참여복지는 생산적 복지에 대한 연장선상의 개념으로 복지수요자의 직접적 참여를 유도하는 보편주의 복지와 집단주의 사상을 포함한다.

2 노년학 이론의 중요성과 분류

1) 노년학의 개념

노년학이란 노화(aging)의 메커니즘 및 과정을 포함하여 노인에 관한 다양한 현상과 문제를 연구대상으로 하는 새로운 학제 분야로 사회학, 심리학, 교육학, 복지학, 인류학, 경제학, 정책과학 등의 사회과학에서의 접근이 주류를 이루지만, 생화학, 생물학 등의 자연과학적 접근도 이루어지고 있다. 노년학의 사회과학적 접근을 사회노년학이라 한다. 자연과학적 접근에 의한 연구는 최근의 많이 진행되고 있으며, 의료분야에서는 임상에 기초한 노년의학(geriatrics)이 성립되어 있다.

노년학은 과거 수명학, 가령학, 노인학 등으로도 불렸지만 최근에는 노년학이라는 이름으로 정착되고 있다. 노년학 연구가 가장 발전된 곳은 미국인데 노화(aging)라는 용어를 많이 사용하고 있다. 이것은 인간발달(human development)에 관한 연구가 노화의 기본 개념으로 하면서 인생 후기까지 확대되어 온 결과이다.

노년학은 역사가 짧아서 아직 독립적인 연구 분야로서는 확립되지 못한 실정이다. 노년학이 하나의 학문분야로 확립되기 위해서는 연구대상의 확정, 이론의 구축과 방법론의 개발, 학회의 조직화와 활동, 연구기관의 확립, 전문연구자의 존재, 차세대 연구자의 양성을 위한 교육체제의 확충, 연구 성과의 집약체인 교과서 저술과 그것을 보완하는 체계적인 사전의 편찬 등의 조건이 다른 기존 연구 분야와는 다른 형태로 충족되어야 한다. 그러나 현재 노년학의 경우 시작단계에 있으나 고령화사회에 대한 사회적 관심의 높아짐에 따라 노년학에 대한 기대와 관심이 확대되고 있는 현실을 생각한다면, 향후 노년학이 사회적 관심에 어떻게 부응하느냐가 미래의 노년학을 좌우할 것이다.

2) 이론의 중요성

일반적으로 이론이란 사물의 이치나 지식 등을 설명하거나 해명하기 위해 논리적으로 정연하게 일반화한 명제의 체계를 말한다. 이론은 이해와 설명 그리고 주어진 문제에 대한 견해를 만드는 분석 도구이다. 그러므로 이론은 어떠한 현상이나 양상에 대한 확립된 설명으로 사실과 법칙, 추론 그리고 검증된 가설이 포함될 수 있다. 이론은 존재한다고 가정하는 실재와 그 실재 간의 관계를 구성요소로 한다.

따라서 이론이란 아이디어, 이해력에 대한 틀, 견해(공리), 가치, 설명 등으로 정의되며, 우리 자신뿐만 아니라 우리를 둘러싼 환경을 이해하는 데 중요한 틀을 제공한다. 이론적 개념들은 상호 간의 이해와 정체성에 있어서 중요한 축으로 사회복지 실천에서 사회적으로 공유된 구성요소를 이룬다. 호위(Howe, 1987)는 사회과학에서 모든 수준의 이론들은 명료함을 가지는 기본적인 가정 혹은 가치에 근거를 두고 있다고 하였으며, 페인(Payne, 2005)은 이론은 사회복지사가 해야 하는 일과 그 당위성에 관한 지침을 제공한다고 하였다.

사회복지에서 이론은 사회복지종사자들과 정책입안자들에 중요한 의미를 제공한다. 노인을 보호하는 전문적 직업 종사자들이 클라이언트의 사례를 사정하거나 결정하는데 이론은 전문적 판단의 기준으로 작용하여 그들이 명확한 기준 없이 주관적으로 판단하여 복지서비스를 전달하는 실무에 임함으로써 클라이언트를 혼동과 위험에 빠지는 것을 방지하는 역할을 한다. 또한, 정책입안자들에게 이론은 노인복지정책의 기본적 가정과 가치를 설정하고 제도화하는 데 기본적인 틀을 제공한다.

3) 노년학 이론의 분류

노년학 분야는 1945년에 시작된 이래 생물학과 보건의료, 행동과학과 사회과학을 포함하는 다학제적 학문으로 발전해 왔다. 그러나 사회노년학의 발전과정에서 내부에서는 노인 문제와 노령화를 어떻게 볼 것인가와 관련하여 여러 가지 불일치가 항상 존재하였다. 이러한 차이는 광범위하면서도 분절된 노년학 이론에 반영되어 분야들을 하나로 묶어줄 공통의 끈, 즉 핵심적인 공통지식의 부재로 나타나기도 하였다(Estes et al., 2001). 이러한 불일치에도 불구하고 노년학 이론의 차원과 유형은 몇 가지 분석 틀에 의해 체계적 분류가 시도되었다.

벵트손 등(Bengtson et al., 1997)은 노년학의 다양한 이론들을 분류하면서 횡적 차원과 종적 차원을 동시에 고려하였다. 횡적 차원에서는 사회적 분석의 초점이 개별적 주체에 있는가, 사회구조에 있는가, 혹은 미시와 거시의 연결인가에 따라 미시(micro), 미시-거시(micro-macro), 거시(macro)의 세 차원으로 분류하였다. 미시적 노년학 이론에는 우리나라에 많이 소개된 활동이론(Activity Theory)과 지속이론(Continuity Theory), 사회적 와해·유능이론(Social Breakdown Competence Theory), 교환이론(Exchange Theory) 등이 속한다. 미시-거시 차원의 이론에는 이탈이론(Disengagement Theory), 근대화이론(Modernization. Theory), 하위문화이론(Subculture Theory), 연령계층이론(Age Stratification Theory)과 생애과정이론(Life Course Theory) 및 연령통합이론(Age Integration Theory), 페미니스트 노년학 이론(Feminist Theories of Aging) 등이 속한다. 거시적 수준의 이론에는 정치경제학 이론(Political-Economy Theory)과 비판적 노년학(Critical Gerontology) 등이 속한다.

종적 차원에서는 노년학의 역사적 발전과정에 따라 1세대 이론(1949~1969년), 2세대 이론(1970~1985년), 3세대 이론(1986년 이후)으로 분류하였다. 1세대 이론에는 활동이론, 이탈이론, 근대화이론 그리고 하위문화이론 등이 속하는데, 1세대 이론에서는 노화에 따른 사회적 요구와 기대를 강조하고 노인의 개별적 특성(건강, 성격,

욕구)에 초점을 맞추는 경향이 있었다(최희경, 2006). 특히 1961년에 등장한 이탈이론은 개별적 노화 과정이 사회구조로부터 분리되어 이해될 수 없다는 점을 강조한 최초의 포괄적이고 명확한 사회노년학 이론의 출발점으로 평가받는다(Achenbaum & Bengtson, 1994). 2세대 이론으로는 지속이론, 사회적 와해·유능이론, 교환이론, 연령계층이론, 정치경제학 이론 등이 있는데, 이 시기에는 1세대 이론이 사회노년학의 주류를 형성한 가운데 주류 이론을 비판하는 대안적 시각이 등장하였다. 이 중에서 연령계층이론은 노년학의 관심을 개인의 적응으로부터 사회적 연령 구조로 확대함으로써 연령을 사회 구조적 차원에서 파악하는 기반을 제공하였으며, 교환이론은 사회적 비용이라는 관점에서 세대 관계를 파악할 수 있는 기반을 제공하였다(최희경, 2006). 1980년대 초반의 노년학 이론은 질적 도약을 이룩하게 되는데, 이것은 생물학적 범주로 당연시되던 노년과 노인이라는 범주가 사회적으로 구성된다는 사실이 경험적 연구를 통해 새롭게 알려졌기 때문이다(Kohii et al., 1991), 정치경제학적 노년학 이론과 현상학적 노년학 이론은 이전의 기능주의적·실증주의적 노년학 이론이 간과하였던, 또 다른 실재를 보여주는 데 기여하였다(최희경, 2006). 3세대 이론에는 2세대 이론의 성과를 확장시키거나 반박하는 생애과정이론과 연령통합이론, 심리학, 경제학, 정치학, 페미니즘 등의 영향을 받은 다양한 이론들이 포함된다. 1980년대 후반 이후 지금까지는 미시와 거시의 다양한 수준에서 성, 계급, 인종, 교육, 심리적·신체적 기능상태 등을 고려하는 관점의 중요성이 강조되고 있다(Hooyman & Kiyak, 2005).

표 5-1 벵트손 등(Bengtson et al., 1997)의 노년학 이론의 유형별 분류

구분	1세대	2세대	3세대
미시	활동이론	사회적 와해·유능이론 교환이론 지속이론	
미시-거시	이탈이론 근대화이론 하위문화이론	연령계층이론	생애과정이론 연령통합이론 페미니스트 노년학
거시		정치경제학 이론	비판적 노년학

마샬(Marshall, 1996)은 노년학 이론을 분석수준에 따라 거시, 연결(Linking), 미시의 3차원으로 분류하였다. 마샬의 연결이론은 벵트손 등의 분류에서 거시 - 미시 이론에 해당하는 것으로, 거시적 분석과 미시적 분석을 연결시키는 이론들이다(최희경, 2006). 마샬은 이론들의 인식론적 차이에 따라 규범적(normative) 이론과 해석적(interpretive) 이론으로 재분류하고, 이들 두 상반되는 인식론을 연결하는 교량적(bridging) 이론 범주를 추가하였다(최희경, 2006). 벵트손 등은 사회과학에 있어 두 상반되는 접근방식을 전통적인 실증주의 인식론과 해석적 인식론으로 대비하고 있는데, 이는 마샬의 규범적 이론과 해석적 이론이라는 범주와 기본적으로 동일한 것으로 보인다. 규범적 관점은 사회적 규범이 인간의 행위를 결정한다는 것으로, 자연현상과 마찬가지로 사회현상에도 규칙이 실재하고 과학적 방법을 통해 이를 발견, 증명할 수 있다는 관점이다. 그러나 해석적 관점에서는 사회과학의 지식이란 단 하나의 객관적 실재가 관찰을 통해 발견되는 것이 아니라 관찰자에 의해 구성되고 이해되는 것으로 본다. 이러한 사회과학의 기본적인 두 관점은 노년학 이론들의 역사적 뿌리가 되는 이론들로부터 내재된 것이라고 할 수 있다.

표 5-2 마샬(Marshall, 1996)의 노년학 이론의 유형별 분류

구분	규범적(실증적)	교량적	해석적
거시적	구조주의 근대화이론	이익집단이론 제도화이론	정치경제학
연결	활동이론 이탈이론 연령계층이론 성공적 노화	생애과정이론 페미니즘이론	비판이론 상징적 상호작용론 해석학 문화인류학
미시적	역할이론 발달이론 전통적 경제적 이론 합리적 선택이론	교환이론	자아이론 (지속이론, 직접/지위 변화)

3 노년학의 주요이론

1) 활동이론

활동이론에서, 노화는 역할들의 대체 과정이다. 노인은 노화에 동반된 은퇴나 배우자 상실 등으로 역할들의 상실을 겪게 된다. 하지만 인간의 자아개념은 자신이 담당하고 있는 사회적 역할들의 수행과 직접적으로 관련되어 있다. 따라서 노인이 적극적인 자아개념과 삶의 의욕을 유지하기 위해서는 그와 같이 상실된 역할들을 새로운 역할들로 대체해야만 한다. 즉, 노년의 행복은 새로이 획득한 역할들에서의 증대된 활동으로부터 나온다(Cavan et al., 1962).

이 이론의 핵심은 활동과 생활만족도 간에 정적 관계를 가정하는 데 있다. 사람들이 보다 능동적일수록 생활만족도는 보다 커지고, 모든 노인은 높은 정도의 사회활동을 요구하고 소망한다. 하지만 이러한 선험적 가정은 후속연구들에서 거의 입증될 수 없는 것이었다(Adams, 1971). 다시 말해, 노인들의 참여에 대한 필요와 만족도는 그들이 처해 있는 상황과 활동의 종류에 따라 달라진다. 가령, 한 조사에서는 노인들이 공식적 활동(자원적 조직에의 참여)이나 고립된 활동(여가, 가사 유지)이 아닌 비공식적 활동(친구, 친척, 이웃)에만 만족하는 것으로 나타났는데, 이는 노인들이 자신들의 역할 정체성을 확인할 수 있는 비공식적 우정과 결부된 활동들에만 의미를 부여한다는 사실을 보여준다(Lemon et al., 1972). 따라서 이 이론은 정연하게 검증 가능한 명제들을 제시할 수 없다는 한계를 극복하기보다는, 오히려 조사연구를 통해 노년기의 적절한 행동에 대한 이데올로기를 지속적으로 생산·재생산하는 경향을 보여 왔다. 라이넛 등(Lynott et al., 1996)은 활동이론을 근면한 노동을 통한 자기실현이라는 도덕적 의무를 채택하고 사회질서 내의 구성원으로서 자격을 다루었던 연구자들의 암묵적인 지향은 데이터와 그것의 거울 이미지에서 드러나고 있다. 이러한 연구자들이 노화의 본질로 발견하고자 한 것(재적응에서의 개인과 삶의 만족)은 노화의 본질에 대한 암묵적인 '이론'에 그 원천을 갖고 있어 이들의 연구와 데이터는 그러한 선입견을 재생산했다는 평가를 하였다.

2) 이탈이론

이탈이론에 따르면, 노화는 개인이 나이가 듦에 따라 그가 속해 있는 사회체계 내의 타인들과의 상호작용이 감소하는 불가피한 상호 철회이다(Cumming et al., 1961). 노령기에 이른 개인은 사회적 상호작용의 수와 빈도가 감소하고 정서적 관여의 정도가 저하된다. 이러한 이탈은 개인의 능력이 시간이 지남에 따라 퇴화하는 데에서 비롯된다. 산업사회에서의 성공은 개인의 능력, 즉 특정 지식과 기술을 요구한다. 이러한 요구를 충족시키기 위해 청년은 충분한 지식과 기술을 가져야 하고 노인은 그것들을 잃어버리기 전에 은퇴해야 한다. 요컨대, 노화란 노인이 성년을 특징짓는 역할들의 배열로부터 물러나는 것을 뜻한다.

이 이론은 활동이론과는 달리, 이탈이 자연스럽고 바람직한 것으로 모든 문화에서 발견되는 보편적이고 정상적인 현상으로 간주한다. 왜냐하면, 노인의 이탈은 개인과 사회 모두에게 기능적인 것이기 때문이다. 가령, 은퇴나 노동인구로부터의 이탈은 노인이 궁극적으로 사회생활로부터의 총체적인 이탈인 죽음을 대비할 시간을 갖도록 해 주는 것과 동시에 사회가 보다 효율적인 젊은이들을 위한 여지를 제공할 수 있도록 해 준다(Cumming et al., 1961). 따라서 개인과 사회는 불가피하고 상호 만족스러운 사회로부터의 이탈과정을 통해 치유 불가능한 능력의 상실인 질병과 죽음이라는 궁극적인 이탈에 미리 대비할 필요가 있다(Phillipson et al., 2007).

3) 연령계층이론

연령계층이론에서 노화는 연령을 바탕으로 작동하는 사회분화(differentiation)의 결과이다. 노인은 어린이나 성인이 그러하듯이 연령이나 생활단계에서 유사한 사람들로 형성되어 있다. 이러한 연령 구조는 사회적 과정의 필수불가결한 일부이고, 노인은 여타 연령계층들과 상호의존된 사회적 총체 내의 한 요소이다. 연령계층은 연령과 관련된 일련의 역할들은 물론 사회의 권력과 보상에 대한 기회들을 공유하고 있고, 집단적 가치와 충성심 나아가 불평등과 갈등의 원천이 될 수도 있다. 요컨대, 연령 구조는 사회계층과 마찬가지로 사회 내의 개인들이나 집단들의 지위를 위계적으로 구조화한다(Foner, 1974: 187).

연령계층이론은 하위문화론이 미시적인 상호작용의 과정을 주목했다면, 사회 구조적인 분화의 측면을 주목하고 있다. 또한, 하위문화론이 집단정체성을 가진 노인집단을 상정하고 있는 것과는 달리 노인이 단일하게 고정된 실체가 아니라는 점도 부분적으로 파악하고 있다. 왜냐하면, 노화는 사회변화를 반영하면서 역사적으로 진행되는 것이기 때문이다. 특정 시점의 출생 코호트(birth cohort)는 다른 시점의 그것과 상이한 노화를 겪는다. 가령, 공황기에 성장한 출생 코호트는 당대의 경제적 상실이나 사회적 젠더 체계를 경험하는 까닭에 다른 시기의 출생 코호트들과는 상이한 자원, 태도, 가치, 행동양식을 보여준다(Elder, 1974).

이러한 연령계층이론은 사회노년학에서 중요한 이론적 진전을 가져왔다. 그것은 계층이나 코호트와 같은 사회학과 인구학의 개념적 도구들을 도입함으로써 노화 연구에서 구조적·역사적 요인들을 다루고 있다. 연령계층과 사회계층의 유비는 노화를 발달론적 연령변화를 넘어 사회구조의 맥락에서 파악하는 것을 가능하게 했고, 출생 코호트의 개념은 노인 내부에서 코호트 간의 유의미한 편차들을 파악할 수 있는 유용한 분석적 틀을 제공했다(Passuth et al., 1996).

4) 교환이론

교환이론에서 노화는 여타 연령계층들과의 교환관계에서 벗어나는 과정이다. 연령의 증가는 점유하는 권력 자원의 감소를 초래하는데, 이는 여타 집단들과의 균형 잡힌 교환관계를 유지할 수 없게 한다. 이러한 불균형은 노인들이 생계의 지속을 위해 순응하거나 교환관계로부터 이탈하도록 강요받게 됨을 뜻한다. 요컨대, 노화로 인한 상호작용의 감소는 여타 연령집단에 대한 노인의 상대적인 권력 자원이 점증적으로 저하되는 일련의 교환관계의 결과이다(Dowd, 1975).

이러한 교환이론은 두 가지 가정들에 기반하고 있다. 하나는 여타 연령계층들에 대한 노인의 상대적인 권력 자원의 양이 근대화의 정도와 부적 관계를 갖는다는 것이다(Cowgill et al., 1972). 전통사회에서는 노인들이 희소한 자원에 대한 통제력과 전통에 대한 지식을 보유했지만, 산업사회에서는 교육과 노동력을 보유하고 있지 못하다. 결과적으로 산업사회에서 노인들은 전통사회보다 적은 권력 자원을 갖고 있다. 다른 하나는 생애과정에서 역연령과 권력 자원의 정도 간에 ∩형의 관계가 존재한다는 것이다(Dowd, 1975). 권력 자원의 점유는 청년기에 제한되어 있다가 성년기를 통해 증가하고 노년기에 급격하게 감소한다. 은퇴와 같은 사회정책은 이상의 두 가지 가정들이 결합된 권력 자원의 가파른 하락을 입증하는 전형적인 사례이다.

교환이론은 노인의 자발적 선택을 가정하는 이탈이론과 노령보다는 연령 그 자체에 초점을 두고 있는 연령계층이론을 비판하고, 연령계층 간의 보상과 비용에 따른 교환관계로부터의 이탈의 동학을 제시함으로써 노화 연구에 새로운 차원을 추가했다.

5) 정치경제학 이론

정치경제학 이론에서 노화는 생산의 사회적 조직화에 의해 규정된다. 노화나 노인은 역연령이 아니라 계급특수적인 배제, 구조화된 의존(structured dependency)의 창출, 자본주의 경제의 일환으로서의 사회정책 등에 의해 구성된다. 또한, 이러한 과정은 일생에 걸쳐 불균등하게 진행됨으로써 노인 내부의 불평등과 빈곤을 야기한다. 이러한 생산의 사회적 조직화에 따른 노화의 규정과 노인의 형성은 다음 3가지 측면에서 조망될 수 있다(박선권, 2012).

첫째, 연령의 사회적 구성에 따른 배제이다. 자본주의 사회들은 누가 언제까지 고용되어 일할 수 있는지에 대한 경계를 정의해 왔다. 연령은 그 경계를 수치화한 기준에 불과한 것이지만, 노령은 강제퇴직(compulsory retirement) 혹은 취업 연령장벽(age-barrier)을 의미하는 법정 은퇴 연령(statutory retirement age)으로 사회적으로 정의된다. 이 과정에서 노인은 숙련, 능력, 지식, 성과에서 낡고 비효율적이어서 비생산적이라는 일반적인 평가절하를 받게 된다. 이에 따라 노인은 노동의 영역에서는 젊은이들에게 양보하거나 저임금을 감내해야 하고 비노동의 영역에서는 건강을 염려하거나 여가를 즐겨야 한다는 논리에 순응해야 한다. 요컨대, 노인은 자본주의 사회의 노동 조직화에 의해 연령을 기준으로 체계적으로 배제됨으로써 창조된다(Walker, 1980).

둘째, 노인의 사회적 지위는 세 단계의 삶의 과정을 통해 불균등하게 진행된 결과이다. 우선 출생 시의 계급이다. 이러한 생득적 지위는 계급의 세대 간 연속성에 따라 대물림되고, 이후의 교육과 노동을 비롯한 삶의 기회들을 결정한다. 다음으로 성년기의 고용이다. 노동시장에서의 직업적 지위는 임금, 저축, 자산, 질병, 실업에 영향을 줌으로써 은퇴 이전의 자원분배를 결정한다. 끝으로 노년기에 부여받는 의존적 지위이다. 성장기의 교육과 성년기의 고용 및 임금에서의 차별은 수급자격 부여 시 은퇴 이전의 임금과 연계된 연금에 대한 차별적 접근으로 이어진다. 이렇게 형성된 빈곤 노인들은 연령 분리주의적 노동시장에서 저임노동에 간헐적으로 종사하거나 사회정책의 대상으로서 국가로부터 의존적 지위를 부여받는다. 이러한 생애 전체에 걸친 차별의 결과로 노인들 내부에는 구조화된 의존 상태에 놓인 집단과 그렇지 않은 집단 간의 '두 개의 나라'가 형성된다(Townsend, 1981).

셋째, 사회정책은 이상의 과정에서 산출된 노인의 불평등과 빈곤을 근본적으로 개선하기보다는 노인의 의존적 지위를 강화하고 고착시킨다. 노인복지는 자본주의 경제에 자원을 공급하는 다수의 서비스 지향의 직업들을 증가시키고, 공공 및 민간 부문들에서 방만한 고비용의 관리자, 입안자, 연구자, 실무자 등의 전문가 집단과 중앙 및 지방의 국가기구 확대를 초래하고, 복지전달과 같은 주요영역에서 노인을 주변화하는 동시에 공공지출 삭감이나 사적 보장에 대한 담론을 유포함으로써 사회의 '부담' 인구라는 고정관념을 정당화한다. 요컨대, 사회정책은 궁핍한 노인들의 생활수준을 개선하기보다는 경제적 조직적 이데올로기적 이해가 관철되는 메커니즘일 뿐이다(Guillemard, 1983).

이러한 접근은 이전의 이론들이 간과했거나 지엽적으로만 다루어 온 노화와 사회구조의 관계를 시장, 계급, 국가에 의한 '노령의 위기 구성과 관리(crisis construction and crisis management of old age)'의 동학이라는 견지에서 체계적으로 규명하고 있다는 점에서 이론적 진전을 보여주고 있다(Estes, 2001). 또한, 노인 내부 불평등의 형성 과정을 밝혀냄으로써 노인을 하나의 단일한 집단으로 간주해 온 이전의 관점들과도 대비된다. 나아가 이러한 불평등을 젠더나 인종과 같은 이질성의 측면에서 정교화시켜 나아갔던 소수자집단 연구들의 발전에도 기여했다(Estes et al., 1984).

참고문헌

박선권(2012). 사회노년학 이론의 갈래, 추세, 정책적 함의. 민주사회와 정책연구, (22), 73-101.

정경희(2017). 노인복지정책 진단과 미래 발전 방향. 보건복지포럼, 254, 18-36.

조형(1980). 과학혁명의 구조. 서울: 이대출판부,

최희경(2006). 우리나라 노인복지연구의 노년학 이론 활용에 관한 분석. 노인복지연구, 34, 7-29.

Achenbaum, W. A., & Bengtson, V. L. (1994). Re-engaging the disengagement theory of aging: On the history and assessment of theory development in gerontology. *The gerontologist, 34*(6), 756-763.

Adams, D. L. (1971). Correlates of satisfaction among the elderly. *The Gerontologist, 11*(4 Pt 2), 64-68.

Bengtson, V. L., Burgess, E. O., & Parrott, T. M. (1997). Theory, explanation, and a third generation of theoretical development in social gerontology. *The Journals of Gerontology Series B: Psychological Sciences and Social Sciences, 52*(2), S72-S88.

Cavan, R. S. (1962). Self and role in adjustment during old age. *Human behavior and social processes*, 526-536.

Cumming, E., & Henry, W. E. (1961). *Growing old, the process of disengagement.* Basic books.

Elder, G. H. Jr. (1974). *Children of the great depression.* Chicago: University of Chicago Press.

Estes, C. L. (2001). Crisis, the welfare state, and aging, Estes C. L. eds., *Social policy and aging: A critical perspective.* Sage.

Estes, C. L., Gerard, L., & Clarke A. (1984). Women and the economics of aging. *International Journal of Health Services, 14*(1), 55-68.

Estes, C. L., Wallace, S. P., Linkins, K. W., & Binney, E. A. (2001). The medicalization and commodification of aging and the privatization and rationalization of old age policy. *Social policy & aging: A critical perspective*, 45-60.

Foner, A. (1974). Age stratification and age conflict in political life. *American Sociological Review*, 187-196.

Guillemard, A. M. (1983). *Old age and the welfare state.* Sage.

Hooyman, N. R., & Kiyak, H. A. (2005). *Social gerontologist: A multidisciplinary perspective.*

Howe, D. (1987). *An introduction to social work theory: Making sense in practice* (Vol. 24). Ashgate Publishing, Ltd.

Kaye, L. W., Butler, S. S., & Webster, N. M. (2003). Toward a productive ageing paradigm for geriatric practice. *Ageing International, 28*(2), 200-213.

Lynott, R. J., & Lynott, P. P. (1996). Tracing the course of theoretical development in the sociology of aging. *Gerontologist, 36*, 749-760.

Marshall, V. W. (1996). The state of theory in aging and social sciences. In R. H. Bibstock and I. K. George(Eds.), *Handbook of aging and the social sciences* (4th ed.). Sandiego: Academic Press.

Passuth, P. P., & Bengtson, V. L. (1996). Sociological theories of aging: Current perspective and future directions. Quadagno, J., & Street, D. ed., *Aging for the twenty-first century*. St. Martin's Press.

Payne, M. (2005). *The origins of social work: Continuity and change*. Red Globe Press.

Phillipson, C., & Barrs, J. (2007). *Social theory and social aging*. Ageing in Society: European Perspective on Gerontology, SAGE.

Thomas, K. (1962). *The structure of scientific revolutions*.

Townsend, P. (1981). Structured dependency of the elderly: A creation of social policy in the twentieth century. *Ageing and Society, 1*, 5-28.

Walker, A. (1980). *Towards a political economy of old age*. Revised version of a paper presented at the British Society of Gerontology Annual Conference, Aberdeen.

Chapter

06 노인복지의 변천과 노인복지 관련 법

1 노인복지의 변천

우리나라의 노인복지정책은 인구구조 변화와 사회, 정치, 경제, 문화적 요인에 영향을 받아 형성되고 변화됐다. 우리나라 노인복지는 잔여적 노인보호체계에서 보편적 노인보호체계로 노인복지제도가 발전하고 있다. 특히, 인구 고령화와 산업화로 인한 가족구조 변화(노인에 대한 가족 부양체계 붕괴)로 노인부양, 노인돌봄, 고독사와 같은 다양한 노인 관련 문제가 정책 이슈로 등장하면서, 노인복지의 대상과 범위가 확대되어 왔다. 노인복지의 변천 과정을 살펴보면 다음과 같다.

1) 1960~1970년대: 잔여적 노인보호사업

해방 이후 1960년대까지 우리나라는 심각한 경제적 어려움과 정치적, 사회적으로 혼란한 시기로 노인복지 관련 활동은 요보호노인에 대한 최소한의 보호 사업이 전부였다. 그러나 1960년대 제3공화국 「헌법」에 '모든 국민의 인간다운 생활을 할 권리'가 명시됨으로써 1961년 「생활보호법」, 1963년 「산업재해보상보험법」, 「의료보험법」 등 사회보장제도가 정비되기 시작하였다. 반면 노인은 여전히 가족에 의해 부양되어야 하는 존재로, 노인보호에 대한 국가적 책임의식이 부족했던 시기였다. 이 시기의 노인복지는 생활보호법에 근거한 무의탁 노인 구빈사업이 중심을 이루었다. 즉, 65세 이상의 생활능력이 없는 저소득 노인의 생계보호사업에 한정해서 급여가 제공되었으므로 노인보호의 수준 역시 매우 낮았다고 할 수 있다. 1968년에는 사회보장심의위원회가 사회개발 기본구상에서 인구 고령화에 따른 노인 문제 증가에 대응하기 위해 「노인복지법」 제정, 연금제도 마련, 진료시설 확충, 노인복지센터 건립, 노인 취업기회 제공, 퇴직연한 연장, 경로일 제정 등을 제언하였다(보건복지부, 2015). 하지만 경제성장 위주의 경제개발정책이 사회의 주류를 형성하고 있던 시기였기 때문에 노인복지에 대한 투자는 소비적 투자로 간주당해 외면당하였다(권중돈, 2010).

2) 1980년대: 노인보호사업에서 노인복지사업으로 전환

제5공화국은 군사정권으로 정권 출범의 정당성을 확보하기 위해 복지사회 건설을 국정지표에 포함시켰고 노인부양에 대한 사회적 책임을 강조하기 시작하였다. 그 일환으로 1981년 「노인복지법」을 제정하였고, 이로써 노인복지제도의 근간이 성립되었다고 볼 수 있다. 「노인복지법」의 제정은 첫째, 노인보호에 대한 국가적 책임의 공식화, 둘째, 잔여적 노인보호체계에서 보편적 노인보호체계로의 전환을 위한 법적 근거 마련이라는 점에서 의미가 있다.

1989년에는 「노인복지법」 2차 개정으로 재가노인을 위한 가정봉사원 파견사업 및 필요한 결연사업에 대한 실시 노력을 명시하였다. 또한, 65세 이상 노인에 대한 노령수당 지급의 근거 마련, 노인의 생업 지원을 위해 공공시설 내 매점시설 허가 및 전매품 판매인 지정 시 노인 우선 조항 마련, 노인복지시설 범위에 실비양로시설, 유료노인요양시설, 노인복지주택의 추가가 이루어졌다. 「노인복지법」 개정은 노인복지사업의 다양화는 물론 노인복지사업의 실행과 추진을 위한 근거를 명시하였다는 특징을 지니고, 이를 통해 요보호 노인을 중심으로 한 노인보호사업이 노인복지사업으로 전환되는 계기를 마련하였다고 평가된다. 하지만 이를 추진하기 위한 법적 근거의 대부분이 임의 조항으로 구성되어 있어 각 사업을 수행하기까지 많은 시간을 필요로 하였다(권중돈, 2010). 1981년 노인양로시설(노인복지수용시설)은 47개소였고, 1989년까지 87개소로 증가하였다(보건복지부, 2018). 1986년에는 노인공동 작업장이 설치되어 운영되기 시작하였다.

3) 1990년대: 노인복지사업의 확대

1993년 「노인복지법」 3차 개정이 이루어지면서 재가노인복지사업의 종류가 확대되었고 노인복지사업을 수행하는 공급 주체 역시 다양화되었다. 유료노인복지시설 설치 운영 등 유료노인복지사업 운영에 민간기업과 개인의 참여가 가능해진 것이다. 1994년에는 가정봉사원 파견사업, 주간보호사업, 단기보호사업의 재가복지사업이 실시되었고(이는 2008년 장기요양보험제도 실행과 함께 일부 기능이 재가노인시설로 재편됨), 1997년에는 소득보장이나 의료보장을 확대하기 위해 「노인복지법」 개정이 이루어졌다.

1990년대 대표적인 노인복지사업으로는 1990년 노인승차권제도, 1991년 노령수당지급, 1991년 경로식당 설치 및 운영, 1991년 주간보호 및 단기보호사업 실시, 1995년 치매전문요양시설 설치·운영, 1996년 가정봉사원 양성사업 실시, 1998년 치매상담신고센터, 1999년 경로당 활성화 사업 등을 들 수 있다(권중돈, 2010). 이 시기에는 요보호 노인, 무의탁 노인 등을 보호하는 노인생활시설도 증가하였는데, 1994년에는 총 141개였다가 1999년에는 229개 시설로 늘어났다(보건복지부, 2018).

이 시기는 노인복지 영역의 각 사업이 양적으로 확대되고, 그중에서도 가정봉사원 파견사업, 주간보호 및 단기보호사업 실시 등과 같은 재가복지서비스 영역이 확대된 시기라 할 수 있다.

4) 2000년대: 노인복지의 발전 및 돌봄의 사회화 과정

2000년대에 들어와 65세 이상 노인 인구가 전체 인구의 7.2%에 도달하면서 노인복지의 중요성이 급부상함에 따라 노인복지의 대상 및 범위가 확대되고 관련 사업들도 증가하였다. 2000년에는 거동불편 저소득 재가노인 식사배달사업이 실시되었고, 2001년부터 시범사업으로 시니어클럽이 운영되기 시작하였다. 2004년 「노인복지법」 10차 개정으로 「노인복지법」 내 노인학대 관련 조항이 신설되고, 노인보호전문기관을 설치·운영하는 법적 근거를 마련하였다. 2004년에는 노인일자리 사업이 시작되면서 노인복지 예산이 급격히 증가하였다. 2005년에는 13개 노인복지사업이 지방으로 이양되어 분권교부세로 지원되었기 때문에 노인복지 예산이 일부 감소하였지만, 장기요양보험제도 실시를 대비하여 2006년에는 노인그룹홈(노인요양공동생활가정) 및 소규모 요양시설 설립 등 노인요양시설 인프라 확충에 많은 예산이 투입되었다. 2007년에는 노인돌보미 바우처 사업 및 독거노인생활관리사 파견사업(2009년 노인돌봄서비스로 통합)을 실시하였으며, 2008년에는 기초노령연금제도와 노인장기요양보험제도가 실시되면서 노인복지 예산이 큰 폭으로 증가하였다.

그중에서도 조세 기반의 노인돌봄종합(기본)서비스와 함께 우리나라 노인돌봄 정책의 주축을 이루고 있는 「노인장기요양보험법」은 정책 대상과 범위가 일부 저소득층 노인에게서 65세 이상 전체 노인으로 확대되었다는 특징을 지닌다. 노인돌봄에 대한 책임을 가족에서 국가로 확장하고, 보험 재정에 기반하여 시설돌봄과 재가돌봄을 추진하는 시스템이 확립되었다고 볼 수 있다. 특히 돌봄서비스 제공자로 민간기관(영리법인, 개인 등)의 참여가 확대되면서 기존의 사회복지법인(비영리법인) 중심의 서비스 공급 시장에 민간기관이 참가하는 등의 큰 변화가 초래되었다.

2 노인복지 관련 법의 체계

「노인복지법」이란 노인의 사회적·경제적·문화적·정치적 생활과 관련한 일체의 법 제도라 할 수 있다(변재관 외, 2002). 현재 노인의 보건복지를 위하여 노인을 대상으로 제정된 법으로는 「노인복지법」, 「기초노령연금법」, 「노인장기요양보험법」, 「치매관리법」, 「저출산·고령사회기본법」, 「고령친화산업 진흥법」, 「고용상 연령차별 금지 및 고령자 고용촉진에 관한 법률」이 있다. 「기초노령연금법」은 노인이 후손의 양육과 국가 및 사회발전에 이바지하여 온 점을 고려하여 생활이 어려운 노인에게 기초노령연금을 지급함으로써 노인의 생활안정을 지원하는 소득보장에 관한 법이다.

「노인복지법」은 노인의 질환을 사전예방 또는 조기발견하고 질환상태에 따른 적절한 치료·요양으로 심신의 건강을 유지하고, 노후의 생활안정을 위하여 필요한 조치를 강구함으로써 노인의 보건복지증진에 관한 법이다(동법 제1조). 「노인장기요양보험법」은 고령이나 노인성 질병 등의 사유로 일상생활을 혼자서 수행하기 어려운 노인 등에게 제공하는 신체활동 또는 가사활동 지원 등의 장기요양급여에 관한 사항을 규정하여 노후의 건강증진 및 생활안정을 도모하고 그 가족의 부담을 덜어줌으로써 국민의 삶의 질을 향상하도록 함을 목적으로 하는 법이다(동법 제1조).

「치매관리법」은 치매의 예방, 치매환자의 진료·요양 및 치매퇴치를 위한 연구 등에 관한 정책을 종합적으로 수립·시행함으로써 치매로 인한 개인적 고통과 피해 및 사회적 부담을 줄이고 국민건강증진에 이바지함을 목적으로 하는 법이다(동법 제1조). 「저출산·고령사회기본법」은 고령자를 보호하기 위한 개별 법률의 제정근거로서의 기본법적 역할을 목적으로 하기보다는 고령사회를 야기하는 저출산에 대한 국가적 대책 및 저출산·고령사회정책의 수립과 추진체계를 장기적으로 계획하기 위한 종합적 목적을 달성하기 위하여 제정되었다. 동법에서 규정하는 내용 중 일부 고령자 보호를 위한 시책의 마련에 있어서 기본이 되는 법적근거를 포함하고 있지만, 이러한 내용을 포함하고 있다고 하여 고령자 보호를 위한 사회보장에 있어서 기본법이라 할 수는 없다(손미정, 2007). 「고령친화산업 진흥법」은 고령친화 산업의 육성과 지원에 관한 법률이고, 「고용상 연령차별금지 및 고령자 고용촉진에 관한 법률」은 연령에 따른 고용차별금지 및 55세 이상 고령자의 취업촉진을 위한 법이다.

기타 일반 국민을 대상으로 하거나 직·간접적으로 노인복지 수요에 대응하는 법으로는 「국민기초생활보장법」, 「국민연금법」, 「장애인·노인·임산부 등의 편의증진 보장에 관한 법률」, 「교통약자의 이동편의 증진법」 등이 있다. 이러한 법들은 복지 수요의 유형에 따라 개별적이고 단편적으로 규율하고 있으며 다양해지고 있다(조욱환, 2014).

표 6-1 노인복지 관련 법 체계

분야	관련례	대상
사회보험법	「건강보험법」, 「국민연금법」, 「노인장기요양보험법」	모든 국민을 대상으로 하는 보편적 사회보장 영역
공공부조법	「국민기초생활보장법」, 「의료급여법」, 「기초노령연금법」	
사회복지 서비스법	「노인복지법」, 「장애인·노인·임산부 등의 편의증진 보장에 관한 법률」, 「사회복지사업법」, 「장애인복지법」, 「치매관리법」, 「교통약자의 이동편의 증진법」	노인의 특수지위를 대상으로 하는 사회보장영역
관련 복지법	「고용상 연령차별 금지 및 고령자 고용촉진에 관한 법률」, 「장애인고용촉진 및 직업재활법」, 「고령친화산업진흥법」, 「저출산·고령사회기본법」	

출처: 김태한·고준기(2013). 고령화에 따른 노인복지 관련 법의 문제점 및 향후 개선과제. 인하대 법학연구. p.174.

노인은 「헌법」과 「사회보장기본법」에 의하여 사회보장수급권의 주체적 지위를 향유하며 현행 법제에서 노령을 사회보장급여의 직접적 수급대상으로 특별히 파악하여 이를 구체적으로 보장한 것으로는 「국민연금법」상의 노령연금, 「기초노령연금법」상의 경로연금, 기타 사회복지서비스 급여(건강진단, 시설입소, 취업지원, 시설 및 정보 접근권 등)가 있다. 물론 저소득 노인에게는 일반인에게 적용되는 공공부조적 급여(국민 기초생활급여, 의료급여 등)의 수혜자가 된다.

3 노인복지 관련 법

1) 노인복지법

「노인복지법」은 노인복지 관련 법의 대표적인 법이다. 「노인복지법」은 1970년대부터 심화된 사회경제적 변화로 인하여 사회문제화된 노인 문제를 국가 차원에서 해결하기 위한 근거를 마련하고자 1981년 제정되었다. 「노인복지법」은 노인의 질환을 사전예방 또는 조기발견하고 질환 상태에 따른 적절한 치료와 요양으로 심신의 건강을 유지하고, 노후의 생활안정을 위하여 필요한 조치를 생각함으로써 노인의 보건복지증진에 기여함을 목적으로 한다(「노인복지법」 제1조). 「노인복지법」은 첫째, 노인은 후손의 양육과 국가 및 사회의 발전에 기여하여 온 자로서 존경받으며, 건전하고 안정된 생활을 보장받으며, 둘째, 노인은 그 능력에 따라 적당한 일에 종사하고 사회적 활동에 참여할 기회를 보장받고, 셋째, 노인은 노령에 따르는 심신의 변화를 자각하여 항상 심신의 건강을 유지하고 그 지식과 경험을 활용하여 사회의 발전에 기여하도록 노력하여야 한다는 노인의 권리와 책임을 명확히 하고 있다(「노인복지법」 제2조).

구체적으로 「노인복지법」은 총칙을 비롯하여 보건복지 조치, 노인복지시설의 설치·운영, 노인복지 비용, 보칙, 벌칙 등으로 구분하여 노인복지 관련 전반적인 규정을 마련하고 있다. 총칙에서는 「노인복지법」의 목적과 기본이념, 보건복지증진의 책임, 안전사고 예방, 노인실태조사, 노인의 날 지정 등에 관한 내용으로 되어 있다. 특히 보건복지증진의 책임을 국가와 지방자치단체에 있다고 규정하면서 정책의 시행에 있어 기본이념이 구현되도록 노력하여야 한다고 명시하고 있다. 보건복지 조치에서는 노인의 사회적 참여 지원에 관한 내용과 노인일자리전담기관의 설치·운영 등을 명시하고 있어 노인에게 사회참여 기회를 제공하게 되어 있다. 특히 「노인복지법」 제23조에서는 국가 또는 지방자치단체는 노인의 사회참여 확대를 위하여 노인의 지역봉사활동 기회를 넓히고, 노인에게 적합한 직종의 개발과 그 보급을 위한 시책을 강구하며, 근로 능력이 있는 노인에게 일할 기회를 우선적으로 제공하도록 노력하여야 한다고 명시하고 있다. 그 밖에 건강진단과 의료지원, 독거노인에 대한 지원 등에 관한 규정이 있다. 노인복지시설의 설치·운영에서는 노인복지시설을 노인주거복지시설, 노인의료복지시설, 노인여가복지시설, 재가노인복지시설, 노인보호전문기관, 노인일자리지원기관, 학대피해노인 전용쉼터로 규정하고 있으며, 이러한 시설의 설치기준과 입소자격, 시설 종사자의 자격, 운영에 관한 규정을 제시하고 있다.

「노인복지법」은 노인 인구의 점진적인 증가와 핵가족화에 따른 부양의식 약화, 노인 빈곤 문제, 노인의 지위 하락과 역할상실, 노인복지서비스의 확충 필요성 등에 따른 노인 문제를 제도적으로 해결하기 위한 법적 근거로서 의의가 있다.

2) 기초연금법

갈수록 심각해지고 있는 노인의 빈곤 문제 대응에 있어 기존의 기초노령연금제도로는 일정한 한계가 있다는 문제 인식에 기반하여, 정부는 2014년 6월까지는 기존대로 기초노령연금을 지급하고, 2014년 7월부터 기초연금을 지급하기 위한 목적으로 2013년 9월 25일 기초연금 도입 계획을 발표하고 2013년 11월 25일 기초연금법안을 국회에 제출하였다. 이러한 기초연금법안에서 정부는 소득하위 70% 노인을 대상으로 10~20만 원의 범위에서 국민연금과 연계하여 연금액을 지급하고, 소요재원은 국민연금기금이 아니라 조세를 통해 국가와 지방자치단체가 분담하여 충당하는 것으로 기초연금 제도의 기본구조를 구성하였다. 이러한 정부제출 법안에 대하여 저소득 장기 국민연금가입자가 기초연금 수급에 있어서 불이익을 받는 것을 사전에 예방하기 위하여 국민연금 급여액이 기준연금액의 100분의 150 이하인 사람에 대하여는 기준연금액을 기초연금으로 지급하도록 특례를 도입하고(동법 제6조), 기초연금과 국민연금의 장기적 제도 발전 논의를 위한 국회 내 제도개선위원회 설치의 근거(부칙 제6조) 등이 추가된 수정안으로 「기초연금법」이 제정되었다. 현행 「기초연금법」은 총칙, 기초연금액의 산정, 기초연금의 신청 및 지급 결정, 기초연금 수급자 사후관리, 기초연금 수급권자의 권리 보호, 보칙과 벌칙 등으로 편제되어 있다.

3) 노인장기요양보험법

고령화사회에 진입한 우리나라는 요양보호를 필요로 하는 노인의 수가 급격하게 증가하여 저출산, 핵가족화 등과 맞물려 심각한 사회문제를 야기하고 있는 실정이다. 「노인장기요양보험법」은 이러한 문제 인식하에 요양보호를 필요로 하는 노인에게 적절한 수준의 보건·복지서비스를 보편적으로 제공하고, 장기요양에 따른 가족의 부양 부담을 경감하기 위한 목적으로 도입·추진되어 2007년부터 시행되고 있다. 특히 이 법은 노인의 간병·장기요양 문제를 사회적 연대원리에 따라 정부와 사회가 공동으로 해결하는 노인장기요양보험제도의 법적 근거로서 적용되고 있다. 「노인장기요양보험법」은 2007년 제정된 이후 4차례의 일부 개정을 거쳐 현행 법률에 이르고 있다.

1차 개정은 고용허가제로 입국한 외국인 근로자의 보험료 부담 완화를 위해 장기요양보험료만 내고 현실적으로 수급대상자가 되기 어려운 외국인 근로자가 제외신청을 할 경우 예외적으로 장기요양보험 가입자에서 제외할 수 있도록 2009년 3월에 개정하고 그해 9월부터 시행하였다. 2차 개정은 농어촌지역 거주 수급자의 경제적 부담 완화 목적으로 도서·벽지·농어촌 등 일정 지역에 거주하는 자에 대하여 장기요양급여 본인부담금의 100분의 50을 감경할 수 있도록 2009년 5월에 개정하여 시행하였다. 3차 개정은 2010년 3월에 개정하고 시행하였다. 주요 개정 내용으로는 첫째, 원활한 장기요양급여비용 심사를 위하여 장기요양기관의 장에게 장기요양급여 제공자료 기록·관리의무를 부여하고, 폐업 또는 휴업할 경우 장기요양급여 제공자료를 공단으로 이관하도록 하였다. 둘째, 장기요양보험의 관리운영기관인 국민건강보험공단이 장기요양급여의 제공기준을 개발하고 장기요양급여비용의 적정성을 검토하도록 직접 장기요양기관을 설치·운영할 수 있는 근거 등을 마련하였다. 4차는 장기요양기관의 운영 질서를 확립하고 장기요양기관에 대한 관리를 강화하기 위하여 2013년 8월에 개정하여 2014년 2월부터 시행하였다. 주요 개정 내용으로는 첫째, 장기요양기관 등이 본인 일부 부담금을 면제·할인하는 행위 등을 금지하였다. 둘째, 장기요양기관이 거짓으로 급여비용을 청구한 경우에 위반 사실 등을 공표할 수 있도록 하였으며, 셋째, 행정제재처분의 효과가 양수인, 합병 후의 법인 또는 폐업 후 같은 장소에서 장기요양기관을 운영하는 직계혈족 등에게 승계되도록 하였다. 마지막으로 현행 제도 운영상 나타난 일부 미비점을 개선·보완하였다.

현행 「노인장기요양보험법」은 총칙, 장기요양보험, 장기요양인정, 장기요양급여의 종류, 장기요양급여의 제공, 장기요양기관, 재가 및 시설 급여비용, 장기요양위원회, 관리운영기관, 이의신청 및 심사청구 등의 내용으로 편제되어 있다.

4) 저출산·고령사회기본법

고령인구비율의 증가와 출산율 저하에 따른 총인구 감소는 노동생산성 저하에 따른 경제성장 둔화, 노인부양에 따른 사회적 부담증가 등 부정적 결과를 초래할 것으로 예측되어 이에 정부에서는 출산율을 안정화하고 노인 인구에 대한 일자리 창출과 안정된 노후보장을 위해 필요한 조치를 강구하여 국민의 삶의 질을 향상하고 국가의 지속적인 발전에 이바지하고자 2005년 「저출산·고령사회기본법」을 제정하게 되었다.

동법은 저출산 및 인구의 고령화에 따른 변화에 대응하는 저출산·고령사회 정책의 기본방향 수립 및 추진체계에 관한 사항을 규정하여 국가의 경쟁력을 높이고, 국민의 삶의 질 향상과 국가의 지속적인 발전에 이바지하는 것을 목적으로 하며, 국가의 지속적인 발전을 위한 인구 구성의 균형과 질적 향상을 실현하고 국민이 건강하고 안정된 노후생활을 할 수 있도록 하는 것을 기본이념으로 한다.

동법에서는 국가가 종합적인 저출산·고령 사회정책을 위한 기본계획안을 5년마다 수립하여 추진하고 지방자치단체는 이 계획안에 맞추어 저출산·고령 사회정책을 수립 및 시행하여야 한다는 규정을 두고 있으며, 저출산·고령 사회정책에 관한 중요사항을 심의하기 위하여 보건복지부 장관 소속하에 위원회를 둘 것을 명문화하고 있다. 또한, 국가 및 지방자치단체는 저출산 및 인구의 고령화에 따른 변화에 대응하는 데 필요한 전문인력을 양성해야 하며, 양성기관 지정과 필요한 지원을 할 수 있으며 필요에 따라 저출산 및 인구 고령화에 대한 조사 및 연구를 실시하여야 한다고 규정하고 있다.

5) 고용상 연령차별금지 및 고령자고용촉진법

「고용상 연령차별금지 및 고령자고용촉진법」은 합리적인 이유 없이 연령을 이유로 하는 고용차별을 금지하고 고령자가 그 능력에 맞는 직업을 가질 수 있도록 지원하고 촉진함으로써 고령자의 고용안정과 국민경제의 발전에 이바지하는 것을 목적으로 한다. 이 법에 따른 고령자는 55세 이상인 사람을 말하며, 준고령자는 50세 이상 55세 미만인 사람으로 규정하고 있다. 정부는 고용에서 연령을 이유로 차별하는 관행을 해소하기 위해 연령차별금지정책을 수립, 시행하며 사업주와 국민에 대한 이해를 높이고 직업안정을 도모하는 데 필요한 시책을 종합적이고 효과적으로 추진하여야 한다는 의무규정을 두고 있다. 동법에서 사업주는 연령을 이유로 하는 고용차별을 해소하고 고령자의 직업 능력 개발 및 향상과 작업시설, 업무 등의 개선을 통해 고용기회 제공과 정년연장 등으로 고령자의 고용이 확대되도록 노력하여야 한다고 명시하고 있다. 또한, 고용노동부 장관은 관계 중앙기관의 장과 협의하여 고용촉진에 대한 기본계획을 5년마다 수립하여야 하며, 고령자의 현황과 전망, 직업능력 개발, 취업 알선, 재취업, 전직 지원 등 기타 주요 시책을 포함할 것을 규정하고 있다.

고용상의 연령차별금지를 위하여 사업주는 모집의 채용, 임금·임금 외의 금품 지급 및 복리후생, 교육·훈련, 배치·전보·승진, 퇴직·해고 등에서 합리적인 이유 없이 연령을 이유로 근로자 또는 근로자가 되려는 자를 차별하여서는 안 된다는 규정을 두고, 위반 시 처벌할 수 있는 규정을 포함하고 있다. 사업주의 위반으로 연령차별을 당한 자는 국가인권위원회에 그 내용을 진정할 수 있으며, 국가인권위원회는 진정을 조사한 결과 연령차별이 있다고 판단하여 구제조치 등 권고할 경우 고용노동부 장관에게 통보하여야 하며, 고용노동부 장관은 구제조치 등의 권고를 받은 사업주가 정당한 사유 없이 이행하지 않거나 그 피해의 정도가 심각하다고 인정되면 피해자의 신청이나 직권으로 시정명령을 할 수 있다.

고령자 취업 지원을 위해 고용노동부 장관, 특별시장, 광역시장, 도지사, 특별자치도지사는 고령자의 고용을 촉진하기 위하여 구인, 구직 정보를 수집하고 구인, 구직 개척에 노력하여야 하며, 관련 정보를 관련 단체에 제공하여야 하며, 고령자의 고용을 촉진하고 직업 능력의 개발 및 향상을 위하여 고령자를 대상으로 직업능력 개발훈련을 시행하여야 한다. 고용노동부 장관은 사업주가 고용촉진을 위하여 필요한 교육이나 직업훈련 등을 실시하거나 취업에 적합하도록 시설을 개선할 경우 그 비용의 전부 또는 일부를 지원할 수 있다.

또한, 동법에서는 고령자 고용촉진 및 고용안정을 위해 상시 300인 이상 근로자를 사용하는 사업주는 기준 고용률 이상의 고령자를 고용하도록 노력하여야 하며, 그 기준은 제조업은 상시근로자 수의 2% 이상, 운수업 부동산 및 임대업은 상시근로자 수의 6% 이상, 그 외의 산업은 상시근로자 수의 3% 이상으로 정하고 있다. 동법에서는 고령자 고용촉진을 위한 지원을 명시하고 있다. 기준 고용률을 초과하여 고령자를 추가로 고용하는 경우 조세감면, 다수의 고령자를 고용하거나 임금피크제를 시행하는 경우 고용지원금을 지급할 수 있게 되어 있다. 고령자 고용촉진을 위해 우선 고용직종을 선정하고 있다. 우선 고용직종은 고용노동부 장관이 고용정책심의회를 거쳐 고령자와 준고령자를 고용하기 적합한 직종을 선정하고 선정된 우선 고용직종을 고시하여야 하며, 우선 고용직종에 관한 고용현황을 매년 1월 31일까지 고용노동부 장관에게 제출하게 되어 있다.

정년에 관하여 「고용상 연령차별금지 및 고령자고용촉진법」에서는 2017년부터 모든 사업장의 사업주는 근로자의 정년을 60세 이상으로 정해야 한다는 규정을 명시화하였다. 고용노동부 장관은 정년 60세 이상 조치를 한 사업주나 근로자에게 고용지원금, 임금체계 개편 등을 위한 컨설팅 등 필요한 지원을 할 수 있으며, 300인 이상의 근로자를 사용하는 사업주는 매년 정년제도의 운영 현황을 고용노동부 장관에게 제출하여야 한다. 또한, 사업주는 정년에 도달한 자가 그 사업장에 재취업을 희망한다면 그 직무수행 능력에 맞는 직종에 재고용하도록 노력하여야 하며, 고용노동부 장관은 정년퇴직자를 재고용하거나 고용안정 조치를 하는 사업주에게 장려금 지급 등 필요한 지원을 할 수 있다. 사업주는 정년퇴직 등의 사유로 이직예정인 고령자의 구직활동을 지원하도록 노력하여야 하며, 이러한 조치를 성실히 이행하는 사업주에게 고용노동부 장관은 인건비, 장려금 지급 등의 필요한 지원을 할 수 있게 되어 있다.

4 노인복지 관련 법의 개선방안

경제·사회적 변화와 고령인구의 증가 및 인간다운 생활수준의 향상은 법치주의 국가에서 권리주체로서의 노인을 중심으로 한 새로운 노인복지 관련 기본법을 제정하고, 이를 바탕으로 노인복지 관련 법 체계의 재구축이 필요하다.

일반적으로는 현행 노인복지 관련 법들이 복지 수요와 유형에 따라 개별적이고 단편적으로 규율하고 있어 체계적이고 유효한 노인복지서비스의 공급에 중대한 장애가 되고 있다. 노인보호 법익을 기반으로 하는 개별 법률의 제정은 그 법률의 기본목적 및 기본원리의 근거가 되는 기본법에 의거하여 이루어짐으로써 일정한 규범적 체계를 형성할 수 있다. 기본법이 없이 노인복지 관련 개별법이 난립할 경우 법률체계뿐만 아니라 개별법의 내용이 불충분성 문제를 갖게 된다. 법치국가에서 권리주체를 보호하기 위한 국가적 규범이 실효성을 발휘하기 위해서는 헌법상 권리의 내용이 개별법을 통하여 구체화되기 위한 법체계가 마련되어야 한다(Hughes & Gail, 1988). 노인복지 기본법이 있다면 구체적 법률이 없더라도 노인복지제도가 실시될 수 있을 뿐만 아니라 기본법규정을 통해 관련 법률 간의 충돌을 방지할 수도 있다. 그러나 현행 「노인복지법」이 모든 노인을 대상으로 하는 보편적인 노인복지의 기본법이 아닌 저소득층 노인의 보건과 복지를 위한 공공부조적 형태의 노인복지서비스를 중심으로 규율하고 있다. 그러므로 현행 노인복지 관련 법 중에서 기본법이라고 할 수 있는 법률은 없고 현행 「노인복지법」도 시설복지에 중심을 둔 노인복지서비스법이라 할 수 있다(이호용, 2011). 또한, 「사회보장기본법」도 사회보장의 수급대상을 모든 국민으로 전제하고 있으므로 노인복지를 전문적으로 규율할 수 없으며, 「저출산·고령사회기본법」 역시 고령화사회로 국가의 책무와 정책 방향만을 제시해 놓은 정책법에 불과하여 노인복지 관련 법의 기본법으로 보기는 어렵다(이호용, 2011). 따라서 노인복지서비스에 관한 기본적인 내용을 규율하고 있는 「노인복지법」을 노인복지 기본법으로 제정 및 개정하고 노인의 보건과 복지의 전반에 연결 지을 수 있는 법체계로 규율되는 방식이 적당하다(조욱환, 2014).

노인의 법적 보호는 「헌법」상 권리성에 입각하여 개별 법률의 제정을 통하여 구체화할 수 있다. 「헌법」 제34조의 노인복지를 구체화하는 법체계의 설정 방법은 다양하다. 우선 「사회보장기본법」상의 분류체계에 따라 사회보험, 공공부조, 사회복지서비스 및 관련 복지제도로 크게 나누고, 노인복지 기본법을 두어 노인의 보건과 복지의 전반에 연결 지을 수 있는 개별 법률들을 각기 분류하는 방법이 가장 일반적인 법체계가 될 것이다. 기존의 전통적인 사회보장제도 분류체계를 그대로 수용함으로써 사회보험, 공공부조 및 사회복지서비스 및 관련 복지제도의 골격을 그대로 유지하는 것은 법적 안정성을 도모할 수 있다는 장점이 있다. 그러나 노인복지제도는 보호해야 할 분야가 다양하고 복잡화되고 있어 기존의 전통적인 획일적인 법 분류체계로는 부합되지 않는 측면이 있다. 노인복지 분야는 고령화되면서 생활무능력, 직업알선, 여가활용, 사회참여, 가정의 보호, 편의시설의 제공, 의료혜택의 부여, 고령사회 대책 수립, 장기요양 및 고령친화 사업 등 복잡하고 다양한 복지수요가 확대해 가고 있다. 노인복지 수요를 보다 체계적이고 미래지향적으로 검토·분석하여 노인복지 수요를 중심으로 하는 새로운 입법체계의 설립이 검토되어야 한다(이상윤, 2009). 노인복지 관련 법제의 개별 법률의 체계화를 하는 경우도 전 국민을 대상으로 하는 사회보험, 공공부조, 사회복지의 구분에 있어 명확성을 확보함과 동시에 노인복지 영역의 보호법익별 개별입법을 모색해야 할 것이다. 개별입법은 노인의 특수성 및 보호의 필요성에 의해 보편적이면서도 독자적인 규범 체계 내에서 이루어져야 한다. 노인의 특수성을 파악하고 이러한 규범적 체계를 토대로 소득보장, 의료보장, 근로보장, 사회복지보장 등의 노인복지 규범 체계를 재구축하고 노인의 특수성에 따른 전문적, 구체적 노인복지 수요를 충족시키는 개별 법률의 체계화가 필요하다(조욱환, 2014).

또한, 「노인복지법」이 규범적으로 타당한 수준을 갖춘다 해도 이를 시행하는 시행령이나 시행규칙이 부실하다면 실효성을 약화시킨다. 규범력과 실효성을 가지는 노인복지 관련 법체계를 확보하기 위해서는 현행법상 아직 시행령 혹은 시행규칙이 마련되어 있지 않음으로 하여 규범적 실효성을 약화시키지 않도록 해야 한다. 우리나라의 노인복지제도는 선진국에 비해 복지혜택의 수준도 낮고 그 대상도 한정되어 있다. 우리나라 노인복지는 다양한 측면에서 단계적으로 확대 시행되어야 한다. 즉, 노인의 주거복지, 노인을 위한 교육복지, 장례복지, 노인 생활환경 조성 등의 확대시행이 필요하다(조욱환, 2014).

참고문헌

김태한 · 고준기(2013). 고령화에 따른 노인복지관련법의 문제점 및 향후 개선 과제. 법학연구, 16(1), 167-198.

변재관 · 전영섭 · 이철희 · 최현수 · 고연분(2002). 고령화 사회에 대비한 재정정책 방향: 사회보장과 성장지속가능성의 균형. 한국보건사회연구원.

보건복지부(2015). 보건복지 70년사: 가난의 시대에서 복지사회로. 보건복지부.

보건복지부(2018). 보건복지통계연보. 보건복지부.

손미정(2010). 노후소득보장수단으로서의 기초노령연금에 관한 연구. 법학연구, 37, 345-361.

이상윤(2008). 노인 사회복지제도에 관한 현행 법체계의 재정립. 노동법논총, 14, 281-308.

이호용(2011). 우리나라 노인복지법제의 현황과 과제. 법학논총, 35(2), 3-34.

조욱환(2014). 고령사회에서의 노인복지관련법에 관한 연구. 호서대학교 대학원 박사학위논문.

노인복지학

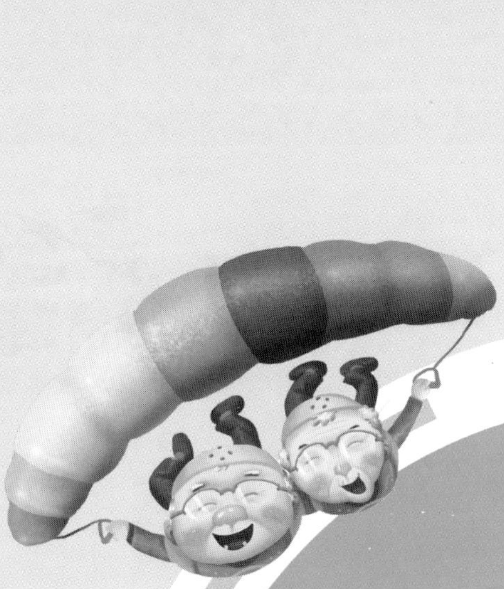

Part 03

노인복지정책

Chapter

07 노년기 생활상과 노인복지

1 노년기 생활상의 개념과 영향요인

생활(生活)은 사람이 생명을 유지하고 살기 위해서 행하는 필수적인 활동이다. 생활은 일상생활과 같은 의식주 활동 외에도 일, 여가를 취하고 상호작용에 적극적인 의미를 발견하는 행위, 직업생활과 사적 생활, 사회생활 등의 모든 것을 말한다(위키백과, 2020). 생활상(生活相)은 생활해 나가는 모습으로 개인이 자신의 능력과 욕구, 필요에 의해 스스로 활동하는 삶의 영역이라 할 수 있다. 따라서 생활상은 개인의 능력, 욕구 그리고 경험과 행위를 역동적으로 결정하는 삶의 영역으로 소득수준, 주거의 질과 같은 경제적 및 물질적 요소뿐만 아니라 건강, 행복감 등과 같은 비물질적인 요소들을 포함하는 개념으로 사회적 실재를 이해하는 핵심적인 근거가 된다. 장원순(2004)은 생활상은 개인들의 반복적이고 관례화된 경험이며, 동시에 그 이면에는 시간과 공간이 상호작용하는 역동적인 특징을 가지고 있으며, 일상적 삶에는 사회제도, 문화규범, 환경이 밀접하게 관련되어 사회적 실재를 이해하는 핵심 근거가 도출된다고 하였다.

노년기의 생활상은 노인이 삶의 영역에서 생활해 가는 모습으로 삶의 조건과 삶의 질에 사회적 불평등을 측정하는 척도가 된다. 노년기 생활상은 청·장년기에 저축한 재산의 크기와 노후준비와 사회보장제도의 수준에 의해서 결정되기 때문에 노년기 사회적 불평등이 확정되는 시기이다. 즉, 노년기의 생활상은 과거의 삶의 조건, 개인적인 경력 그리고 사회적 자원들의 상호작용한 결과로 영향을 받는 사회적 불평등을 이해하는 근거가 된다.

노년기 생활상을 결정하는 요인은 개인의 소득수준과 사회적 신분을 결정하는 개인적 요인과 사회구조적 요인으로 구분한다. 개인적 요인은 개인의 성별이나 성격 등의 개인적 특성과 소비형태, 가정환경, 주거환경 등의 1차적 요인과 교육수준, 직업유형, 직급, 건강상태 등의 2차적 요인으로 구분한다. 특히, 시장경제체제에서 개인의 직업적인 신분과 연결된 시장소득의 격차는 노년기의 생활상에서의 불평등을 결정하는 핵심적인 요인으로 인식하고 있다. 사회구조적 요인으로는 연령대별 임금구조, 고용상황, 경제순환에 따른 경기변동 등의 경제적 조건뿐만 아니라 가족구조의 변화, 출산율 및 사망률의 격차와 같은 인구사회학적 조건들을 포함하고 있다. 이러한 사회구조적 요인은 노인들의 생활상에 부정적인 영향을 미치고 있다. 현재의 노인들은 젊은 세대와 비교하여 저임금에서 짧은 경제활동 기간은 경제적 어려움의 주요 원인으로 작용하고 있으며, 노동시장에 참여가 제한되었던 여성 노인들 대부분이 노후소득보장제도의 사각지대에 놓여 있다. 또한, 인간수명의 연장의 다른 측면, 만성적 및 퇴행성 질병이 치료 및 간병을 위한 의료비 및 요양비 지출의 증가로 노년기 빈곤을 야기하는 중요한 원인으로 작용한다.

선진 복지국가에서는 사회구조적 요인을 야기하는 사회적 불평등을 해소하기 위한 다양한 연구가 진행되고 있다. 1980년대에는 개인의 경력에 영향을 주는 환경적 요인을 중심으로 사회적 불평등을 해소하기 위해 복지국가의 사회보장제도, 재화와 서비스에 대한 접근성, 여가시간의 활용 기회, 주거조건과 주거환경, 지역적 균형발전 등을 제시하였다. 그러나 1990년대에는 사회적 신분에 따른 소득 격차나 불평등 문제보다 성별과 연령과 같은 개인적인 요인들의 영향력을 분석하는 방향으로 패러다임이 전환되었다. 물질적인 조건과 주관적인 인식 사이의 상호작용에 관한 문제를 다루기 위해 생활상에서의 연령대별 세대별 불평등, 생애주기 관점에서 불평등 문제를 재조명하여 역사적 요인들이 개인의 경력에 많은 영향을 미치며, 세대별 주관적 인식의 차이도 노년기의 생활상의 격차를 결정한다는 것을 보고하였다. 노년기의 빈곤은 개인의 성격적 결함이나 미래의 삶에 대비하지 않았기 때문이 아니라 사회적 구조적 요인과 사회복지정책의 오류에 의해서 사회적 불평등이 강화될 수 있음을 지적하였다.

우리나라 노인의 빈곤 문제의 심각한 수준은 책의 앞(p.42)에서도 설명한 바와 같이 노인 가구에 있어서 개인 소득과 가구 소득의 원천 대부분 사적이전소득이 주류를 이루고 있다. 노인의 39.9%가 스스로 생활비조차도 많은 부담이 된다고 하였으며, 노인빈곤율은 OECD 국가 중에서 가장 높은 수준을 유지하고 있다. 특히 여성 노인의 경우 빈곤의 문제는 더욱 심각한 현상을 보이고 있다. 이러한 원인으로 남성 노인보다 여성 노인의 평균수명이 더 높은 것으로 나타나 고령 노인이 될수록 여성 노인이 홀로 살아갈 확률이 높고, 배우자와의 이혼이나 사별 등의 이후 삶은 빈곤, 소외, 고독으로 힘든 삶을 영위할 가능성이 크다. 또한, 전통적인 분업형태가 유지된 결과 남성 노인은 여성 노인보다 사회보장제도에 의해서도 많은 혜택을 보고 있다.

2 노년기 생활상 실태

노년기 생활상은 노인에 대한 사회적 실재와 그들의 삶의 질을 이해하는 데 중요한 지표가 된다. 이에 본 책에서는 2014년도 노인실태조사 자료를 분석하여 노인의 생활상을 분석한 정경희(2017)의 연구와 도시 취약계층 노인을 대상으로 생활상을 분석한 김동하 등(2019)의 연구를 바탕으로 노인의 생활상을 살펴보았다.

1) 노인의 실생활

2014년도 노인실태조사 원자료를 분석하여 노인의 실생활의 특성은 다음과 같다. 실생활 영역은 경제, 건강, 무위, 소외의 4개 영역의 9개 항목으로 분석하였다. 경제 영역은 저소득 문제 경험, 주거 불안정, 경제활동 미참여의 3개 항목이며, 건강 영역은 영양문제, 질병, 기능상태 제한의 3개 항목, 무위 영역은 사회참여 제한의 1개 영역, 소외 영역은 이웃과의 유대 제한과 자녀로부터의 지지 제한의 2개 항목으로 되어 있다.

경제 영역의 문제에서 노인의 34.3%가 소득의 부족을 경험하고 있으며 30.9%는 주거 불안정을, 7.7%는 경제적 이유로 인하여 경제활동을 하고 싶은 욕구가 있지만 그러한 욕구가 충족되지 않고 있는 것으로 나타났다. 이러한 3개 문제 중 1개라도 문제를 경험하고 있는 노인, 즉 경제 영역의 문제를 경험하고 있는 노인은 53.9%에 달하고 있다.

노인의 건강 영역의 문제에서 경제적 이유로 결식하고 있는 노인, 즉 하루에 식사를 1, 2회만 하거나 경제적 이유로 필요한 음식을 사지 못하는 노인이 14.0%이다. 결식은 가장 기본적인 욕구인 생존을 위협하며 즉각적으로 건강문제를 유발한다는 점과 더불어 경제 상황을 가장 직접적으로 보여주고 있다. 노인의 대부분이 만성질환을 갖고 있어 3개 이상의 복합만성질환 경험률은 46.2%인 것으로 나타났다. 다음으로 7개의 ADL 항목과 10개의 IADL 중 1개 항목이라도 제한 있는 비율은 16.9%이다. 이러한 3개의 문제 중 1개 이상의 문제가 있는 노인의 비율은 57.6%로 경제 영역의 문제와 더불어 55% 내외의 수준을 보이고 있다.

다음으로 소외 및 무위 문제를 살펴보면, 이웃과의 유대가 낮은 노인은 55.9%이며, 자녀와 월 1회 이상 접촉을 하지 못하고, 부양지원(도구적 지원 또는 정기적인 현금 지원 등)을 받지 못하는 노인으로 정의된 자녀와의 유대가 약한 노인이 9.7%이다. 이렇게 이웃과의 유대가 약하거나 자녀와의 유대가 약한 노인이 59.4%이다. 월평균 사회참여(평생교육, 각종 단체활동, 자원봉사, 경로당, 노인복지관 이용) 일수가 7일 이하인 노인으로 정의된 무위를 경험하는 노인은 66.6%로 4가지 차원의 문제 중 가장 많은 노인이 무위문제를 경험하는 것으로 나타났다.

개별 항목별로는 이웃과의 유대 제한(55.9%)과 복합만성질환 경험률(46.2%)이 매우 높은 수준이다. 반면 경제적 이유로 인한 경제활동 참여 욕구의 미충족률(7.7%)과 자녀와의 유대가 약한 노인의 비율(9.7%)이 10% 미만으로 낮은 수준이다.

이러한 9개 항목에 기초하여 노인의 생활 현황을 종합해 보면 경험하는 문제가 1개 이하인 경우가 21.9%지만, 5개 이상을 경험하는 노인도 15.5%에 달하고 있다. 또한, 경험하는 문제의 복합성을 고려하면 빈곤, 질병, 소외와 무위를 모두 경험하고 있는 노인이 17.7%이고, 이 중 3종류의 문제를 경험하는 노인이 30.2%이며, 2종류를 경험하는 노인이 28.9%, 1종류의 문제만을 경험하는 비율이 18.3%이다. 경험하는 문제 차원이 전혀 없는 경우가 4.9%에 불과하다. 즉, 노인의 대부분이 일상생활에서 문제를 경험하고 있다는 것이다. 특히 복합적인 문제를 경험하는 노인에 대한 사회적 관심이 필요하며, 그중 많은 노인이 경험하는 문제인 이웃과의 유대가 약한 노인과 복합만성질환 경험에 관심을 두어야 할 것이다.

이러한 생활 현황을 노인의 연령군별로 비교해 보면, 경제문제의 경우 70대를 넘어가면 저소득 문제가 커지는 것을 확인할 수 있었다. 경제적 이유로 인하여 경제활동을 하고 싶은 욕구가 있지만 그러한 욕구가 충족되지 않는 비율은 60대에 10.9%이지만 그 이후 연령대에서는 낮은 편이다. 이는 노년기 후기일수록 노인이 경제활동을 할 기회가 매우 낮기 때문으로 보인다. 건강문제의 경우 연령이 많을수록 건강문제를 경험하는 비율이 높아 85세 이상 연령층의 경우 74.9%가 건강문제를 경험하고 있다. 소외문제의 경우 이웃과의 유대는 연령이 많을수록 그 수준이 낮음을 볼 수 있다. 반면 자녀와의 관계가 약한 노인의 비율은 그 자체가 낮은 수준이기도 하지만 연령이 많을수록 그 비율이 더욱 낮아진다는 점에서 이웃과의 관계와는 차이를 보인다. 연령이 높을수록 경험하는 문제의 수가 많고 4종류의 문제를 모두 경험하는 비율이 높다. 즉, 85세 이상의 경우 30.2%가 4종류의 문제를 모두 경험하고 있으며, 9개 중 5개 이상의 문제를 경험하는 비율이 28.3%에 달하고 있다.

표 7-1 노인의 생활상(2014년)

영역	항목	측정지표	전체	65~69세	75~79세	85세 이상
경제 영역	저소득 문제 경험	최저생계비 미만의 가구소득	34.3	19.4	44.9	49.3
	주거 불안정	자가 미소유율	30.9	26.1	32.0	44.7
	경제활동 미참여	경제활동 참여 욕구 미충족률	7.7	10.9	6.2	1.3
	경제 영역의 문제 중 1개 이상의 문제 경험 노인		53.9	43.5	61.1	65.4
건강 영역	영양 문제	결식률	14.0	10.6	16.8	18.0
	질병	3개 이상의 복합 만성질환 경험률	46.2	38.2	53.2	45.2
	기능상태 제한	ADL과 IADL 중 1개 이상	16.9	5.0	18.5	51.9
	건강 영역의 문제 중 1개 이상의 문제 경험 노인		57.6	45.0	64.7	74.9
무위 영역	사회참여 제한	월평균 사회참여 일수가 7일 이하 (평생교육, 각종 단체 활동, 자원봉사, 경로당, 노인복지관 이용)	66.6	75.0	59.3	62.4
소외 영역	이웃과의 유대 제한	유대 정도가 평균 이하인 비율	55.9	47.7	58.3	75.4
	자녀의 지지 제한	자녀와의 유대가 약한 노인의 비율	9.7	11.1	8.3	6.1
	소외 영역의 문제 중 1개 이상의 문제 경험 노인		59.4	52.6	61.2	76.8

영역	항목	측정지표	전체	65~69세	75~79세	85세 이상
종합	문제 경험 항목수	1개 이하	21.9	29.5	18.6	10.5
		2개	23.7	26.2	22.3	16.4
		3개	22.9	23.0	23.1	21.3
		4개	16.1	11.5	19.0	23.6
		5개	9.7	6.1	10.9	17.2
		6개 이상	5.8	3.7	6.1	11.1
	문제 경험 복합성	네 종류 문제 모두 경험	17.7	12.7	19.5	30.2
		세 종류 문제 경험	30.2	27.4	31.5	34.1
		두 종류 문제 경험	28.9	29.5	32.7	22.6
		한 종류 문제 경험	18.3	24.1	16.3	11.7
		경험하는 문제 없음	4.9	6.2	4.0	1.4

출처: 정경희(2017). 한국 노인복지제도의 좌표와 패러다임 진단. p.12.

2) 취약계층 노인의 생활상

도시 취약계층 노인의 생활시간 패턴은 **표 7-2**와 같이 여가시간이 평균 12.2시간으로 가장 길었고, 필수시간은 평균 9.9시간, 의무시간은 평균 1.9시간 순으로 나타났다. 여가시간의 주요행동은 집에서 TV를 시청하는 것이었고(평균 8.6시간), 교제활동, 신체활동, 종교활동, 봉사활동의 옥외활동은 상대적으로 비중이 낮았다. 한편, 옥외활동은 교제활동 - 신체활동, 교제활동 - 봉사활동, 교제활동 - 종교활동 등과 같이 서로 연계되어 시간 활용이 함께 이루어지는 경향을 보였다. 필수시간의 주요행동은 수면 평균 7.4시간, 식사 평균 1.5시간, 병원 이용 1.0시간으로 나타났다. 다수의 취약계층 노인은 야간뇨, 불면증 등으로 수면 - 각성 주기가 짧아 수면의 총량보다는 질에 문제가 있었다. 또한, 남성 독거노인의 경우 요리기술이 부족해 간단한 밑반찬으로 끼니를 때우거나, 식사를 규칙적으로 하지 않아 식사시간이 길지 않은 경향을 보였다. 병원 이용은 모든 참여자에게서 확인된 만성질환 관리 및 질병 치료를 위한 필수 행동이었다. 의무시간의 주요행동은 가정관리 평균 0.9시간, 이동 평균 0.7시간, 일 평균 0.3시간 순으로 나타났다. 경제활동을 거의 하지 않는 취약계층 노인은 의무적 활동에는 시간을 많이 사용하지 않았다.

표 7-2 도시 취약계층 노인의 생활시간 패턴

(단위: 시간)

구분	영역	시간	행동	시간
24시간	필수	9.9	수면 식사 병원	7.4 1.5 1.0
	의무	1.9	가정관리 이동 일	0.9 0.7 0.3
	여가	12.2	TV 시청 교제 신체활동 종교 봉사	8.6 1.3 1.3 0.7 0.3

출처: 김동하 외(2019). 도시 취약계층 노인의 건강 관련 생활상에 대한 다각적 이해. p.102.

도시 취약계층 노인의 건강 관련 생활경험 중 경제적 생활고에서 조사 참여 노인의 91.3%가 경제활동에서 자발적·비자발적 은퇴를 경험하였으며, 조사 참여자 노인의 주요 수입원은 기초생활보장제도를 통해 들어오는 급여와 정부가 주는 연금(기초연금, 국민연금, 노령연금)이었다.

도시 취약계층 노인은 공공서비스를 통해 일상생활을 유지하고 있었다. 조사 참여 노인의 65.2%는 무료로 제공되는 복지서비스가 영양 관리, 외출의 일상화, 정서적 안정에 도움을 준다고 인식하였다. 조사 참여 노인 중 독거 남성 노인은 복지시설에서 제공되는 무료 급식이 하루의 식단 중 가장 '식사다운 식사'라고 응답하였다. 또한, 복지서비스를 이용하는 조사 참여 노인은 정해진 서비스 이용 시간을 맞추기 위해 규칙적인 생활을 유지하였고, 복지시설에서 만난 다른 노인들과 서로 소통하며 정서적 만족을 느끼는 것으로 확인되었다.

조사에 참여한 모든 노인은 노인성 질환을 가지고 있었고, 보건의료서비스를 필수적으로 이용하였다. 이 과정에서 의료급여제도는 의료비를 지원하여 의료서비스의 접근성을 보장하는 핵심적인 역할을 하고 있었다. 하지만 여전히 비급여 항목의 치료가 필요한데 본인부담으로 인해 급여 범위 안에서 치료를 제한적으로 받고 있다고 응답하였다. 65세 이상 무료로 이용 가능한 지하철은 도시 취약계층 노인의 장거리 이동을 위한 주요 수단이었다. 조사 참여 노인의 82.6%는 동네 밖으로 이동이 필요한 경우, 비용이 드는 버스보다는 지하철 이용을 선호했다. 한편, 조사 참여 노인의 43.5%는 보건 및 사회서비스 이용과 관련하여 사각지대를 느끼고 있었다. 이는 취약계층 노인이 서비스와 관련된 정보 접근성이 낮았고, 정보를 알게 되어도 신청과정에 어려움을 겪는다는 것을 의미한다.

사회적 지지는 도시 취약계층 노인이 인식하는 건강하고 활기찬 삶의 핵심 요소이다. 조사 참여 노인 중에서 가족으로부터 정서적·도구적 지지를 받는 경우는 드물었다. 가족 지지의 붕괴는 취약계층이 된 원인이자 결과였다. 대다수 조사 참여 노인은 배우자의 사망, 자녀로부터의 방임으로 경제적 지원을 받지 못하거나 가정폭력 및 경제적 어려움으로 가족구성원이 해체되어 있었다. 이웃의 사회적 지지는 조사 참여 노인의 건강 관련 삶의 질과 일상생활 활동에 영향을 미친다. 다수의 조사 참여 노인들은 이웃들로부터 식료품을 지원받거나 일상활동을 보조받는 도구적 지지가 나타났으며, 이웃과 나누는 대화는 그들의 스트레스 해소와 정서적 안정에 기여하고 있었다. 한편, 독립적인 보행이 불가능한 노인은 활동을 보조받아야 했다. 활동 보조가 필요한 조사 참여 노인의 응답 중 비용이 발생하는 돌봄서비스나 가족의 비공식적 지지를 이용하는 경우는 적었다. 반면, 주변 이웃들의 도움을 받는다는 응답이 상대적으로 많았지만, 원하는 빈도나 수준만큼 활동 보조를 부탁하기에는 심리적 부담이 있다고 응답하였다.

도시 취약계층 노인은 건강한 삶을 유지하는 데에 있어 소극적이고 위축된 행동과 태도를 보였다. 조사 참여 노인의 82.6%는 걷기를 노년기에 할 수 있는 유일한 신체활동이자 건강관리를 위한 행동으로 인식하였다. 이처럼 걷기에 대한 의존과 가치가 높아진 이유로 돈이 드는 신체활동에 대한 경제적 부담 때문이다. 여가활동의 위축과 최소한의 소비 활동은 도시 취약계층 노인의 일상생활 패턴을 단조롭게 만들고, 정신건강에 악영향을 미치고 있었다. 조사 참여 노인의 87.0%는 주요 여가활동으로 집에서 혼자 TV를 보는 행동이라고 응답하였다. 여가활동이 좌식행동으로만 위축된 이유는 경제적 부담감으로 인한 활동 억제와 관련이 있었다.

도시 취약계층 노인은 차별과 노인 혐오의 문화를 경험하고 있었다. 지역사회 내 차별과 노인 혐오는 조사 참여 노인의 사회적 고립과 활동적 생활에 영향을 미치고 있었다. 조사 참여 노인의 47.8%는 경로당 회장의 권한으로 경로당 가입이 제한되는 사례가 확인되었다. 또한, 경로당에 기부금을 낼 경제적 여력이 없는 경우 경로당 이용에서 배제되거나 암묵적인 차별과 무시를 받는 것으로 나타났다. 조사 참여 노인의 43.5%는 지역사회에서 노인세대를 바라보는 젊은 세대의 부정적인 시선을 경험하였다.

3 노인의 생활상과 노인복지

산업사회 이전은 인구의 대부분이 농업에 종사하는 농업사회에서 노인은 중요한 생산요소인 토지를 소유하였고, 건강이 유지되는 한 경제활동이 가능하였으며, 오랜 경험을 바탕으로 한 지식을 젊은 세대에게 전수하는 등으로 인해 공동체 내에 존경의 대상이었다(조성백·최민호, 1996). 그러나 산업화의 진전으로 과학의 발전은 종교와 전통지식을 대체하였으며, 개인의 성취와 능률을 강조하는 사회 분위기 속에서 노인은 점차 사회에서 약자로 인식되기 시작하였다(이세주, 2019). 산업사회의 변화로 인하여 노인의 경제와 건강, 사회참여, 가족이나 사회의 지지 등의 문제가 발생하게 되었으며, 이러한 문제는 노인의 인구가 증가하면서 점차 사회적 문제로 대두되기 시작하였으며, 이에 따라 노인복지의 필요성이 증가하게 되었다.

노인복지는 노인이 인간다운 삶을 영위할 수 있도록 필요한 서비스를 제공하는 모든 활동이다. 노인복지는 노인의 사회적 욕구인 소득, 건강(의료), 여가, 주거, 일자리, 신체적 수발 등을 충족시키기 위한 사회적 노력이다. 따라서 노인복지는 노인의 빈곤, 질병, 고독, 소외, 역할상실, 치매, 학대, 자살 등을 예방하고 해결하여 노인이 인간다운 삶을 영위할 수 있도록 하여야 한다(이근홍, 2018). 이러한 측면에서 노인복지는 노인의 생활상에서 나타나는 문제를 해결하기 위한 서비스를 제공하는 정책적 활동과 실천적 활동이라 할 수 있으며, 노인복지를 노인의 생활상의 관점에서 바라볼 필요가 있다.

노년기의 생활상은 노인의 의식주 활동 외에도 여가활동, 직업활동, 사회생활 등 다양한 영역에서 개인의 능력, 욕구 그리고 경험과 행위를 역동적으로 결정하는 삶이 영역이다. 이러한 노인의 생활상은 노인의 소득, 신체적·정신적 건강, 사회참여, 삶의 만족을 결정하는 중요한 요인이 된다. 르바서 등(Levasseur et al., 2009)은 주관적 삶의 만족감을 개인의 기대와 우선순위 그리고 성취 간의 갈등과 균형을 맞추는 과정에서 도출된 결과라고 정의하고, 개인의 선호와 욕구를 충족해 줄 수 있는 환경, 장애 그리고 노화에 대한 적응력, 삶에 대한 통제력이 삶의 질에 중요하다고 하였다.

그림 7-1 노인 삶의 만족도

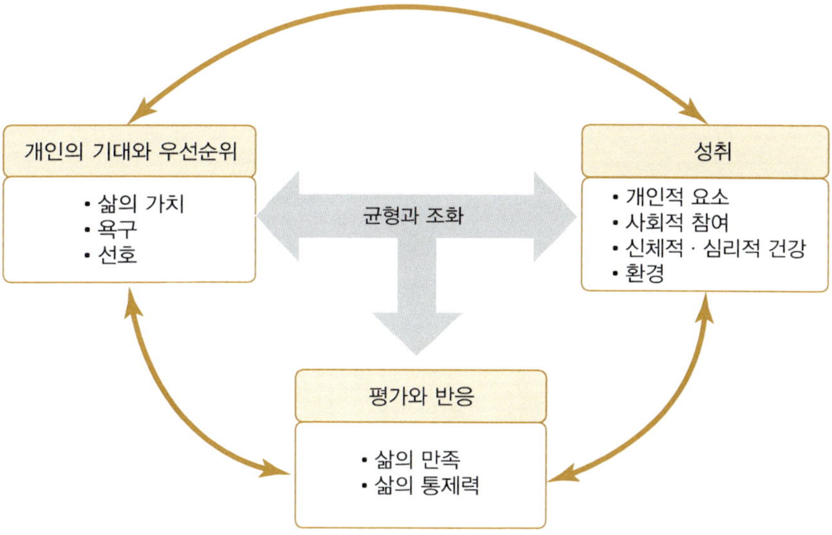

출처: Levasseur et al. (2009). Meaning of quality of life for older adults. e93.

즉, 노인이 일상생활에서 자기 삶의 가치와 욕구 그리고 선호 등의 기대와 이를 성취하기 위한 자신의 능력과 환경적 여건 등이 상호 균형을 이루게 되면, 노인은 자신의 삶을 만족하게 된다는 것이다. 이러한 과정에서 노인의 기대와 성취 간의 차이가 클수록 노인 문제는 심화되지만, 노인복지의 개입으로 불균형을 해소하면 노인의 삶의 만족은 높아지게 된다.

노인복지가 노인의 생활상을 풍요롭게 하여 노인 삶의 만족을 높인다는 측면에서 노인복지정책을 노인의 소득보장, 건강보장, 노인돌봄, 주거 및 여가생활, 인원보호 측면에서 살펴볼 필요가 있다.

그림 7-2 노인복지와 생활상

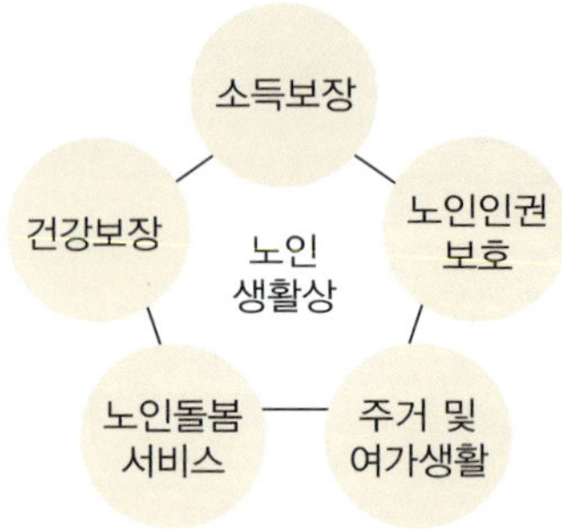

참고문헌

김동하 · 양예슬 · 이혜원 · 이수미 · 김도영 · 김용진 · 유승현(2019). 도시 취약계층 노인의 건강 관련 생활상에 대한 다각적 이해. 보건과 사회과학, 52(1), 93-122.

위키백과 ko.wikipedia.org

장원순(2004). 사회문화교육방법으로서의 '일상생활' 분석. 사회과교육, 43(4), 167-187.

정경희(2017). 한국 노인복지제도의 좌표와 패러다임 진단. 한국노인복지학회 학술대회, 7(1), 5-28.

Levasseur, M., Tribble, D. S. C., & Desrosiers, J. (2009). Meaning of quality of life for older adults: Importance of human functioning components. *Archives of gerontology and geriatrics, 49*(2), e91-e100.

Chapter

08 노후소득보장제도

1 노후소득보장제도의 의의

1) 노후소득보장제도의 개념

소득보장(income maintenance)은 국민의 소득을 일정선 이상의 수준에서 유지해 주는 제도를 말한다. 소득보장제도는 주로 단기 또는 장기 실업과 관련된 위험을 완화시키고 사회불안을 사전에 방비하며, 소득재분배를 통한 공평한 사회로 가기 위한 제도라고 볼 수 있다(박찬용 외, 2000). 석재은(1998)은 소득보장을 각종의 사회적 위험에 의하여 소득원이 상실되었을 때 상실된 소득의 일부 혹은 전부를 보상하여 주는 것으로 정의하였다.

노후소득보장제도는 고령인구의 소득상실 위험에 대비한 소득보장제도라고 하였다. 노후소득보장제도는 사회적 연대원칙과 세대 간의 계약에 기초하여 젊은 세대가 노년 세대의 생활비를 부담하도록 설계된 제도로서 사회구조변동과 경제구조변동에 대비하고 과거 경제발전에 기여한 노인을 보상하는 차원에서 경제적·사회적 안정과 산업·사회적 평화를 유지하기 위해 도입되었다. 노후 소득보장이란 노인 빈곤에 대한 사회적 차원의 대책으로서 국가가 노인이 빈곤 상태에서 벗어날 수 있도록 최소한의 정기적 소득을 확보해 주는 활동을 말한다(장인협·최성재, 1996). 노후소득보장제도로서 대표적인 제도가 연금제도(pension scheme)이다. 이 제도는 특별히 노인을 대상으로 하는 것은 아니지만 빈곤선 이하에 놓여 있는 고령 계층에게 지급되는 공공부조와 국가에 따라 고령수당 제도를 운용하기도 한다(석재은, 2005).

사회보장이 발달한 선진국의 소득보장제도는 다음과 같이 정리될 수 있는데 먼저 고령으로 은퇴자, 산업재해로 근로 능력을 상실한 자, 불구 또는 단기 질환자,

가장의 죽음으로 생계가 막연해진 자, 실업자 등의 소득을 보장하기 위한 제도로서, 관련된 프로그램으로는 연금보험, 산재보험, 건강보험, 고용보험 그리고 공공부조가 있다(박찬용 외, 2000). 선진국가들은 생애주기의 순서를 정하고 그에 적합한 교육, 노동, 여가의 순서에 따라 개인경력에 개입하여 노후에 안정된 삶을 살아갈 수 있도록 안정적인 노후소득보장제도를 효과적으로 운용하고 있지만, 후발 국가들은 노령 및 폐질로 인한 사회적 위험에 대비하는 것뿐만 아니라 빠르게 진행되는 고령사회의 대비책도 마련해야 하는 이중적 도전에 노출되어 어려움을 겪고 있다.

우리나라에서도 노인이 빈곤 상태에서 벗어날 수 있도록 최소한의 정기적 소득을 확보해 주기 위한 노후소득보장제도를 시행하고 있다. 우리나라에서도 노후보장제도로서 1961년부터 법정퇴직금제도를 시행하였으며, 1988년 보편적 공적연금제도인 국민연금제도가 본격적으로 시행되어 노후소득보장의 중요한 축을 담당하고 있다. 이후 1994년 개인연금제도의 도입을 비롯하여 2005년 퇴직연금제도, 2008년 기초노령연금과 이를 확대한 2014년 기초연금 시행으로 우리나라는 외형적으로 다층노후소득보장체계를 구축(構築)하게 되었으나 여전히 많은 논의가 이루어지고 있다. 우리나라의 노후소득보장제도가 선진 복지국가 도약을 위해서는 젊은 세대의 자립적 여생에 대한 장기계획을 수립하고 사회정책에 대한 신뢰회복, 3세대 간의 정의로운 분배 실현, 노후소득보장제도에서 합리성과 형평성을 확보하는 것이 중요하다.

2) 노후소득보장제도의 체계

우리나라 노후소득보장체계는 공적 노후소득보장제도와 사적 노후소득보장제도로 구분할 수 있다. 공적 노후소득보장제도에는 공적연금, 공공부조, 경로연금 등이 있으며, 사적 노후소득보장제도에는 법정퇴직금제도, 개인연금 등이 있다. 기본적인 노후소득보장제도의 설계는 공적연금을 1차 안전망으로 하고, 공적연금 적용에서 제외된 저소득층에게 경로연금을 지급하며, 빈곤선 이하의 계층에게는 최종안전망으로서 기초생활보장제도를 통하여 최소한의 소득을 보장하는 구도로 되어 있다(석재은, 2005). 또한, 추가적인 소득보장제도로서 피용자의 경우 퇴직금이 있으며, 특수직역 종사자의 경우 퇴직수당이 연금제도 내에 있고, 모든 국민은 자발적인 개인연금 가입을 통하여 추가적 소득보장이 가능하다(석재은, 2005).

우리나라 노후소득보장정책으로 국민연금과 기초연금, 국민기초생활보장, 퇴직연금, 주택연금, 농지연금, 개인연금 등이 있다. 국민연금과 기초연금은 우리나라의 대표적인 노후소득보장제도이다. 국민기초생활보장은 전 국민을 대상으로 하는 소득보장제도지만 노인의 국민기초생활보장 수급률이 일반 국민에 비해 3배 높다는 점에서 노후소득보장제도로 볼 수 있다. 퇴직연금과 주택연금, 농지연금은 준공적연금이다. 준공적연금은 법적 근거를 통해 정부 또는 공공기관이 시행·감독하지만, 가입에 대한 선택권은 개인에게 있다는 점에서 공적인 성격과 사적인 성격을 동시에 가지고 있다. 개인연금은 사적연금에 해당된다.

그림 8-1 우리나라 노후소득보장제도의 체계

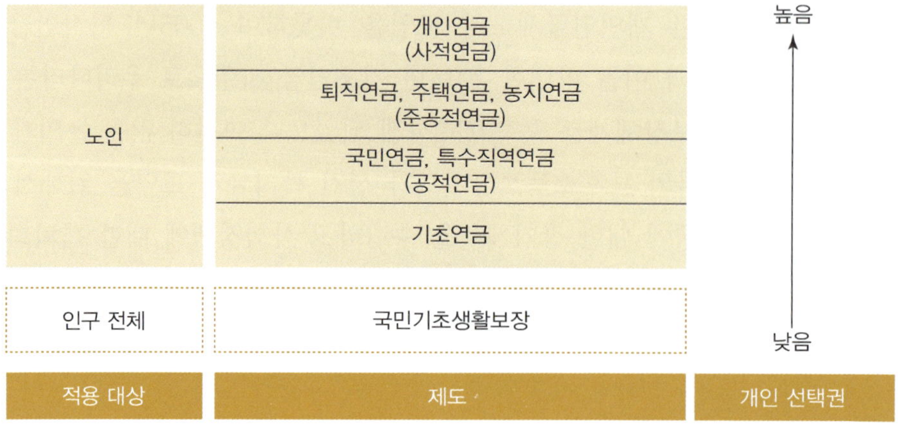

출처: 황남희(2016). 노후소득보장정책의 현황과 과제. p.24.

2 국민연금

사회보험 중 연금보험은 노인의 소득보장에 중요한 위치를 차지하고 있다. 연금보험은 노령, 폐질, 사망 등과 같은 사회적 사고에 의한 소득의 중단이나 감소에 대비하여 근로 시기에 정기적인 보험료를 납부하고, 노령과 같은 사고 발생 이후에

급여를 지급 받는 소득보장제도이다(김영모, 1995). 우리나라 연금보험에는 1960년에 시행된 공무원연금, 1963년에 시행된 군인연금, 1975년에 시행된 사립학교교직원연금 및 1988년부터 시행된 국민연금이 있다. 여기에서는 대표적인 연금보험인 국민연금에 대해 알아보고자 한다.

1) 국민연금의 특성

국민연금은 노령으로 소득상실의 위험에 직면한 노인들에게 일정한 소득을 제공하여 안정된 노후생활을 영위할 수 있게 하는 공적연금제도이다. 국민연금은 1973년 「국민연금복지법」이 제정되고 1974년부터 시행할 예정이었으나 여러 가지의 이유로 시행이 연기되었으며, 1986년에 「국민연금법」으로 개정하고 1988년부터 시행하였다. 국민연금은 1999년 모든 국민을 대상으로 연금을 시행하면서 그동안 보험료율의 인상과 소득대체율의 인하 등을 비롯한 변화가 있었다(이근홍, 2018).

국민연금제도는 다음과 같은 특징이 있다(이근홍, 2018).

첫째, 국민연금은 노후소득의 불안정에 대처하기 위해 전 국민이 공동으로 부담하는 사회연대의 원리에 기초하여 강제가입을 채택한 보편주의 제도이다. 국민연금이 1988년 상시근로자 10인 이상 사업장 근로자를 대상으로 시작하여 1995년에는 농어촌 지역주민, 1999년에는 도시 지역주민, 2003년부터는 1인 이상의 근로자를 사용하는 모든 사업장에 확대하고, 2006년까지 모든 사업장이 당연적용사업장이 되었다. 이와 같이 국민연금은 사업장 근로자, 농어민, 도시 자영자 등 모든 국민을 하나의 제도에 가입시켜 사회통합에 기여할 수 있도록 강제가입을 채택한 보편주의 제도이다.

둘째, 국민연금의 급여가 기초연금과 소득비례연금으로 이원화되어 있지 않고 하나로 통합된 단일체계라는 것이다. 스웨덴, 영국, 일본 등의 공적연금 제도는 전 국민의 최저 생활을 보장하는 정액 급여인 기초연금과 기초연금을 보충하면서 종전의 생활수준을 보장하는 소득비례연금으로 이원화되어 있다. 그러나 국민연금은 기초연금 부분과 소득비례연금 부분을 균등 부분과 소득 비례부분으로 구분하여 하나로 통합한 형태를 지니고 있다.

셋째, 국민연금이 소득재분배 기능을 통하여 저소득층에게 유리하도록 설계되어 있다. 국민연금의 소득대체율은 소득계층에 따라 달라지는데 저소득층이 고소득층보다 소득대체율이 높아 저소득층에게 유리하게 되어 있다(김연명, 2004). 저소득층의 경우 낮은 소득수준 때문에 고소득층보다 적은 보험료를 납부하지만, 소득재분배 기능 때문에 가입 기간이 긴 경우 순연금액이 고소득층보다 높아 총연금액이 일정 수준 이상 유지되는 것으로 분석되고 있다(한국개발연구원, 2005). 국민연금이 저소득층에게 유리하게 되어 있다 하더라도 고소득층의 경우에도 납부한 보험료보다 훨씬 많은 연금을 받기 때문에 불리한 것만은 아니다.

넷째, 국민연금의 재원조달 방식이 가입자가 모든 비용을 부담하는 기여원칙에 따른 적립방식으로 납부된 보험료가 연금으로 지급되기까지 기금으로 운용되는 형태를 띠고 있다. 국민연금은 시행 초기에 상당한 액수의 적립금이 축적되지만, 연금급여가 본격적으로 제공되는 시기가 되면 적립금이 고갈되면서 부과방식 등과 같은 새로운 형태의 재원조달 방식이 필요하게 될 것으로 보인다.

2) 가입대상

국민연금은 공무원연금, 사립학교교직원연금 및 군인연금 가입 대상자를 제외한 18세 이상 전 국민에게 적용되며, 가입자는 사업장가입자, 지역가입자, 임의가입자 및 임의계속 가입자로 구분된다. 사업장가입자는 근로자를 상시 고용하는 사업장의 18세 이상 60세 미만의 근로자와 사용자를 말한다. 이것은 1인 이상의 근로자를 사용하는 사업장 또는 주한외국 기관으로서 1인 이상의 대한민국 국민인 근로자를 사용하는 사업장에 근무하는 18세 이상 60세 미만의 근로자와 사용자를 말하며, 지역가입자가 사업장에 취업하면 사업장가입자가 된다. 지역가입자는 국내에 거주하는 18세 이상 60세 미만의 국민으로서 사업장가입자가 아닌 사람을 말한다. 다만, 다른 공적연금의 수급권자, 「국민기초생활보장법」에 의한 수급권자, 18세 이상 27세 미만인 자로서 학생이거나 군복무 등의 이유로 소득이 없는 자는 지역가입자에서 제외된다. 임의가입자는 사업장가입자와 지역가입자가 될 수 없는 60세 미만의 사람 중 본인의 희망에 의해 가입신청을 한 자를 말한다. 즉, 다른 공적연금의 수급권자, 「국민기초생활보장법」에 의한 수급권자, 18세 이상 27세 미만인 자로서 학생이거나 군복무 등의 이유로 소득이 없는 자도 가입을 희망하면 임의가입자가 될 수 있다. 임의계속가입자는 국민연금 가입자 또는 가입자였던 자로서 60세에 달한 자가 가입 기간이 부족하여 연금을 받지 못하거나 가입 기간을 연장하여 더 많은 연금을 받고자 원할 경우 65세가 될 때까지 가입을 신청한 자를 말한다. 국민연금의 가입자는 2018년 12월 말 기준 22,314천 명으로 전 국민의 43.5%를 차지하고 있다. 가입유형별로 보면, 사업장가입자가 13,818천 명으로 전체의 61.9%로 나타나고 있으며, 지역가입자가 7,695천 명으로 34.5%, 임의가입자가 330천 명으로 1.5%, 임의계속가입자가 471천 명으로 2.1%를 차지하고 있다.

3) 보험료

국민연금의 보험료는 가입자의 소득을 기준으로 부과된다. 사업장가입자의 경우 근로소득에서 비과세 근로소득을 제외한 소득이 기준이 되며, 지역가입자는 농업소득, 임업소득, 어업소득, 사업소득 등이 기준이 된다. 보험료율은 기준소득월액의 9%이며, 시행 초기에 3%로 시작하여 사업장가입자는 1999년부터, 지역가입자는 2005년 이후에 9%로 인상되었다. 보험료의 부과기준은 기준소득월액이며, 하한액과 상한액의 범위에서 사업장가입자는 사용자와 근로자가 각각 4.5%, 지역가입자는 가입자가 신고한 금액을 기준으로 9%를 납부하도록 되어 있다. 2018년 12월 말 기준소득월액의 최저액은 310천 원이고, 최고액은 4,860천 원이며, 그동안 조성된 국민연금 기금은 6,387,811억 원으로 국민연금공단에서 관리하고 있다.

4) 급여

국민연금 급여의 종류에는 노령연금, 장애연금, 유족연금 및 반환일시금이 있다. 노령연금은 가입 기간이 10년 이상인 가입자가 60세가 된 때부터 생존하는 동안 지급되는 연금이다. 가입 기간이 20년 이상이면서 60세에 도달하게 되면 완전노령연금을 지급하며, 가입 기간이 10년 이상 20년 미만이면 감액노령연금, 가입 기간이 10년 이상이나 연령이 55~60세 사이로서 소득이 없어서 본인이 희망하면 조기노령연금, 가입 기간 중 혼인 기간이 5년 이상인 노령연금 수급자의 배우자가 이혼할 경우 분할연금을 받을 수 있다. 장애연금은 가입자 또는 가입자였던 자가 질병이나 부상으로 신체상 또는 정신상의 장애가 있는 경우 지급되는 연금이다. 유족연금은 노령연금 수급권자, 가입 기간이 10년 이상인 가입자 또는 가입자였던 자, 보험료를 납부한 기간이 가입대상 기간의 3분의 1 이상인 가입자 또는 가입자였던 자 및 장애 등급이 2급 이상인 장애연금 수급권자가 사망하면 그 유족에게 지급하는 연금이다. 반환일시금은 가입 기간이 10년 미만인 자가 60세가 된 때, 가입자 또는 가입자였던 자가 사망한 때 및 국적을 상실하거나 국외로 이주한 때 본인이나 그 유족의 청구에 의해 지급받는 연금이다. 2018년 12월 말 기준 국민연금 수급자는 4,524천 명으로 그중에서 노령연금 수급자는 3,721천 명이며, 전체의 월평균 수급액은 453천 원이고, 노령연금 월평균 수급액은 510천 원이다. 한편 특례노령연금이란 국민연금제도 시행 당시 연령이 많아 연금을 받기 위한 최소 가입 기간인 10년을 채울 수 없었던 자가 가입 기간 5년 이상이면 60세부터 노령연금을 받는 제도를 말한다.

5) 국민연금의 문제와 과제

국민연금은 보험료를 통해 그 재정적 기초를 마련하고, 빈곤이 발생하였을 경우 급여를 제공함으로써 그 손해가 조정되거나 최소한 그 영향을 완화시킨다. 그러나 우리나라 현세대 노인들의 16%만이 연금소득을 가지고 있다. 이러한 문제는 앞서 살펴본 국민연금의 구조에서 찾을 수 있다. 국민연금은 가입 기간이 10년 이상인 자가 60세가 된 때부터 그가 생존하는 동안 노령연금을 지급하기 때문에 노령연금을 받기 위해서는 10년 이상 국민연금에 가입하고, 보험료를 내야 한다. 그러나 저소득층에게 과도한 경제적 부담으로 작용하고 있어 노령연금 수급권을 가질 기회조차 얻지 못하는 실정이다(김정화, 2019). 따라서 국민연금이 노후소득보장 제도로 자리 잡기 위해서는 연금의 사각지대 해소가 필요하다.

오늘날 노령연금의 급여 수준은 평균기준소득월액 대비 약 45%에 불과하다. 2017년도 노령연금의 평균급여액은 500,220원으로 가입 기간 10년 이상 20년 미만의 노인의 평균 노령연금 금액은 약 393,770원, 20년 이상 노인의 평균 노령연금 금액은 약 892,030원이다. 하지만 「국민기초생활보장법」 제6조 및 제8조 제1항과 제2항에 따른 2018년도 생계급여의 선정기준 및 최저보장수준 금액이 1인 가구 501,632원, 2인 가구 854,129원으로 2017년도 노령연금의 평균급여액은 1인 가구

생계급여의 최저보장수준에도 미치지 못한 수준이었다. 이와 같은 수준의 노령연금급여는 노인의 소득상실을 보상하고, 노인의 삶이 극도로 악화되는 것을 방지하고, 안정적인 삶으로 복귀할 수 있도록 하기에 무리인 것으로 보인다. 따라서 국민연금의 급여가 노후소득을 보장할 수 있기 위해서는 소득대체율을 50% 이상으로 유지하고 앞으로 부족하게 될 연금재정에 대해서는 국고지원, 연금기금의 효율적 활용, 노인취업의 활성화 등을 통하여 해결할 방안을 강구해야 할 것이다(이근홍, 2018).

국민연금공단은 국민연금기금의 전입금, 국가보조금, 차입금, 그 밖의 수입금으로 수입을 확보하고, 각종 급여·적립금·환부금·차입금의 상환금과 이자, 그 밖의 공단 운영과 사업을 위한 각종 경비를 지출한다. 즉, 국민연금가입자가 낸 보험료는 보험급여와 적립금으로 지출되므로 국민연금의 재정운영방식은 부분적립방식에 해당한다. 국민연금은 부분적립방식을 채택하였지만, 보험료와 이자를 합친 것보다 연금지급액이 훨씬 많아 언젠가는 적립금이 고갈될 수밖에 없다. 따라서 연금재정을 안정화시키기 위해서는 기여율을 높이고 급여수준을 낮추며, 급여 개시 연령을 연장하는 것은 물론 현행 기준소득월액을 철폐하거나 대폭적으로 상향조정해야 할 것이다. 그와 더불어 수익성이 보장되는 방향으로 연금기금을 효율적으로 활용하거나, 기초연금제도와 분리된 소득비례 연금제도를 실시하는 것 등이 있을 수 있다(이근홍, 2018).

3 국민기초생활보장제도

1) 국민기초생활보장제도의 개념

국민기초생활보장제도는 국가의 보호가 필요한 국민 중 최저생계비 이하의 사람에게 국가가 교육, 생계, 의료 등 기본적인 생활을 할 수 있게 제도적으로 보장하는 것으로 1961년에 제정된 생활보호제도를 2000년에 전면 개정하여 시행된 것으로 저소득층의 국가책임을 더욱 강화한 공공부조의 가장 대표적인 제도이다. 국민기초생활보장제도는 국가와 지방자치단체가 생활유지 능력이 없거나 생활이 어려운 국민에게 필요한 급여를 제공하여 이들의 최저 생활을 보장하고 자활을 조성하는 것을 목적으로 하고 있다. 기초생활보장은 국민의 최소한의 안정적인 생활을 보장함으로써 사회통합에 기여하고, 나아가 국가의 지속성장 동력을 확보하는 것이다(이태진, 2011).

국민기초생활보장제도는 수습권자의 경제적 수준이나 사회적 신분과 상관없이 인구학적 특성에 속하는 사회구성원에게 국가가 일정한 액수의 금품 또는 서비스 제공하는 데모그란트(demogrant)를 채택하고 있다. 데모그란트는 국가가 국민에게 일정 수준의 복지를 보장하고 일정한 조건을 충족하면 모두 제공함으로써 수치심이나 낙인을 부여하지 않으며, 조세로 재원을 충당함으로써 일정 부분 소득재분배 효과가 있다. 그러나 경제적 수준이나 사회적 신분을 고려하지 않고 연령을 기준으로 동일한 급여를 보장하기 때문에 형평성의 문제와 모든 아동, 또는 모든 노인을 대상으로 하여 무한적으로 재정 부담이 가중된다는 단점이 있다.

2) 수급자 선정

국민기초생활보장 수급자는 생활이 어려운 저소득 가구에서 직접 급여를 신청하는 신청주의 및 사회복지전담공무원이 생활이 어렵지만 급여를 신청하지 않았거나 신청서를 작성할 수 없는 사람에 대해 본인의 동의를 얻어 직권으로 신청하는 직권주의에 의해 신청한다. 신청자를 수급자로 선정하는 기준은 부양의무자가 없거나, 부양의무자가 있어도 부양능력이 없거나 부양을 받을 수 없는 사람으로서 소득인정액이 급여종류별 선정기준 이하인 사람을 대상으로 하고 있다.

선정기준이 과거 최저생계비를 중심으로 하였던 것을 2015년부터 맞춤형 급여를 도입하면서부터 급여종류별 선정기준과 생계급여 지급액을 정하는 기준 및 부양의무자의 부양능력을 판단하는 기준으로 기준 중위소득이 적용되고 있다. 이것은 최저생계비의 수준이 국민의 경제생활 수준에 비해 매우 비현실적으로 낮고 형식적인 부양의무자의 존재에 따른 수급자의 탈락과 저소득층의 생활고에 따른 자살사건 등 국민기초생활보장 사각지대에 대한 문제를 해결하기 위해 조정된 것이다(양옥남 외, 2016).

수급자의 선정은 소득과 부양의무자를 기준으로 한다. 소득 기준은 중위소득을 중심으로 급여종류별로 차이를 두고 있다. 중위소득은 2020년을 기준으로 1인 가구 1,757,194원, 2인 가구 2,991,980원, 3인 가구 3,870,577원, 4인 가구 4,749,174원, 5인 가구 5,627,771원, 6인 가구 6,506,368원, 7인 가구 7,389,715원이다. 생계급여는 가구의 소득인정액이 기준 중위소득의 30% 이하, 의료급여는 40% 이하, 주거급여는 45% 이하 및 교육급여는 50% 이하를 기준으로 하고 있다. 부양의무자의 기준은 부양의무자가 없는 경우, 부양의무자가 있어도 부양능력이 없는 경우, 부양의무자가 부양능력이 미약한 경우로서 수급권자에 대한 부양비 지원을 전제로 부양능력이 없는 것으로 인정하는 경우, 그리고 부양의무자가 있어도 부양을 받을 수 없는 경우로 정하고 있다. 급여종류별로 보면 생계급여와 의료급여는 부양의무자 기준을 적용하지만, 주거급여와 교육급여는 적용하지 않는다(보건복지부, 2020).

국민기초생활보장 수급자는 2018년에 1,165,175가구 1,743,699명으로 전체 인구의 3.4%에 해당하며, 그중에서 노인세대는 337,788가구로서 전체의 29.0%인 것으로 나타나고 있다(보건복지부, 2019).

3) 급여

국민기초생활보장제도의 급여에는 생계급여, 의료급여, 주거급여, 해산급여, 장제급여, 교육급여 및 자활급여가 있다.

생계급여는 가구의 소득인정액이 생계급여 선정기준 이하로서 생계급여 수급자로 결정된 수급자에게 지급하며, 수급자에게 의복, 음식물, 연료비, 기타 일상생활에 기본적으로 필요한 금전을 지급한다. 2020년 생계급여 기준은 1인 가구 527,158원, 2인 가구 897,594원, 3인 가구 1,161,173원, 4인 가구 1,424,752원, 5인 가구 1,688,331원, 6인 가구 1,951,910원, 7인 가구 2,216,915원이다. 한편 주소득원의 사망, 질병, 부상, 사고, 사업부도·파산 등으로 갑자기 생계유지가 어려운 가구에게 긴급 생계급여가 제공되며, 급여기준은 기준 중위소득의 15%에 해당하는 금액을 지급한다.

해산급여는 생계급여, 의료급여 및 주거급여 수급자가 출산한 경우 필요한 조치와 보호를 위해 1인당 700,000원을 현금으로 지급한다. 장제급여는 생계급여, 의료급여 및 주거급여 수급자가 사망한 경우 사체의 검안, 운반, 화장 또는 매장 기타 장제 조치를 하는 데 필요한 금품으로 1가구당 800,000원을 지급한다(보건복지부, 2020). 교육급여는 가구의 소득인정액이 기준 중위소득 50% 이하인 경우에 신청할 수 있으며, 교육부 장관이 정하는 기준에 따라 입학금, 수업료, 교과서대, 부교재비 및 학용품비를 지급한다(교육부, 2019). 자활급여는 근로 능력이 있는 생계급여, 의료급여 수급권자 및 비수급권자 중 근로 능력이 있고 소득인정액이 기준 중위소득 50% 이하인 사람에게 근로를 조건으로 생계급여를 제공하거나, 자활근로사업, 자활기업, 취업 등을 지원하는 것이다(보건복지부, 2019).

주거급여는 수급자에게 주거 안정에 필요한 실제 임차료와 수선유지비 등을 포함하여 급여로 구분하여 지급한다. 임차료는 타인의 주택 등에 거주하는 사람에게 지역 및 가족 수에 따라 기준임대료를 상한으로 실제 임차료(월임차료 + 보증금환산액 연 4% 적용)를 소득수준에 따라 차등 지급한다. 서울의 경우 기준임대료는 1인 가구 266,000원, 2인 가구 302,000원, 3인 가구 359,000원, 4인 가구 415,000원, 5인 가구 429,000원, 6인 가구 504,000원이다. 수선유지급여수급자는 주택 등을 보유하고 그 주택 등에 거주하는 사람에게 소득인정액, 가구규모, 주택의 노후도, 수선유지비 소요액 등을 고려해서 주택 개보수비용을 주거급여액 기준으로 실시한다. 경보수는 4,570,000원, 중보수는 8,490,000원, 대보수는 12,410,000원이 지급된다.

교육급여는 초등학교, 중학교, 고등학교, 특수학교 등에 입학 또는 재학하는 생계·의료·주거·교육급여 수급자와 의사상자의 자녀에게 지급한다. 급여는 초등학생에게는 교육활동지원비 286,000원을 연 1회 지급하며, 중학생에게는 교육활동지원비 376,000원을 연 1회 지급한다. 고등학생에게는 입학금은 입학 시 1회, 수업료는 분기별로 학교장이 고지한 금액 전액을 지원하고, 교육활동지원비는 448,000원을 연 1회 지급한다. 교과서는 해당 학년의 정규 교육과정에 편성된 교과목의 교과서 전체를 연 1회 지원한다.

자활급여는 수급자의 자활을 돕기 위하여 다음의 급여를 실시하는 것으로 한다. 첫째, 자활에 필요한 금품의 대여 또는 지급, 둘째, 자활에 필요한 근로 능력의 향상 및 기능습득의 지원, 셋째, 취업알선 등 정보의 제공 넷째, 자활을 위한 근로 기회의 제공, 다섯째, 자활에 필요한 시설과 장비의 대여, 여섯째, 창업교육, 기능훈련 및 기술·경영지도 등 창업지원 일곱째, 자활에 필요한 자산 형성 지원, 여덟째, 그

밖에 대통령령으로 정하는 자활을 위한 각종 지원이 있다. 자활급여는 관련 공공기관·비영리법인·시설과 그 밖에 대통령령으로 정하는 기관에 위탁하여 실시할 수 있으며, 비용은 보장기관이 부담한다(보건복지부, 2018).

의료급여는 수급대상자에게 건강한 생활을 유지하는 데 필요한 각종 검사 및 치료 등을 지급하는 것으로 한다. 의료급여는 수급권자의 질병, 부상, 출산 등에 대한 의료급여 지원을 하며, 급여내용은 진찰, 검사, 약제, 치료재료 지급, 처치·수술, 예방, 재활, 간호, 이송 등이 포함된다. 급여비용 및 급여 범위는 건강보험과 유사하다.

4 특수직 연금제도

1) 공무원연금

우리나라 공적연금으로서 가장 먼저 생긴 공무원연금제도는 1960년 1월 1일 법률로 「공무원연금법」이 제정·공포됨으로써 실시되었다. 이 제도는 공무원이 퇴직, 사망, 공무로 인한 부상, 질병, 폐질 등으로 경제적 위험에 처할 때 적절한 수준의 급여를 제공함으로써 공무원 및 그 유족에게 경제적 안정을 보장함에 그 목적을 두고 있다. 공무원연금제도는 공무원의 노령, 장애, 사망 등 소득상실 사유 발생 시에 적절한 급여를 실시하는 공적연금제도이며, 퇴직연금급여 이외에 재해보상급여, 부조금여, 퇴직수당 및 후생복지사업 등 다양한 프로그램을 제공하는 종합복지제도이다(공무원연금공단, 2010). 공무원연금의 비용부담은 공무원과 국가 또는 지방자치단체가 공동으로 부담하고 있는데, 공무원 개인이 매월 기준소득월액의 9% (2020년)를 기여금으로 납부하고 국가 또는 지방자치단체가 보수예산의 9%를 부담금으로 납부하는 구조로 되어 있다. 단, 사용자 책임급여인 재해보상급여 및 퇴직수당과 부조적 성격의 급여인 재해부조금 및 사망조위금에 소요되는 비용은 국가나 지방자치단체가 전액을 부담한다(공무원연금공단 홈페이지, 2017).

2) 사립학교교직원연금

사립학교교직원연금제도는 사립학교교직원만을 위한 공적연금제도로 법률에 의하여 가입이 의무화되어 있다. 사립학교교직원연금제도는 1975년 1월 1일부터 사립학교 교직원의 퇴직·사망 및 직무상 질병·부상·장애에 의해 발생하는 위험에 대처하며 본인 및 유족의 생활안정과 복리 향상을 목적으로 시행되었고, 부담률과 급여의 내용 등 기본적인 제도 구조가 공무원연금제도와 동일하다. 사립학교교직원연금의 당연 적용대상은 모든 사립 초등학교부터 대학교, 사립특수학교와 이를 설치하고 관리하는 학교 기관에서 근무하는 정규 교직원이다. 또한, 예외적으로 사립학교 중 유치원, 각종학교, 기술학교, 공민학교 등의 정규 교직원과 법률에 의해 대학원을 설치·운영하는 연구기관의 교직원 등도 소속기관이 교육부 장관의 지정을 받아 임의나 특례적용을 받을 수 있다(사학연금 홈페이지, 2017). 사립학교교직원연금은 가입자 개인과 사용자인 법인 및 국가가 함께 연금 납입을 부담하는데, 2020년 부담률은 개인의 경우 월 기준소득금액의 9%이며, 법인 및 국가는 개인부담금 합계액을 기준으로 산출[7]하여 부담한다. 단 재해보상급여는 법인이 전액 부담하고 있고, 사용자부담 성격의 급여인 퇴직수당의 경우 법인과 국가, 그리고 공단이 매년 전액을 부담한다(사학연금, 2020).

5 공적연금연계제도

우리나라는 연금수급권 보장의 용이함을 위해 공적연금제도 간의 연계를 실시하고 있다. 이 제도 시행 이전에는 국민연금과 특수직역연금(공무원연금, 사학연금, 별정우체국연금, 군인연금) 수급대상자가 각 연금제도 내에서 재직기간 10년 이상을 채워야만 연금수급권이 발생하는 구조였으며(군인연금의 경우는 20년 이상), 그 기간을 채우지 못하면 일시금으로만 받아야 했다. 그러나 「국민연금과 직역연금의 연계에 관

7) 법인부담금 = 개인부담금 합계액 × 5,294/9,000

한 법률」이 2009년 8월 7일부터 시행됨에 따라 국민연금 가입 기간과 특수직역연금 재직기간 간의 합산이 인정되어 공적연금제도 내에서 20년 이상 재직 시 은퇴 후 일시금이 아닌 가입 기간만큼 연금으로 수급 받을 수 있게 되었다(보건복지가족부, 2009).

단, 공적연금의 연계를 신청하기 위해서는 퇴직 시 연금의 일시금을 신청하지 않은 상황이어야 하며, 만약 신청하여 수령한 경우, 종전의 재직기관에 이를 반납해야 공적연금을 받을 수 있다. 이러한 공적연금연계제도는 각각의 기금에서 가입 기간만큼 각각의 연금을 지급하므로 연금 간의 상호 재정 이전이나 부담이 없는 장점이 있다. 그러나 이러한 공적연금연계제도 실행에도 불구하고 여전히 국민연금의 수급권을 획득하지 못한 사각지대의 범위는 넓은 실정이다(최윤영, 2017).

6 사적연금제도

1) 퇴직연금

우리나라 노후소득보장체계에 있어 퇴직급여제도는 임금근로자를 대상으로 기존의 일시금인 법정퇴직금제도와 이를 보완하기 위해 만들어진 퇴직연금제도로 이분화되어 운영되고 있다. 기존의 법정퇴직금제도가 퇴직 후 일시금 형태의 수령만 가능하다 보니 노후소득을 대비하는 기능이 미비하여, 이를 보완하기 위해 연금형태를 강화한 퇴직연금이 2005년 12월부터 시행되었다. 퇴직연금은 퇴직 후 근로자에게 지급될 퇴직금을 사용자가 외부 금융기관에 위탁 적립하고, 이 재원을 사용자 또는 근로자가 운용하여 근로자 퇴직 시 연금 또는 일시금으로 지급하는 제도이다(최윤영, 2017).

2) 개인연금

고령화사회로의 변화에 대비하기 위하여 공적연금을 통해 최소한의 기본적 노후 소득을 보장하고자 한다면, 사적연금인 개인연금은 최소 기본소득을 넘어 노후를 위한 적절하고 추가적인 소득을 보장할 목적으로 도입된 제도라고 할 수 있다. 우리나라의 개인연금은 1994년 6월 20일 세제적격(보험료 소득공제)의 형태로 도입되어 현재까지 시행 중이다. 이러한 개인연금은 본인의 의지에 따라 원하는 경우에만 가입하는 완전 자발적인 제도이고, 개인의 기여분만큼 혜택을 받는 구조로 이루어져 있어 공적연금과 같이 세대 내 또는 세대 간의 재분배기능이 없는 상업적 상품이라고 할 수 있다. 현재 우리나라 개인연금 형태에는 은행권의 연금저축신탁, 증권사의 연금저축펀드, 보험업계의 연금저축보험 등의 상품이 있다(최윤영, 2017).

3) 주택연금

주택연금(역모기지; Reverse Mortgage)이란 만60세 이상의 별도의 소득원이 없는 고령자 본인 또는 배우자가 소유하고 있는 본인 명의의 자가 주택을 금융기관에 담보로 하여 연금형태로 노후생활에 필요한 소득을 지금 받고, 사망 후 담보된 부동산을 처분하여 상환하는 역모기지론 형태의 제도이다. 주택연금의 지급방식은 한국주택공사가 가입자를 위해 은행에 보증서를 발급하고, 이러한 보증서를 근거로 은행이 가입자에게 연금을 지급하는 것이다(한국주택금융공사, 2017). 역모기지의 성격을 가진 주택연금의 특징은 다음과 같다. 첫째, 주택연금은 저소득계층을 위한 제도가 아닌 중산층 이상의 노후소득보장에 국한되는 제도라고 할 수 있다. 둘째, 주택연금제도의 가입자 본인 또는 배우자는 담보로 제공된 집에서 사망 시까지 거주할 수 있으며, 부부 모두 사망할 때까지 연금지급이 계속된다. 그리고 부부 모두 사망 후 지급된 연금액에 비해 담보 주택 가치의 잔여분이 있을 경우, 정산하여 상속인에게 상속되는 반면, 지급된 연금액이 담보 주택의 가치를 초과하는 경우, 상속인에게 청구하지 않는다. 이는 사적인 역모기지 상품과 구별되는 주택연금의 가장 큰 특징으로 역모기지제도에 포함된 위험을 한국주택금융공사가 보증하는 것이다(김진수 외, 2015).

참고문헌

공무원연금공단(2010). 2009 공무원연금 기금운용 연차보고서.

김연명(2004). 국민연금법 개정과 언론의 보도 성향. 월간 복지동향, (64), 39-41.

김영모(1995). 한국사회보장개혁론. 중앙대학교출판부.

김정화(2019). 고령화시대 국민연금의 문제점과 개선방안. 법학연구, 27(3), 97-122.

김진수 · 이윤진 · 김치완(2015). 주택연금제도의 사회보장적 성격에 관한 연구. 사회보장연구, 31(1), 55-81.

박찬용 · 김연명 · 김태완(2000). 사회안전망 확충을 위한 소득보장체계 개편방안-소득보장의 사각지대 해소를 중심으로. 보건사회연구원.

보건복지가족부(2009). 공적연금연계제도란 무엇인가요?. 보건복지부

보건복지부(2020). 2020년 국민기초생활보장 사업안내. 보건복지부.

석재은(1998). 경로연금제도의 현황과 발전방안. 보건복지포럼, 1998(10), 36-48. 한국보건사회연구원.

석재은(2005). 노후생활보장의 강화. 보건복지포럼, 통권 제99호, 58-62. 한국보건사회연구원.

이태진(2011). 2011년도 기초생활보장정책의 변화와 전망. 보건복지포럼, 2011(1), 42-49.

최윤영(2017). 한국의 공적노후소득보장체계는 중산층에게 적정한가?. 고려대학교 대학원 박사학위논문.

황남희(2016). 노후소득보장정책의 현황과 과제. 보건복지포럼, 2016(9), 21-33.

Chapter

09 사회참여지원제도

1 노인의 사회참여 이론

1) 활동적 노화이론

고령화사회에서 능동적이고 활동적인 사회구성원으로서 노인의 건강, 참여, 사회경제적 기회에 대한 방안들이 논의되고 있다(Bowling, 2008). 노인은 수동적인 지원을 받는 것이 아닌, 한 사회의 구성원으로서 잠재력이 있고, 생산적인 대상으로 건강하고 독립적인 존재로 정의되고 있으며(Walsh et al., 2014), 적극적이고 활동적인 사회구성원으로 통합될 때, 전반적인 삶의 질과 자아존중감 수준이 높아지는 것을 확인할 수 있다(김정희, 2018). 따라서 노인은 한 사회의 구성원으로 삶의 질 향상을 위한 적극적이고 활동적인 존재로 정의할 수 있다.

노년기에 대한 논의가 이루어지면서 성공적 노화(successful aging), 생산적 노화(productive aging), 활동적 노화(active aging)라는 신노년의 개념이 등장하였다. 성공적 노화는 신체적이고, 인지적인 측면에 중점을 두어 노후의 성공적인 기준을 제시하였고(Holstein & Minkler, 2003), 생산적 노화는 경제적인 효율성에 초점을 두어 사회참여에 대한 개념을 정리하였다(Morrow-Howell et al., 2001). 그러나 성공적 노화와 생산적 노화는 노인의 다차원적인 삶을 통합적으로 확인하기에는 부족하며, 개념적 한계가 있음이 지적되었다(Atchley & Baruch, 2004). 성공적 노화와 생산적 노화의 개념은 주체적이고 능동적인 노인의 존재적 가치를 반영하는 데 한계가 있으며, 다차원적인 특징을 가지고 있는 노화를 설명하는 데 신체적·인지적·경제적 측면에만 중점을 두고 있으므로, 포괄적으로 노화를 설명하고, 이를 수용하는 개념이 필요하다.

활동적 노화는 1990년대 말 등장한 개념으로 세계보건기구(WHO)는 활동적 노화를 늙어가면서 삶의 질을 강화하기 위해 건강(health), 참여(participation) 그리고 안전(security)의 기회를 최적화하는 과정으로 설명하였다(Avramov et al., 2003). 활동적 노화에 대하여 경제협력개발기구(OECD)는 고령화 과정에서 사회와 경제 체제 속에 생산적인 삶을 이끌어 갈 수 있도록 하는 역량이라고 정의하였으며(OECD, 1998), 세계보건기구는 노화의 과정에서 삶의 질을 높이기 위해 건강, 참여, 안전의 영역에서 사회구성원들에게 최대한의 기회를 제공하는 것이며, 고령사회 정책 패러다임으로 재정립하여 노인의 개인적·사회적 차원을 포괄하는 광범위한 내용을 포함하고 있음을 강조하였다(WHO, 2002). 유럽연합(EU)은 지속적으로 노동시장에 참여하고, 적극적인 돌봄 제공, 지역사회 참여, 취미나 스포츠 활동, 여가활동 등을 강조하고 있다(Walker, 2008). 이처럼 활동적 노화는 수명연장으로 인해 노인들에 대한 인식과 그들의 기대 역시 변화하고 있는 환경에서 경제, 사회, 문화 등 다양한 방면에서 일어나는 지속적인 참여와 활동을 기반으로 한다. 활동(activity)이란 단순히 노동시장의 참여를 통한 경제적 활동뿐만 아니라 가사일과 돌봄 노동 그리고 자원봉사 활동 등과 같은 활동과 함께 지역공동체 활동 외에 여가와 휴식을 위한 여행, 스포츠와 같은 역동적인 레저 활동을 포함한다.

활동적 노화는 2002년 세계보건기구가 활동적 노화를 고령사회 정책 패러다임으로 재정립하면서 주목을 받았다. 세계보건기구가 설명하는 활동적 노화 정책 패러다임이란 활동적 노화 과정에서 삶의 질을 높이기 위해 건강, 참여, 안전의 영역에서 사회구성원들에게 최대한의 기회를 제공하는 것을 말한다. 첫 번째 영역으로 건강은 노인의 건강위험요인을 최소화하면서 건강을 증진시킬 수 있는 요인을 최대화함으로써 삶의 질을 향상시키고 수명을 연장하는 것을 목표로 한다. 이것은 궁극적으로 노인의 독립적인 생활을 가능하게 하고 요양서비스나 의료서비스 이용 감소를 가져올 것으로 예상한다. 두 번째로 참여의 영역은 노인의 노동시장 참여와 교육기회의 제공 등을 통해 노인이 사회경제적 및 문화 그리고 영적 활동에 최대한으로 참여할 수 있도록 지원하는 것에 초점을 둔다. 즉, 참여영역의 목표는 노년기에 생산적인 활동을 지속할 수 있도록 지원하는 것이다. 마지막으로 안전의 영역은 노후에 사회적 그리고 재정적 및 신체적으로 안전한 생활을 할 수 있게 만들어 주는 정책과 프로그램을 제공함으로써 개인이 보호받을 권리와 존엄성을 보장하는 것을 목표로 둔다.

특히 참여의 영역은 은퇴를 경험하면서 생산적 활동으로 여겨지는 경제적 활동 및 사회참여가 자연적으로 감소하게 되는 노인들에게 강조되는 영역이다. 왜냐하면, 사회적 활동의 감소는 빈곤, 고독감, 역할상실로 이어져 경제적·심리적·사회적·신체적 어려움을 야기하기 때문이다. 이와 반대로 노인의 사회참여 증가는 노년기의 생활만족도와 심리적 안정감, 건강유지, 자아존중감, 삶의 행복감, 지역사회로의 통합 등 삶의 질을 추구하는 데 긍정적인 영향을 미친다(Kelly et al., 1987). 따라서 노인의 사회참여는 그 필요성과 중요성을 가지고 있다.

사회참여가 적은 노인에게 노동시장 참여는 단순히 생계수단을 넘어서 일을 통한 경제적인 목적 달성과 더불어 사회적인 목적을 함께 성취할 수 있게 되며 심리적인 목적까지 달성할 수 있게 한다. 후이만과 키야크(Hooyman & Kiyak, 2005)는 노인이 상품과 서비스를 생산하는 모든 활동과 생산성을 높이는 데 필요한 기술을 습득하는 것의 중요성을 강조하였다. 즉, 보수를 받는 활동 그리고 보수를 받지 않는 활동 모두 사회적 영역에서 성공적 노화를 이루기 위한 생산적 활동으로써 노년기의 일의 중요성을 강조하는 것이다. 특히 활동적 노화이론에서 주장하는 노동은 유급노동 외에 가사노동, 종교활동, 돌봄노동, 봉사 및 사교활동 등 다양한 영역에서의 적극적 활동의 유형을 포함하는 개념이다(이석원, 2010). 실제로 노년기 사회참여의 중요성을 살펴본 연구들은 노년기에 접어들면서 은퇴 후 신체적인 노화의 과정과 더불어 배우자의 죽음, 사회로부터의 소외 등 역할감소와 상실감을 경험하게 된다. 그러나 이때 근로, 자원봉사 혹은 종교행위 참가 그리고 여가활동 등과 같은 다양한 사회적 활동에 참여는 사회나 주위 사람들로부터 인정을 받게 되고 자아정체감을 확인하고 유지하도록 도와줌으로써 삶의 질과 생활 만족을 향상시킬 수 있다는 점을 확인하였다(강신옥·방혜선, 2010). 특히 국제기구와 서구 선진국에서 활동적 노화를 강조하는 것은 노인들의 사회참여는 인구 고령화로 인한 정부 예산이나 경제발전에 미칠 수 있는 부정적 영향을 줄일 수 있기 때문이다(이주현, 2019). 활동적 노화는 노인들의 잉여 노동력을 활용함으로써 공공의 부담을 덜어줄 수 있기 때문이다. 실제로 많은 선진국에서는 적극적 사회참여정책을 활용함으로써 노인들의 사회참여율을 증가시키고 고령사회의 재정적 부담을 덜고자 노력하고 있다(이주현, 2019).

2) 건강의 사회적 결정요인

건강에 대한 관심의 증가와 함께 건강증진을 건강관리를 위한 새로운 패러다임으로 인식하고 있다. 건강증진이란 개인의 기술이나 능력을 향상하는 활동뿐만 아니라 사회적·환경적 상태를 개선하는 활동을 포함한 포괄적이고 사회적인 과정이다(WHO, 1998). 1986년 세계보건기구의 제1차 건강증진 회의인 '오타와 헌장(Ottawa charter)'에서는 건강증진을 사람들의 건강에 대한 통제력을 증가시키고 건강수준을 개선할 수 있는 능력을 배양시키는 과정이라고 정의함으로써 건강증진의 주체를 일반인이라고 밝히고 있다.

건강관리의 패러다임 변화는 건강 향상을 전문가에 의존하고 있던 질병관리시대에서는 건강증진시대의 변화를 의미한다. 질병관리시대는 인류의 건강 수준 향상을 위해 질병을 예방하고 치료하기만 하면 가능하다고 보고, 의학적 지식을 가진 전문가 의견이 판단 근거가 되는 전문가 중심주의를 강조하였다(임수경, 2020). 그러나 생활습관성 질환이 주요 건강문제로 대두되면서 의학과 전문가에 의존하던 사고는 한계에 부딪혔으며, 의료서비스 이용보다는 생활습관이나 환경의 관리가 건강에 더 큰 영향을 미치는 것으로 나타남에 따라 건강증진시대로의 패러다임 변화가 이루어졌다. 건강증진시대의 건강은 생물학적 변인이나 유전적 속성에서부터 생활습관, 물리적인 환경에 이르기까지 다양한 요인에 의해 영향을 받으며, 이로 인해 건강에 영향을 미치는 사회적 결정요인에 관한 관심이 증가하였다(임수경, 2020).

건강의 사회적 결정요인(social determinants of health)이란 개인의 건강 수준은 사회정치적 환경, 구조적인 사회체계 그리고 이들이 매개한 개인의 사회경제적 위치 등이 건강에 작용하는 메커니즘과 복합적으로 작용한 결과로 보는 관점이다(임수경, 2020).

건강의 사회적 결정요인은 사람이 살아가고 일하는 사회적 조건을 반영한 것으로 구조적 결정요인과 중재요인 두 가지로 설명된다(Solar & Irwin, 2010). 건강의 사회적 결정요인에서 구조적 결정요인은 사회경제적·정치적 맥락과 사회경제적 지위로 구별된다. 먼저 사회경제적·정치적 맥락은 욕구의 개념과 차별의 유형, 공공행정의 시민참여와 책임감으로서의 거버넌스(governance), 국가 재정, 통화, 균형, 노동시장 구조를 포함하는 거시경제정책(macroeconomic policies), 노동, 사회복지, 토지 및 주거분포 등의 요인을 포함하는 사회정책(social policies), 교육, 의료, 물과 위생 분야 등의 공공정책(public policies), 건강이 지역 및 국가의 상황에 따라 다르게 나타날 수 있는 사회적·문화적 가치, 사회구조에 큰 영향을 미치는 주요 역학적 연구의 6개 요소를 포함한다(임수경, 2020). 구조적 결정요인은 사회적 계층과 개인의 사회경제적 지위를 형성한다. 이러한 메커니즘은 힘과 권력, 자원 접근성에 기초하여 사회집단의 건강기회를 형성하게 된다(김원철, 2015). 사회경제적 지위의 지표로서 소득과 교육과 직업은 건강 결과와 관련되어 있다(Solar & Irwin, 2010).

중재요인으로 물리적 환경, 행동·생물학적 요인, 심리·사회적 환경, 보건의료시스템을 포함하고 있다. 물리적 환경은 주거구조 및 위치 등의 주거환경과 근로환경을 포함한다. 이는 환경의 질과 관계되어 있어 건강자원을 제공하는 동시에 건강위험의 노출도 제공하며, 물리적인 생활수준의 차이는 가장 중요한 중재요인에 해당한다. 다음으로 심리·사회적 환경은 스트레스 요인, 사회적 지지, 대처능력 등을 포함하며, 긴 시간 동안의 스트레스 노출은 많은 질병을 유발하게 된다. 마지막으로 보건의료시스템은 서비스에 대한 접근성과 노출, 취약성에서의 차이를 반영하여 질병으로 인한 건강수준에 중요한 영향을 미친다(김원철, 2015).

2 노인의 사회참여

1) 노인의 사회참여 의의

노년기 사회참여는 포괄적으로 노인들의 정신적 활동을 제외한 거의 모든 활동을 포괄하는 개념으로 보기도 하나 주로 다른 사람과의 상호작용 혹은 다른 사람과 함께 하는 활동으로 본다(김영범·이승훈, 2008). 또한, 활동적 노화이론에서 활동(activity)을 경제적 활동, 가사일과 돌봄, 노동, 자원봉사활동, 지역공동체 활동, 여가 등의 광범위한 영역으로 설명하고, 이러한 활동에 능동적이며 적극적으로 참여하는 것을 사회참여라 하였다. 이러한 사회참여 개념을 종합하면, 노인의 사회참여는 노인 스스로가 동기나 필요에 의해 일자리 및 자원봉사, 가사, 친목, 종교, 여가 등에 참여하여 적극적으로 활동하는 것이라 할 수 있다.

노인의 사회참여 필요성은 다음과 같이 구분하여 살펴볼 수 있다.

첫째, 노인 소득보장의 한 방법으로서 그 필요성을 갖는다. 노년기가 길어진 현 상황에서 노인의 사회참여로 인한 소득 확보는 노인들의 중요한 생계수단의 일환이다. 특히 우리나라 노인들은 공적연금의 미성숙과 미흡한 노후소득보장체계로 인해 빈곤 상태에 놓여 있는 경우가 많다. 또한, 자녀가 자립하는 시기가 점차 늦어지고 있어 자녀의 교육 및 결혼비용 등에 대한 부담이 퇴직 후까지 이어지는 상황 가운데 노후 삶에 대한 대비가 더욱 어려워지고 있다. 따라서 노인의 사회참여는 정기적인 소득이 가능하므로 노후 소득보장에 도움이 된다(이주현, 2019).

둘째, 노인 사회참여는 국가의 복지재정 부담 감소에 기여한다. 현대사회의 추세 중의 하나인 핵가족화, 특히 노인 가구의 거주비율 증가로 인해 노인에 대한 공적 및 사적 부양비 부담문제는 크게 대두될 수밖에 없다. 특히 노인들에게 현물급여 형식으로 지급하는 공적연금이나 수당식의 노인복지정책은 급속도로 진행되고 있는 고령화에 따라 재정 부담이 커질 수 있다. 그러나 일정의 예산지원을 통한 사회참여는 노인 잉여 인력의 활용 효과가 있어 국가 복지재정의 부담을 줄일 수 있다.

셋째, 노인의 사회참여는 그들을 사회 속으로 통합시킴으로써 경제적·정서적 안정과 더불어 건강과 무료함을 제거하는 데 기여한다. 산업화 및 도시화 현상과 더불어 핵가족화와 인구의 고령화로 변모하고 있는 현대사회에서 노인의 사회참여는 노인 스스로 경제력을 가지게 함으로써 자녀의 부양 부담을 감소시키고 개인적 성취 욕구와 인적 및 사회자원의 활용이라는 점에서 볼 때 생산적인 복지대책의 일환이 된다.

2) 노인의 사회참여 유형

사회참여는 사회적 연계를 유지하고 사회활동에 적극적으로 참여하는 것으로, 개인적인 경제활동에서부터 지역사회 조직이나 단체 활동, 그리고 정치적 활동에 이르기까지 광범위한 영역을 포함한다(Levasseur et al., 2010). 우리나라 「노인복지법」 제23조에서는 사회참여를 자원봉사와 경제활동 등으로 제시하고 있는 반면에 「저출산·고령사회기본법」에서는 고용 및 소득보장(제11조)과 구분하여 제14조(여가

문화 및 사회활동의 장려)에서 사회활동을 자원봉사활동 등으로 규정함으로써 사회참여를 협의적 의미로 해석하기도 한다. 인젠(Ingen, 2008)은 사회참여활동을 공식적 사회참여, 가족 간의 비공식 사회참여, 가족 이외의 비공식 사회참여 및 사회적 접촉 등으로 구분하고 있다. 공식적 사회참여활동은 사회 및 정치 관련 단체, 이익집단, 자원봉사단체, 종교단체 등에서의 활동들을 포함한다. 가족 간의 비공식 사회참여활동은 방문, 초대 및 가족 간의 대화 등을 포함하며, 가족 이외의 비공식사회참여활동은 식당, 카페, 파티 및 각종 행사 등에 참여하는 것을 포함한다. 사회적 접촉은 편지나 전화 등을 활용하여 타인과의 대화를 포함한다. 통계청(2009)의 분류로는 65세 이상 노인의 일상생활활동 항목을 개인유지, 가정관리, 가족보살피기, 이동, 일, 교제 및 여가활동, 참여 및 봉사활동으로 분류하였다.

이상의 사회참여 유형을 종합하면, 개인적인 경제활동에서부터 지역사회 조직이나 단체 활동, 그리고 정치적 활동에 이르기까지 광범위한 영역으로 하여 정치참여활동, 경제활동, 봉사활동, 여가활동, 종교활동으로 유형화할 수 있다.

3 노인일자리 및 사회활동 지원사업

1) 사업의 개념과 목적

(1) 사업의 개념

노인일자리 및 사회활동 지원사업(이하 노인일자리 사업)은 일하기를 희망하는 노인에게 맞춤형 일자리를 공급하여 노인에게 소득창출 및 사회참여 기회를 제공하기 위해 도입되었다(한국노인인력개발원, 2013). 노인일자리 사업은 노인의 적성과 능력에 걸맞은 사회적 일자리를 창출·제공함으로써 노인의 보충적 소득보장과 사회참여를 도모하고자 하는 목표를 갖는다(보건복지부, 2016). 즉, 노인이 활기차고 건강한 노후생활을 영위할 수 있도록 다양한 일자리 및 사회활동을 지원하여 노인복지 향상에 기여한다는 것이다.

노인일자리 사업에 관한 논의는 2003년 4월 '노인복지 4대 핵심국정과제'로 대두되어 본격적으로 사업이 시작되었다. 이에 2004년 1월 노인일자리 사업의 핵심 추진기구인 노인인력운영센터를 설치하였고, 보건복지부와 지방자치단체가 공동으로 같은 해 2월부터 노인일자리 사업을 추진하기 시작하였다. 2004년 시행된 노인일자리 사업은 4가지 유형으로 시작되었으나 해마다 사업의 유형 및 운영방식이 정책기조에 따라 다양한 변화과정을 거쳤다. 사업의 명칭은 2004년 '노인일자리 사업'으로 시작하여 2015년 '노인사회활동(노인일자리) 지원사업'으로 변경되었으며, 다시 2016년에 '노인일자리 및 사회활동 지원사업'으로 전환되어 현재까지 유지되고 있다.

노인일자리 사업의 추진은 「저출산·고령사회기본법」과 「노인복지법」에 법적 근거를 둔다. 「저출산·고령사회기본법」을 보면 저출산 및 인구 고령화에 따른 변화에 대응하는 정책의 기본방향과 그 수립 및 추진체계에 관한 사항을 규정하고 있다. 동법 제11조에서 국가 및 지방자치단체는 일할 의욕과 능력이 있는 노인이 최대한 일할 수 있는 환경을 조성하여야 하며, 국가 및 지방자치단체는 연금제도 등 노후소득보장체계를 구축하고 노인에게 적합한 일자리를 창출하는 등 국민이 경제적으로 안정된 노후생활을 할 수 있도록 필요한 조치를 강구해야 한다고 명시되어 있다. 이는 노인에게 적합한 직종의 개발과 보급, 일할 기회의 우선적 제공, 자원봉사활동 등 노인의 사회참여활동 촉진을 위한 국가 및 지방자치단체의 책임을 명시하고 있는 것이다. 또한, 「노인복지법」 제23조 제2항에 따르면 국가 또는 지방자치단체는 노인일자리 전담 기관을 설치·운영하거나 그 운영의 전부 또는 일부를 법인·단체 등에 위탁할 수 있다고 명시되어 있다. 이처럼 노인복지 관련 법에서는 정부나 지방자치단체가 노인에게 일할 기회를 제공할 의무가 있음을 명시하고 있으며, 이에 정부에서는 노인일자리 지원사업을 추진하고 있는 것이다.

(2) 사업의 목적

보건복지부를 주무 부처로 수행되는 노인일자리 사업의 목적은 고령사회에 나타나는 노인 문제에 대비하여 노인을 인력으로써 활용하는 것에 대한 사회적인 인식을 개선하고 민간참여를 도모하며 은퇴 전후 준비 및 생애 교육 등의 노인 인력 교육연계를 통해 노인에게 적합한 일자리를 창출하는 것이다. 이는 노인의 보충적 소득보장과 사회참여라는 두 가지 목적으로 나누어 살펴볼 수 있다. 보충적 소득보장은 저소득 노인의 소득보장을 위한 보충급여의 잔여적 성격이 강하고, 사회참여는 노인의 인적자원개발 및 사회 참여활동을 지원하는 보편적 성격이 강하다(이재원 외, 2017).

종합하면 노인일자리 사업의 목적은 급속하게 진행되고 있는 고령사회에 발생할 수 있는 노인 문제에 대비하고자 노인을 대상으로 노인 적합형 일자리를 창출하고 제공함으로써 사회참여의 확대, 보충적 소득지원, 건강 개선 등의 효과를 얻고자 하는 노인복지사업의 하나로 사회참여와 보충적 소득창출이라는 복합적인 효과를 창출하는 것을 목적으로 하며, 이와 동시에 삶의 질과 사회적 관계 또는 건강증진이라는 부수적인 기대효과를 갖는다.

2) 사업 유형

노인일자리 사업은 표 9-1과 같이 공공형, 사회서비스형 및 민간형으로 구분되어 있다. 공공형에는 공익활동과 재능나눔활동이 있다. 사회서비스형은 사회적 도움이 필요한 영역에 서비스를 제공하는 일자리이며, 민간형에는 시장형 사업단, 취업알선형, 시니어 인턴십 및 고령자친화기업이 있다(보건복지부, 2020).

표 9-1 노인일자리 및 사회활동 지원사업의 유형과 내용

구분	유형	주요내용	예산 지원형태	활동 성격
공공형	공익활동	노인이 자기만족과 성취감 향상 및 지역사회 공익증진을 위해 참여하는 활동	지자체 경상보조	봉사 (사회공헌)
	재능나눔 활동	재능을 보유한 노인이 자기만족과 성취감 향상, 지역사회 공익증진을 위해 자발적으로 참여하는 봉사성격의 각종 활동	민간 경상보조	
사회서비스형		노인의 경력과 활동역량을 활용하여 사회적 도움이 필요한 영역(지역사회 돌봄, 안전 관련 등)에 서비스를 제공하는 일자리	지자체 경상보조	근로

구분	유형	주요내용	예산 지원형태	활동 성격
민간형	시장형 사업단	참여자 인건비 일부를 보충지원하고 추가 사업 수익으로 연중 운영하는 노인일자리	지자체 경상보조	근로
	취업 알선형	수요처의 요구에 의해 일정 교육을 수료하거나 관련된 업무 능력이 있는 자를 해당 수요처로 연계하여 근무 기간에 대한 일정 임금을 받을 수 있는 일자리	지자체 경상보조, 민간 경상보조	
	시니어 인턴십	만60세 이상자의 고용촉진을 위해 기업에 인건비를 지원하여 계속 고용을 유도하는 사업	민간 경상보조	
	고령자 친화기업	고령자가 경쟁력을 가질 수 있는 적합한 직종에서 다수의 고령자를 고용하는 기업 설립 지원	민간 경상보조	

출처: 보건복지부(2020). 2020년도 노인일자리 및 사회활동 지원사업 운영안내. p.4.

(1) 공익활동

우선 노인사회활동에 포함되는 공익활동은 지역사회 공익의 증진을 위한 활동으로 노인 스스로 자기만족과 성취감을 느끼는 활동을 말한다(보건복지부, 2020). 구체적으로 공익활동은 취약계층지원, 노노케어, 공공시설 봉사, 경륜전수 활동으로 구성되어 있다. 참여 노인의 선발은 만65세 이상으로 기초연금수급자 가운데 선발기준에 의해 고득점을 얻은 순서대로 이루어진다. 이는 수행기관 혹은 시·군·구에서 통합적으로 모집하거나 선발을 진행한다. 활동시간은 연중이나 9개월 단위로 나누어져 있으며, 공익활동에 참여하는 노인은 월 30시간(일 3시간 이내) 이상 활동할 수 있다. 참여 노인의 활동비는 월 27만 원 이내로 지급되며, 교통비와 식비 등으로 사용할 수 있다. 공익활동사업을 수행하는 수행기관은 참여 노인 1인당 연 18만 원의 부대경비를 지원받는다.

표 9-2 공익활동의 사업내용

유형	세부 사업내용
노노케어	독거노인, 조-손 가정 노인, 거동불편 노인, 경증치매 노인 등 취약노인 가정을 방문하여 일상생활을 안정적으로 유지할 수 있도록 안부 확인, 말벗 및 생활 안전 점검 등 필요한 서비스를 제공하는 활동
취약계층 지원	장애인, 다문화가정, 한부모가족 아동 등 취약계층을 대상으로 상담·교육 및 정서적 지원 등 필요한 서비스를 제공하는 활동
공공시설봉사	복지시설, 공공의료시설, 교육(보육)시설, 지역 내 주거환경 및 생태환경 정화 등 지역사회 내 필요한 공익 서비스를 제공하기 위해 필요한 각종 사항을 지원하는 활동
경륜전수활동	노인이 평소 가지고 있는 경험과 지식, 삶의 지혜를 동세대, 아동·청소년 세대 등 지역공동체 구성원들과 공유하는 활동

(2) 재능나눔활동

재능나눔활동은 특정 재능을 보유한 노인에게 재능을 나눔 할 수 있는 생산적인 활동 기회를 부여함으로써 사회참여를 통한 노후의 성취감을 높이고 건강 및 대인관계 개선을 유도하는 것을 목적으로 한다(보건복지부, 2020). 재능나눔활동은 노인여가복지시설 및 공공시설 안전을 관리하는 노인 안전예방활동과 노인상담, 학대예방, 인권지킴활동, 박물관, 내외국인 대중교통 안내, 복지서비스 등의 상담 안내활동, 교육 및 학습지도 활동, 음악회 또는 공연 등의 문화예술활동, 기타 활동 등이 있다. 노인 선발 기준을 보면 사업 참여일 기준 만65세 이상인 노인 가운데 수행기관이 신청자 중 선발 기준에 의해 고득점을 받은 순으로 선발한다. 재능나눔활동의 활동시간은 연 8개월 이내로 제한하고 월 10시간(1일 최대 3시간, 월 3회 이상)으로 제한한다. 참여 노인의 활동비는 월 10만 원 이내로, 교통비와 식비 등으로 사용할 수 있다.

(3) 사회서비스형 활동

사회서비스형은 노인의 경력과 활동역량을 활용하여 사회적 도움이 필요한 영역에 서비스를 제공하는 일자리로 지역 내 노인복지관, 시니어 클럽, 대한노인회 등에서 사업수행을 한다(보건복지부, 2020). 사회서비스형 활동으로 보육교사 보조, 생활지도 및 급식 지원, 환경정비, 귀가, 돌봄서비스 이용 아동 등·하교 지원, 초등학교 아동돌봄(방과 후 돌봄, 학습 보조, 수업 지원) 및 어린이집 보육교사 대체인력 지원 등의 활동을 하는 아동 및 청소년 서비스 지원이 있으며, 한부모가족의 아동보호 및 교육 지원, 새터민의 정서 지원을 통한 정착지원, 환경정비 및 급식 지원 등 가정 서비스 지원 활동, 그 밖의 장애인 서비스 지원, 노인 서비스 지원, 상담 및 컨설팅 지원 등의 활동이 있다. 노인 선발·기준을 보면 사업 참여일 기준 만65세 이상인 노인 가운데 수행기관이 신청자 중 가관별로 공개모집을 통해 선발한다. 사회서비스형 활동의 활동시간은 연 10개월 이내로 제한하고 근무시간은 주 15시간, 월 60시간 이상이다. 참여 노인의 인건비는 월 72만 원 이내이다.

(4) 시장형 사업단

시장형 사업단은 노인에게 알맞고 적합한 업종 가운데 소규모 매장이나 전문 직종 사업단 등을 공통으로 운영하여 일자리를 만들어 내는 사업으로 일정기간 사업비 또는 참여하는 노인의 인건비 일부를 보충 지원하고 추가적인 사업소득으로 연중 운영하는 노인일자리 사업이다(보건복지부, 2020). 시장형 사업단의 세부 유형으로 반제품 제조 및 납품, 식품제조 및 판매, 공산품제작 및 판매, 매장운영, 지역 영농, 아파트 택배, 지하철 택배, 세차 및 세탁 등이 있다. 시장형 사업단의 참여대상 선발 기준은 만60세 이상의 노인으로서 사업의 특성에 적합한 자로 수행기관이 신청자 중 선발 기준표에 의해 고득점을 얻은 순서대로 선발한다. 시장형 사업단 참여 노인의 활동 기간은 연중 참여하는 것을 원칙으로 하고 구체적인 활동시간 및 인건비의 경우 당사자 간 근로계약서를 통한 기준에 따른다. 특히 시장형 사업단 사업을 수행하는 수행기관에는 노인 1인당 연 267만 원의 정부 보조금이 지원된다.

(5) 취업알선형

취업알선형은 수요처의 요구에 의해서 일정 교육을 수료하거나 관련된 업무 능력이 있는 노인을 해당 수요처로 연계하여 근무 기간에 대한 일정 임금을 받을 수 있는 일자리 지원사업이다(보건복지부, 2020). 취업알선형 세부 유형으로 관리사무 종사자, 공공/전문직 종사자, 서비스종사자, 판매종사자, 농림어업숙련 종사자, 기능원 및 관련 기능 종사자, 생산·제조 단순노무직 등이 있다. 취업알선형 사업단 참여대상은 만60세 이상의 노인으로 사업에 특성에 적합 노인 가운데 수행기관의 자체 기준에 의해 선발한다. 취업알선형 사업단은 연중 운영하고 있으며, 참여 노인의 활동시간과 임금은 근로계약서를 통해 정한 기준에 따른다. 인력파견형 사업단 사업을 수행하는 수행기관은 참여 노인 1인당 연 15만 원의 부대 경비를 지원받는다.

(6) 시니어 인턴십

시니어 인턴십 사업은 만60세 이상의 노인을 채용한 기업에 인건비를 지원함으로써 노인의 직업 능력을 강화하고 재취업과 계속고용을 유도하는 사업이다(보건복지부, 2020). 시니어 인턴십은 고용의 형태에 따라 인턴, 장기취업유지형, 세대통합형이 있다. 시니어 인턴십 참여기업의 기준은 4대 보험 가입 사업장 중 근로자 보호 규정을 준수하는 기업 및 비영리 민간단체 등이며, 참여 노인 기준은 만60세 이상으로 개발원 및 수행기관에서 진행하는 교육을 이수한 노인이다. 참여기업에 대한 지원은 인턴지원금은 참여 노인 1인당 최대 3개월간 월 약정급여의 50%(월 최대 40만 원)를 지원하며, 채용지원금은 인턴 종료 후 6개월 이상 계속근로계약 체결 시 참여자 1인당 최대 3개월간 월 약정급여의 50%(월 최대 40만 원)를 추가지원한다. 숙련기술을 보유한 참여자를 청년 멘토로 고용한 경우 총 300만 원을 지원한다.

(7) 고령자친화기업

고령자친화기업은 고령자가 경쟁력을 가질 수 있는 적합한 직종에서 다수의 고령자를 고용하는 기업의 설립을 지원하는 사업이다. 구체적으로 고령자친화기업은 양질의 노인일자리를 창출에 적극적으로 노력하는 기업으로 자립 능력이 요구되고 있다. 고령자친화기업은 기업인증형, 모기업 연계형, 시장형 사업단 발전형, 브릿지형, 시니어 직능형이 있다. 기업인증형은 만60세 이상 다수의 고령자를 고용하고 있고 추가 고용계획이 있는 기업을 대상으로 지원하는 사업이며, 모기업 연계형은 모기업의 자원을 연계하여 설립된 기업을 지원하는 사업이다. 시장형 사업단 발전형은 성과가 우수한 시장형 사업단이 자립하여 사업을 운영하는 형태이며, 브릿지형은 지역 특성을 반영한 소규모 사업이 고령자친화기업으로 발전된 형태이다. 시니어 직능형은 퇴직 노인의 숙련된 기술과 전문지식을 활용하여 사업을 운영하는 형태로 신청기관이 미간 또는 공공기관인 직장형과 신청기관이 유사·동종 직능을 보유한 퇴직자로 구성된 법인의 직능형으로 구분된다. 지원 규모는 기업인증형은 최대 2억 원 이내, 모기업 연계형은 최대 3억 원 이내, 시장형 사업단 발전형은 최대 2억 원 이내, 브릿지형은 최대 1억 원 이내, 시니어 직능형 최대 3억 원 이내이다.

3) 사업 운영체계

노인일자리 사업은 보건복지부와 협업하여 지방자치단체가 수행기관에 노인 활동비(인건비) 및 부대비용을 지원하여 일자리를 창출하는 재정지원 일자리 사업으로 운영된다(이재원 외, 2017). 노인일자리 사업의 운영체계는 그림 9-1과 같다.

사업 주체별 세부역할을 보면 먼저 보건복지부는 노인일자리 사업의 전반적인 정책 방향 및 종합적인 계획을 수립한다. 이에 노인일자리 사업 관련 법령 및 제도를 운영하고 지방자치단체 및 사업의 수행기관으로 하여금 노인일자리 사업을 예산, 인력 등을 통해 지원하고 대국민 홍보를 주관하고 있다.

한국노인인력개발원은 전국단위에서 노인일자리 사업추진의 총괄 담당 및 지원, 지방자치단체별 노인일자리 사업 수행기관 간 연계 및 조정을 담당한다. 특히 노인일자리를 개발 및 보급하며 창출된 일자리를 심사하고 평가한다. 또한, 노인일자리와 관련된 전문인력과 관계자를 위한 교육·훈련 및 정책포럼 개최, 노인 인력에 대한 수급 분석 및 정책개발, 박람회 지원 및 관리, 노인 인력 데이터 및 전산시스템 구축, 노인일자리 사업에 대한 조사와 연구 등 다양한 역할을 하고 있다.

광역자치단체는 시·도 단위의 노인일자리 사업 추진계획을 수립하고 제정한다. 즉, 시·도 단위에서 노인일자리 사업수행 전반에 걸친 총괄 및 조정의 주체가 되며, 시·도 노인일자리 사업의 홍보를 주관하고 노인일자리 박람회 개최, 사업수행기관 전담인력 교육 등의 역할을 한다.

그림 9-1 노인일자리 및 사회활동 지원사업의 운영 체계

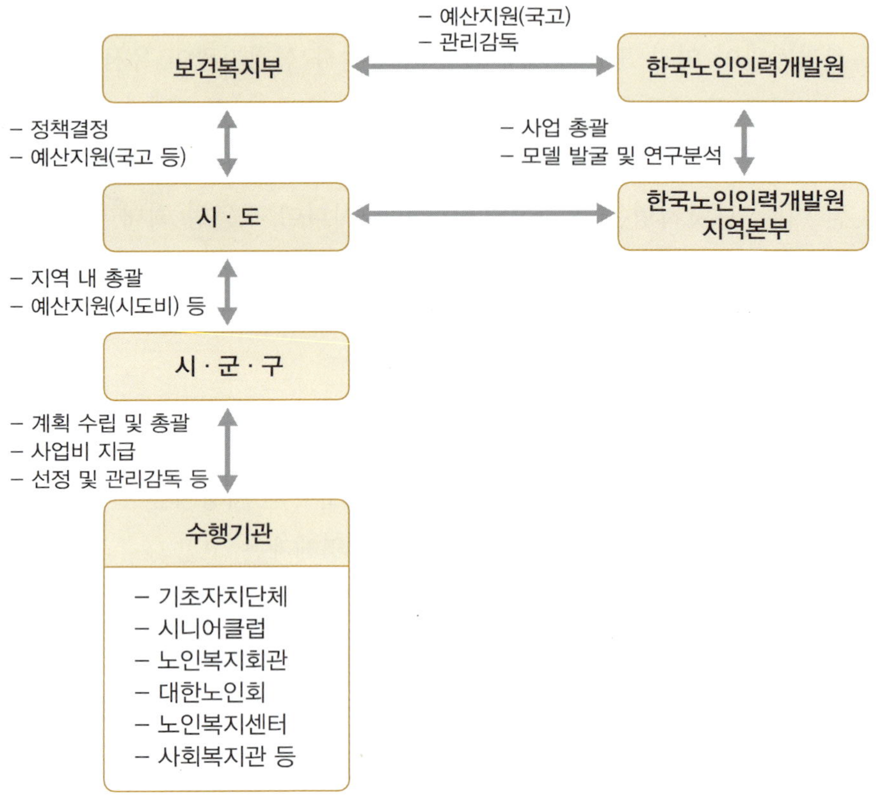

기초자치단체에서는 시·군·구 노인일자리 사업수행의 부문 총괄 및 조정과 더불어 사업수행기관을 선정하고 선정된 기관의 사업운영에 관한 전반적인 관리 감독의 역할을 한다. 이와 더불어 수행기관에 관한 재정적이고 행정적인 지원과 함께 노인일자리 사업 지역협의체를 구성하고 운영한다.

사업수행기관은 노인일자리 사업의 실행계획을 수립하고 시행함으로써 노인일자리 사업의 참여 노인 모집부터 등록, 상담 그리고 선발의 일련의 과정에 중요한 역할을 한다. 그리고 참여 노인 모집 후의 교육과 현장 투입 등 일자리와 관련한 업무 가운데 임금 지급, 업무 확인 등 참여 노인을 직접 관리하는 역할을 한다. 사업수행기관은 지방자치단체를 비롯하여 대한노인회, 종합사회복지관, 노인복지관, 시니어 클럽, 재가노인복지센터 등이 역할을 수행하고 있다.

4) 노인일자리 및 사회활동 지원사업의 개선방안

노인일자리 및 사회활동 지원사업은 일하기를 희망하는 노인에게 맞춤형 일자리를 공급하여 노인에게 소득창출 및 사회참여 기회를 제공하고자 정부에서는 노인 인력을 활용할 수 있는 방법을 강구하면서 사업에 많은 시간과 자원을 투자하고 있다. 그 결과 노인일자리 및 사회활동 지원사업은 노인들은 사업 참여를 통해 소득증가는 물론 노년기로 접어들면서 상실되었던 사회적 역할 수행을 통해 활동적이며 생산적 노후에 기여하고 있다. 그러나 사업 참여를 통한 노인의 소득보전 한계와 일자리의 지속성과 안정성, 지방자치단체 역할 미비 등의 원인으로 인한 문제점이 나타나고 있어 문제점을 해결하고 사업의 효과를 더욱 높이기 위한 개선방안을 다음과 같이 제안한다.

첫째, 고령화로 인한 사회문제를 포괄적으로 해결하려는 복합적인 정책으로서의 목표가 아니라 생계유지를 위한 소득보전 정책으로서 노인일자리 사업의 목표를 명확히 재설정해야 한다. 현재 가장 심각한 노인 문제가 경제적인 문제이며, 사업에 참여하는 노인의 대부분이 저소득층 노인이고 그들의 참여목적이 경제적 문제 해결이라는 점을 고려했을 때 노인일자리 사업의 경제적 효과는 중요하다. 그러나 현재 운영되고 있는 노인일자리 사업의 급여 수준의 적정성 문제는 지속적으로 제기되고 있으며, 노인빈곤율 역시 심각한 수준에 머물러 있다. 따라서 노인의 사회참여 및 보충적 소득보장이라는 정책목표 달성을 위해서 노인일자리 사업을 소득보장 및 경제적 상황 개선에 목적을 두는 사업으로 재정의하고 그에 따라 사업의 목표 및 운영 설계가 다시 이루어져야 한다.

둘째, 시장형 일자리의 창출을 제고해야 한다. 우리나라 노인일자리 사업은 정부주도형으로 이루어지고 있는 노인사회활동과 공익형 일자리 창출 수준이 높고 급여와 참여시간을 보장받는 시장형의 일자리 창출 성과가 매우 낮은 편이다. 2019년 기준 노인일자리 및 사회활동 지원사업 실적에서 노인사회활동 성격의 공익활동과 재능나눔활동 그리고 공익형 일자리인 사회서비스형의 비중이 84% 이상의 수준이다. 이러한 공익형 사회활동과 일자리에 수요와 공급이 집중되는 현상을 보이는 것은 궁극적으로 노인들의 직무가 제대로 개발되지 않을뿐더러 그에 따른 보수의 수준이 낮다는 것을 의미한다. 또한, 정부주도형 노인의 일자리와 사회활동

지원사업은 일자리 개발, 정부의 사업비 부담, 민간부문의 참여, 참여 노인의 개인 능력 향상 등 여러 측면에서 부정적인 영향을 미칠 수 있기 때문에 사업운영에 있어서 많은 부분을 민간이 전담하는 민간형 일자리 사업의 확대가 요구된다.

셋째, 일자리의 지속성과 안정성을 고려한 일자리를 형성해야 한다. 연구에 의하면, 노인일자리 사업의 지속 기간과 참여시간은 참여 노인의 소비지출을 증가시키는 것으로 나타났다(이지혜·황남희, 2019). 소비는 소득과 비교하면 장기적인 복지 수준을 판단할 수 있는 많은 중요한 정보를 포함하고 있다. 즉, 참여 노인의 사업 지속 기간과 참여시간이 보장된다면, 소비지출에 긍정적인 영향을 미친다는 것으로 사업에 지속적으로 참여한 노인의 경우 정책 효과가 누적되어 경제적 안정성을 확보할 가능성이 높다는 것을 의미한다. 따라서 노인일자리 사업 참여 노인의 지속적인 일자리 유지와 참여시간의 확보가 중요하다. 그러나 사업의 세부 유형 가운데 공익형 일자리는 참여 기간이 연 8~10개월로 종료되며, 참여 노인 선발 기준도 매년 신규 참여 노인에게 가점이 주어짐으로 인해 신규 참여 노인에게 우선권이 주어지고 있어 기존 참여 노인이 계속 참여하기 어렵다는 문제점을 안고 있다. 이와는 반대로 민간형의 경우 상대적으로 일자리의 지속성을 보장받고 있다. 그 이유로는 노인 개인이 일자리를 통해 보유하고 창출해내는 지식과 기술을 축적하는 효과를 기대하기 때문이다. 매년 사업을 시작하는 단계가 되면 전년도에 참여했던 노인도 신규로 참여하는 노인과 마찬가지로 참여 노인선발기준표 기준에 따라 점수를 부여받는데 이때 민간형 일자리의 참여 경험이 있는 노인이 사회공헌형에 참여한 노인보다 더 유리한 점수를 받는다. 또한, 민간형 사업은 연중 내내 사업단을 운영하는 것을 조건으로 함으로써 일자리의 안정성 측면에서 다른 사업 유형과 비교했을 때 유리할 것으로 기대된다. 따라서 정부에서는 민간형 일자리 사업 확대를 통해 일자리의 지속성과 안전성의 확보가 요구된다.

셋째, 지역 재정역량과 복지재정 여건을 고려한 사업의 확대가 요구된다. 노인일자리 및 사회활동 지원사업은 지방자치단체를 기준으로 각각 다른 성과 및 목표를 가지고 운용되고 있으며, 지방자치단체의 역량이 중요한 사업의 요소로 자리 잡고 있다. 일반적으로 지방자치단체 차원의 복지예산 지출은 복지서비스 제공과 지역 차원의 문제해결을 위한 노력의 정도를 나타낸다. 따라서 지역적 차원에서 노인일자리 사업의 수요와 공급의 양과 질을 고려한 일자리 창출을 위한 노력과 함께 그에 걸맞은 예산 기획 및 집행이 요구된다. 또한, 지방자치단체 차원의 일자리 수요에 대응할 수 있는 일자리 창출이 필요하다. 따라서 노인일자리 및 사회활동 지원사업을 지역적 환경을 고려하여 지역 맞춤형 일자리와 사회활동으로 확대시켜 지역 개발 사업으로서 정착할 수 있도록 지원해야 한다.

4 55+ 현역시대를 위한 장년고용정책

최근 우리나라 노동정책은 고용상태 유지 기간을 최대한 연장하는 데 집중하고 있다. 이러한 노동정책의 방향성은 장년층의 고용을 늘리기 위한 사회·정책적 개입이 확대되는 근간을 마련했다(최혜지 외, 2020). 이러한 정책적 변화에 따라 장년층의 고용유지 및 확대를 위해 55+ 현역세대를 위한 장년고용정책이 마련되었으며, 고용안정 정책, 재취업, 퇴직 후 사회서비스 지원사업이 있다.

1) 중장년 고용안정 정책

(1) 60세 이상 고령자 고용지원금

60세 이상 고령자 고용지원금은 취업이 상대적으로 곤란한 고령자를 일정비율 이상 고용하는 사업주를 지원함으로써 장년의 고용안정 및 고용유지를 촉진하는 사업이다. 정년이 미설정된 사업장에서 고용 기간 1년 이상인 60세 이상 근로자를 업종별 지원기준율을 초과하여 고용한 사업주에게 업종별 지원기준율을 초과하는 노동자 1인당 분기별로 30만 원을 지원한다(고용노동부, 2020).

(2) 고령자 계속고용 장려금

고령자 계속고용 장려금은 중소·중견기업의 근로자가 정년 이후에도 주된 일자리에서 계속 일할 수 있도록 정년퇴직자 계속 고용제도를 도입한 사업주를 지원하는 사업이다. 지원대상은 우선지원대상 기업(제조업 500인 이하, 건설·운수·통신업 300

인 이하, 기타업종 300인 이하) 및 중견기업 중 정년을 1년 이상 연장하거나 정년을 폐지한 기업 또는 정년을 유지하되 정년에 도달한 근로자를 1년 이상 계속 고용하는 제도를 운영하는 기업이다. 지원 수준은 분기별 계속고용 근로자 1인당 90만 원을 지원한다.

2) 중장년 재취업 정책

(1) 신중년 적합직무 고용장려금

신중년 적합직무 고용장려금은 신중년의 전문성·경험·노하우를 활용할 수 있는 적합직무에 만50세 이상 구직자를 고용하는 기업에 인건비를 지원함으로써 신중년의 재취업 촉진 도모하기 위한 사업이다. 신중년 적합직무 선정은 기존 경력 전문성을 활용할 수 있는 직무, 중단기 교육·훈련을 통해 노동시장 재진입이 용이한 직무, 신규 생성 직무 중 다른 세대에 비해 신중년의 업무수행이 적합한 직무를 신중년 적합직무로 선정한다. 신중년 적합직무는 2018년 55개 직종에서 2019년 소분류와 세분류 혼합 70개 직종으로 확대되었다. 지원대상은 만50세 이상 구직자를 신중년 적합직무에 채용한 우선지원대상 기업 및 중견기업으로 만50세 이상 실업자를 신규 고용하여 3개월간 고용을 유지하고 최저임금 100% 이상의 임금 지급하며, 4대 보험 가입되어 있으며, 근로자와 무기계약을 체결한 기업이다. 지원 수준은 최대 신규 고용 근로자 1인당 월 80만 원(중견기업은 월 40만 원)으로 사업주가 지급한 임금의 80% 한도로 지원한다.

(2) 중장년 일자리희망센터

중장년 일자리희망센터는 주된 일자리에서 퇴직 또는 예정인 40세 이상 중장년층에게 생애 설계, 재취업 및 창업, 사회참여 기회 등 고용지원서비스를 제공하여 중장년층의 고용안정과 취업을 촉진하기 위한 생애경력설계서비스를 제공한다.

생애경력설계서비스는 일대일 상담을 통해 재직자에게는 심리안정·변화관리 등의 전직 교육, 역량진단, 취업·창업 정보제공 등 전직 또는 경력개발을 위한 컨설팅 제공하며, 구직자에게는 취업알선, 재취업지원 교육, 취·창업 정보제공, 동아리 운영 등 재취업지원서비스를 제공한다.

(3) 고령자 인재은행

고령 인력의 경제활동 참여 비중이 증대됨에 따라 고령자의 고용촉진 및 취업기회 확대를 위해 민간의 무료직업소개사업을 수행하는 비영리법인 또는 공익단체를 고령자 인재은행으로 지정하여 고령자 고용안정 및 인력수급 활성화에 기여하려는 사업이다. 고령자 인재은행은 만50세 이상 장년을 대상으로 고령자에 대한 구인·구직등록, 직업지도 및 취업알선, 취업희망 고령자의 직업상담 및 정년퇴직자의 재취업상담, 구직등록자 중 취업능력을 제고할 필요가 있는 사람에 대해 일정 기간(50시간 이상) 취업의욕 고취 및 직무능력 향상 교육 등을 제공한다.

3) 퇴직 후 사회서비스

(1) 신중년 사회공헌사업

신중년 사회공헌사업은 퇴직 신중년에게 경력을 살릴 사회공헌활동 기회를 제공하여 퇴직 인력의 사회적 활용 및 숙련유지를 지원하는 사업이다. 참여 대상은 만50세 이상 만70세 미만 퇴직 인력이며, 참여기관은 비영리 단체·기관, 사회적기업, 공공기관 등이다. 참여시간은 연간 최대 480시간 이내이며, 식비·교통비 등 실비 및 활동 수당을 1일 평균 1만 9천원(5시간 기준), 1인당 연간 최대 182만 4천 원(480시간) 이내로 지원된다.

(2) 신중년 경력형 일자리

신중년 경력형 일자리 사업은 신중년의 경력을 활용하는 지역서비스 일자리를 제공함으로써 신중년의 지역사회 역할 강화 및 민간일자리로의 재취업을 지원하기 위한 사업이다. 시행 주체는 지방자치단체이며, 만50세 이상 만70세 미만 신중년 구직자는 참여할 수 있다. 운영 기관은 지역사회에 필요한 서비스를 제공하는 비영리법인·단체, 사회적기업 등이며, 최저임금 이상 지급하며, 4대 사회보험, 주휴수당, 연차수당을 제공한다.

4) 55+ 현역시대를 위한 장년고용정책의 개선방안

장년층의 고용유지 및 확대를 위해 55+ 현역세대를 위한 장년고용정책의 정책적 효과를 높이기 위한 개선방안은 다음과 같다.

첫째, 직접일자리보다는 중장년들이 스스로 사회와 화합할 수 있는 일자리의 개발이 필요하다. 연구에서 수동적인 직접일자리 정책은 중장년층에게 경제적으로 별로 도움이 되지 않아 만족스럽지 못한 결과로 나타났다(김양건, 2019). 이는 능동적으로 일할 수 있고, 사회 공동체 구성원으로서의 공감대를 늘릴 수 있는 일자리가 필요하다는 것으로 보여주고 있다. 따라서 지역사회의 경제시장 내에서 함께할 수 있도록 하는 계획이 필요하다. 특히 사회적기업과 같은 영리기업과 비영리기업의 중간 형태로 사회적 목적을 우선적으로 추구하면서 정부가 약간의 도움을 지원하고 재화·서비스의 생산·판매 등 영업활동을 수행하는 기업을 적극 활용하는 방안을 고려하여 볼 수 있다.

둘째, 근로자가 가급적 오랜 기간 노동시장에 머무를 수 있는 장치의 보완이 필요하다. 근로자의 정년연령과 실제 퇴직연령 간의 차이가 나타나고 있어 정책적·제도적으로 정년연령이 확대되었으나 실제 사업장에서 원활하게 작동되지는 않는다는 것을 보여주고 있다. 이는 결국 연공급인 한국의 임금체계와도 관련성이 있기 때문에 근로자가 일정한 연령에 도달하게 되면 정년을 보장하되, 직무급의 형태로 전환하는 임금피크제의 보완이 필요하다.

셋째, 평생직업 능력개발에 대한 인프라 개선이 필요하다. 주된 직장에서 계속 고용을 유지하기 위한 다양한 노력을 기울인다고 하더라도 불가피하게 이직의 시점은 다가온다. 연금수령 전의 이직은 중장년의 삶의 질에 크나큰 영향을 미치게 된다. 이에 중장년들이 연금수령까지 노동시장에서 일할 수 있는 방안이 필요하다. 즉, 일자리의 재취업기간을 최소화할 수 있는 일자리와 일자리 사이의 연계가 필요하며, 새로운 일자리가 요구하는 업무능력의 배양을 할 필요가 있다. 지금까지의 직업훈련은 중앙정부가 주도하여 단기적 성과를 올리는 부분에 특화되어 있는 성향이 있다. 실제로 중장년층은 특정 직종 또는 업종에 오랜 기간 종사했기 때문에 다른 직업으로 전환 또는 이동이 어려울 수 있다. 이를 고려하면 근로자가 원하는 훈련보다는 사업주가 원하는 훈련이 절실히 필요하다. 특히 지역별 산업의 구조가 다르고, 대도시와 중소도시 사이의 구조가 다르므로 지역별·산업별 특화된 훈련 정책이 필요하다. 이를 위해 지방자치단체를 중심으로 지역 내 기업 노동수요를 정확히 파악하고, 직업훈련의 공급체계를 구축할 필요가 있다.

5 여가보장정책

1) 노인의 여가와 복지

(1) 노인의 여가

여가는 강제나 의무감이 없는 심신의 휴식을 의미이다. 여가는 시간적 의미로 하루의 시간 중 노동과 수면 그리고 생존을 위한 시간을 제외한 잉여시간으로 정의된다(Godbey, 1981). 활동으로서 여가는 압박감 없이 자유로운 활동으로 다시 일을 시작하기 위해 신체와 정신을 새롭게 회복하여 재창조의 기회를 만드는 활동으로 휴식(레저), 기분전환, 지식의 확대, 자발적인 사회활동의 참여 또는 개인이 자발적으로 새로운 것을 개발하는 자유로운 활동 등이 포함된다(Kelly, 1987). 또한, 심리상태로의 여가는 활동하는 즐거움, 업무로부터의 해방, 친구들과의 접촉과 교제, 새로운 경험 획득, 잉여시간 소비 그리고 창조해 내는 즐거움으로 정의된다(McGuire et al., 1996). 이를 종합하면, 여가는 개인이 노동 및 기타 사회적 의무에서 벗어나 휴식, 기분전환, 자기개발, 사회적 참여 등을 통해 자유로움과 즐거움을 느끼는 활동으로 정의된다.

노인의 여가는 노년기의 풍부한 시간을 이용하여 휴식, 기분전환, 건강, 사회적 성취 및 개인적 발전을 위해서 활용하는 제반 활동으로서 노인으로 하여금 삶의 보람을 가지고 자기 생활의 균형을 이루면서 자아실현을 할 수 있는 기회를 제공하는 것이다(Ramon, 1991). 이는 노인들이 많은 시간을 자기 자신의 만족과 사회발전을 위해서 최대한 활용해야 하는 것을 의미하며(Harbert & Ginsterg, 1990), 노인의 다양한 욕구를 충족시키고 지역사회 생활에 적응하며 독립적으로 살아갈 수 있도록 하는 것과도 관련되어 있다.

노인의 여가활동은 노인들에게 국가와 사회의 구성원으로서 평등하고 당당하게 가치 있는 삶을 살아갈 수 있게 하며, 개인적인 성장과 발달을 추구할 수 있게 한다(이인수, 2001). 이것은 노인들에게 단순히 취미와 오락만을 제공하는 것이 아니라 경제적으로는 소득을 보충할 기회, 보건·의료적으로 만성질환에 시달리는 노인들에게 건강증진의 기회를 제공한다. 또한, 사회·심리적으로는 고독감과 무력감을 갖는 노인들에게 생에 대한 애착과 삶에 대한 자신감을 심어주며, 그리고 정신적으로는 긴장감을 해소하고 적절한 정신적 자극을 주게 되어 정신건강에도 많은 도움을 줄 수 있다.

노인의 여가가 중요한 이유는 기대수명이 늘어나면서 경제활동이 끝나는 퇴직 이후 20년이 넘는 기간을 여가가 차지하게 된다. 여가 투성이 삶에서 여가 활용은 노인들 삶 전체의 활용이라고 볼 수 있다. 김춘옥(2014)은 노인의 여가를 노령기에 일정한 사회적 역할을 추구하면서 얻는 여유 있는 시간과 일정한 역할 없이 막연하게 긴 시간을 보내는 두 가지 차원으로 구분하였고 대부분의 노인들은 후자에 속한다고 보았다. 특히 우리나라 노인들은 노동과 사회참여의 기회가 제한되어 있어 '역할 없는 역할(Roleless role)'을 강요당한 채 자신과의 의지와는 상관없이 여가를 보내는 경우가 많으며, 이는 노인의 고독감 및 고립감을 증가시켜 노년기의 삶에 대한 의욕을 상실하게 되는 원인이 된다고 보았다(정경희, 2014). 최성재 등(2006)은 노인 여가는 자유 의지가 개입되기보다는 노화와 은퇴로 인한 비자발적인 여가가 거의 대부분이며, 노인은 남는 시간을 온종일 보내야 하는 여가 자체가 즐거움이라기보다는 무료함이라는 문제를 제기하고 있다.

(2) 노인여가복지

우리나라의 노인여가복지는 1945년 대표적인 노인여가복지시설인 경로당이 설치되면서 시작되었다. 그 이후 1970년대부터는 노인교실(노인학교 또는 노인대학) 또한 점차 확산하면서 1989년 개정 「노인복지법」에 따라 경로당과 노인교실 및 노인휴양시설이 노인여가시설로 인정받게 되었다. 노인복지관은 1981년부터 노인복지시설로 분류되어 왔으나 1997년에 노인여가복지시설로 인정되었으며, 노인휴양소는 시설 수와 이용자가 매우 적어 2011년에 개정된 「노인복지법」이 시행되면서 노인여가시설에서 제외되었다(보건복지부, 2015). 「노인복지법」 제23조에 따르면 노인의 사회참여를 지원하기 위하여 국가와 지방자치단체는 다양한 봉사활동과 근로활동을 증진을 위한 노력을 해야 한다고 하였으며, 「노인복지법」 제37조에 따라 국가와 지방자치단체는 노인여가복지지설을 설치하는 것을 권장하고, 경로당을 활성화하기 위하여 각 지역 특성과 기능에 맞게 프로그램을 개발하고 보급할 의무가 있다고 하였다. 또한, 우리나라의 고령화가 빠르게 진행되면서 2012년도에 발표한 「저출산·고령사회기본법」에서 정부는 노인의 여가생활과 문화활동, 사회활동을 장려하기 위한 기반을 조성해야 하고, 자원봉사 등과 같은 노인들의 사회활동에 대한 참여를 증가시키기 위해 사회적 기반을 다져야 한다고 하였으며, 2016년에 발표한 제3차 저출산·고령사회 기본계획에서는 고령자의 사회참여를 증진시키며 여가기회를 확대하는 목표를 가지고 고령자들의 자원봉사를 독려하기 위해 지원체계를 강화하였다. 또한, 한국문화예술교육진흥원을 통해 노인을 대상으로 하는 전문강사를 노인여가복지시설에 파견하여 노인들을 위한 고령 친화적인 콘텐츠와 문화·여가 프로그램을 개발하고 실시하도록 하는 정책을 제시하였다.

2) 노인여가복지시설

우리나라의 노인여가복지의 대부분을 담당하는 노인여가복지시설은 「노인복지법」 제36조에 따라 노인복지관, 경로당, 노인교실이 있다. 노인복지관은 노인의 취미생활과 사회참여활동 등에 관한 정보와 각종 서비스를 제공하며, 건강증진, 질병예방뿐만 아니라 소득보장과 재가복지 등과 같은 노인복지 증진을 위한 서비스를 제공하는 시설이다. 경로당은 지역 노인들이 자율적으로 친목을 도모하고 취미활동을 즐기는 공간으로써 정보를 교환하고 여가활동을 위한 장소를 제공하는 시설이다. 마지막으로 노인교실은 노인들의 사회활동 참여 욕구를 충족시키기 위해 건전한 취미생활영위와 건강유지, 소득보장 등과 같은 일상생활과 관련된 학습프로그램을 제공하는 시설이다(노인복지법, 2019).

노인여가복지시설의 현황은 표 9-3과 같이 2019년 기준 전국 노인복지관은 391개소인 데 반해 경로당은 66,737개소로 압도적으로 많은 비중을 차지하고 있다. 또한, 이처럼 노인복지관과 경로당의 시설 수는 계속 증가하는 추세인 반면, 노인교실은 경로당, 노인복지관과는 다르게 기관설치와 운영, 사업 관련하여 관리가 잘 되고 있지 않아 점차 감소하고 있는 것을 확인할 수 있다(보건복지부, 2020).

표 9-3 노인여가복지시설 현황

종류	2015	2016	2017	2018	2019
노인복지관	347	350	364	385	391
경로당	64,568	65,044	65,604	66,286	66,737
노인교실	1,377	1,393	1,356	1,342	1,285
총계	66,292	66,787	67,324	68,013	68,413

출처: 보건복지부(2020). 2020 고령자통계.

3) 노인여가복지시설 운영

경로당은 지역의 노인복지센터의 역할뿐만 아니라 정보센터, 학대 노인 지킴이 센터로 운영된다. 경로당은 노인의 다양한 욕구를 만족시키기 위해 건강관리와 운동, 교육뿐만 아니라 여가와 자원봉사활동 등과 같은 다양한 프로그램을 활성화시켜 노인에게 접근성이 좋은 다목적 공간으로 활용된다. 또한, 독거노인을 대상으로 주 1회 2시간씩 건강·영양관리 및 간단한 신체기능 유지 교육 등으로 독거노인을 보호할 수 있는 공공시설의 역할을 하며, 농어촌에 거주하는 노인들의 공동생활 장소로써 열악한 주거환경의 개선과 공동난방, 공동취사를 통해 경비를 절감하고 독거노인들의 상호 안전 확인과 정서적인 외로움을 해소시켜 주는 공간의 역할을 한다. 그리고 전국의 6만 5천여 개의 경로당을 통해 노인학대에 관한 내용과 신고절차 등을 안내하는 홍보 포스터를 비치하여 관련 정보를 안내하고 피해 노인을 발견할 시 지역 노인보호 전문기관에 신고하는 학대 노인 지킴이 센터로도 이용된다(보건복지부, 2020).

보건복지부(2020)에서는 경로당의 프로그램 활성화를 위하여 분기별로 경로당의 정산을 시·군·구 및 경로당 광역지원센터에 보고할 때, 운영 중인 프로그램 현황을 추가하도록 하였으며 지역사회 안에서 프로그램과 서비스를 연계하고 조정 및 지원하기 위한 전담인력인 경로당 순회프로그램관리자로부터 매달 프로그램 현황을 정리하고 현장조사를 하게 하였다. 이러한 경로당 현황조사를 토대로 운영프로그램이 미흡한 경로당을 우선적으로 지원하며 복지관, 사회복지시설, 보건소, 국민건강보험공단, 대한체육회 등 지역사회 내 자원 간 네트워크를 활성화하여 경로당의 여가프로그램, 건강관리프로그램, 교육프로그램 등 이용자 욕구에 맞는 다양한 프로그램을 지원하고 있다.

표 9-4 경로당 활성화 프로그램 분야

대분류	중분류	내용
건강운동	• 체조·댄스교실 • 웃음교실 • 요가·명상 • 건강운동	노인들의 신체적·정서적 건강유지 및 증진을 위한 건강운동 프로그램 지원
건강관리	• 건강검진관련 • 한방치료 • 안마교실 • 방문간호	노인들의 신체적·정서적 건강유지 및 증진을 위한 건강검진, 한방치료 등
교육·상담	• 정보화교육 • 어학교육 • 인식개선교육 • 에너지교육 • 노인상담 • 생활·안전교육 • 프로그램발표대회	노후생활, 정보통신 등 다양한 교육을 시행함으로써 노인들의 건전하고 건강한 노후생활 영위를 위한 교육프로그램 제공
여가활동	• 음악활동 • 바둑장기교실 • 문학활동 • 미술활동 • 문화·공연활동	노래교실 등 각종 레크리에이션 활동 등을 통해 노년의 건전한 여가·취미 생활을 유지할 수 있는 프로그램 제공
권익증진	• 노인성교육 • 소비자피해예방교육 • 노인자살·학대예방교육	노인 권익증진을 위한 성교육, 학대예방교육 등
사회참여	• 방문 이·미용서비스 • 시설 방문 위문공연 • 자원봉사활동	경로당 이용 노인들을 중심으로 지역사회 청소 및 재활용품 수집, 청소년 안전 지킴이 등의 봉사활동 수행
공동작업장	• 공동작업장 운영	경로당을 중심으로 노인들이 지역 특성에 맞는 일거리를 확보하여 공동으로 생산 활동에 참여
기타		지역 특성에 알맞은 각종 활동

출처: 보건복지부(2020). 2020 노인보건복지 사업안내(2). p.28.

노인복지관은 경로당보다 거시적이며 더 다양한 사업을 운영하고 있다. 노인복지관의 운영 목표는 복지서비스가 필요한 노인을 대상으로 건강한 노후를 보낼 수 있도록 취약노인을 돌보는 기반을 구축하고, 활동적인 노후를 위해 노인의 사회참여를 활성화하기 위한 여건을 마련하여 안정적인 노후를 위한 소득이 보장될 수 있도록 지원하는 종합적인 노인복지서비스 전달기구로서 중심적인 역할을 수행하는 것이다. 따라서 노인복지관이 진행하는 사업은 표 9-5와 같이 상담, 사례관리 및 지역사회 돌봄, 건강생활 지원, 노년 사회화 교육, 지역자원 및 조직화, 사회참여 및 권익증진, 돌봄 등의 사업이 있다(보건복지부, 2020).

표 9-5 노인복지관 사업 구분

사업 구분		프로그램
상담	일반상담 및 정보제공	노인의 복지 정보제공 일반상담 외부 전문가 활용 정보제공 상담
	전문상담	우울 및 자살예방 프로그램, 죽음준비프로그램, 집단프로그램, 자조모임, 학대 및 인권, 인지 및 행동 심리 상담, 애도, 상실, 관계 등에 대한 개별 혹은 집단 개입 등
사례관리 및 지역사회 돌봄	위기 및 취약노인지원	취약노인의 신체·정서·사회적 자립 지원 프로그램 운영, 노인 맞춤돌봄서비스, 사례관리사업, 읍·면·동 행정복지센터 및 관계기관 등과 연계한 취약 노인연계망 구축사업
	지역사회 생활자원 연계 및 지원	노인에게 필요한 서비스 조정, 중재, 의뢰, 옹호, 자원 반응 역량 강화를 위한 지원 활동/지역사회 읍·면·동 복지 허브화와 맞춤 돌봄에 관한 지역자원 발굴 연계
	가족기능지원	노인과 관련된 가족 상담, 가족관계프로그램, 가족 캠프, 세대통합프로그램 등
건강생활 지원	건강증진지원	건강교육, 건강상담, 건강교실, 독거노인지원사업, 노인건강운동, 치매예방 인지활동 서비스, 물리치료 등
	기능회복지원	양·한방진료, 작업요법, 운동요법, ADL 훈련 등
	급식지원	경로식당, 밑반찬·도시락배달, 푸드뱅크 등
노년 사회화 교육	평생교육지원	노인역량강화교육, 정보화교육, 사회화교육, 시민사회교육, 한글교실, 외국어교실, 교양교실, 인문학교육, 예비노인 은퇴준비 프로그램, 경제교육, 웰다잉교육 등
	취미여가지원	예능활동(음악, 미술, 생활도예, 서예, 댄스), 문화활동(연극, 사진, 영화, 바둑, 장기, 레크리에이션), 취미활동(종이접기, 손뜨개질, 민속놀이), 체육활동(탁구, 당구, 게이트볼), 동아리활동 등

사업 구분		프로그램
지역자원 및 조직화	지역자원개발	자원봉사자 발굴·관리, 후원자 개발, 외부 재정지원기관 사업 수탁 등
	지역복지연계	경로당 프로그램 연계 등의 지역복지기관 연계, 지역협력사업(경로행사, 나들이 등) 등
	주거지원	주택수리사업, 주거환경 개선사업(도배 등) 등
사회참여 및 권익증진	사회참여지원	노인자원봉사 활성화 사업, 노인일자리 및 사회활동지원 사업, 지역봉사활동, 교통안전봉사, 동아리·클럽 활동 지원, 교통편의서비스 등
	노인권익증진	정책건의, 노인인권 옹호, 노인인식개선사업, 편의시설 설치, 노인소비자피해예방교육, 양성평등교육, 성교육 등
	고용 및 소득지원	고령자취업지원 사업, 취업교육, 창업지원(사회적 협동조합 등)사업 등
돌봄	요양서비스	치매환자 프로그램, 주·야간보호 등

출처: 보건복지부(2020). 2020 노인보건복지 사업안내(2). p.73.

노인교실은 60세 이상 노인들에 대하여 사회활동 참여욕구를 충족시키기 위하여 건전한 취미생활, 노인건강유지, 소득보장 기타 일상생활과 관련한 학습프로그램을 주 1회 이상 제공하고 있다(보건복지부, 2020).

표 9-6 노인교실 프로그램

구분	프로그램
취미·여가	각종 문화·예술 활동 등
건강	체조, 요가, 단전호흡, 건강관리 등
교양	한글, 외국어, 컴퓨터, 교양강좌 등
사회참여	시민단체 및 사회활동, 자원봉사 활동 등

출처: 보건복지부(2020). 2020 노인보건복지 사업안내(2). p.78.

참고문헌

강신옥·방혜선(2010). 농촌노인과 도시노인의 성공적 노화에 관한 비교연구-충북 노인일자리 사업 참여자를 중심으로. 노인복지연구, 49(1), 287-309.

김양건(2019). 한국 중장년 일자리정책의 노동시장 성과 연구. 성균관대학교 대학원 박사학위논문.

김영범·이승훈(2008). 한국 노인의 사회활동과 주관적 안녕감: 서울 및 춘천 노인을 대상으로. 한국노년학, 28(1), 1-18.

김원철(2015). 건강의 사회적 결정요인이 근골격계 희귀난치성질환자의 건강수준에 미치는 영향: 건강불평등 모형을 중심으로. 고려대학교 대학원 박사학위논문.

김정희(2018). 노인의 지역사회 역량과 활동적 노화(Active Aging)의 관계. 연세대학교 대학원 박사학위논문.

보건복지부(2020). 2020년도 노인일자리 및 사회활동 지원사업 운영안내.

이석원(2010). 노인일자리 사업 참여자의 시간활용 변화와 적극적 노년생활. 노인복지연구, 49, 51-79.

이인수(2001). 한국 노인의 정치 및 사회활동을 위한 과제. 노인복지연구, 14, 35-66.

이재원 외(2017). 노인일자리 전달체계 개선방안 연구. 보건복지부.

이주현(2019). 노인일자리 사업 정책효과 분석. 성균관대학교 대학원 석사학위논문.

이지혜·황남희(2019). 노인일자리사업이 노인가구의 경제적 생활수준에 미치는 영향 분석: 소득과 소비 변화를 중심으로. 보건사회연구, 39(1), 11-38.

임수경(2020). 사회적 네트워크와 고령장애인의 건강에 대한 다층모형분석. 중앙대학교 대학원 박사학위논문.

정경희(2014, April). 성공적인 시니어 일자리 창출을 위한 지원정책 모색. In 고령사회, 행복한 일자리 상상. 미래포럼.

최혜지·이미진·전용호·이민홍·이은주(2020). 노인복지론. 사회평론아카데미.

통계청(2009). 2009년 생활시간조사. 통계청.

Atchley, R. C., & Baruch, A. S. (2004). *Social forces and aging: An introduction to social gerontology.* Belmont, CA: Wadsworth. HK Bak, 610.

Avramov, D., & Maskova, M. (2003). *Active ageing in Europe* (Vol. 2). Council of Europe.

Bowling, A. (2008). Enhancing later life: how older people perceive active ageing?. *Aging and Mental Health, 12*(3), 293-301.

Godbey, G., & Biazey, M. (1981). Old people in urban parks. *Journal of Leisure Research, 15*, 229-244.

Holstein, M. B., & Minkler, M. (2003). Self, society, and the "new gerontology". *The Gerontologist, 43*(6), 787-796.

Kelly, E. L., & Conley, J. J. (1987). Personality and compatibility: A prospective analysis of marital stability and marital satisfaction. *Journal of personality and social psychology, 52*(1), 27.

Levasseur, M., Richard, L., Gauvin, L., & Raymond, É. (2010). Inventory and analysis of definitions of social participation found in the aging literature: Proposed taxonomy of social activities. *Social science & medicine, 71*(12), 2141-2149.

McGuire, F. A., Boyd, R. K., & Tedrick, R. T. (1996). *The importance of leisure. Leisure and aging*, 115-141.

Morrow-Howell, N., Hinterlong, J., & Sherraden, M. (Eds.). (2001). *Productive aging: Concepts and challenges*. JHU Press.

Solar, O., & Irwin, A. (2010). A conceptual framework for action on the social determinants of health. WHO Document Production Services.

Chapter

10 노인건강보장정책

1 노인의 건강

1) 건강상태의 개념

건강상태는 건강한 인간다운 삶을 영위하기 위한 가장 중요한 지표로서, 세계보건기구(WHO) 현장에서는 건강을 질병이 없거나 허약하지 않다는 것만을 의미하는 것이 아니라, 정신적·사회적으로 완전히 안녕(well-being)한 상태라고 정의하고 있으며, 세계가정의학회(WONCA)에서는 건강상태를 독립적으로 일상생활을 하는 데 필요한 상태로서 신체적·정서적·사회적 기능을 모두 포함하고, 주어진 환경에 적응하고 대처하며, 그 안에서 생활하는 능력으로 정의하고 있다(임광빈·강동훈, 2018). 이러한 건강에 대한 정의는 의료적 자원의 배분과 건강 요건을 충족하기 위한 서비스의 조직화 측면에서 정책적으로 중요한 의미를 가진다(Shanas & Maddox, 1976). 하지만 건강의 중요성에 대한 일반적인 합의에도 불구하고 구체적으로 건강을 어떻게 정의하고 측정할 것인가에 대해서는 연구자들 간에 일치를 보지 못하고 있다. 이는 건강의 개념이 모호하고 다차원적이기 때문이다(Hansluwka, 1985).

캠벨 등(Campbell et al., 1976)은 건강상태를 만성질병의 유무와 같은 객관적인 건강상태와 스스로 평가하는 주관적 건강상태로 정의하였으며, 네스만 등(Nesman et al., 2000)은 건강상태를 단순하게 질병이 없는 상태를 말하는 것이 아니라 모든 자질과 기능, 능력의 정신적·신체적·도덕적인 면에서 최고로 발달되고 완전히 조화된 인간의 상태라고 정의하였다.

리앙(Liang, 1986)은 건강상태를 의료적인 차원(Medical Dimensions), 기능적인 차원(Functional Dimensions), 자기 평가적인 차원의 건강상태로 구분하고 정의하였다. 의료적인 차원의 건강상태는 질병의 부재에 의해서 정의되는 잔여적인 범주를 의미하고, 만성질환, 이환일수 등에 의해 측정된다. 기능적인 차원의 건강상태는 사회체계 안에서의 개인에게 부과된 역할을 효과적으로 수행이 가능한지에 대한 능력의 여부를 의미하며, 일상생활수행능력(ADL), 도구적 일상생활수행능력(IADL), 신체적 자기 유지, 근로상실일수, 신체적 적합도 등으로 측정될 수 있다. 그리고 자기 평가적 차원의 건강상태는 건강에 대한 개인의 지각과 평가를 의미하며, 건강상태를 나타내는 주요 건강지표의 역할을 한다고 하였다.

그러나 이러한 세 가지 차원의 건강상태 정의는 건강의 조작화에 있어 한계가 있음을 지적하고 있다. 첫째, 의료적 차원의 정의는 의학지식과 의료전문인의 관점을 중시하고 있어 객관적인 것을 의미하는 것이 아니다. 이는 의사와 환자의 속성, 조직적인 맥락, 그리고 시대적인 상황에 의해서 영향을 받기 때문이다. 둘째, 기능적 차원의 정의는 만성질환이나 노인층의 개호에 관한 의사결정에 있어서 질병에 대한 지향적인 생의학적 접근과 비교하면 적절하지만, 노인과 같은 여러 증상이 동시다발적으로 발생하는 경우 적용하기 어렵다. 셋째, 자기 평가적 차원의 정의는 개인의 주관적으로 평가하여 제시하는 자료와 의사가 제공하는 자료가 불일치할 경우 개인이 자신의 의료적 이상 상태를 과소평가하거나 과대평가할 수 있다. 이처럼 건강의 세 가지 차원의 정의는 이러한 한계가 있지만 자기 평가적 차원의 건강상태에 대한 개인의 주관적 평가를 노인층의 건강평가와 관련하여 임상적 자료와 상충된 결과를 보일 수 있는 정상적인 과정으로서의 노화 현상, 동시다발적인 증상, 그리고 만성적 질환 상태에 있어서 건강에 관한 객관적 기준치를 보완하고, 이러한 객관적 기준치를 많은 부분 반영하고 있다는 측면에서 중요한 의의가 있다(김정희, 1994).

2) 노인의 건강 개념

노인의 건강은 사람에 따라 다른 시기와 다른 특징을 가지며 노년기까지 건강 특성의 누적된 차이로 인해 연령이 증가할수록 개인의 다양성이 증가한다(Nelson & Dannefer, 1992). 세계보건기구(WHO, 1948)는 건강을 단순히 질환(disease)이나 허약(infirmity)하지 않은 것과 더불어 정신적·신체적·사회적으로 안녕한 상태(well-being)로 정의하였다. 노년기의 건강은 일반적으로 개인의 건강을 판단하는 주체에 따라 객관적(임상적) 건강상태(objective health)와 주관적 건강상태(objective health)로 구분된다(유재남, 2015).

객관적 건강상태(objective health)는 의사 또는 개인이 보고하는 질환의 유형과 입원이나 수술을 불러오는 심각한 건강문제의 발생으로 정의된다(Mossey & Shapiro, 1982). 노년기의 객관적 건강문제는 급성질환보다 대부분 만성질환에 해당하고, 장기간에 걸쳐 다양하면서도 단계적인 증상이 발생하여 건강상태가 악화되는 양상을 보인다(남상권 · 심옥수, 2011). 이에 따라 노인의 만성질환은 노인의 건강상태를 구성하는 중요한 변인으로 작용한다.

주관적 건강상태(subjective health)는 자신의 전반적인 건강 수준에 대한 주관적인 인지를 의미하고, 자신이 지각한 건강상태(perceived health)나 자가 측정 건강상태(self-rated health) 등의 용어와 유사한 맥락으로 사용되고 있다(김수린 외, 2018). 또한, 주관적 건강은 개인의 건강 수준을 예측할 수 있는 지표 중의 하나로서, 개인의 만성질환의 유무나 병 · 의원 이용 경험을 바탕으로 개인의 주관적 판단에 근거하며 직 · 간접적으로 평가된 것이라는 특징을 가진다(송미숙 외, 2003). 또한, 개인에게 나타날 수 있는 다양한 측면에서의 건강상태를 압축해서 나타내는 지표로 신체 정신상의 미세한 변화나 잠재적인 문제 등을 반영할 수 있고 의학적으로 알 수 없는 총체적인 건강상태를 나타낸다는 점에서 유용한 지표이다(이수현, 2017). 이러한 노인의 건강상태는 시간의 흐름에 따라 자연스럽게 변화를 거치기도 한다(이정숙 · 이인수, 2005). 노화로 인해 동시다발적인 질병이 중복적으로 진행하는 경우가 많고, 지적 능력 감퇴, 거동불능, 시력 · 청력 감퇴, 과민신경성 장운동 및 소화 장애, 요실금, 불면증, 면역기능 저하, 성기능 저하, 고립감 및 우울, 빈곤 등과 같은 신체적 · 심리적 변화를 가져오기도 한다(최영희 외, 2007). 따라서 노인의 건강, 즉 건강한 상태란 스스로 독립적인 일상생활의 수행능력과 심리 · 사회적으로 환경에 적응하고 대처할 수 있는 기능을 의미하는 것으로 볼 수 있다(김석준, 2012).

3) 노인의 신체적 · 정신적 건강 특성

노인의 신체적 건강요인을 보면 노화 현상으로 인해 체력의 저하와 시력, 청력의 약화 및 면역력 감소로 각종 질환에 걸리기 쉽고 정신적으로도 정신력 약화와 집중력 감퇴 등이 나타난다(Frances, 1979). 노화는 몸의 조직과 기능이 쇠퇴하고 기능저하, 기능장애 및 기능상실 등의 병리적인 변화로 건강문제가 나타난다고 하였다(김명옥, 1984). 노인실태조사보고서(보건복지부, 2017)에 따르면 연구참여자의 89.5%는 만성질환을 갖고 있다고 응답하였다. 이 중 만성질환 1개를 가지고 있다고 응답한 비율은 16.5%, 만성질환 2개를 가지고 있다는 비율은 22.0%, 만성질환 3개를 가지고 있는 비율은 51%로, 2개 이상이 만성질환을 가지고 있는 노인은 총 73%로 나타났다. 또한, 의료보험관리공단(1983)은 40세 이후부터는 형태적·기능적 노화가 나타나 만성질환과 관련이 있다고 보고하였고, 일반적으로 연령, 성별, 교육 수준, 혼인상태, 종교 등 인구 사회학적 요인들이 주관적 건강상태에 영향을 미치는 것으로 나타났다(이지선, 2013).

노년기는 노화에 따라 신체적 기능 저하를 비롯하여 각종 질환이 발병하는 것에 대하여 피해갈 수 없는 시기에 당면한다. 이러한 신체적 기능 저하는 노인의 정신건강과도 밀접한 관계가 있으므로 매우 주요하다고 볼 수 있는데, 이는 신체적 건강이 정신적 건강을 동반하여 위험한 결과를 초래하기 때문이다. 노년기에는 은퇴로 인한 사회적·경제적 어려움으로 심리적 부담감과 스트레스가 증가할 수 있으며 불안, 우울, 자살생각 등 정서적 변화를 초래하여 노인의 정신건강 문제를 더욱 악화시킨다(조추용·정미경, 2016).

주관적 건강상태와 관련한 연구에서는 노인 자신들이 정신적으로 건강하고 자존감이 높으면 심리적 안정감이 높아져서 노인은 삶의 질은 향상된다. 즉, 건강하고 자아존중감이 높은 사람은 그렇지 않은 사람에 비해 더 많이 행복하며 심리적으로 안전하고 행복감과 만족을 가질 수 있는 것으로 나타났다(임광빈·강동훈, 2018). 반면에 노인이 만성질환이 있고 통증이 클수록, 주관적 건강상태와 인지기능이 낮을수록 우울은 더 높게 나타났다(염동문·정정숙, 2014). 이와 관련한 보건복지부 2017년 노인 실태보고서에 따르면, 65세 이상 노인의 약 40%가 주관적 건강상태가 나쁘다고 응답했다. 특히 80세 이상은 주관적 건강상태가 나쁘다고 응답한 비율이 50%가 넘어, 주관적 건강상태가 나쁘다고 인식하는 경우가 많은 것으로 나타났다. 원인으로는 배우자의 죽음, 심각한 질환 등으로 발생하는 스트레스와 노화로 인한 건강 약화, 역할상실, 소외, 외로움 및 경제적 문제 등에 기인한다고 보았다(강해자, 2013). 이처럼 연령과 노화 과정은 밀접한 관계가 있고 노인의 건강문제는 다른 타 연령층보다 다양하게 나타나는 특성이 있다(이영자, 1989).

WHO와 하버드대 보건대학원 연구에 따르면 전 세계적으로 2020년에는 우울증이 심장병에 이어 주요 사망원인이 될 것으로 예측한다. 이는 평상시 일상생활에서 느끼는 어려움에 대한 단순 감정변화나 일시적인 감정적인 반응과는 분명한 차이가 있음을 짐작할 수 있다(WHO, 2018). 이러한 연구보고서의 결과는 노인의 주관적 건강상태와 만성질환을 초래하는 노화가 노인의 건강상태에 중대한 영향을 미치는 주요 변인 중 하나임을 나타내며, 노인의 건강한 노화 및 주관적 건강상태의 증진에 대한 대안을 개인적·사회적 수준에서 마련해야 한다는 점을 시사한다.

2 노인건강보장제도

1) 노인건강보장제도의 전략

노인건강사업의 기초이념은 건강 노화(healthy aging)이다. 건강 노화는 노인이 차별받지 않고 사회에 참여할 수 있으며, 독립적으로 질적인 삶을 누릴 수 있도록 하기 위해 신체적·정신적·사회적으로 건강할 기회를 최적화하는 과정이다(WHO, 2015). 로우와 칸(Rowe & Kahn, 1997)은 건강 노화를 낮은 질병 발생률과 높은 인지 및 신체적 기능 그리고 활발한 사회활동 참여로 정의하고 노화에 지속적인 사회적 참여를 포함하는 건강 노화를 강조하였다. 이는 단순한 시간의 경과에 따른 신체적 쇠퇴를 의미하는 정상노화나 정상노화과정에 노화 관련 질환이 동반되는 일반 노화의 개념과는 차이가 있다. 가파인(Garfein, 1995)은 건강 노화를 신체적 기능, 인지적 상태, 정신적 건강, 사회참여 등 각 영역에서 높은 수준을 보이는 것으로 보았으며, 바일란트와 웨스턴(Vaillant & Western, 2001)은 건강 노화를 객관적 신체적 건강, 주관적 신체적 건강, 인지 건강, 활동적 삶, 삶의 만족, 그리고 사회적 지지의 영역에서 높은 수준의 안녕감을 유지하는 것이라고 하였다.

이와 같은 건강 노화의 개념을 바탕으로 우리나라의 건강보장정책은 노인의 신체적·정신적 건강을 증진하는 것을 기본원칙으로 하고 있으며, 노인의 건강상태 및 기능 수준에 따라 3단계로 구분하고, 이에 따른 건강보장정책의 핵심전략을 다르게 적용한다. 1단계는 최상의 기능유지(high and stable capacity)로 건강상태가 양호하고 신체적 기능이 높은 노인에게 병을 예방하고 조기 발견하여 최상의 기능을 유지하는 데 중점을 둔다. 2단계는 기능하락(declining capacity)으로 건강상태가 좋지 않고 기능이 하락하는 노인은 보건의료서비스를 통해 질병 등 건강을 저해하는 원인을 찾아 치료하고, 낮아진 기능을 회복하거나 유지하는 데 중점을 둔다. 3단계는 기능상실(significant loss of capacity)로 만성질환이나 이미 심각한 수준의 기능손상을 갖게 된 노인은 만성질환을 관리하고 남아 있는 기능을 유지하는 데 중점을 둔다.

그림 10-1 건강 노화를 위한 보건의료서비스 내용

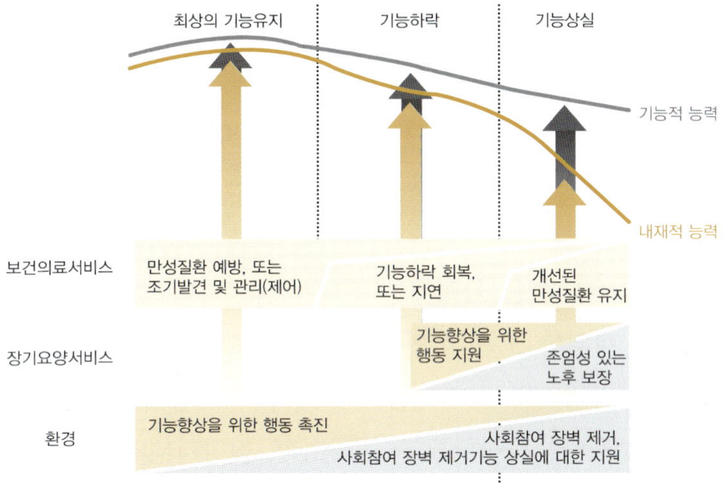

출처: 선우덕 외(2016). 사회보장제도 노인건강 분야 기본평가. p.15.

2) 국민건강보험

(1) 개념과 특성

건강보험이란 질병, 부상, 분만, 사망 등에 대하여 보험방식에 의거 가입자들이 평소에 보험료를 내어 기금화하였다가 보험사고가 발생할 경우 보험급여를 해 주는 제도이다. 즉, 건강보험은 질병, 부상이라는 불확실한 위험의 발생과 분만, 사망 등으로 인하여 개별가계가 일시에 과다한 의료비를 지출함에 따라 겪게 되는 어려움을 덜어주기 위해 보험가입자에게 보험료를 갹출하여 보험급여를 함으로써 국민의 경제적 부담을 덜어주고 건강을 유지·향상시켜 주는 제도이다(김병환 외, 2011).

국민건강보험 건강보험원리에 의거 국민들이 평소에 보험료를 낸 것을 보험자인 국민건강보험공단이 관리 운영하고, 국민들이 의료를 이용할 경우 보험급여를 제공함으로써 국민 상호 간에 위험을 분담하고 의료서비스를 제공하는 사회보장제도이다(조미란, 2009). 또한, 국가의 개입으로 국민의 기본적인 의료문제를 해결함으로써 국민보건의 향상과 사회복지의 증진을 꾀하고 국민의 건강과 가계를 보호하며, 더 나아가 사회 공동의 연대책임을 통하여 소득재분배와 사회적 연대를 강화하여 사회통합을 이루고자 하는 제도이다(이찬미, 2007).

국민건강보험은 사회보험제도의 하나로서 모든 국민이 의무적으로 가입해야 하는 강제성이 있으며, 피보험자의 자격이나 부담의 차등에 관계없이 급여는 획일적으로 적용되는 형평성의 특성이 있다. 피보험자 본인이 보험료를 내고 급여를 받는 수익자부담의 원칙이 적용되며, 자격 취득이나 상실은 발생주의에 입각한다. 급여 제공자, 급여수령자, 비용지급자가 다른 3자 지불 특성이 있다.

(2) 적용대상

국민건강보험의 적용대상은 국내에 거주하는 국민이며, 「의료급여법」에 따른 의료급여 수급권자를 제외한 모든 국민은 국민건강보험의 가입자 또는 피부양자가 된다. 가입자는 직장가입자와 지역가입자가 있다. 직장가입자는 모든 사업장의 근로자와 사용자, 공무원 및 사립학교 교직원이며, 직장가입자 및 피부양자가 아닌 그 외의 국민은 지역가입자이다. 피부양자는 직장가입자에게 주로 생계를 의존하는 사람으로서 보수나 소득이 없는 사람을 말한다. 피부양자는 직장가입자의 배우자, 직계존속, 직계비속과 그 배우자 및 형제·자매이다. 적용대상은 2018년 12월 말 기준 52,557천 명이며, 그중에서 직장가입자 36,990천 명, 지역가입자 14,082천 명 및 의료급여 수급권자는 1,485천 명이다.

(3) 보험료

직장가입자의 보험료는 보수월액의 1천분의 80의 범위에서 정하며, 2020년 보험료율은 6.67%이다. 직장가입자의 보험료는 사업장의 근로자와 사용자가 각각 50%씩 분담하며, 공무원은 가입자와 국가가 각각 50%씩 분담하고, 사립학교교직원은 가입자, 학교법인, 국가가 각각 50%, 30%, 20%씩 분담한다. 국외에서 업무에 종사하고 있는 직장가입자의 보험료율은 정해진 보험료율의 100분의 50으로 한다. 지역가입자의 보험료는 세대 단위로 산정하되, 가입자의 소득·재산·자동차 등을 참작하여 정한 보험료부과점수에 보험료부과점수당 금액을 곱한 금액으로 한다. 지역가입자의 2020년 부과점수당 금액은 195.8원이다.

(4) 급여

국민건강보험의 가입자와 피부양자에게 요양급여, 선별급여, 부가급여 및 건강검진을 실시한다. 요양급여는 가입자와 피부양자의 질병, 부상, 출산 등에 대하여 요양급여를 실시하며, 진찰·검사, 약제·치료재료의 지급, 처치·수술 및 그 밖의 치료, 예방·재활, 입원, 간호, 이송 등을 실시한다. 요양급여는 비용의 일부를 본인이 부담하며, 요양급여를 실시하는 요양기관은 「의료법」에 따라 개설된 의료기관, 「약사법」에 따라 등록된 약국, 「약사법」에 따라 설립된 한국희귀의약품센터, 「지역보건법」에 따른 보건소·보건의료원 및 보건지소, 농어촌 등에 설치된 보건진료소 등이다. 요양급여의 본인 일부 부담금은 입원의 경우 요양급여 총액의 20%이다. 외래의 경우 상급종합병원은 모든 지역이 60%이며, 종합병원은 동지역이 50%이고, 읍·면지역은 45%이다. 병원은 동지역이 40%이고 읍·면지역은 35%이다. 의원과 보건소는 요양급여 총액의 30%를 본인이 부담한다.

선별급여는 요양급여를 결정함에 있어 경제성 또는 치료 효과성 등이 불확실하여 그 검증을 위하여 추가적인 근거가 필요하거나, 경제성이 낮아도 가입자와 피부양자의 건강회복에 잠재적 이득이 있는 경우에 실시하는 예비적인 요양급여를 말한다. 부가급여는 요양급여 외에 임신·출산 진료비, 장제비, 상병수당, 그 밖의 급여를 말하며, 가입자와 피부양자에 대하여 질병의 조기 발견과 그에 따른 요양급여를 하기 위하여 건강검진을 실시한다.

국민건강보험에서 65세 이상 노인의 진료비는 2018년을 기준으로 전체 진료비 779,104억 원의 40.8%를 차지하고 있으며(국민건강보험·건강보험심사평가원, 2019), 노인 1인당 연간 진료비도 4,487천 원에 이르고 있어(보건복지부, 2020) 앞으로 노인인구의 증가에 따른 의료비 부담의 지속적인 증가는 국민건강보험 재정에 상당한 압박요소로 작용하게 될 것이다.

(5) 전달체계

국민건강보험의 운영 주체는 국민건강보험공단이며, 그 산하에 6개 지역본부와 178개 지사를 두고 있다. 한편 국민건강보험공단과는 별도로 요양기관의 진료비를 심사하고 요양급여의 적정성을 평가하기 위해 건강보험심사평가원을 운영하고 있다.

의료전달체계의 발전과 국민건강보험의 재정 안정성을 도모하기 위해 의료기관이 1차 의료기관(의원, 보건소, 보건지소, 보건진료소, 보건의료원, 약국), 2차 의료기관(30병상 이상 500병상 미만의 병원), 종합병원 및 3차 의료기관(500병상 이상의 의과대학 부속병원이나 종합병원)으로 구분되어 진료비의 차등을 두고 있다. 특히 3차 의료기관에 진료가 집중되는 것을 방지하기 위해서 3차 의료기관의 진료 시 1차 또는 2차 의료기관의 진료의뢰서를 제출해야만 보험의 적용을 받을 수 있도록 하고 있다.

3) 의료급여

(1) 개념

의료급여는 생활이 어려운 저소득층을 대상으로 국민보건의 향상과 사회복지의 증진을 위해 국가가 의료서비스를 제공하는 공공부조제도이다. 의료급여는 1978년 저소득층을 대상으로 의료보호를 실시하면서 시작되었으며, 2001년 의료보호가 의료급여로 명칭이 변경되었다.

(2) 적용대상

의료급여의 적용대상은 1종 수급권자와 2종 수급권자로 구분되어 있다. 의료급여 대상자는 2010년에 1,674천 명이었던 것이 2018년에는 다소 감소하여 1,485천 명이며, 1종 수급권자는 1,082천 명이고 2종 수급권자는 403천 명이다(보건복지부, 2019). 의료급여 1종 수급권자는 「국민기초생활보장법」에 따른 의료급여 수급권자, 행려환자, 「재해구호법」에 따른 이재민, 「의사상자 등 예우 및 지원에 관한 법률」에 따른 의료급여 대상자, 「입양특례법」에 따라 국내에 입양된 18세 미만의 아동, 「독립유공자예우에 관한 법률」, 「국가유공자 등 예우 및 지원에 관한 법률」 및 「보훈보상대상자 지원에 관한 법률」의 적용을 받는 사람과 그 가족, 「무형문화재보전 및 진흥에 관한 법률」에 따라 지정된 국가무형문화재 보유자와 그 가족, 「북한이탈

주민의 보호 및 정착지원에 관한 법률」의 적용을 받는 사람과 그 가족, 「5·18민주화운동 관련자 보상 등에 관한 법률」 제8조에 따라 보상금 등을 받은 사람과 그 가족, 「노숙인 등의 복지 및 자립지원에 관한 법률」에 따른 노숙인 등이다. 2종 수급권자는 국민기초생활 보장 수급자 중 1종 수급대상이 아닌 가구이다(보건복지부, 2020).

(3) 급여

의료급여는 수급권자의 질병, 부상, 출산 등에 대하여 요양급여를 실시하며, 진찰·검사, 약제·치료재료의 지급, 처치·수술 및 그 밖의 치료, 예방·재활, 입원, 간호, 이송 등을 실시한다. 의료급여를 실시하는 의료기관은 「의료법」에 따라 개설된 의료기관, 「약사법」에 따라 등록된 약국, 「약사법」에 따라 설립된 한국희귀의약품센터, 「지역보건법」에 따른 보건소·보건의료원 및 보건지소, 농어촌 등에 설치된 보건진료소 등이다. 의료기관은 1차 의료기관, 2차 의료기관 및 3차 의료기관으로 구분되어 있으며, 의료기관별 진료 범위는 다르게 적용된다. 의료급여의 급여비용은 그 전부 또는 일부를 의료급여기금에서 부담하되, 의료급여기금에서 일부를 부담하는 경우 그 나머지 비용은 본인이 부담한다. 의료급여 1종 수급권자와 2종 수급권자의 본인부담금이 다르게 적용된다. 1종 수급권자는 입원의 경우 1차 의료기관, 2차 의료기관 및 3차 의료기관의 본인부담금이 없으며, 외래의 본인부담금은 1차 의료기관 1,000원, 2차 의료기관 1,500원, 3차 의료기관 2,000원 및 약국 500원이다. 2종 수급권자는 입원의 경우 1차 의료급여기관 10%, 2차 의료기관 10%, 3차 의료기관 10%의 본인부담을 하며, 외래의 본인부담금은 1차 의료기관 1,000원, 2차 의료기관 15%, 3차 의료기관 15% 및 약국 500원이다.

노인건강보장정책은 국민건강보험과 의료급여 외에도 60세 이상을 대상으로 노인건강진단, 치매상담센터 운영, 치매검진사업, 치매치료관리비 지원사업, 광역치매센터 운영, 공립요양병원 운영, 실종노인의 발생예방 및 찾기 사업, 노인실명예방사업, 노인 무릎인공관절 수술 지원 등을 실시하고 있다.

3 노인건강보장사업

1) 노인건강보장사업의 구성체계

건강보장사업은 질병예방을 위한 사업과 질병관리 및 치료를 위한 사업으로 구성되어 있다. 질병예방사업은 건강검진의 3개 사업과 건강증진 및 질병예방관리의 3개 사업으로 구성되었으며, 질병관리 및 치료지원은 7개의 사업으로 구성되어 있다. 이 가운데 노인을 위한 건강보장사업으로는 다음과 같은 것들이 있다.

그림 10-2 노인건강보장사업 간의 관련성

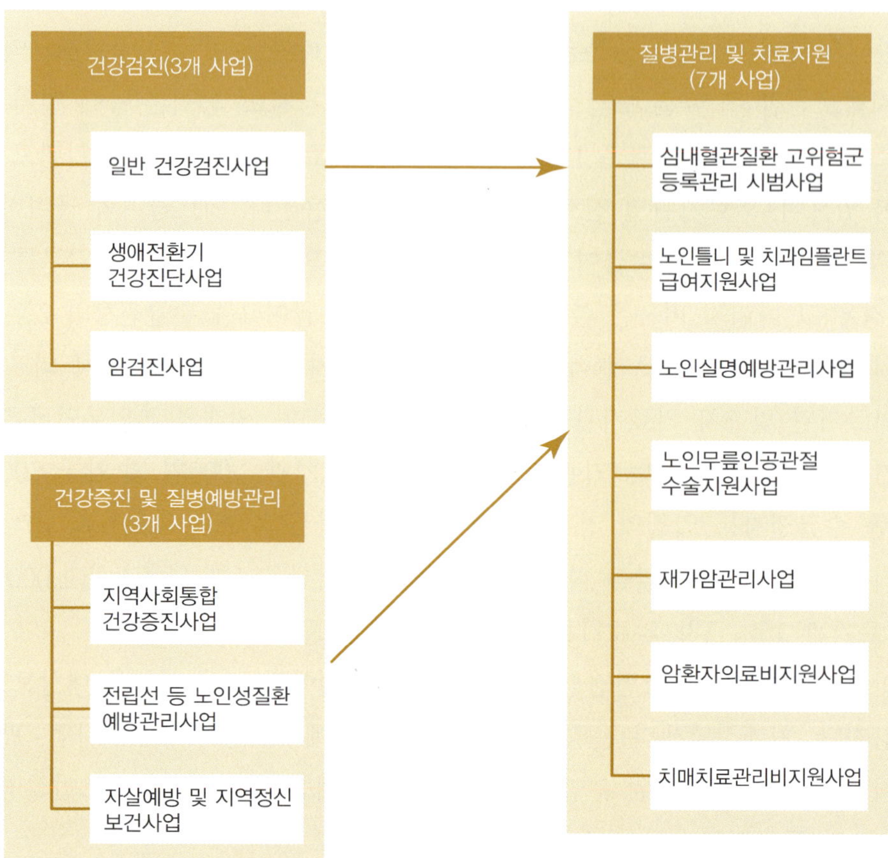

출처: 선우덕 외(2016). 사회보장제도 노인건강 분야 기본평가. p.14.

2) 건강검진사업

건강검진이란 건강상태 확인과 질병의 예방 및 조기발견을 목적으로 건강검진기관을 통하여 진찰 및 상담, 이학적 검사, 진단검사, 병리검사, 영상의학 검사 등 의학적 검진을 시행하는 것을 말한다. 건강검진사업에는 혈압, 당뇨 등 심뇌혈관질환을 조기 발견하여 치료 및 관리로 연계함으로써 건강증진을 위한 일반건강검진, 생애전환기 국민을 대상으로 맞춤형 건강진단을 통하여 만성질환 및 건강위험요인을 조기발견과 치료 및 관리를 위한 생애전환기 건강진단, 우리나라 국민의 사망원인 1위인 암을 조기에 발견하여 치료를 유도함으로써 암의 치료율을 높이고 암으로 인한 사망을 줄이기 위한 암 검진사업이 있다.

일반 건강검진은 의료급여수급권자 중 만19~39세는 세대주, 만41~64세는 세대주 및 세대원이 해당하며, 65세 이상 의료급여수급권자는 「노인복지법」에 의해 노인건강진단을 실시한다. 생애전환기 건강진단은 만40세와 만66세 의료급여수급권자 및 건강보험가입자를 대상으로 한다.

3) 건강증진 및 질병예방관리사업

건강을 증진하고 질병을 예방 및 관리하는 사업에는 지역사회통합건강증진사업, 전립선 등 노인성 질환 예방관리사업, 자살예방 및 지역정신보건사업이 있다. 그 중에 대표적인 사업은 지역사회통합건강증진사업이다.

지역사회통합건강증진사업은 지방자치단체가 지역의 특성과 지역주민의 욕구에 맞추어 주체적으로 기획하여 실시하는 서비스다. 노인만을 대상으로 하지 않지만, 건강 취약계층의 주요 대상인 노인을 위한 다양한 사업을 지역별로 하고 있다.

지역사회통합건강증진사업은 지역주민의 건강실천행위를 증진하고, 만성질환을 예방하며, 취약계층의 건강을 관리하는 것을 주요 내용으로 하며, 금연 및 절주, 신체활동, 비만, 영양, 심뇌혈관, 치매 등과 관련 서비스가 제공된다. 연령이 증가할수록 고혈압, 당뇨병 등 꾸준한 관리를 필요로 하는 만성질환의 유병률이 높아지기 때문에 노인은 심뇌혈관질환 등과 같은 만성질환, 치매, 신체활동과 관련된 서비스의 주요 대상자이다.

지역사회통합건강증진사업은 몇 가지 면에서 기존의 건강증진사업과 차이가 있다. 특히 이 사업은 중앙집중적, 하향식의 기존 사업과 달리 지방자치단체가 주도하는 지방분권적, 상향식의 사업이다. 지역주민의 욕구와 지역사회 여건을 고려한 지역밀착형 서비스이기 때문에 지역에 따라 세부 서비스의 내용이 다양하다(보건복지부, 2017).

치매관리사업은 치매를 조기에 발견하고 치료하여 치매의 중증화를 예방하고 지연하며, 치매노인을 돌보는 가족의 부담을 완화하는 것을 목적으로 하고 있다. 치매관리사업은 치매노인사례관리사업과 치매검진사업으로 이루어져 있으며, 그중 치매검진사업은 치매검진을 희망하는 60세 이상의 노인에게 치매검진을 무료로 제공한다. 치매노인사례관리사업은 등록된 치매노인을 대상으로 치매치료관리비 지원, 노인의 치매상태에 따른 관리체계 수립, 치매노인과 보호자에 대한 상담, 치매노인 방문 및 관리 등의 서비스를 제공한다.

방문건강관리사업은 노인의 신체적·인지적 기능을 유지하고 증진하여 건강한 노후생활을 보장하고자 하는 사업이다. 방문건강관리사업은 기본적으로 허약노인의 판정평가를 실시하고, 우울예방, 낙상예방 등의 노인의 신체적·심리적 기능 향상을 위한 프로그램을 제공한다. 더불어 혹서, 혹한 등 계절별 건강관리교육, 가정의 안전환경을 조성하기 위한 교육 등 다양한 건강 관련 교육프로그램을 제공한다.

규칙적인 운동은 신체적 기능을 강화하고 유지하는 중요 수단이다. 정부는 노인의 활기찬 노후생활을 유지할 수 있도록 노인의 신체적 기능에 적합한 운동 프로그램을 개발하여 보급하고 건강교육을 실시하는 등 노인을 위한 신체활동관리사업을 펼치고 있다. 보건소, 경로당, 노인복지관 등에서도 65세 노인을 대상으로 허약함과 만성질환을 예방하기 위하여 운동교실 등의 프로그램을 제공한다. 국민건강보험공단은 노인의 운동을 지원하기 위해 노인백세운동교실을 운영하고 있다. 특히 경로당과 노인복지관 등 노인 이용시설에 전문강사를 파견하여 노인이 꾸준히 운동할 수 있도록 지원하고 있다.

4) 질병관리 및 치료지원사업

질병관리 및 치료지원사업은 심뇌혈관질환 고위험군 등록관리 시범사업, 노인틀니지원사업, 노인실명예방관리사업, 노인 무릎인공관절 수술지원사업, 재가암관리사업, 암환자의료비지원사업, 치매치료관리비지원사업으로 이루어져 있다. 이들 사업 중 노인틀니지원사업, 노인실명예방관리사업, 노인 무릎인공관절 수술지원사업, 치매치료관리비지원사업이 노인만을 대상으로 하거나 주로 노인이 대상이 되는 사업이다.

(1) 노인틀니 및 치과임플란트 급여지원사업

노인틀니 및 치과임플란트는 씹는 기능을 높여 영양상태를 증진한다는 점에서 노인건강과 밀접한 관련이 있다. 특히 노인틀니나 치과임플란트를 위한 지원은 노인만을 대상으로 하는 건강보험급여라는 점에서 의의가 있다. 2012년부터 75세 이상 노인의 완전틀니 제작과 틀니 수리비용이 건강보험급여로 제공되기 시작했다(선우덕 외, 2016). 이후 부분틀니와 임플란트까지 포함되었으며, 2016년부터는 노인틀니와 치과임플란트의 급여 적용대상이 65세 이상으로 확대되었다. 많은 비용이 드는 노인틀니와 치과임플란트가 건강보험급여로 제공됨에 따라 노인의 비용부담은 감소하였으나, 본인부담률이 총비용의 30%로 비용에 대한 부담이 여전히 높다는 점에서 한계가 있다.

(2) 노인실명예방관리사업

정부는 2003년부터 의료서비스를 받기 어려운 의료 취약지역과 저소득층 노인을 대상으로 정밀한 눈 검진 서비스를 제공하고 있다. 눈 관련 질환을 조기에 발견하고 치료함으로써 양호한 상태의 시력을 유지하고, 실명을 예방하고자 한다. 검진 결과 백내장 등 질병이 있는 노인에게는 수술비를 지원하고, 안경이나 돋보기가 필요한 노인에게는 안경을 지원한다(보건복지부, 2020).

눈 건강에 대한 교육을 제공하여 노인의 눈 질환 예방의 필요성을 이해하고 눈 관리에 관심을 기울일 수 있도록 유도한다. 또한, 노안이나 질병으로 시력이 낮아진 노인에게 재활프로그램을 제공하여 일상생활에 적응할 수 있도록 지원한다.

(3) 노인 무릎인공관절 수술지원사업

경제적 어려움으로 무릎관절증의 고통에도 불구하고 수술 받지 못하는 60세 이상 저소득 노인에게 무릎인공관절 수술비를 최대 120만 원까지 지원하고 있다. 2015년 시작된 이후 노인의 의료비 부담을 낮추고 활기찬 노후생활을 지원하기 위해 지속되고 있다(선우덕 외, 2016).

(4) 치매치료관리비지원사업

치매치료관리비지원사업은 치매상담센터에 치매환자로 등록된 만60세 이상의 저소득 치매노인을 대상으로 한다. 약 구입비 등 치매치료를 위해 본인이 부담하는 금액 중 월 최대 3만 원 내에서 치매관리비용을 지원한다(보건복지부, 2020).

4 노인돌봄 및 요양지원 정책

노인돌봄 및 요양지원 정책은 치매, 중풍 등 각종 만성질환 및 낙상사고 등에 기인한 신체적·인지적 기능장애 노인을 사회적으로 보호하고, 남은 생애 동안 최대한 재가에서의 삶의 질을 유지하게 하는 것을 기본목표로 한다. 대표적인 노인돌봄 및 요양지원 정책으로 장기요양보험제도와 노인맞춤돌봄서비스가 있다.

1) 장기요양보험제도

(1) 장기요양보험제도의 정의

노인장기요양보험제도는 고령이나 노인성 질병 등의 사유로 일상생활을 혼자서 수행하기 어려운 노인 등에게 제공하는 신체활동 또는 가사활동 지원 등의 장기요양급여에 관한 사항을 규정하여 노후의 건강증진 및 생활안정을 도모하고 그 가족의 부담을 덜어줌으로써 국민의 삶의 질을 향상하도록 함을 목적으로 한다. 따라서 노인장기요양보험은 노인이 노령이나 기타 질병에 의해 그 활동이 어려울 경우 노인의 간병 또는 요양 문제를 사회적 연대원리에 따라 정부와 사회가 공동으로 해결하려는 제5의 사회보험을 말한다(김민주·황준용, 2019).

(2) 적용대상

노인장기요양보험은 2008년부터 실시되었으며, 건강보험 가입자 및 의료급여 수급권자가 대상이 된다. 노인장기요양보험은 장기요양보험 가입자 및 그 피부양자 또는 의료급여 수급권자 중 65세 이상의 노인 또는 65세 미만인 자로서 치매, 뇌혈관성 질환 등 노인성 질병을 가지고 있으면서 혼자서 일상생활을 수행하기 어려운 자 중 장기요양인정을 받은 자에게 적용된다.

장기요양등급 인정자는 2019년 12월 말 현재 1등급 44,504명, 2등급 86,678명, 3등급 226,182명, 4등급 325,901명, 5등급 73,294명, 인지지원등급 15,647명으로 총 772,206명이다. 장기요양등급 인정자는 65세 이상 노인 전체의 9.6%에 해당된다.

(3) 장기요양인정

사회보험 중에서 노인장기요양보험은 장기요양보험 가입자 및 피부양자나 의료급여 수급권자가 장기요양인정 신청을 한 후 인정조사와 등급판정위원회의 등급판정 및 장기요양인정서와 표준장기요양이용계획서를 작성 및 송부 후 장기요양급여를 받을 수 있다. 장기요양인정 조사항목은 52개이며, 신체기능(12개), 인지기능(7개), 행동변화(14개), 간호처치(9개) 및 재활(10개) 항목으로 이루어져 있다. 등급판정은 장기요양인정점수를 기준으로 다음과 같은 5개 등급으로 한다. 1등급은 일상생활에서 전적으로 다른 사람의 도움이 필요한 상태로서 장기요양인정점수 95점 이상이며, 2등급은 일상생활에서 상당 부분 다른 사람의 도움이 필요한 상태로서 장기요양인정점수 75점 이상 95점 미만이며, 3등급은 일상생활에서 부분적으로 다른 사람의 도움이 필요한 상태로서 장기요양인정점수 60점 이상 75점 미만이다. 4등급은 일상생활에서 일정 부분 다른 사람의 도움이 필요한 상태로서 장기요양인정점수 51점 이상 60점 미만이며, 5등급은 치매환자로서 장기요양인정점수 45점 이상 51점 미만이며, 인지지원 등급은 치매환자로서 장기요양인정점수 45점 미만이다.

(4) 급여

장기요양급여는 재가급여, 시설급여 및 특별현금급여로 구분된다. 재가급여에는 방문요양, 방문목욕, 방문간호, 주·야간보호, 단기보호 및 복지용구가 있다. 방문요양은 장기요양 요원이 수급자의 집을 방문해서 목욕, 배설, 화장실 이용, 옷 갈아입기, 머리감기, 취사, 생필품 구매, 청소, 주변정돈 등을 제공하는 급여이다. 방문목욕은 장기요양 요원이 목욕설비를 갖춘 차량을 이용하여 수급자의 가정을 방문하여 목욕을 제공하는 급여이다. 방문간호는 장기요양 요원인 간호사가 의사, 한의사 또는 치과의사의 지시에 따라 가정 등을 방문하여 간호, 진료의 보조, 요양에 관한 상담 또는 구강위생을 제공하는 급여이다. 주·야간보호는 수급자를 하루 중 일정한 시간 동안 장기요양기관에 보호하여 신체활동 지원 및 심신 기능의 유지·향상을 위한 교육·훈련 등을 제공하는 급여이다. 단기보호는 수급자를 일정 기간 장기요양기관에 보호하여 신체활동 지원 및 심신 기능의 유지·향상을 위한 교육·훈련 등을 제공하는 급여이다. 복치용구는 수급자의 일상생활·신체활동 지원 및 인지기능의 유지·향상에 필요한 용구를 제공하거나 대여하여 수급자의 편의를 도모하고자 지원하는 급여이다.

시설급여는 노인요양시설이나 노인요양공동생활 가정에 장기간 입소하여 신체적 수발, 신체활동 지원, 심신 기능의 유지, 향상을 위한 교육·훈련 등을 제공하는 급여이다. 특별현금급여(가족 요양비)는 수급자가 섬이나 벽지에 거주하거나 천재지변, 신체·정신 또는 성격 등의 사유로 장기요양급여를 지정된 시설에서 받지 못하고 그 가족으로부터 방문요양에 상당하는 장기요양급여를 받을 때 150천 원을 지급하는 급여이다.

(5) 재원

노인장기요양보험의 재원은 가입자가 납부하는 장기요양보험료, 국가와 지방자치단체의 부담금 및 장기요양급여 이용자가 부담하는 본인일부부담금으로 조달된다. 장기요양보험료는 건강보험료율에 10.25%를 곱하여 징수하며, 국가가 매년 예산의 범위 안에서 당해연도 장기요양보험료 예상 수입액의 100분의 20에 상당하는 금액을 국민건강보험공단에 지원한다. 국가와 지방자치단체는 의료급여수급권자에 대한 장기요양급여비용, 의사소견서 발급비용, 방문간호 지시서 발급비용 중 공단이 부담해야 할 비용 및 관리운영비의 전액을 부담한다. 노인장기요양보험 수급자는 재가급여의 경우 당해 장기요양급여비용의 15% 및 시설급여의 경우 당해 장기요양급여비용의 20%를 본인일부부담하며, 「국민기초생활보장법」에 따른 의료급여 수급자는 본인일부부담금 전액이 면제된다. 한편 천재지변으로 인하여 생계가 곤란한 자는 본인일부부담금의 60%, 저소득층은 소득과 재산에 따라 60%와 40%를 감경한다.

(6) 전달체계

국민건강보험공단이 보험료의 징수, 장기요양인정 신청, 방문조사, 등급판정, 표준장기요양이용계획서의 송부, 서비스비용의 지급 등 노인장기요양보험의 전반적인 업무를 담당하고 있으며, 장기요양서비스는 장기요양서비스 사업자인 장기요양기관에서 제공하고 있다.

노인장기요양보험의 이용절차는 ① 장기요양 신청 및 방문조사(국민건강보험 공단) → ② 장기요양 인정 및 등급판정(등급판정위원회) → ③ 장기요양인정서 및 표준장기요양이용계획서의 송부(국민건강보험공단) → ④ 장기요양급여 이용계약 및 장기요양급여 제공 장기요양기관)의 순이다. 한편, 노인장기요양보험의 관리운영체계는 그림 10-3과 같다.

그림 10-3 노인장기요양보험의 관리운영체계

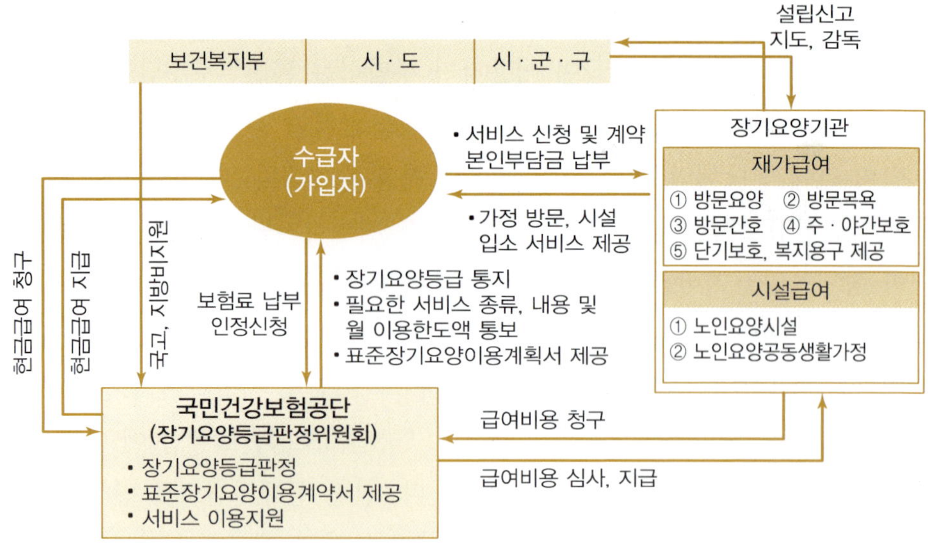

출처: 보건복지부 홈페이지(http://www.mohw.go.kr/).

(7) 장기요양보험의 쟁점

우리나라 노인장기요양보험제도의 쟁점은 다음과 같다(이영란, 2019).

첫째, 대상자 선정기준의 불합리성이다. 노인장기요양보험제도의 수급권자 범위에 65세 미만의 장애인은 급여대상 범위에 포함시키지 않고 있어 장기요양 수급권 범위에 포함시켜야 하고, 장애인활동지원서비스를 받고 있는 장애인의 경우 만65세가 되면 장기요양급여 수급권자로 자동 전환되고 있는데, 급여에 대한 시간으로 1일 최대 13시간의 추가 급여에서 1일 최대 4시간으로 급여가 축소되고 있어 이에 대한 제도적 보완이 필요하다.

둘째, 노인장기요양급여의 다양성 미흡이다. 우리나라는 현물급여를 원칙으로 하고 있으나 가족요양비에 한정하여 예외적으로 현금급여를 인정하고 있다. 현금급여는 현물급여액의 50% 수준으로 지급되고 있으며, 이는 제도 초기 장기요양 수급대상자들의 요양 욕구를 억제시킬 요인을 전제로 예외 규정에 둔 것이다. 그러나 오늘날에 있어서 현물급여보다는 현금급여의 필요성을 더 가진다. 따라서 수급대상자나 가족들이 요양급여를 선택할 수 있도록 하여야 한다.

셋째, 등급판정에 대한 객관성 담보 부족이다. 이는 관리운영 주체의 문제로 첫째 등급판정 시에 재가서비스 이용자나 치매노인 등에 나타내는 특성을 고려하지 못한 등급판정에 대한 문제와 지역이나 규모별 등급판정 시에 나타내는 편차로 형평성의 문제가 있다.

마지막으로 치매전문기관 및 전문인력 양성의 문제이다. 치매전문기관이나 전문인력의 부족 현상은 치매 국가책임 2년에 접어든 현재까지도 여전히 문제로 남아있다. 치매의 조기 검진이나 신경·심리 검사를 전문적으로 수행할 수 있는 임상심리사의 구인난에 어려움을 나타내고 있는 현시점에서 국가 차원의 적극적인 교육이 절실히 요구되고 있다.

2) 노인맞춤돌봄서비스

노인맞춤돌봄서비스는 파편화되었던 노인돌봄서비스를 통합 및 개편해 2020년부터 새롭게 추진된 돌봄제도이다. 노인맞춤돌봄서비스는 사업 통합으로 서비스 다양화, 참여형 서비스 신설, 개인별 맞춤형 서비스 제공, ICT 기술을 활용한 첨단서비스 도입, 생활권역별 수행기관 책임 운영, 은둔형·우울형 노인에 대한 특화서비스 확대 등을 특징으로 하고 있다.

(1) 목적 및 대상자

노인맞춤돌봄서비스는 일상생활 영위가 어려운 취약노인에게 적절한 돌봄서비스를 제공하여 안정적인 노후생활 보장, 노인의 기능·건강 유지 및 악화를 예방하는 것을 목적으로 한다. 대상자는 만65세 이상 국민기초생활수급자, 차상위계층 또는 기초연금수급자로서 유사중복사업 자격에 해당되지 않는 노인으로 한다. 다만, 시장·군수·구청장이 서비스가 필요하다고 인정하는 경우 예외적으로 서비스 제공이 가능하다. 예외 사항으로는 독거·조손·고령부부 가구 노인 등 돌봄이 필요한 노인, 신체적 기능 저하, 정신적 어려움(인지저하, 우울감 등) 등으로 돌봄이 필요한 노인, 고독사 및 자살위험이 높은 노인이 있다. 보건복지부는 대상자 선정 도구를 통해 사회·신체·정신영역의 돌봄 필요도에 따라 대상자 군을 결정하고, 군에 따라 서비스 제공시간의 범위 등이 달리하고 있다. 중점돌봄군은 신체적인 기능 제한으로 일상생활지원 필요가 큰 노인으로 월 16시간 이상 40시간 미만의 직접서비스와 주기적인 가사지원서비스의 제공이 가능하다. 일반돌봄군은 사회적인 관계단절 및 일상생활의 어려움으로 돌봄의 필요가 있는 노인으로 월 16시간 미만의 직접서비스 제공은 가능하지만, 주기적인 가사지원서비스 제공은 불가하다. 특화서비스 대상은 별도의 집중적인 서비스가 필요한 은둔형·우울형 노인이며, 노인사후관리 대상은 중점돌봄군 또는 일반돌봄군의 서비스 종결자 중 사후관리가 필요한 노인이다.

(2) 재원

노인장기요양보험이 사회보험 방식으로 운영되는 것과는 달리 노인맞춤돌봄서비스는 조세를 주요 재원으로 한다. 직접서비스는 주로 조세를 통해 제공하며, 민간후원연계서비스는 후원을 통해 재원을 마련한다(보건복지부, 2020).

(3) 서비스 내용

노인맞춤돌봄서비스는 4개 분야(안전지원, 사회참여, 생활교육, 일상생활지원)의 직접서비스와 연계서비스로 구성되어 있다.

직접서비스에서 안전지원은 대상자의 전반적인 안전 여부를 점검하기 위하여 생활환경, 가구구조와 같은 환경여건뿐만 아니라 노인의 기본적인 신체적·정신적·사회적 안녕 여부 등을 점검·지원하는 서비스이다. 구체적으로 안전·안부 확인, 생활안전 점검, 정보제공, 말벗 서비스가 있다. 사회참여는 대상자가 사회적 관계망을 형성·확장하여 사회적 교류와 활동을 유지하도록 지원하는 서비스로 사회관계향상프로그램과 자조모임이 있다. 생활교육은 사회적·신체적·정신적 기능을 유지하거나 악화를 지연하고 예방하기 위한 교육·프로그램을 제공하는 서비스로 신체건강과 정신건강 분야의 생활교육이 있다. 일상생활지원은 대상자의 일상생활을 지원하기 위하여 외출동행, 가사지원을 제공하는 서비스로 이동과 활동지원, 가사지원 서비스가 있다.

연계서비스는 대상자의 안정적인 생활을 지원하기 위하여 지역사회 내 민간자원 등의 후원 물품이나 서비스를 연계하여 지원하는 서비스로 생활지원연계, 주거개선연계, 건강지원연계, 기타 서비스 등이 있다. 그 밖에 특화서비스는 은둔형·우울형 노인을 대상으로 척도(우울감, 자살생각, 고독감 등) 등을 활용하여 개별 맞춤형 상담 및 집단활동을 제공하는 서비스로 일부 도시에서 시행하고 있으며, 사후관리서비스는 사후관리가 필요한 대상자에게 정기적인 모니터링 및 자원연계 서비스를 제공한다.

표 10-1 노인맞춤돌봄서비스의 내용

구분	대분류	중분류	소분류
직접 서비스 (방문·통원 등)	안전지원	방문 안전지원	• 안전·안부확인 • 생활안전점검(안전관리점검, 위생관리점검) • 정보제공(사회·재난안전, 보건·복지 정보제공) • 말벗(정서지원)
		전화 안전지원	• 안전·안부확인 • 정보제공(사회·재난안전, 보건·복지 정보제공) • 말벗(정서지원)
		ICT 안전지원	• ICT 데이터 확인·점검 • 유사시 방문 확인 • 유사시 전화 확인
	사회참여	사회관계 향상 프로그램	• 문화여가활동 • 평생교육활동 • 체험여행활동
		자조모임	• 자조모임
	생활교육	신체건강 분야	• 영양교육 • 보건교육 • 건강운동교육
		정신건강 분야	• 우울예방 프로그램 • 인지활동 프로그램
	일상생활 지원	이동·활동지원	• 외출동행지원
		가사지원	• 식사관리 • 청소관리

구분	대분류	중분류	소분류
연계서비스 (민간후원자원)		생활지원연계	• 생활용품지원 • 식료품지원 • 후원금지원
		주거개선연계	• 주거위생개선지원 • 주거환경개선지원
		건강지원연계	• 의료연계지원 • 건강보조지원
		기타 서비스	• 기타 일상생활에 필요한 서비스 연계

출처: 보건복지부(2020).

(4) 서비스 이용절차 및 전달체계

노인맞춤돌봄서비스는 제공기관이 발굴한 대상자 혹은 스스로 신청한 노인에게 서비스를 제공한다. 읍·면·동 주민센터에서 신청과 접수가 진행되며, 선정조사를 통해 대상자가 선정된다. 대상자로 선정된 후에는 대상자의 욕구에 맞는 서비스 제공계획이 수립된다. 서비스 제공기관은 노인에게 전달하며, 서비스 제공기관은 지방자치단체에서 지정한다(보건복지부, 2020).

그림 10-4 노인맞춤돌봄서비스 제공절차

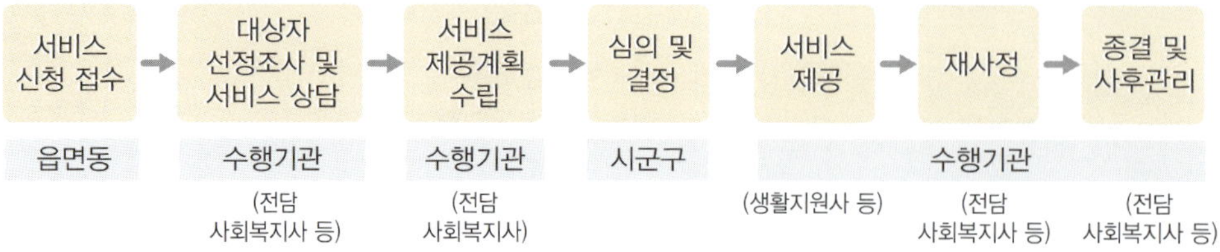

출처: 보건복지부(2020).

참고문헌

김명옥(1984). 중년기 이후의 노화현상에 관한 분석적 연구. 이화여자대학교 대학원 석사학위논문.

김민주 · 황준용(2019). 초고령화 사회를 대비한 노인장기요양보험제도에 관한 연구. 한국산학기술학회 논문지, 20(10), 395-405.

김석준(2012). 노인의 신체적 건강, 정신적 건강, 사회적 건강에 관한 연구. 한서대학교 대학원 석사학위논문.

김수린 · 김주현 · 정순둘(2018). 고령층의 주관적 건강상태, 고독이 우울에 미치는 영향: 고령친화 환경의 조절된 매개효과. 노인복지연구, 73(2), 9-47.

김정희(1994). 건강과 신체적 건강의 개념 및 측정에 관한 고찰. 보건환경연구소논총, 4(2), 82-97.

남상권 · 심옥수(2011). 만성질환노인의 삶의 질 영향요인 연구: 만성질환유형을 중심으로. 노인복지연구, 53, 239-259.

보건복지부(2017). 2017년 노인실태조사보고서. 보건복지부.

선우덕 외(2016). 사회보장제도 노인건강 분야 기본평가. 보건사회연구원.

염동문 · 정정숙(2014). 노인의 주관적 건강상태와 삶의 만족에 관한 연구: 우울의 매개효과와 사회적 관계망의 조절효과를 중심으로. 사회과학연구, 30(4), 27-50.

유재남(2015). 중고령자 주관적 건강상태와 삶의 만족도의 종단분석. 노인복지연구, 68, 331-356.

이수현(2017). 청년 여가정책의 필요성 연구: 청년세대의 여가자원 분포 특성 검토를 통하여. 여가학연구, 15, 71-93.

이영란(2019). 우리나라 노인장기요양보험제도의 개선방안에 관한 연구. 송원대학교 대학원 석사학위논문.

이영자(1989). 노인의 자기 간호. 대한간호, 28(5), 13-17.

이정숙 · 이인수(2005). 노년기 건강관리 행동과 사회 경제 요인이 건강 상태에 미치는 영향. 노인복지연구, 27, 231-253.

이지선(2013). 주관적 건강 인식이 의료이용에 미치는 영향. 서울대학교 대학원 박사학위논문.

임광빈 · 강동훈(2018). 주거의 경제 및 지역적 특성이 노인의 삶의 만족도에 미치는 영향: 자아존중감의 매개효과를 중심으로. 한국콘텐츠학회논문지, 18(4), 467-479.

조미란(2009). 국민건강보험제도의 변화에 따른 병원경영전략에 관한 연구. 경상대학교 대학원 석사학위논문.

조추용 · 정미경(2016). 농촌노인의 일상생활수행능력과 생활의 어려움이정신건강에 미치는 영향요인에 관한 연구: 사회적 지지 매개효과를 중심으로. 노인복지연구, 71(1), 331-353.

Campbell, A., Converse, P. E., & Rodgers, W. L. (1976). *The quality of American life: Perceptions, evaluations, and satisfactions.* Russell Sage Foundation.

Hansluwka, H. E. (1985). Measuring the health of populations, indicators and interpretations. *Social Science & Medicine, 20*(12), 1207-1224.

Liang, J. (1986). Self-reported physical health among aged adults. *Journal of Gerontology, 41*(2), 248-260.

Mossey, J. M., & Shapiro, E. (1982). Self-rated health: A predictor of mortality among the elderly. *American journal of public health, 72*(8), 800-808.

Nelson, E. A., & Dannefer, D. (1992). Aged heterogeneity: Fact or fiction? The fate of diversity in gerontological research. *The Gerontologist, 32*(1), 17-23.

Nesman, T. M., Batsche, C., & Hernandez, M. (2007). Theory-based evaluation of a comprehensive Latino education initiative: An interactive evaluation approach. *Evaluation and Program Planning, 30*(3), 267-281.

Rowe, J. W., & Kahn, R. L. (1997). Successful aging. *The gerontologist, 37*(4), 433-440.

Vaillant, G. E., & Western, R. J. (2001). Healthy aging among inner-city men. *International Psychogeriatrics, 13*(4), 425.

Chapter

11 노인주거보장정책

1 노인주거의 개념과 현황

1) 노인주거의 의의

주거는 사람이 거주하는 공간이라는 단순한 차원을 넘어 타인과 관계를 맺고 정서적 안정을 도모하는 공간적·사회적·문화적 의미를 포함한다. 특히 노인에게 주택의 의미는 생활을 영유하는 데 필요한 기본조건이자 사회적 지위와 사회 정체성을 표현하는 수단 또는 타인과의 관계에 대한 과거와 미래를 연결하는 매개체의 역할을 한다고 볼 수 있다(최성재, 2003). 즉, 노화로 인해 많은 신체적 한계가 수반되는 노인의 특성상 주거공간은 노인의 안정을 담보하는 공간으로 이해될 수 있다. 또한, 자신의 주택을 소유하거나 가족과 함께 주거하는 등의 생각은 노인 스스로 성공한 삶을 살고 있다는 인식을 하게 하여 성취동기를 증진하고 사회 정체성 확인을 돕기도 한다(김수웅·구용근, 2014).

노년기의 주거공간은 단순한 거주시설의 의미가 아닌 인간의 기본적인 권리이자 삶의 조건으로서 건강한 삶을 보장하는 최소한의 수단이다(송태경, 2003). 활동영역이 주택으로 축소되는 시기라는 점에서 주택은 다른 시기보다 더욱 가치가 높으며 치료비와 같은 생활비용이 증가하고 수입이 제한되기 때문에 안정된 주거는 경제적 보장을 높여줄 수 있다(최성재·장인협, 2008). 또한, 주택은 사회적 지위 및 사회 정체감의 상징적 요소로 인식되기도 한다. 자신의 집을 소유하고 있다는 인식은 경제적 독립성을 의미하므로 노인에게 자부심을 갖게 하며 무엇보다 타인 또는 가족 구성원으로부터의 독립적인 생활은 노인과 가족에게 편리함을 준다.

2) 노인주거의 기본 원칙

주거는 인간의 기본적 욕구이면서 노인의 생활에 매우 중요한 요소이다. 노인이 되어 직업 생활에서 은퇴하면서 집에서 지내는 시간이 점점 많아지게 되어 안전하고 안락한 일상생활을 유지할 수 있는 주거공간의 확보는 더욱 주요하게 되었다. 이러한 노인의 주거는 몇 가지 기본 원칙에 기초하여 제공되어야 한다(박신영, 2003).

첫째, 거주의 연속성이다. 노인이 오랫동안 생활해 왔던 지역사회와 주거를 벗어나 노후에 전혀 다른 주거환경으로 옮겨가는 것은 노인들에게 신체적·심리적 영향을 크게 줄 수 있다는 것이다. 따라서 가능한 한 그동안 생활해 왔던 지역사회와 주거에서 노후를 보낼 수 있도록 주거의 연속성을 보장해 줄 필요가 있다.

둘째, 주거의 안전성이다. 노인이 자신의 주거에서 오랫동안 생활하기 위해서는 주거의 구조가 일상생활을 영위하기에 편리하고 안전한 공간이어야 한다. 만일 주거가 안전하지 못하고 위험하여 안전사고를 유발할 수 있다면 자신이 살던 주거를 떠나 다른 곳으로 이주하거나 시설에 입소하여 생활해야 할 것이다. 따라서 노인의 주거는 안전하고 편리한 공간이 되어야 한다.

셋째, 주거의 건강성이다. 노인들의 주거는 대개 노후화되고 협소하며 채광이나 통풍이 제대로 되지 않는 경우가 많다. 노인들은 자신의 주거에서 휴식을 취해야 하지만, 열악한 환경일 경우에는 노인의 건강을 악화시킬 수 있다. 따라서 노인의 주거는 건강하게 거주할 수 있는 공간이 되어야 한다.

넷째, 주거의 요양성이다. 신체적으로 허약하거나 뇌졸중이나 치매로 인하여 지역사회의 주거에서 요양하게 되는 노인이 점차 증가하면서 주거 내에서 요양할 수 있도록 구조와 공간을 제공해야 한다는 것이다. 즉, 방문요양과 같이 노인이 거주하는 공간에서 요양서비스를 받을 경우 이러한 서비스의 제공이 가능한 주거가 되어야 한다는 것이다.

3) 노인주거의 현황

노인의 가구 형태를 보면 노인독거 가구 23.6%, 노인부부 가구 48.4%, 자녀동거 가구 23.7%, 기타 가구 4.3%이며, 노인만으로 이루어진 가구가 전체의 72.0%를 차지하고 있다(정경희 외, 2017).

거주 주택의 종류를 살펴보면, 전체의 48.8%가 단독주택에 거주하고 있으며, 아파트 35.1%, 연립·다세대주택 14.6% 순으로 나타났다. 이와 같이 단독주택은 노인의 과반수 이상이 거주하는 대표적인 주택 유형이다. 주거 위치를 살펴보면 전체의 96.6%가 지상에 위치하고 있으며, 지하·반지하 3.2%, 옥탑 0.2% 순이었다. 거주형태를 보면 전체의 70.9%가 자가에 살고 있으며, 보증금이 있는 월세 11.3%, 무상 9.5%, 전세 7.3%, 보증금 없는 월세 1.0% 순이었다(정경희 외, 2017).

주거의 생활 편리성을 보면 노인을 배려한 설비를 갖추고 있다는 경우는 6.1%에 불과하며, 생활하기에 불편하지는 않지만 노인을 배려한 시설이 없다는 응답이 84.0%이고, 생활하기 불편한 구조 9.9%로 나타났다. 이와 같이 노인의 주거는 노인을 배려한 설비가 제대로 갖추어져 있지 않은 것으로 나타나고 있다. 거주지역의 생활환경에서 읍·면·동 행정복지센터, 병·의원 등은 근거리에 위치하고 있으나 노인복지관, 사회복지관 등 사회복지시설은 원거리에 위치하고 있어서 접근성이 상당히 낮게 나타났다(정경희 외, 2017).

2 노인가구를 위한 주택

1) 공공주택

현재 주택정책에서 국민에게 제공하는 대표적인 방법 중의 하나는 국가(LH 포함), 지방자치단체, 민간이 보유하고 있는 공공(공적)임대주택이며, 노인 가구를 위한 지원 방법 또한 유사하다고 할 수 있다. 공공주택은 분양주택과 임대주택으로 분류되며, 임대주택은 건설형 임대주택과 매입형임대주택으로 나뉜다. 공공임대주택은 민간이 보유하고 있는 공적임대주택보다는 공공이 보유한 공공임대주택이 대표적이며 중앙정부 혹은 일부는 지방정부가 공급하는 경우가 대부분이다(강은나 외, 2019).

정부에 지원하는 임대주택을 공급 목적, 대상, 주택 규모, 임대 거주 기간으로 구분하면 다섯 가지의 유형으로 재분류가 가능하다. 공공지원 임대주택은 무주택자나 청년, 신혼부부, 고령자를 대상으로 하며, 청약저축 가입자 대상의 공공임대주택, 저소득 대학생이나 신혼부부 등을 대상으로 45m^2 이하의 소규모 임대주택을 공급하는 행복주택, 소득 4분위 이하 가구를 대상으로 30년까지 임대하는 국민임대주택, 그리고 기초생활수급자 등 최저소득계층을 대상으로 40m^2 이하 규모의 임대주택을 50년까지 임대하는 영구임대주택이 있다. 이 중 노인에게 공급되는 공공분양 혹은 공공임대주택의 경우 다양한 방법으로 제공될 수 있는데, 보통 특별분양 및 임대, 노인 가구 및 부양 가구 우대 등의 정책이 활용되고 있으며, 입주나 분양에 관한 평가 방법은 크게 주택 소유 여부, 소득, 장애 여부, 부양가족 수, 신청자의 나이 등에 따라 결정된다.

2) 고령자 특화 주택

2017년 주거복지 로드맵에 포함된 고령자 특화 주택은 기본적으로 2018년부터 2022년까지 맞춤형 건설임대 3만 호, 매입·임차형 2만 호를 포함하여 5만 호를 고령자 전용 주택으로 공급하겠다는 계획을 가지고 있다. 이러한 주택 공급 계획은 특별히 주택 유형을 신규로 개발한 것은 아니고 기존의 영구임대주택이나 매입·전세임대주택 공급 제도를 활용하여 고령자에게 특화된 주택을 공급하는 것이다.

(1) 어르신 맞춤형 임대주택

어르신 맞춤형 공공임대주택은 고령 입주자의 특성을 반영하여 주택 내부 설계를 달리하고 단지 내에 서비스 시설을 공급하는 건설형 공공임대주택의 한 형태이다(강은나 외, 2019). 그중 고령자 복지주택은 주택의 저층부에는 복지관 등 편의 및 복지시설을 설치하고 중·고층부에는 고령자를 위한 거주공간을 제공하여 고령자에게 복지와 주거공간을 동시에 공급하는 공공임대주택을 말한다. 현재까지는 영구임대주택 단지 가운데 1개 동의 1층과 2층 등 저층부에는 복지관 등의 시설을 공급하고, 3층 이상은 주거시설로 공급하여 왔다(국토교통부, 2019). 특히 주택은 기존의 일반주택 공급 방식과는 달리 문턱을 제거하고, 높낮이 조절이 가능한 세면대를 설치하는 등 고령자가 편리하게 주거 생활을 할 수 있도록 설계하고 있다. 또한, 건물의 저층부에는 건강관리·생활지원·문화활동 시설이 포함된 복지관을 설치하도록 하고 있으며, 기타 고령자 관련 프로그램을 운영하도록 설계하는 것이 특징이다(국토교통부, 2019).

고령자 복지주택의 주요 공급 대상은 65세 이상이며 기초생활수급자 등 저소득층에게 공급하는 것이 기본이며 국가유공자나 독거노인에게 우선권을 부여한다. 또한, 지방자치단체 등이 원하는 경우 국민주택이나 행복주택 등을 함께 공급 가능하여 계층 및 세대 혼합이 가능하도록 계획하고 있다(국토교통부, 2019). 고령자 복지주택 건설은 2019년 현재까지 민간기부금과 정부 재정을 공동 활용하여 진행하였으며, 2016년 11개 단지 1,346호와 2017년 10개 단지 1,080호 등 총 21개 단지 2,426호를 공급하였다(국토교통부, 2019).

(2) 고령자용 매입임대주택 및 전세임대주택

고령자용 주택의 공급 방식은 건설형 임대주택의 공급 이외에 기존 주택을 활용한 방식으로 매입임대주택 및 전세임대주택이 있다. 주거복지로드맵에 따르면 노후주택 등을 매입 후 리모델링 또는 재건축하거나 고령자를 위한 전세임대주택을 확보하여 총 2만 호를 공급하기로 했다. 이는 매입임대주택 및 전세임대주택 방식을 활용한 것이다. 일반 공공리모델링 매입임대주택은 공공주택사업자가 기존 노후주택 등을 매입한 후 리모델링하여 주거비 부담이 높은 저소득층 청년, 고령자로 구성된 1~2인 가구에 낮은 수준의 보증금과 임대료로 거주할 수 있도록 공급되는 주택으로 정의할 수 있다. 입주 대상자는 주택을 소유하지 않은 청년(19~39세)이나 무주택세대 구성원인 65세 이상 고령자를 포함한 가구를 대상으로 하며, 고령자의 경우는 최장 20년, 청년은 최장 6년간 거주가 가능하다. 임대료는 주변 지역 시중 임대료 감정가의 50% 이내에서 공공주택사업자가 결정한다. 국토교통부(2019)에 2018년부터 2022년까지 5년간 총 2만 호를 공급할 계획인 것으로 나타났다.

2018년 11월에는 기존 주택 매입임대주택 입주자 기준의 1순위에는 고령자가 포함(기존 주택 매입임대 업무처리 지침)되는 것으로 변경되어 수급자 및 차상위계층 고령자도 매입임대주택에 우선 입주할 자격이 생겼다. 또한, 노후주택을 리모델링하여 재건축하는 경우 주변 여건에 따라 청년 임대주택과 함께 공급하여 세대 간 통합을 도모한다는 원칙도 세웠으며, 전세임대의 경우는 집주인이 8년 이상 장기 계약을 하는 경우 고령자 등을 위한 편의시설 설치 등 주택이 친고령자형으로 개조될 수 있도록 지원할 예정이다.

전세임대주택은 수요자가 원하는 주택에 입주할 수 있도록 기존 주택소유자와 사업시행자가 전세계약 후 입주자에게 저렴하게 재임대하는 것을 목적으로 한다. 입주 대상자는 무주택세대 구성원으로서 사업 대상 지역에 거주하는 사람으로 생계 및 의료급여 수급자, 보호 대상 한부모가족, 전년도 도시 근로자 가구당 월평균 소득의 70% 이하인 장애인 등이 1순위, 전년도 도시 근로자 가구당 월평균 소득의 50% 이하인 가구, 전년도 도시 근로자 가구당 월평균 소득 이하인 장애인이 2순위로 책정되어 있다. 국토교통부(2019)에 의하면 2018년부터 2022년까지 5년간 약 10만 호를 공급할 계획에 있다.

3 고령자 우대제도

현행 분양주택이나 임대주택의 공급 제도상으로는 고령자 가구에 직접적으로 공급하는 경우는 많지 않으며 고령자를 부양하는 경우 가점을 부여하거나 일부 우선순위를 주는 경우가 대부분이다.

1) 국민임대주택 제도

국민임대주택은 저소득층의 주거안정을 위해 정부 또는 비수도권 자치단체의 재정 및 국민주택기금 지원으로 한국토지주택공사와 지방자치단체가 건설·공급하여 30년 이상 임대하는 주택을 말한다. 국민임대주택의 공급에서 고령자에게 우선권을 부여하지는 않으며, 다만 가구주가 고령자이거나 가구원에 고령자가 포함된 경우 입주자 선발 시 가점을 부여하고 있다. 고령자와 관련된 사항으로는 총 가점 중 50세 이상의 가구주가 신청하는 경우 3점을 부여하고, 65세 이상의 직계존속을 부양하는 경우 3점의 추가 점수를 부여하고 있다. 하지만 국민임대주택은 특별히 고령자 가구를 위한 주택으로 분류할 수는 없는 실정이다.

2) 행복주택 중 고령자 부문

행복주택은 국가나 지방자치단체의 재정이나 주택도시기금의 자금을 지원받아 대학생, 사회초년생, 신혼부부·한부모가족 등 젊은 층의 주거안정을 목적으로 공급하는 공공임대주택을 말한다(강은나, 2019). 즉, 기본적으로 행복주택은 고령자를 위한 주택은 아니고 젊은 층을 위한 임대주택의 일종이지만 고령자에 대한 공급 기준 등도 포함되어 있다. 행복주택의 입지는 주로 공공용지, 도시재생용지, 공기업 보유 토지 등의 다양한 용지에 위치하여 직주근접이 가능하도록 하고, 활동량이 많은 신혼부부, 사회초년생, 대학생 등 주로 젊은 청년계층을 대상으로 주변 시세보다 저렴한 주택을 우선 공급한다(국토교통부, 2019). 입주자별 공급 대상 비율은 해당 대상에 따라 다른데 청년 및 신혼부부 등 젊은 계층이 주요 대상인 반면, 고령자 경우는 일반형 행복주택에서 주거급여 수급자와 합하여 20% 수준, 산업단지형의 경우 입주 가구의 10% 수준에서 입주 가능하다(국토교통부, 2019). 행복주택에 거주 가능한 기간은 대학생 및 청년 6년, 신혼부부·창업지원주택 입주자 6년, 주거급여 수급자 20년, 산업단지 근로자 6년이며, 고령자가 20년으로 가장 길다(국토교통부, 2019).

3) 집주인 임대주택사업

집주인 임대주택사업은 고령층에게 직접 주택을 지원하는 방법은 아니지만, 고령층 등 취약계층에게 주택을 공급하는 민간임대사업자에게 공공이 지원하고 임대료를 제한하는 등의 방법을 사용함으로써 결과적으로 입주하는 고령층 등 취약계층의 주거비 부담을 줄이고 주거환경을 개선하여 공공성을 확보하는 것이라 할 수 있다. 「민간임대주택에 관한 특별법」에서는 공공지원 민간임대주택의 임차인자격 및 공급(동법 제42조, 제44조) 내용에 임차인을 일반 대상자와 주거 지원 대상자(청년, 신혼부부, 고령자)로 구분하고 초기 임대료 및 입주 자격 제한 근거를 제시하고 있다(국토교통부, 2019). 이 중에는 청년, 신혼부부 외에 주거 지원 대상자로 고령자를 포함하고 있는데 고령자 가구주뿐만 아니라 무주택이면 세대 구성원이라도 지원대상에 포함하고 있다. 사실상 이 제도는 일반 대상자에게 80%까지 공급이 가능하기 때문에 주거 지원 대상자를 주요 대상으로 보기는 어렵지만 초기 임대료를

85% 이하로 규정함으로써 고령자 등 저소득 주거 지원 대상자에게 저렴한 임대주택을 공급하는 것이 목적이라 할 수 있다.

4) 기타 고령자 우대 주택정책

(1) 분양주택의 특별공급

특별공급에 관한 내용은 임대주택이 아닌 분양주택에 해당하는 내용이며 주로 공공주택 공급과 관련된 내용을 포함하였다. 분양주택의 특별공급은 주택을 소유하지 않은 장애인, 유공자 등 정책적 배려가 필요한 계층을 대상으로 일반인과 청약 경쟁 없이 주택을 분양받을 수 있도록 하는 제도이다. 이 제도는 가구당 평생 1회로 제한하고 있다(국토교통부, 2019). 사실상 이 제도는 고령자를 우대하는 제도는 아니나 노부모를 부양하는 가구를 대상으로 하고 있어 내용에 포함하였다.

(2) 노후 공공임대주택 시설개선사업

노후 공공임대주택 시설개선사업은 장기공공임대주택의 노후화된 시설물 유지보수와 기능 개선으로 주거 취약계층의 주거안전과 주거복지 향상을 도모하기 위해 수행하는 프로그램이다(국토교통부, 2019). 이 또한 고령자 가구를 직접 지원한다고 볼 수는 없지만 장기공공임대주택 거주민의 다수가 고령자이고 고령자 혹은 장애인 등의 이동편의와 주거편의 사업이기 때문에 간접적인 고령자 주거지원사업이라 볼 수 있다. 노후 공공임대주택 시설개선사업은 「장기공공임대주택 입주자 삶의 질 향상 지원법」 제3조에 의해 수행되는 사업으로 건설된 후 15년 이상이 경과한 영구임대주택과 50년 공공임대주택 단지를 대상으로 하는 사업이다(국토교통부, 2019). 노후 공공임대주택 시설개선사업은 주로 주거약자를 위한 배리어 프리 시설 설치, 생활 안전 예방 사업, 전기시설 정비, 커뮤니티 지원 및 단지 환경 개선 사업으로 분류된다. 배리어 프리 시설 설치는 고령자에게 관련이 가장 많은 사업으로 주동 입구의 경사로 설치나 각종 주거약자 편의시설의 설치 등의 내용을 포함하고 있다. 하지만 주택 외부 시설의 개선을 목적으로 하는 경우가 대부분이어서 실제 거주하는 주택 내의 시설개선에는 큰 성과가 없는 실정이다. 또한, 장애인이나 노약자의 통행안전에 관한 생활안전 사업도 대상 사업의 일부이다. 이 사업은 공공임대주택만을 대상으로 하며 대부분은 아파트 시설에 집중되고 있어 민간 혹은 다세대, 다가구 등에 거주하는 경우는 그 혜택을 받기 어려운 실정이다.

4 노인주거지원 서비스

1) 주거급여

주거급여는 「주거급여법」에 근거하여 주거안정과 주거생활 향상을 위하여 일정 소득 이하의 국민에게 실제 임차료, 유지수선비 등을 지원하는 제도로써 주거가 불안한 취약계층의 주거비 부담을 덜고, 양질의 주거 수준을 확보하기 위한 정책 중 하나이다. 주거급여는 해당 가구의 가구원 수, 거주형태, 지역 여건 등을 감안하여 임차 수급자에게는 임차급여를 제공하고 자가 수급자에게는 주택이 노후된 경우 개보수가 가능하도록 수선유지급여를 지급하고 있다(김혜승 외, 2019). 이 제도는 2015년 통합 급여 체계이던 것을 생계급여, 의료급여, 주거급여, 교육급여로 분리하여 맞춤형 기초생활보장체계로 개편한 것으로 기존 보건복지부에서 국토교통부로 소관 기관이 변경되어 시행되고 있다(김혜승 외, 2019). 신청 가구의 소득평가액과 재산의 소득환산액을 종합적으로 반영한 소득인정액이 기준이 되며, 중위소득의 44% 이하를 충족하는 가구가 지원받을 수 있다(국토교통부, 2019). 또한, 2018년 10월부터는 기존의 부양의무자가 있는 가구에 대한 지급 제한 규정을 폐지하여 부양의무자의 소득이나 재산 규모와 관계없이 해당 가구의 소득 및 재산을 기준으로 평가하고 있다(김혜승 외, 2019).

지원 방법은 임차가구와 자가보유가구로 구분된다. 임차가구는 지역별, 가구원 수별 기준 임대료를 상한으로 수급자가 지불하는 실제 임차료 범위 안에서 주거급여 지원을 받을 수 있다. 자가가구는 임차료를 지불하지 않기 때문에 임차가구와는 별도로 구조 안전·설비·마감 등 주택의 노후도를 경·중·대보수 등의 기준으로 평가하여 주택개량을 지원받을 수 있도록 하고 있다. 이 경우 경·중·대에 따라 각각 최대 378만 원에서 1,026만 원까지 지원받을 수 있다.

주거급여는 신청인이 관할 읍·면사무소, 동주민센터 등에 신청하는 것을 기본으로 하며, 소득과 재산, 주택조사를 거쳐 지급 여부를 결정하고 지급한다. 현재 온라인 신청은 불가능하지만, 마이홈을 통해 정보 및 주거급여 대상자 여부 등은 확인할 수 있다(국토교통부, 2019). 고령자는 일정한 수입이 없거나 적은 비율이 높기 때문에 전체 주거급여 대상자 중 고령자가 수급받는 비율이 중요하다 할 수 있다. 2018년 12월 주택조사자료 85만 9129가구 중 결측치와 자가가구를 제외한 84만 4,094가구 중 38만 3,842가구(45.5%)가 65세 이상 고령자로, 주거급여 수급 가구의 상당수가 고령자 가구인 것으로 나타났다(한국토지주택공사, 2018).

2) 지역사회 노인주거지원사업

중앙정부 외에도 지방정부, 민간 영역 등 지역사회 내에서는 다양한 주거지원사업이 운영되고 있다. 주거지원사업은 주거환경 개선, 주택지원, 서비스 연계형 주택, 기타 주거서비스로 구분할 수 있다. 지역사회 노인주거지원사업은 노인층을 대상으로 특화하여 제공하는 서비스도 일부 운영되고 있으나, 주로 65세 이상의 노인, 장애인 등의 주거약자로 포괄되어 제공되고 있으며 지방정부, 비영리기관, 민간기업 등의 협력을 통해 이루어지고 있다.

(1) 주거환경 개선

주거환경 개선 서비스는 주거약자의 주거안정과 주거 수준 향상을 목적으로 지원되는 주택 개조 지원 서비스와 주택 개조 기준 마련을 들 수 있다.

주택 개조 지원 서비스국가 및 지방자치단체는 「장애인·고령자 등 주거약자 지원에 관한 법률」에 따라 주거약자의 활동능력에 적합하도록 주택을 개조하기 위해 필요한 비용을 지원할 수 있다. 주거약자가 거주하고 있는 노후·불량 주택에 대한 개보수 또는 개축 등을 현금 또는 현물 형태로 지원하는 서비스이다. 주요 주택 개조 지원 서비스로는 주거복지자활사업, 새뜰마을 사업, 민관협력형 노후주택 개선사업, 사회취약계층 실내환경진단개선사업 등이 있다.

국토교통부에서는 주거약자의 안전하고 편리한 주거생활을 위하여 주거약자용 주택의 편의시설 설치 기준을 설정·공고하고 있다. 편의시설 설치 기준은 출입문,

출입문 손잡이, 바닥 등의 총 9개 공간에 대한 주거약자용 편의시설 기준이 제시되어 있으며, 이 중 65세 이상 고령자에 해당하는 기준은 침실을 제외한 8개 공간이다. 그러나 동체감지기 및 홈네트워크망, 비상연락장치 등은 우리나라 노인들의 주거환경을 고려했을 때 현실성이 다소 떨어져 실현에 어려움이 따르고 있다.

표 11-1 주거약자용 주택의 편의시설 설치 기준

순번	구분	내용
1	출입문	가. 통과 유효너비는 85센티미터(욕실 너비는 80센티미터) 이상 나. 출입문 옆에는 60센티미터 이상의 여유 공간 확보
2	출입문 손잡이	레버형 손잡이 등 잡기 쉽고 조작이 쉬운 것
3	바닥	가. 미끄럼을 방지할 수 있는 마감재를 사용 나. 바닥 높낮이 차는 없도록 하되 불가피한 경우, 1.5~3센티미터
4	비상연락장치	가. 거실, 욕실 및 침실에 경비실 등 관리실과 연결할 수 있는 비상연락장치를 각각 설치할 것 나. 동체감지기 및 그 움직임 여부를 파악할 수 있는 장치 및 움직임 미감지 시 관리실에 자동 통보되는 홈네트워크망
5	현관	가. 동작감지센서가 부착된 등 나. 75~85센티미터 높이에 수직·수평 손잡이를 설치 다. 마루귀틀에는 경사로를 설치
6	거실	가. 1.2미터 높이에 현관 바깥을 볼 수 있는 비디오폰 설치
7	부엌	(휠체어 사용자 한정) 가. 좌식 싱크대를 설치할 것 나. 취사용 가스밸브는 바닥면에서 1.2미터 높이 내외
8	침실	(시각장애인 한정)
9	욕실	가. 1) 욕실 출입구에 동작감지센서 등 2) 욕조 높이는 45센티미터 이하 3) 위아래로 이동이 가능한 샤워기 4) 좌변기, 욕조, 세면대 및 샤워 공간 주위의 적절한 위치에 안전손잡이 5) 욕실 출입문은 밖여닫이, 미닫이 또는 미서기문 나. (휠체어 사용자 한정) 1) 좌변기 옆에 75센티미터 이상의 여유 공간을 확보할 것 2) 높낮이가 조절되는 세면기를 설치할 것

출처: 강은나 외(2019).

(2) 주택지원

주택지원사업은 세대융합형 홈셰어링과 빈집을 활용한 사회주택 제공이 있다.

세대융합형 홈셰어링은 세대 간 주거를 공유하는 형태로 서울시와 부산시 등에서는 60세 이상 주택을 소유한 노인 가구의 주거환경 개선 비용지원과 함께 대학생이나 취업준비생 등의 청년들이 주거비용을 절약할 수 있도록 지원하고 있다. 서울시의 한지붕 세대공감 사업은 방 1개 이상의 주택을 소유한 60세 이상 노인과 해당 지역 소재 대학(원)생이 생활공간을 공유하는 것으로 임대노인에게는 도배 및 장판 등 환경개선비(100만 원 이내)와 소득(월세)을 제공하고 학생에게는 무보증금으로 저렴한 월세(20만~30만 원 내외)로 거주 가능하도록 지원하고 있다. 기본 기간은 6개월(1학기)이나, 연장 가능한 형태이다.

빈집을 활용한 사회주택 제공은 전국적으로 빈집 증가에 따른 지역 슬럼화 문제가 대두되면서 지역재생 및 주거취약계층의 주거복지를 강화하기 위해 빈집을 활용하여 주거공간을 제공하는 사업이다. 서울시에서는 빈집활용 도시재생 프로젝트를 본격화하여 6개월 이상 비어 있는 아파트, 단독주택 등을 신축 또는 리모델링하여 주거 취약계층에게 사회주택으로 공급하는 방안을 실행 중이다. 2018년 빈집실태 전수조사를 실시하였으며, 빈집정보시스템(빈집은행)을 구축하고, 빈집정비계획을 수립하고 있다. 현재는 청년층, 신혼부부를 중심으로 지원하고 있으나 추후 노인층까지 확대를 계획하고 있다.

(3) 서비스 연계형 주택서비스

연계형 주택이란 물리적인 주거공간을 제공할 뿐만 아니라 노인의 건강 및 자립생활 지원과 관련된 다양한 서비스 제공을 포함하는 지원 형태를 의미한다. 대표적으로 노인의 집과 공동체주택, 노인공공시설 기반의 공동거주가 있다.

노인의 집은 보건복지부에서 1995년 시행된 제도로 국고 지원 없이 지방자치단체 재정으로 운영되고 있으며, 현재는 서울시의 일부 자치구에서만 운영되고 있다. 서울시 어르신 공동생활주택이라는 사업명으로 만65세 이상의 기초생활 수급 노인 3~7명이 지역사회 내 일반 주거 지역에 15~25평 정도의 소규모 공동주택을 마련하여 주거공간 공유, 공동생활을 통해 공동 난방, 공동 취사에 따른 일상생활 경비를 절감하고 월세 부담을 해소하는 것을 목적으로 하고 있다.

공동체주택은 독립된 공동체 공간(커뮤니티 공간)을 설치한 주거공간으로 공동체 규약을 마련하여 입주자 간 소통·교류를 통해 생활 문제를 해결하거나 공동체 활동을 함께하는 새로운 형태의 주택을 의미한다. 이러한 소규모 공동주택 안에 독립된 공동체 공간을 갖추고 있고, 공동체주택 관리 규약이 마련된 주택으로 셰어하우스(share house)와 코하우징(co-housing) 형태를 모두 포함하고 있다. 공동체주택은 공급 방식에 따라 자가소유형, 민관협력형, 민간임대형, 공공임대형으로 구분할 수 있으며, 입주자 특성에 따라서는 공동육아형, 1인 가구형, 어르신 공동체형, 세대혼합형으로 구분할 수 있다. 특히, 서울시에서는 공동체주택 시범사업 및 공동체플랫폼을 운영하고 있으며, 2019년부터는 서울형 공동체주택 인증제 및 금융지원사업을 실시하고 있다. 이 중 어르신 공동체형 공동체주택의 대표적 사례로는 불광동의 구름정원 사람들, 신내의료안심주택을 들 수 있다.

노인공공시설 기반의 공동거주는 지역사회 내 마을회관, 경로당 등의 노인공공시설을 활용하여 고령의 독거노인들이 공동생활을 하게 함으로써 고독사를 예방하고 열악한 삶의 질 개선을 도모하는 공동거주 형태이다. 대표적으로는 김제시 한울타리 행복의 집, 경기도 카네이션 하우스, 경북 독거노인 공동거주사업이 있다.

참고문헌

강은나 외(2019). 초고령사회 대응을 위한 노인주거정책 개편 방안. 한국보건사회연구원.

강은나(2019, October). 노인주거실태와 대안적 지원방안. In 한국사회정책연합학술대회. 한국사회보장학회.

김수웅·구용근(2014). 노인의 주거요인이 삶의 만족도에 미치는 영향에 관한 연구. 부동산학보, 56.

김혜승 외(2019). 사회보장제도 수급 적격성 제고 및 사각지대 축소를 위한 모니터링-주거복지(주거급여 중심) 분야를 중심으로. 보건사회연구원.

박신영(2003). 고령화 시대 노인주거정책, 밝은 노후 모임 창립 5주년 기념 세미나.

최성재(2003). 한국의 노인주거보장 정책의 문제점과 개선방향. 건축, 47(6), 16-20.

노인복지학

Part 04

노인복지실천

Chapter

12 포괄적 노인사정

1 포괄적 노인사정의 이해

1) 포괄적 노인사정의 개념

사정(査定)이란 신체적 기능, 심리적 상태, 공식적·비공식적 지원체계, 물리적 환경 등 클라이언트의 전체 상황을 파악한 것으로서 서비스 전달 혹은 치료에 선행하여 적절한 수준의 케어나 원조를 결정하기까지의 일련의 과정을 말한다. 포괄적 사정이란 복합적이고 상호 연관된 요인들을 종합적으로 고려하기 위해서 여러 전문분야의 전문인들이 팀을 이루어 사정을 행하는 다학제적(multi-disciplinary) 접근방식이다. 다학제적 사정의 경우 기본적 팀은 사회복지사, 간호사, 의사로 구성되지만, 심층적 이해를 위한 진단과정에는 신경정신과 의사, 심리치료사, 치과의사, 언어병리학자, 안과의사, 물리치료사 등이 포함될 수 있다.

루벤스타인 등(Rubenstein & Rubenstein, 2012)은 노인 사정은 다학제 및 영역 간 진단과정으로 노쇠노인의 의학, 심리 - 사회, 기능 능력과 문제점을 알아내어 진단한 후, 치료와 장기추적을 위한 계획을 수립하는 것에 목적이 있다고 요약하였고, 일반적인 의학적 진단과 다른 점은 노쇠노인의 복잡한 문제를 다루는 데 집중하는 과정이고, 특히 기능상태와 삶의 질을 중요시하며, 다학제 및 영역 간 팀과 등급계량 방법(quantitative assessment scale)으로 접근하는 것이 다르다고 하였다. 노인평가사정은 1930년대 말 영국에서 마저리 워렌(Marjory Warren)이 런던시립병원의 책임자로 있으면서 개념이 시작되었다. 이 당시 시립병원은 제대로 된 의학적 진단이나 재활치료를 받은 적이 없는 만성적으로 병약하고 누워 있는 버려진 노인으로 가득 차 있었고, 남은 생애를 입소 상태로 지낼 것으로 생각되고 있었지만, 자세한 진단과정, 운동 및 재활치료로 장기와상 상태의 노인 대부분을 침대에서 나오게 하였고, 퇴원이 가능한 경우도 있었다. 그 경험을 바탕으로 워렌은 모든 노인환자는 요양원이나 요양병원에 입원하기 전 포괄적 노인사정을 받아야 한다고 주장하였다(권인순, 2014).

포괄적 노인사정의 접근은 일차진료의 혹은 사회 보건 종사자가 노인의 기능문제와 장애를 알아내기 위한 단순한 사정으로부터 종합병원 수준에서 노인의학 전문의와 다학제 팀이 문제점 파악뿐 아니라 치료계획까지 세우는 강도 높은 사정방법이 있다. 평가장소도 개인의원, 종합병원의 외래, 입원, 전문클리닉, 요양원, 환자의 가정 등 목적에 따라 다양한 장소에서 시행될 수 있다(권인순, 2014). 포괄적 노인사정의 궁극적인 목표는 노인 삶의 질 향상이기 때문에 건강상태뿐 아니라 사회, 경제, 환경인자까지 다루어져야 하며, 건강상태는 증상과 징후, 신체검진, 검사소견 분석 등을 통한 의학적 질환 진단과 신체기능장애 여부, 일상생활 활동 가능여부로 파악한 다음 요양계획을 세운다(Rubenstein & Rubenstein, 2012).

2) 포괄적 노인사정의 활용

노인복지 관점에서 포괄적 노인사정은 사례를 발견하고, 서비스 제공의 개입계획을 수립하고, 현재 제공되는 서비스의 지속적인 모니터링을 할 수 있는 유용한 방법이다.

포괄적 노인사정은 사례발견의 유용한 방법이다. 완전한 노인사정을 하기 전 간단한 사정인 스크리닝으로 특정한 서비스가 필요한 노인을 알아내는 사례발견을 할 수 있다. 또한, 스크리닝은 서비스 제공의 자격이나 수당의 자격을 결정하기 위한 조사방법으로 활용될 수 있다. 즉, 의료보호가 적용되는 요양시설에 입소하기 위해서는 노인의 기능상태가 법으로 규정된 숙련된 간호를 필요로 하는 상태여야 하며 의료보호 대상자이어야 하기 때문에 이를 스크리닝을 통해 판단할 수 있다. 사례발견을 위한 사정은 표적 집단을 정확하게 선정하고 이후 사정에서 제외될 사람을 객관적으로 발견해야 한다.

포괄적 노인사정은 서비스 제공과 개입계획 수립의 기반이 된다. 서비스 제공과 개입계획의 근거가 될 정보들은 구체적으로 클라이언트의 강점과 약점에 대한 평가, 현재의 기능을 유지하는 평가, 현재의 기능을 유지하는 방법의 파악, 상실한 기능을 대처하는 방법의 파악 등이 있다. 강점과 장애에 대한 평가를 통해 개입 목표를 설정하고 이를 기반으로 장애를 극복하는 데 초점을 맞출 수 있다. 또한, 현재의 기능을 지지하고 유지하는 방법에 대한 파악이 가능하며, 상실한 기능을 회복시키는 서비스에 대한 파악이 가능하다.

노인사정은 현재 제공되고 있는 서비스의 효과를 지속적으로 모니터링하는 데 유용하다. 노인사정을 통해 서비스 제공 전과 후의 비교를 통해 서비스 제공의 효과를 판단할 수 있다. 모니터링을 위한 사정은 서비스 제공자, 특정한 서비스의 재원을 제공하는 정부 또는 기관에서 행할 수 있으며, 사정 결과를 바탕으로 서비스나 개입의 지속적 제공 여부, 변화와 종결 여부에 대해 결정할 수 있다.

2 노인사정의 종류

노인사정에는 예방적 사정, 초기 장애에 대한 대처로서의 사정, 실제적 와병에 대처하기 위한 사정, 장기요양보호에서의 정기적 사정으로 구분할 수 있다.

1) 예방적 사정

예방적 사정은 심사와 사례발견을 위한 사정으로 주로 일차 노인의료보호의 틀 안에서 이루어진다. 노인의료보호팀은 영미권의 대부분 나라에서 잘 발달되었지만 이러한 체계가 없는 곳에서는 지역의 담당 간호사나 사회복지사가 개입하지 않고 의사가 이를 담당한다. 건강상의 문제나 사회적 문제를 가진 노인들을 파악하는 사례발견은 완전한 사정을 위해 별도로 의뢰할 필요가 있는 노인을 대상으로 심사한다. 최근에 퇴원한 사람, 최근에 사별, 이사한 사람, 만성 질환상태에 있는 노인들이 사례발견을 위한 예방적 사정에 적합하다.

2) 초기 장애에 대한 대처로서의 사정

초기 장애에 대한 대처로서의 사정은 와병이 우려되어 노인이나 가족이 조언을 요청해 오는 경우 실시되는 사정으로 나라마다 다르겠지만 다학문적 방식으로 이루어진다. 영국은 환자의 집이나 요양시설, 혹은 병원에서 수행하기도 하는데, 이러한 사정은 일반적으로 일차 의료체계에서 의사나 사회복지사가 의뢰하여 이루어지며, 주간 보호소나 낮 병원에서 하는 경우도 있다. 캐나다는 노인이나 가족의 문의에 대응해 주는 독립적인 지역 사무소에 신청하면 간호사나 사회복지사가 노인의 집에서 일차 접촉을 하여 사정하고 필요할 경우 다른 기관으로 의뢰하는 과정을 통해 사정한다. 사정이 완료되면 사정 결과가 전문분야의 심사기관이나 팀으로 보내 앞으로 어떠한 원조가 필요한지 결정하게 된다.

3) 실제적 와병에 대처하기 위한 사정

실제적 와병에 대처하기 위한 사정은 장애가 발생하면 외래진료 형태로 사정을 받을 수 있지만, 입원하여 사정을 받는 경우 노인전문 의료사정 부서에서 담당한다. 입원환자에 대한 사정은 간호, 의료, 사회적·기능적 사정으로 구성된다는 점은 동일하다. 노인의 사례와 상황은 대개 여러 전문가로 구성된 팀에서 논의하여 치료 후 다른 병원이나 환자의 집 혹은 다른 적절한 시설로 이송한다.

4) 장기요양보호에서의 정기적 사정

요양원이나 장기입원병원에서는 간호사, 의사, 사회복지사, 치료사 등이 포함된 다학제적 사정팀이 정기적으로 사정을 실행한다. 노인장기요양보험은 신체기능 영역, 인지기능 영역, 행동변화 영역, 간호처치 영역, 재활영역, 복지용구 등 장기요양 인정 요구사항으로 사정하고 있는데, 이는 장기적으로 점검될 필요가 있다. 일차적 보호에 있어 정기적 점검은 초기의 예방적 사정 이후에도 필요하며, 이러한 사정은 의사와 면담을 하는 동안 예방보호 프로그램의 일환으로 진행되거나 위험군에 속하는 환자들에 대해 정기적으로 사정을 시행할 수 있다.

3 노인사정의 절차

노인사정의 첫 단계에서는 클라이언트의 요청에 대한 이해이다. 클라이언트의 욕구를 충족시키기 위해서는 최초의 서비스 요청에 응하는 사람이 누구든 간에 첫 원조 요청에 대해서는 능동적으로 경청하여야 한다. 서비스 요청의 이유나 계기에 대한 이해가 필요하다. 정보나 서비스에 대한 요청을 받았을 경우 '왜 지금인가?'라는 질문을 함으로써 서비스 요청에 대한 명백한 계기나 환경에 대한 이해가 필요하다. 클라이언트(요청자)가 개입을 통하여 어떤 것을 얻고자 하는 것에 대해서도 이해하여야 한다. 이는 현실적이고 원조적인 개입계획의 근간이 된다.

노인사정의 중간 단계에서는 스크리닝을 통해 나온 사실들을 이해하고 노인과 가족, 그리고 문제 상황과 직접적인 관련이 있는 사람들을 대면하는 것으로 구성된다. 중간단계 사정의 목적은 클라이언트에 관한 정보를 수집하는 것으로 가정방문을 통해 클라이언트의 환경 주변 상황, 기능 등을 자세히 파악하여야 한다. 사회복지사의 임무는 면접장소와 상관없이 클라이언트와 가족의 선택사항들을 탐색하고 대안을 강구하도록 원조하여 가능한 개입계획과 선택할 수 있는 서비스들을 제시하는 것이다.

노인사정의 마지막 단계에서는 합리적이고 달성 가능한 목표 설정과 성장과 변화의 가능성 평가, 지속적 과정으로서의 사정과 재사정으로 구성된다. 동의된 목표는 치료관계의 핵심으로 이것이 없으면 양자가 서로 다른 목표를 추구하고 실망스러운 결과를 초래할 수 있으므로 사회복지사의 목표와 클라이언트의 목표가 일치해야 한다. 성장과 변화를 사정함에 있어 사회복지사의 목표를 클라이언트에게 부과하고자 하는 것과 클라이언트의 사정 가능성을 과소평가하는 경향을 피해야 한다. 사정결과 실제 서비스나 지속적인 사례관리 혹은 상담을 제공하게 되었다면 주기적인 재사정 과정을 계획 속에 포함하여 서비스의 업데이트, 효과의 검토와 조정이 필요하다. 이때 클라이언트가 여러 기관을 방문하는 데 어려움이 있다면 사회복지사는 클라이언트를 위해 서비스가 연결되도록 촉진자의 역할을 해야 한다.

4 노인사정의 내용

포괄적 노인사정은 일반적으로 기능 부분, 정서 부분, 인지 부분, 환경 부분 등을 포함하는 다차원의 평가를 하는데, 사정을 하는 동기(임상적 평가 혹은 연구)에 따라, 평가하는 환경, 목적에 따라 평가하는 내용이 달라질 수 있다(박주성, 2005). 노인사정의 내용을 크게 분류하면 의학적 접근과 비의학적 접근으로 구분할 수 있다.

1) 의학적 접근

(1) 감각기능

시력장애는 노인에서 흔히 관찰되고 잘 보고되지 않는다. 백내장, 황반변성, 당뇨병성 망막증, 녹내장이 노화와 더불어 증가한다. 시력장애는 낙상, 기능, 인지장애, 와상, 우울증과 상관이 있다. 시력교정이 가능한 경우는 치료해 주도록 한다. 스넬렌(Snellen) 시력표가 시력 측정에 흔히 쓰인다. 청력 소실은 65세 이상 사회거주 노인의 30%, 요양원거주 노인의 75%로 보고되고 있다. 인지장애, 사회, 감성, 신체기능 감소와 관련이 있다.

(2) 인지기능

치매 빈도는 노화와 더불어 증가하고, 65세 이상 노인의 약 10%에서 보고되고 있다. 치매 조기발견은 가역적 질환에 의한 치료 가능한 치매의 완치도 가능하게 한다. 가장 흔히 쓰이는 스크리닝 도구는 Folstein MMSE(Mini-Mental State Examination) 30항목 검사이다. 검사시간이 길지 못한 외래에서는 1분이면 충분한 3항목 회상검사, 3항목 회상검사에 시계 그리기가 추가된 mini-Cog test가 쓰이고 있다.

(3) 정서

중증우울증은 젊은이에 비해 노인에서 더 많이 보고되고 있지는 않지만, 경도우울증과 다른 감성질환은 흔히 관찰되고 환자에게 상당한 질병영향을 준다. 노인의 우울증은 비전형적 증상으로 나타나고, 치매나 파킨슨병 등 신경계질환에서는 마스킹(masking)될 수 있으므로 주의를 요한다. 노인우울 측정도구는 Yesavage GDS (Geriatric Depression Scale) 30항목과 단축형 15항목 검사가 흔히 쓰이고 있다. 지난 2주간 얼마나 자주 일에 흥미를 잃거나 일하는 것이 즐겁지 않았는가?, 가라앉거나, 우울하거나, 희망이 없었는가? 2개 항목 설문지 PHQ-9(Patient Health Questionnaire)가 스크리닝 도구로 쓰이기도 한다.

(4) 낙상, 균형능력과 이동능력

사회거주 노인의 경우 65세 이상의 1/3, 80세 이상 노인의 절반이 매년 넘어지고, 낙상 노인의 10%가 중증손상을 일으킨다. 낙상 전력 노인 혹은 균형과 보행 문제가 있는 노인이 고위험군이다. 기립성저혈압, 시력, 복용약물, 균형, 보행, 하지 근력검사가 낙상평가를 위해 수행된다. 위험인자 교정이 낙상 발생을 30~40% 낮춘다. 모든 노인은 적어도 매년 낙상 설문을 하고, 노쇠노인의 경우는 매번 한다. TUG(timed "up-and-go" test)는 의자에서 일어나 3미터를 걸어서 다시 돌아와서 앉기까지 걸리는 시간을 측정하는 검사로 이동성과 균형을 함께 검사한다. 10초 이내가 정상이고 20초 이상 걸리는 경우는 정밀검사를 요한다.

(5) 영양상태

비만, 영양부족, 비타민결핍이 모두 영양실조에 포함된다. 비만은 신체질량지수가 30kg/m^2 이상인 경우로 당뇨병, 퇴행성골관절염, 고지혈증, 관상동맥질환, 수면무호흡증 등의 질환과 기능 저하와 관련이 있다. 최근 12개월간 5% 이상의 체중감소, 혈중 알부민, 프리 - 알부민, 콜레스테롤 저하가 영양부족을 나타내고 사망률 증가와 관련이 있다. 10항목 설문지인 Nutritional Screening Initiative와 Mini-Nutritional Assessment가 평가에 쓰인다.

(6) 대소변 조절기능

대소변 조절기능 검사는 요실금과 배변기능으로 검사한다. 요실금은 사회거주 여성 노인의 1/3에서 어느 정도 요실금이 있고, 3/4의 남성 노인에서 요로관계 이상 증상이 있다. 요실금의 합병증으로는 낙상, 욕창, 피부염, 불면증, 요로계 감염증 등이 있다. 행동요법 혹은 약물요법으로 조절가능하다는 것을 설득시키고, 증상이 심하거나, 일상생활에 지장이 많을수록 설문지 응답률이 높다. 요빈도, 야간 및 주간 실금빈도, 요정체를 기초 조사한 후, 지병, 약물복용, 분변매복 등 원인 인자 조사를 하여 교정가능하면 치료한다. 배변기능은 변비, 설사, 장 습관 변화, 분변 매복 등을 조사하고, 질병, 약물복용, 와상, 우울증 등 원인 인자 목록을 만들고 치료 가능한 정도에 따라 분류한다.

(7) 예방서비스

생활습관 교정과 예방주사, 스크리닝 검사 등은 비증상 질환이 있을 때 예방효과가 많다.

2) 비의학적 접근

(1) 환경평가

은행왕래, 마트나들이와 같은 사회서비스 접근능력, 신체환경 안전도, 노인의 기능 능력과 인지상태에 적합한 거주환경 여부 등 세 가지가 중요하다.

(2) 사회지지평가

사회적 유대는 노인의 건강에 매우 중요하다는 것이 오랫동안 알려져 왔다. 노인 건강의 사회적 측면을 측정하는 도구는 많고, 11항목 Duke's Social Support Instrument는 한 예이다. 노쇠노인의 경우, 사회지지망의 적정 정도에 따라 집에 머무를 것인가, 시설에 갈 것인가가 결정된다. 노인이 질병에 걸렸을 때 돌보아줄 수 있는 사람 목록, 기능장애 환자의 경우 ADL 혹은 IADL을 도울 사람 명단 등 사회지지 평가를 한다. 갑작스런 질병 혹은 기능장애가 생겼을 때 도움이 된다. 가족 도우미도 우울증, 스트레스성 정신발작에 대한 스크리닝 검사를 주기적으로 시행하여 카운슬링이나 사회적 도움을 받도록 한다.

(3) 재정평가

소득에 따른 사회적 지지 연금, 의료보험 혹은 보호 상태를 아는 것이 도움이 된다. 장기요양보험, 보훈연금 상태 등도 입소 결정인자로 작용할 수 있다.

5 포괄적 노인사정 도구

1) 노인기능 선별평가

노인기능 선별평가(Functional Assessment Screening in the Elderly)는 락스 등(Lachs et. al., 1990)이 노인에게 흔하지만 간과되기 쉬운 기능장애를 간단하게 선별하기 위해 개발한 도구이다. 이 도구는 기존의 도구가 너무 길고, 대부분의 환자에게 해당되지 않는 세밀한 검사를 포함하며, 질병에 집중된 계통별 검사를 중심으로 이루어지나 질병으로 인해 발생된 다양한 기능의 장애를 검사하지 못한다는 점을 고려하여 개발되었다. 이 도구는 시력, 청력, 상지 및 하지의 기능, 요실금 유무, 영양상태, 인지상태, 우울, 일상생활수행능력, 주거환경, 사회적 지지 항목으로 구성되어 있으며, 대상자의 행위 수행 여부와 현상 유무를 파악한다.

이 도구는 다른 기구를 사용할 필요가 없고 간단하면서도 쉽게 수행할 수 있다. 적용 과정이 위험하거나 비용의 부담이 없으며 평가에 소요시간이 길지 않아서 외래 환경에서 사용하기에는 편리하다. 입원 노인에게 적용하기 위해서는 질병에 대한 정보와 인지상태 파악을 위한 구체적인 정보의 추가적인 사정이 필요하다.

2) 신체기능수행 평가

신체기능수행 평가(The Physical Performance Test, PPT)는 루벤 등(Reuben et al., 1990)이 대상자의 신체기능을 측정하기 위해 개발한 도구이다. 대상자에게 상지기능과 균형, 이동, 조정력, 식사, 옷 입기 등의 일상생활 동작 등을 수행하게 하고 직접 관찰한다. 구체적인 동작은 문장쓰기, 식사하기, 360°돌기, 옷 입고 벗기, 책들고 내려놓기, 바닥의 동전 집기, 계단 오르기 등으로, 수행 시간을 0~4점으로 측정하여 대상자의 신체기능 정도를 정량화한다. 외래 환경에서 다른 기구의 사용 없이 10분 이내에 간단하게 적용할 수 있으며 숙련된 검사자가 대상자를 직접 관찰해야 한다. 사정의 내용은 신체기능에 집중되어 있고, 질병에 대한 정보나 인지기능, 사회적 기능에 대한 내용이 포함되어 있지 않다.

3) InterRAI(International Resident Assessment Instrument, RAI)

미국의 The Omnibus Budget Reconciliation Act of 1987(OBRA-87)가 제공한 장기 요양자의 기능상태를 평가하는 도구로(Hawes et al., 1997), 요양시설의 질을 평가하고 규정을 개선시키며 서비스 질 개선을 목적으로 한다. 적용대상이나 환경에 따라 요양시설, 가정간호, 급성기 관리, 정신건강, 아급성기 관리용이 있으며, 우리나라에서는 한국어판 번역본을 이용하고 있다. 이 도구는 노인을 비롯하여 기능저하가 의심되는 대상자들의 기능상태와 건강, 사회적 지원 자원, 서비스이용 등의 다양한 영역을 평가할 수 있는 최소한의 평가항목으로 이뤄진 최소정보군(Minimum Data Set, MDS)과 최소정보군을 근거로 대상자의 문제를 선정하고 문제에 대한 접근방법을 기술한 Clinical Assessment Protocol(CAPs)로 구성되어 있다(김선민 외, 2000). 최소정보군은 환자의 기본정보, 인지, 의사소통과 청력, 시력, 기분 및 행동 패턴, 정신·사회적 안녕 상태, 신체기능 및 구조적인 문제, 대소변 조절, 질병진단, 건강상태, 구강과 영양 상태, 치아상태, 피부상태, 활동양상, 투약, 특수치료와 처치, 퇴원 가능성 혹은 전반적 상태 등의 항목에서 해당되는 보기를 선택하여 표기하도록 구성되어 있다. InterRAI는 대상자의 다면적 평가가 가능하고, 대상자 중심의 정보를 제공하며 돌봄의 효능과 질, 연속성을 개선할 기회를 제공한다는 장점이 있다(Gray et al., 2009). 그러나 요양병원에서 사용하기에는 사정 항목이 많아 소요시간이 길고 입원 노인이 현재 가지고 있는 병력에 관한 구체적인 내용은 보충하여 기록해야 한다.

4) 한국형 외래용 포괄적 노인사정 도구

한국형 외래용 포괄적 노인사정 도구는 조비룡과 안은미(2013)가 락스 등(Lachs et al., 1990)의 노인기능 선별평가 방법과 대한노인병학회(2004), 조은정 등(2007)이 개발한 도구를 활용하여 외래진료환경에서 적절히 적용할 수 있는 한국형 외래용 포괄적 노인 평가도구를 개발하였다. 이 도구에는 현재의 병력, 생활습관, 수면, 배뇨장애, 구강건강과 예방접종, 일상생활 수행능력, 도구적 일상생활 수행능력, 노인 우울 척도, 낙상 위험과 주거환경, 사회경제적 요인 등의 내용을 파악하기 위한 자가 기입식 설문과 신장, 체중, 인지기능, 시력과 청력, 상지 및 하지 기능과 균형을 측정하는 신체기능 평가로 구성된 표준형의 척도와 일상생활 수행능력과 우울 척도, 인지 등의 항목을 추출하여 개발한 단축형 척도의 두 가지 형태가 있다. 도구는 외래에서 적용하기에 적합하며 양성 소견에 대한 판정과 향후 진료에 대한 지침을 제공하는 데 도움이 될 수 있다(조비룡·안은미, 2013). 그러나 설문을 통한 대상자의 정보제공이 선행되어야 하고 설문에 답하거나 면담에 응할 정도의 인지 상태가 요구되므로 치매 환자가 많은 요양병원에서 활용하기에는 한계가 있다.

5) 성공노화를 위한 포괄적 노인평가 패키지

성공노화를 위한 포괄적 노인평가 패키지는 김선호와 오두남(2012)이 질병예방과 건강증진에 대한 간호 요구를 가진 노인에게 적용하기 위해 개발한 포괄적 노인사정도구이다. 사정의 내용은 기본평가, 정신기능평가, 신체기능평가, 생활습관평가, 주관적 건강수준평가, 환경평가로 구성된 6개 영역의 29개 항목이다. 각 항목은 기본 수준의 기초적 평가를 수행하여 기준을 초과하는 경우에 심층평가를 수행함으로써 보다 심도 있는 사정이 이루어질 수 있다. 사정 소요시간은 30~60분이며, 항목에 따라 수시 혹은 5년마다 사정한다. 사정은 간호사가 직접 수행하거나 면담 및 평가도구 설문 작성을 통해 이루어지며 도구의 사용지침과 활용에 대한 상세한 기술이 있어서 적용에 편의성이 있다. 그러나 일부 항목의 기준 점수가 요양병원에서 필수적으로 수행하고 있는 환자평가표의 표준 점수와 차이가 있고, 적용대상이 건강상태가 비교적 양호한 노인이라는 점에서 요양병원에서 활용하기에는 한계가 있다.

6) 요양병원 환자평가표

요양병원 환자평가표는 요양병원 일당정액수가 적용을 위한 환자 분류와 질 모니터링 지표의 산출을 위해 해당 환자의 의학적 상태나 의료서비스 제공 상황을 평가하기 위한 도구이다(이지윤 외, 2008). 요양병원에서는 해당 월의 환자평가표에 의해 정액수가를 적용하여 요양급여 비용을 청구하며, 폐렴이나 패혈증 등 특정 기간에 해당하는 경우에는 행위별 수가를 적용한다. 평가내용은 일반적 사항, 의식 상태, 인지기능, 신체기능, 배설기능, 질병진단, 건강상태, 구강 및 영양 상태, 피부 상태, 투약, 특수 처치 및 치료의 영역이며 각 영역의 해당 부분을 선택 표기하여 시행한다. 환자평가표는 초기 문항의 86.5%에서 관찰자 간 신뢰도가 검증되었고, K-MBI와 준거타당도를 측정한 결과 일상생활 수행능력 영역의 타당도가 검증되었다(이지윤 외, 2008). 간호사는 입원 노인의 간호기록을 검토하여 입원 시 평가와 이후 매달 1회씩의 평가를 필수적으로 시행하며 일반적인 관찰 기간은 약 7일이다. 광범위한 영역에 대한 사정 내용을 포함하며, 간호사가 사용하기에 익숙하다. 그러나 이 정보들을 간호의 관점에서 활용하기 위해서는 병동의 간호환경에서 요구되는 환자 상태에 대한 자세한 설명과 순환 근무를 위한 정보의 연결성에 관한 내용이 필요하다.

참고문헌

권인순(2014). 노인 포괄평가의 개념과 필요성. *Journal of the Korean Medical Association, 57*(9), 749-755.

김선민 외(2000). 건강보험 재정설계 연구. 국민건강보험공단.

김선호·오두남(2012). 성공노화를 위한 포괄적 노인평가 패키지 개발. 한국콘텐츠학회논문지, 12(9), 257-269.

박주성(2005). 포괄적 노인평가와 접근법. 대한임상노인의학회지, 6, 277-291.

이지윤·장사랑·윤주영(2008). 요양병원 입원환자 평가도구의 타당도와 신뢰도. 노인간호학회지, 10(1), 7-19.

조비룡·안은미(2013). 건강검진 현황과 과제. 보건복지포럼, (198), 48-54.

Hawes, C., Mor, V., Phillips, C. D., Fries, B. E., Morris, J. N., Steele-Friedlob, E., & Nennstiel, M. (1997). The OBRA-87 nursing home regulations and implementation of the Resident Assessment Instrument: Effects on process quality. *Journal of the American Geriatrics Society, 45*(8), 977-985.

Reuben, D. B., Laliberte, L., Hiris, J., & Mor, V. (1990). A hierarchical exercise scale to measure function at the advanced activities of daily living (AADL) level. *Journal of the American Geriatrics Society, 38*(8), 855-861.

Rubenstein, L. Z., & Rubenstein, L. V. (2012). Multidimensional geriatric assessment. In, Fillit H. M., Rockwood K., Woodhouse K., editors. *Brocklehurst's textbook of geriatric medicine and gerontology.* 7th ed. Philadelphia: Saunders, 211-217.

Chapter

13 노인사례관리

1 사례관리의 개념

1) 사례관리의 정의

사례관리(case management)는 사회복지실천 분야에서 가장 많이 활용되는 대인서비스 전달방식이지만, 아직도 용어에 대한 명확한 정의가 부족한 실정이다. 로스만(Rothman, 1991)은 사례관리를 지역사회에 거주하는 클라이언트를 대상으로 개별적인 조언, 상담과 치료와 옹호를 제공하며 서비스와 지지를 필요로 하는 클라이언트를 지역사회기관 및 비공식적인 지원망과 연결시키는 대인서비스의 실천방식이라 정의하였다. 이근홍(1998)은 다양하고 복합적인 욕구를 가진 클라이언트를 대상으로 클라이언트의 욕구를 충족시키고 사회적 기능을 향상시키기 위해 클라이언트와 사회자원과의 연결과 조정을 통해 클라이언트에 대한 보호를 관리하는 과정으로 정의하였으며, 정장호(2001)는 허약인, 장애인 등 복잡한 욕구를 가진 사람들이나 정신적 또는 신체적 장애 때문에 고도로 전문화된 서비스와 자원을 스스로 활용할 수 없는 사람들을 대상으로 하여 가능한 자원들을 받을 수 있게 하기 위한 일련의 원조, 서비스 네트워크에서 이루어지는 상호 협조 활동이라 하였다. 이권일(2007)은 사례관리자와 클라이언트의 협력을 통하여 장기보호의 욕구를 충족시키고, 지원망의 기능적 능력을 향상시키거나 극대화시키며, 연속적이고 포괄적인 서비스의 제공과 조정을 통해 효과적이고 효율적인 서비스를 전달하는 전문적 관계에 기초한 대인관계 서비스 과정으로 정의하였다.

이처럼 사례관리는 다양하고 복합적이며 장기적인 욕구와 문제를 가진 클라이언트를 대상으로 사례관리자가 클라이언트의 욕구를 충족시키고 문제를 해결하며 사회적 기능을 향상시키기 위해서 클라이언트와 사회자원과의 연결과 점검을 통하여 클라이언트에 대한 서비스를 개별적·연속적으로 관리하는 대인 서비스의 실천방법이다(이근홍, 2015). 즉, 사례관리는 사회복지실천의 전통적인 방법인 개별사회사업(case work), 집단사회사업(group work) 및 지역사회조직(community organization)의 다양한 측면을 바탕으로 클라이언트에게 서비스를 보다 효과적·효율적으로 전달하기 위해 개발한 사회복지실천의 한 방법인 것이다.

사례관리는 전통적인 사회복지실천 방법들에 근거하고 있지만, 전통적인 방법들과는 다양한 측면에서 독특한 특성을 지니고 있다. 첫째, 복합적이며 장기적인 욕구와 문제를 가진 클라이언트를 대상으로 한다. 둘째, 클라이언트의 욕구충족, 문제해결 및 서비스 제공에 초점을 둔다. 셋째, 클라이언트의 욕구를 충족하고 문제를 해결하며 사회적 기능을 향상시키기 위해 서비스의 연속성을 보장한다. 넷째, 서비스의 효과성(effectiveness)과 효율성(efficiency)을 높이기 위해 포괄적인 서비스를 제공하고 서비스의 조정과 점검(monitoring)을 한다. 다섯째, 비공식·공식 지원체계의 다양한 서비스를 활용하며, 지역사회자원의 개발·확보·동원·활용에 주안점을 둔다. 여섯째, 제공되는 서비스에 대한 사정, 점검 및 평가를 위해 경계범주접근방법(boundary spanning approach)을 활용한다(Greene et al., 1992).

이와 같이 사례관리는 전통적인 사회복지실천의 다양한 방법에 기반을 두고 있지만, 기존의 사회복지실천 방법들과는 여러 가지 측면에서 다른 특성을 지니고 있다. 실천과정에서 전통적인 사회복지실천의 가치, 지식 및 기술을 활용하고 있다.

2) 사례관리의 목적

사례관리는 서비스 전달 측면과 실천적 측면에서의 다양한 목적을 달성하기 위해 노력하는 사회사업적 접근방법이다(임지영 외, 2009). 따라서 사례관리 목적은 서비스전달체계와 사회복지실천으로 구분하여 설명할 수 있다.

서비스전달체계 측면에서 사례관리의 목적은 첫째, 포괄적인 서비스를 보장한다. 특정 시점에서 클라이언트가 가지고 있는 욕구와 문제를 해결하기 위해 포괄적인 서비스를 조정하여 제공한다. 둘째, 서비스의 연속성을 보장한다. 시간의 경과에 따라 변화하는 클라이언트의 욕구를 충족시킬 수 있도록 즉각적이고 포괄적인 서비스를 지속적으로 제공해 주는 등 보호의 연속성을 보장한다. 셋째, 클라이언트의 접근가능성(accessibility) 역량을 강화한다. 클라이언트가 다양한 서비스 체계와 협상하는 것을 원조해 줌으로써 서비스를 쉽게 활용할 수 있는 능력을 배양한다. 넷째, 서비스의 책임성을 제고한다. 서비스의 단편화로 인한 서비스 접근의 장애들을 극복하고 클라이언트에 대해 전반적으로 책임을 지는 책임성(accountability)을 제고할 수 있다. 다섯째, 서비스의 적정성을 확보한다. 서비스가 클라이언트의 욕구에 적합하고, 적절한 방법으로 제공될 수 있도록 보장함으로써 서비스 계획의 효율성을 향상시킨다(Intagliata, 1992).

다음으로 사회복지실천 측면에서의 사례관리 목적은 첫째, 클라이언트의 잠재력을 최대화한다. 클라이언트의 장점을 강화하여 외부환경에 적응할 수 있도록 클라이언트의 잠재력을 최대화한다. 둘째, 클라이언트 및 가족 지원체계 접근능력을 배양한다. 클라이언트와 그의 가족들이 사회적 자원을 활용할 수 있는 능력을 습득하도록 한다. 셋째, 비공식 체계의 보호능력을 최대화한다. 가족, 이웃, 친구 등 비공식적 자원체계가 클라이언트를 보호할 수 있는 능력을 최대화한다. 넷째, 공식적 도움체계의 능력을 최대화한다. 클라이언트와 가족의 욕구를 충족시키는 데 있어 사회복지기관, 관공서, 종교기관 등의 공식적 도움체계의 능력을 최대화한다.

결과적으로 사례관리의 주요 목적은 가족, 친족, 친구 등의 비공식적 자원 체계와 국가 및 공공기관 등의 공식적 자원체계가 보유하는 각종 자원을 통합하는 기능을 하는 것이다(Nelson, 1982).

3) 노인사례관리의 필요성

노인 인구의 급속한 증가와 더불어 허약한 후기 고령노인 및 치매노인의 증가로 인하여 노인은 사례관리의 가장 많은 대상이 된다. 노인은 그들의 특성상 대부분 다양하고 복합적이며 장기적인 욕구를 가지고 있으며, 빈곤, 질병, 우울, 학대, 자살, 치매 등의 문제를 경험하고 있어 사례관리서비스가 필요하다. 노인은 일상생활 기능수준이 저하되어 신체적 수발을 포함한 장기요양서비스가 필요하며, 사회경제적 역할의 상실로 소득이 감소되어 빈곤하므로 생계유지를 위한 소득보장과 일자리가 그들에게 제공되어야 한다. 노인은 대부분 고혈압, 당뇨병, 뇌졸중, 노인성치매 등과 같은 만성질환을 가지고 있으므로 그들에게 지속적인 의료서비스가 필요하며, 가족과 지역사회로부터 소외되어 고독감을 느끼고 우울할 수 있으므로 그들에게 사회적 관계의 유지를 위한 다양한 프로그램이 제공되어야 한다(이근홍, 2020). 노인이 스스로 이러한 욕구를 충족시키고 문제를 해결하기 위한 서비스를 제공받기에는 신체적 허약성, 접근성의 결여, 정보와 인식능력의 부족, 경제적 어려움 등으로 상당히 어렵기 때문에 사례관리를 통하여 그들에게 다양한 서비스가 제공되어야 한다.

노인을 위한 사례관리는 사례관리의 그 어느 분야보다도 수요가 더욱 급속히 증가할 것으로 보인다. 이것은 많은 대상의 복합적인 욕구를 충족시키기 위해서 가족을 포함한 비공식 지원체계와 공식 지원체계의 다양한 자원에 대한 적극적인 개발과 확보를 통하여 이루어져야 하며, 단편적인 서비스 제공보다는 포괄적인 서비스의 제공이 필요하다. 노인의 욕구와 문제가 대부분 장기적이기 때문에 사례관리서비스가 단기간 제공되기보다는 연속적으로 제공되어야 하며, 철저한 점검과 평가를 통해서 지속적으로 관리되어야 한다. 특히 치매노인과 뇌졸중노인에게는 전문적인 사례관리 서비스가 계속적으로 제공되어야 한다(이근홍, 2020).

2 사례관리의 유형

사례관리 유형은 개념적 정의만큼이나 다양하다. 유형은 제공자 중심적 관점과 이용자 중심적 관점에 따라 구분되기도 하며, 사례관리자의 기능을 중심으로 다양한 모델로 유형화되기도 한다. 그리고 유형은 전문분야에 따라서도 상이하게 나타나는데, 특히 정신건강영역에서는 크게 3가지 유형의 모델이 대표적으로 작동되고 있다.

1) 제공자 관점 대 이용자 관점

사례관리유형의 일차적 구분은 사례관리 프로그램이 비용을 억제하고 효율성을 높이기 위해 서비스 체계를 관리하는 데 대한 관심에서 발달된 것인지, 혹은 클라이언트의 복합적인 욕구를 보다 효과적으로 충족시키기 위한 인본주의적 관심에서 발달된 것인지에 대한 것이다(김미숙 외, 2011). 오늘날 사례관리는 이 두 가지 목표가 동시에 실현될 수 있는 것으로 서비스 체계가 비용 효과적일 때 클라이언트가 더 좋은 서비스를 제공받을 수 있다고 주장하기도 하지만, 문지기(gatekeeper) 역할을 강조하는 제공자 관점과 서비스 질의 향상에 초점을 두는 이용자 관점에서의 접근은 분명 차이가 있다.

제공자 관점 중심은 주로 의료비용을 억제하기 위한 건강 분야에서 시작되었으며, 이용자 중심적 관점은 사회복지서비스나 정신건강서비스 영역에서 추구되어 왔다. 제공자 중심적 프로그램의 대표적 예는 미국의 Health Maintenance Organization (HMO)에서 운영되는 사례관리를 들 수 있다. 이 모델에서 사례관리자의 역할은 값비싼 의료서비스 이용을 통제하는 문지기의 역할이 중요하다. 병원 내 사례관리자의 역할 또한 이와 유사한데, 비용을 통제하는 의료시스템을 통해 환자의 이동을 관리하고 결과적으로 비용 효율성을 높이는 것이다. 비용통제는 궁극적으로 사례관리자가 배정하는 서비스의 양과 다양성에 영향을 미칠 수 있다.

2) 지역사회 정신건강 분야의 유형

탈시설화 이후 등장한 지역사회 정신건강 프로그램은 오늘날 크게 3가지 사례관리 모델로 구분된다. 적극적 지역사회치료(Assertive Community Treatment, ACT), 집중적 사례관리(Intensive Case Management), 강점사례관리(Strength Case Management)가 있다(김미숙 외, 2011).

(1) 적극적 지역사회치료

이 모델은 위스콘신 매디슨의 멘도타(Mendota) 주립병원에 속한 아놀드 막스(Arnold Marx), 레오나르드 스타인(Leonard Stein)과 심리학자인 메리 앤 테스트(Mary Ann Test)에 의해 1960년대 후반에 개발되었으며, 현재 많은 나라에서 널리 사용될 정도로 일반화되었다. 이 모델은 10~12명의 전문가로 구성된 팀이 중증의 정신질환자들에게 포괄적, 지역 기반 치료를 제공하는 서비스 전달 모델로서 다른 서비스 제공자들에게 클라이언트를 연계시키기보다 클라이언트에게 실질적인 서비스를 직접 제공해 주는 것을 지향한다(김미숙 외, 2011). 중개모델과는 달리 이 모델은 오히려 매우 개별화된 서비스를 직접 제공하는 형태로서 클라이언트들은 다양한 분야의 직원으로부터 그들 자신의 집이나 지역사회에서 24시간 365일 서비스를 제공받는다. 이 치료프로그램이 개발될 때의 전제는 병원의 24시간 케어가 환자의 증상을 경감시키는 데 도움이 되기 때문에 퇴원 후에도 이러한 형태의 지속적인 지지와 치료가 중요하다는 것이었다. 적극적 지역사회치료는 병원치료를 지역사회로 이동한 것이라 볼 수 있다. 병원치료와의 차별성은 초점이 치료보다는 재활로 이동되었다는 점으로, 가족개입 및 교육, 환자에 대한 사회기술훈련 등 지역사회에서 독립적으로 살아갈 수 있는 훈련이나 교육이 강조되고 있다는 점을 들 수 있다.

적극적 지역사회치료의 기본 원칙은 다음과 같다(김미숙 외, 2011).

첫째, 다양한 분야의 전문가들로 구성된 팀 접근이다. 사회복지, 재활, 상담, 간호, 정신과 등 다양한 전문가팀이 적극적 서비스를 직접 제공한다.

둘째, 직원 1인당 사례 수가 적다. 24시간 내내 많은 서비스를 직접 제공해야 하기 때문에 클라이언트 비율이 최소한이어야 한다.

셋째, 서비스는 지역사회 내에서, 즉 환자의 집이나 이웃, 지역 식당, 공원, 가게 등에서 제공된다.

넷째, 개개인에게 맞는 개별화된 서비스를 제공한다. 치료계획은 개인의 강점, 욕구, 희망, 소망 등에 기반하여 개발되며, 지속적인 사정을 통해 계획이 수정되기도 한다.

다섯째, 개입이 적극적이다. 클라이언트가 치료에 계속 참여할 수 있도록, 독립적으로 생활할 수 있도록, 장애를 회복할 수 있도록 적극적으로 지원한다.

여섯째, 장기적 프로그램이다. 이 서비스는 회복과정이 수년이 걸릴 수 있는 중증의 정신질환자에게 제공되는 것이기 때문에 장기적인 프로그램으로 디자인되어 있다.

(2) 집중적 사례관리

집중적 사례관리 모델의 핵심은 표적대상층의 특성에 놓여 있다. 집중적 사례관리는 전형적으로 서비스 욕구가 가장 큰 개인, 예를 들어 입원경력이 잦거나 약물

남용 등의 문제가 함께 진단된, 범죄나 홈리스와 연관된 중증의 정신질환자들에게 포괄적인 서비스를 집중적으로 연계하는 특징이 있다. 찰리스 등(Challis et al., 2001)은 집중적 사례관리를 고도의 욕구를 갖는 혹은 높은 위기 수준에 있는 사람들에게 제공되는 전문적 서비스로서 소수의 사례를 담당하는 사례관리자에 의해 수행되는 것으로 규정했다. 담당하는 사례 수가 적음은 적절한 케어 플랜과 재검토를 위한 충분한 접촉을 가능하게 하기 때문에 매우 중요한 요소이다.

집중적 사례관리는 적극적 지역사회 치료프로그램과 유사한 특성을 공유하지만, 근본적으로 중요한 차이가 있다. 팀접근과 개인적 접근의 차이로서 적극적 지역사회치료 모델이 팀접근에 의존하는 반면, 집중적 사례관리는 1인 사례관리자에 의해 주도되는 경향이 많다. 따라서 집중적 사례관리자는 직접적으로 서비스를 제공하는 사람이라기보다 치료와 재활서비스에 클라이언트를 연계시키는 중개자의 역할에 더 가깝다. 집중적 사례관리의 또 다른 특징은 클라이언트의 강점에 초점을 두며, 모든 치료 결정에 클라이언트를 완전히 참여시키는 데 초점을 둔다.

(3) 강점 사례관리

1980년대 캔자스 대학의 찰스 라프(Charles Rapp)에 의해 개발된 강점 사례관리는 당시 클라이언트가 원하는 것을 성취하도록 하는 데 있어 사례관리가 비효과적이라는 인식에서 비롯되었다(김미숙 외, 2011). 이 모델은 클라이언트 병리나 결함에 기초하여 욕구를 사정하기보다 전적으로 클라이언트 강점에 기초하여 사정하는 것을 강조한다. 다른 모델과의 차별성은 바로 사정 단계가 강점 사정(strength assessment)으로 특성화되어 있다는 점이다.

사례관리 과정은 클라이언트 주도적이며, 사례관리 과정에 클라이언트의 적극적 참여가 강조된다. 사례관리자는 단지 클라이언트의 자기 결정과 클라이언트의 특정 목표를 달성할 수 있도록 클라이언트를 지원하는 데 주된 역할이 있다.

강점 관점은 모든 개인은 인생에서의 어떤 도전에도 효과적으로 대처할 수 있는 능력과 내적 자원을 보유하고 있다는 신념에 기반한다. 심지어 무력하고 도움에 저항적인 사람들조차도 자신들의 능력을 재발견하도록 격려될 때 도전에 직면해서 의미 있는 발전을 보일 수 있다고 전제된다(Brun & Rapp, 2001). 이 모델은 사례관리자와 클라이언트의 관계에 강한 강조점을 두고 있다. 강점 접근의 기본 전제는 다음과 같다.

- 모든 사람은 능력, 재능, 역량을 갖고 있다.
- 사람들에게는 성장과 변화 능력이 내재되어 있다.
- 삶에서의 트라우마들은 그 사람의 삶에 부정적인 영향을 미칠 수도 있지만, 성장의 출처로서 기여할 수도 있다.
- 성장과 역경 극복의 능력은 그 상한선이 없다.
- 문제는 사람 내부에 있는 것이 아니라 외부 환경과의 상호교류에 있다.
- 사람들은 모두 그 자신의 삶에 대해서는 전문가들이다.
- 친구와 가족, 지역사회는 주요한 자원의 보고이다.
- 사람들은 그들이 직면한 도전을 극복하는 데 있어 무엇이 도움이 되고 무엇이 도움이 되지 않는지를 잘 안다.
- 클라이언트는 유능하며, 서비스 계획 수립과정에 참여할 수 있다.
- 클라이언트 스스로 선택하고 선택한 것에 대해 함께 협력할 때, 새로운 자신감과 독립심이 경험된다.
- 질병과 장애가 반복되는 삶일지라도, 꿈과 열망을 실현할 내재적인 능력을 갖고 있다.

강점에 관한 이러한 관점을 견지하면서 라프(Rapp, 1988)는 강점 사례관리 모델이 다음과 같은 6가지 원칙에 기반함을 제안했다.

① 초점은 병리가 아닌 개인의 강점에 있다.
② 지역사회는 자원의 오아시스이다.
③ 개입은 클라이언트 자기결정에 기초한다.
④ 사례관리자와 클라이언트 관계가 주요하며 필수적이다.
⑤ 공격적 아웃리치가 선호된다.
⑥ 사람들은 배우고, 성장하고 변화될 수 있다.

3) 역할에 따른 사례관리 유형

사례관리모델은 사례관리자가 수행하는 역할에 따라 구분되기도 한다(김미숙 외, 2011). 대체로 사례관리자들은 전반적 기능을 골고루 수행하는 일반주의자 유형에 해당되지만, 특정 역할만을 더 비중 있게 수행하는 경우도 있다. 예를 들어, 중개자 유형, 치료자 유형, 비용절감자 유형이 그것이다. 비용절감자 유형은 일반적이지 않으며, 주로 관리 의료와 같은 병원 세팅에서 발견되며, 치료자 유형은 정신건강영역에서 이루어지고 있다.

중개자의 역할은 클라이언트와 서비스와의 연결에 초점을 둔다. 할당된 케이스 비율은 대개 높은 수준이며, 한 명의 사례관리자가 클라이언트 욕구 사정과 치료계획 수행에 대한 책임을 진다. 사정절차와 연계활동에 연관된 증가된 업무량은 사례관리에 대한 보다 행정적인 접근을 초래했다는 비판이 있다. 중개역할은 정서적 지지와 상담에 대한 접근을 줄일 수 있으며, 상담활동의 상실에 관한 관심은 퇴원계획 수립을 주로 하는 병원사회사업 세팅에서 특히 명백한 것으로 나타났다(Weinberg et al., 2003). 이 모델은 사례관리자와 클라이언트 관계적 측면에 제한이 있으며, 중개역할이 완수되면 사례관리자로서의 기능도 종결된다. 그리고 사례관리자의 사정 능력, 지역사회자원에 대한 지식에 의존하며, 클라이언트에 대한 최소한의 관여, 사후 추적 결여 등으로 인해 가장 효과성이 낮은 모델로 제시되고 있다.

이에 반해 치료자 유형은 상담과 치료 등 보다 전문적 기술을 갖추고 있으며, 클라이언트와의 관계를 중요시한다. 그리고 때로 사례관리자의 역할이 비용절감에 맞춰져 있는 경우도 있다. 이 경우, 사례관리자들은 최저의 비용으로 최상의 질을 갖춘 서비스를 제공하는 것이 주된 임무가 된다(Woodside & McClam, 1998).

3 사례관리의 구성

사례관리란 다양하고 복합적이며 장기적인 욕구와 문제를 가진 클라이언트를 대상으로 사례관리자가 클라이언트의 욕구를 충족시키고 문제를 해결하며 사회적 기능을 향상시키기 위해서 클라이언트와 사회자원과의 연결과 점검을 통하여 클라이언트에 대한 서비스를 개별적·연속적으로 관리하는 대인서비스의 실천방법이라고 할 수 있다. 따라서 사례관리는 복합적이며 장기적인 욕구와 문제를 가진 클라이언트, 사례관리에 관한 전문적 지식과 기술을 가지고 사례관리를 실천하는 사례관리 전문가, 클라이언트에게 서비스를 제공하는 사회자원 그리고 클라이언트에 대한 서비스를 개별적·연속적으로 관리하는 사례관리 실천방법으로 구성되어 있다(이근홍, 2020).

1) 클라이언트

사례관리의 클라이언트는 복합적이며 장기적인 욕구와 문제를 가지고 있으면서 사회적 기능상의 심각한 문제로 인하여 자신의 욕구를 충족시키거나 문제를 해결하지 못하여 정상적인 인간다운 삶을 영위하지 못하는 사람들이다. 사례관리의 클라이언트는 대개 허약한 노인·뇌졸중노인·치매노인, 중복신체장애인·만성정신장애인, 발달장애아동·학대받는 아동·소년소녀가정 아동, 빈곤가족·한부모가족·조손가족·다문화가족 등이다.

사례관리의 가장 많은 대상 중의 하나는 노인이다. 노인들은 그들의 특성상 대부분 복합적이며 장기적인 욕구와 문제를 가지고 있으면서도 신체적 허약성, 일상생활 기능수준의 저하, 정보와 인식능력의 부족, 의존성의 증가, 사회경제적 역할상실, 소득의 감소, 자기보호 능력의 상실 등으로 인하여 자신들의 욕구를 충족시키거나 문제를 해결하지 못하는 경우가 많다. 그 결과 노인들은 사례관리의 주요 대상이 되고 있다.

2) 사례관리전문가

사례관리전문가는 사례관리에 관한 전문적 가치, 지식 및 기술을 소유하고 클라이언트와 사회자원과의 연결과 점검을 통해 포괄적·연속적으로 서비스를 제공하여 클라이언트로 하여금 복합적이며 장기적인 욕구를 충족시키고 문제를 해결하며 사회적 기능을 향상시키는 사람이다. 사례관리전문가는 대개 사례관리자를 말한다.

사례관리자는 클라이언트의 욕구충족, 문제해결 및 사회적 기능 향상을 위해 클라이언트와 필요한 서비스를 연결하고 조정과 점검을 통해 서비스의 연속성을 보장하는 전문가이다. 사례관리자는 사례관리의 목적을 달성하기 위해 다양한 역할을 수행하며, 대개 사례발견자, 사정자, 계획자, 중개자, 조정자, 점검자, 평가자, 옹호자, 문제해결자 등의 역할을 수행한다. 그 외에도 사례관리자는 사례발견자, 자원개발자, 분쟁조정자, 상담자, 자문가, 교육자, 서비스조직가, 지도감독자, 경계범주자 등의 역할을 수행한다(이근홍, 2020).

이러한 역할을 수행하기 위해서 사례관리자는 기관 간의 정책과 프로토콜에 대한 지식을 포함한 중개(brokerage) 능력, 클라이언트의 권리를 주장하기 위한 옹호와 서비스 체계의 경직성을 극복하기 위한 능력인 정치적 기술, 비공식적 원조망 등과 같은 자원체계를 찾아내고, 증대시키거나, 연구하고, 이러한 체계에 클라이언트를 연계시키는 능력을 포함한 지역사회 업무 능력, 진단의 치밀함은 물론 치료적 지식과 기술을 포함한 임상적 기술, 클라이언트들의 기본적인 생활기술의 매우 작고, 단순한 변화를 성취하기 위한 노력에 대한 인내심을 발휘할 수 있는 재활에 대한 신념 등이 요구된다.

미국의 사회복지사협회(National Association of Social Workers, 1992)에서는 사회복지 분야에서 사례관리자가 갖추어야 10가지 전문성에 대한 기준을 설정하여 제시하고 있다(김미숙 외, 2011).

① 사회복지 사례관리자는 사회복지교육협의회의 인준을 받은 사회사업 프로그램의 학부나 대학원에서 받은 학위를 가지고 있어야 한다. 그리고 사회복지 사례관리자는 사례관리 실천을 능숙하게 수행하는 데 필요한 지식, 기술, 경험을 가지고 있어야 한다.

② 사회복지 사례관리자는 클라이언트의 이익에 최우선의 관심을 갖고 클라이언트에게 서비스를 제공하기 위해 자신의 기술과 숙련성을 사용해야 한다.
③ 사회복지 사례관리자는 클라이언트가 사례관리의 전 과정에서 가능한 한 최대로 관계하고 있음을 확신해야 한다.
④ 사회복지 사례관리자는 타인에게 클라이언트에 관한 정보가 제공될 때 비밀보장의 원칙을 지켜야 하며, 사생활에 대한 클라이언트의 권리를 존중해 주어야 한다.
⑤ 사회복지 사례관리자는 클라이언트 수준에서 직접적 서비스를 제공하기 위해 개입하고 클라이언트와 그의 가족에 대한 직접적 서비스의 전달을 조정해야 한다.
⑥ 사회복지 사례관리자는 서비스 체계 수준에서 현존하는 사례관리 서비스를 지지하고, 필요한 서비스에 대한 공급 확장과 접근 개선을 위해 개입해야 한다.
⑦ 사회복지 사례관리자는 자원의 이용 가능성, 서비스 가격, 예산에 관련된 모수(parameters)에 대한 지식을 가지고 있어야 하며, 모든 사례관리 기능과 실천을 수행함에 있어 재정적 책임감을 가지고 있어야 한다.
⑧ 사회복지 사례관리자는 사례관리가 진행되고 있는 서비스 전달체계는 물론 사례관리자 자신의 사례관리서비스에 대한 적절성과 효과성을 점검하기 위해 계획된 평가적이고 품질 보장적인 활동에 참여해야 한다. 그리고 이러한 과정에 대한 전문적 책임감을 가지고 있어야 한다.
⑨ 사회복지 사례관리자는 자신이 클라이언트나 체계 개입과 관련된 사례관리 과제를 효과적으로 계획·제공하고, 평가할 수 있을 정도의 합리적인 사례 수를 가지고 있어야 한다.
⑩ 사회복지 사례관리자는 친절과 존경을 가지고 동료를 대하며, 클라이언트를 위한 전문가 간, 전문가 내적, 기관 간 협력을 촉진하기 위해 노력해야 한다.

3) 사회자원

사회자원은 사례관리의 가장 중요한 구성요소이며, 클라이언트의 복합적이고 장기적인 욕구를 충족시키고 문제를 해결하는 기반이다. 사회자원이란 인간의 사회적 욕구를 충족시키기 위해서 동원되는 시설, 설비, 자금이나 물자 또는 개인이나 집단의 지식과 기능 등을 총칭하는 것이다(이근홍, 2020). 사회자원은 자발적이며 비조직적이고 상호부조적인 측면에서 서비스를 제공하는 비공식 지원체계와 공식적인 기구나 조직을 통하여 체계적으로 서비스를 제공하는 공식 지원체계로 나눌 수 있다.

비공식 지원체계는 명확하게 제도화되지 않은 형태를 띠고 있으면서 클라이언트에게 개별적이면서 유연성 있고 융통성 있는 서비스를 제공하는 서비스 공급 주체이다. 여기에는 가족, 친척, 친구, 이웃, 동료, 종교단체, 자조집단(self-help groups), 자원봉사자 등이 있다. 공식 지원체계는 공식적인 기구나 조직을 통하여 클라이언트에게 체계적으로 서비스를 제공하는 국가, 지방자치단체, 공공기관, 공공법인, 민간기관과 시설, 공식협의체, 사회단체, 회원조직 등이 있다. 국가기관은 보건복지부, 고용노동부, 국토교통부, 교육부, 국공립병원, 보건소 등이 있다. 지방자치단체는 사회복지담당공무원, 복지재단, 지역 사회보장협의체, 희망복지지원단, 건강가정지원센터, 다문화가족지원센터, 지역자활센터 등을 통하여 다양한 서비스를 제공하고 있다.

4) 사례관리 실천방법

사례관리는 클라이언트, 사례관리전문가 및 사회자원이 있다 하더라도 사례관리 실천방법이 없다면 사례관리가 이루어질 수 없으므로 사례관리 실천방법은 사례관리의 중요한 구성요소 중 하나이다. 사례관리를 실천하기 위해서는 다양한 방법이 존재할 수 있지만, 대개 사례관리의 실천과정, 실천모형, 실무원칙 등을 통하여 실천할 수 있을 것이다. 사례관리 과정은 그림 13-1과 같이 사례발견, 사전적격심사 및 계약을 하는 접수, 클라이언트의 욕구·문제·능력 및 사회자원에 관한 자료를 수집·분석·종합하는 사정, 결과목표를 설정하고 세부목표의 우선순위를 결정하며 서비스 계획을 수립하는 기획, 클라이언트와 서비스를 연결하고 서비스를 이행하며 서비스를 조정하는 실행, 서비스의 전달을 점검하고 재사정하는 점검, 결과평가, 종결 및 사후관리를 실시하는 평가로 나눌 수 있다.

그림 13-1 사례관리 실천과정

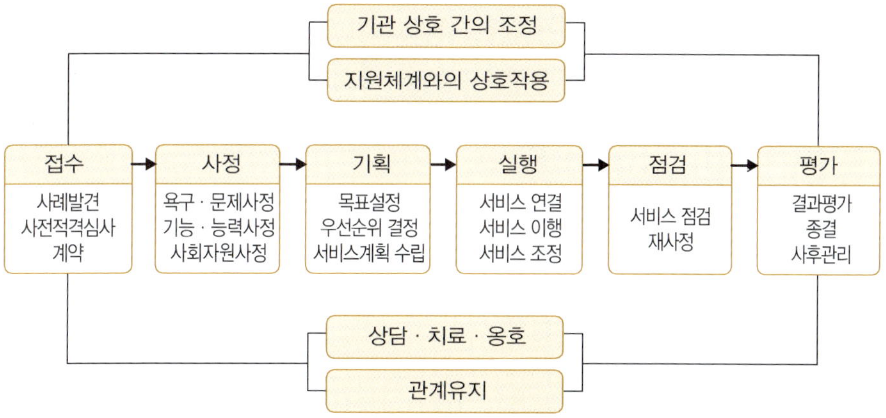

출처: 이근홍(2020). p.146.

사례관리의 실천모형은 상당히 다양하게 존재할 수 있으며, 대개 제공자(주체), 클라이언트(대상), 기능(방법), 목적(목표), 사례관리자의 역할 등에 따라 분류할 수 있다. 사례관리의 모형은 사례관리의 제공자에 따라 가족보호모형, 지역사회지지모형, 포괄모형 등으로 나눌 수 있으며(이근홍, 2020), 서비스의 포괄성에 따라 최소모형, 조정모형, 포괄모형 등으로 구분할 수 있다(Rose, 1980), 사례관리 실천모형은 사례관리의 목적에 따라 사회적 모형, 일차적 보호모형, 의료사회적 모형 등으로 구분할 수 있으며(Loomis, 19922), 사례관리자의 역할에 따라 중개모형, 2 개발모형, 판매모형 등으로 구분할 수 있다(이근홍, 2020), 사례관리 실천에서 중심초점에 따라 클라이언트 중심모형과 제공자 중심모형으로 나눌 수 있으며(Rose & Moore, 1995), 최근의 사례관리 모형으로는 역할기반모형, 조직기반모형, 책임기반모형 등이 있다(Woockside & MeClam, 2006). 이러한 다양한 모형들을 중심으로 우리나라의 실정에 맞는 모형을 정리해 보면, 가족모형, 중개모형, 재활모형, 관리모형 등으로 구분할 수 있을 것이다. 사례관리의 근본적인 목적은 클라이언트의 욕구충족, 문제해결 및 사회적 기능 향상이며, 그와 동시에 서비스 제공의 연속성 보장 및 서비스 전달의 비용효과성 증진도 포함할 수 있을 것이다. 사례관리의 이러한 목적을 달성하기 위해서는 무엇보다도 사례관리실천에서 근간을 이루는 철학이 있어야 하며, 실무원칙에 기반을 두고 실천되어야 할 것이다. 사례관리의 철학은 다양하게 제기될 수 있지만 사례관리의 근본적인 가치와 원리를 기반으로 대개 인권존중, 정상화, 통합화 등으로 제시할 수 있다(이근홍, 2020). 이러한 철학을 바탕으로 사례관리 실천에서 반드시 필요한 실무원칙을 제시하면, 서비스의 개별화, 잠재능력의 극대화, 클라이언트의 자기결정, 서비스의 연속성·포괄성, 사회자원의 개발·동원·확보, 클라이언트의 권리와 비밀보장 등이라 할 수 있다.

4 사례관리 과정

1) 접수

접수는 사례관리의 첫 단계로 사례관리를 통해 도움을 받을 수 있는 가장 적절한 클라이언트를 확인하고 등록하는 것이다. 이 과정에서 사례관리자의 과업은 원조를 필요로 하는 클라이언트의 장애나 욕구를 개략적으로 파악하고, 또 사례관리를 통해 제공해 줄 수 있는 원조의 내용을 클라이언트에게 상세히 설명하여 클라이언트가 그러한 원조를 받을 것인지를 확인하고 동의를 얻는 일이 중심이 된다. 현재 욕구 상태에 있거나 잠재적 욕구 상태에 있는 자를 확인하는 방법으로는 의뢰, 클라이언트의 자발적 기관방문, 아웃리치 등의 여러 통로가 있을 수 있지만, 사례관리에서는 지역사회 아웃리치를 중요시한다. 아웃리치는 잠재적인 자격이 될 수 있는 개인이나 가족에 관한 정보를 획득하는 것이다.

2) 사정

개인과 관련된 상황에 대한 평가로서 정의되는 사정은 클라이언트의 욕구와 강점을 결정짓는 과정으로, 클라이언트의 적극적 참여와 협력으로 이루어지는 과정이다. 사정은 클라이언트가 자신의 얘기를 하도록 함으로써 시작되고, 그들의 경험을 탐색하고, 변화를 끌어내는 데 장애가 무엇인지 등에 대해 함께 논의하는 과정이다. 사정은 일반적으로 총체적 사정이라고도 불리는데, 이는 클라이언트 삶의 전반에 걸쳐 탐구하는 과정임을 의미한다. 사정 단계에서 인터뷰 기술은 중요한 정보를 수집하고 편안한 관계를 형성하는 데 매우 중요하다.

3) 기획

기획은 사정과 서비스 전달 간의 연결지점이다. 이것은 클라이언트의 문제나 욕구를 다루기 위해 취해지는 행동들로서, 사정에서 나온 자료를 케어 계획으로 전환할 때 전문가의 판단과 실천적 경험이 주요하게 작용한다. 욕구가 사정되고 나면 실천가는 그러한 욕구에 이용 가능한 자원을 연결시키기 위해 일련의 케어 계획을 수립하게 된다. 사정에 의해 욕구가 확인되고 나면 욕구의 우선순위와 목표가 설정된다. 욕구가 변할 수 있음을 감안하여 계획은 충분히 융통성 있게 세워져야 한다.

4) 실행

실행은 서비스 계획을 완전하게 수행하는 단계로서 클라이언트와 필요하고 유용한 서비스를 연결하며, 개입을 통하여 서비스의 획득과 활용에서의 장애를 극복하고 서비스를 이행하며, 적절하게 서비스를 배열하고 조정하는 과정이다. 실행과정은 직접실천과 간접실천의 두 가지 유형으로 구분할 수 있으며, 직접실천은 상담, 문제해결, 위기개입 등이며, 간접실천은 서비스의 연결, 서비스의 이행 및 서비스의 조정이다. 사례관리의 실행과정은 대부분 간접실천을 통하여 수행된다(이근홍, 2020).

5) 점검

점검은 서비스가 클라이언트에게 적시에, 적당하게, 적절하게 그리고 연속적으로 제공되고 있는가를 추적하고 재사정을 실시하는 과정이다. 즉, 이것은 클라이언트가 필요한 서비스를 제대로 제공받고 있는가, 서비스 계획이 적절하게 실행되고 있는가, 그리고 클라이언트에게 제공되는 서비스가 적절한 것인가를 추적하는 과정이다(이근홍, 2020). 따라서 점검과정은 서비스의 점검 및 재사정의 두 가지 주요 요소로 구성된다. 점검과정에서 가장 중요한 요소는 클라이언트에게 제공되는 서비스를 점검하는 것이다. 클라이언트에게 제공되는 서비스에 대한 점검은 클라이언트 수준과 서비스 제공자의 수준의 두 가지 차원에서 이루어지며, 대개 1일 1회, 주 1회, 월 1회 등으로 구분하여 실시할 수 있다. 클라이언트 수준에서의 점검은 목표달성 노력, 서비스의 적합성, 새로운 욕구와 문제의 발생 등을 확인한다. 서비스 제공자 수준에서의 점검은 서비스 계획의 이행 정도, 서비스의 적당성·적시성·연속성, 서비스 제공자 사이의 갈등 등을 확인한다. 점검을 수행하기 위해서 사례관리자는 클라이언트 및 서비스 제공자와 지속적으로 접촉할 필요가 있다. 이것은 적절하고 효과적인 서비스가 적시에 제공될 수 있도록 보장한다.

재사정은 클라이언트의 상태와 현재 서비스 계획의 적합성을 판단하는 과정이며, 서비스의 연속성을 기본으로 하여 서비스가 어떤 방식으로 변화될 필요가 있는가를 결정하는 것이다(Steinberg & Carter, 1983). 즉, 이것은 서비스 계획의 수행 중에 주기적인 사정을 통하여 클라이언트에게 제공되는 서비스가 적합한가, 서비스 계획의 변화가 필요한가, 그리고 서비스 계획은 어떠한 방식으로 변화될 필요가 있는가를 결정하는 과정이다(이근홍, 2020). 재사정이 평가와 비슷한 용어로 쓰이는 경우가 있지만, 재사정과 평가는 구분된다. 재사정은 클라이언트의 서비스 계획 적합성을 판단하는 것이며, 판단 여부에 따라 서비스에 대한 변화의 필요성을 결정하는 과정이다. 그 반면에 평가는 서비스의 결과, 종결, 사후관리 등을 포함하는 개념으로 서비스 계획이 클라이언트의 삶에 어떠한 변화를 가져왔으며, 서비스 계획은 얼마나 효율적인가를 판단하는 효과성과 효율성에 초점을 두는 과정이다.

6) 평가

평가는 클라이언트의 진척과 만족, 사례관리 과정의 효율성 및 서비스의 질적 수준과 결과를 사정하는 과정이다(Wooutside & McClam, 2006). 이것은 사례관리 과정을 통한 목표달성, 클라이언트의 진척사항, 클라이언트에게 제공된 서비스의 효과성 및 서비스 계획과 서비스 체계의 효율성을 종합적으로 판단하며, 사례관리자의 전문적인 판단에 근거하여 사례를 종결하고 사후관리를 하는 과정이다(이근홍, 2020). 따라서 평가과정은 결과평가, 종결 및 사후관리의 세 가지 주요 요소로 구성된다. 결과평가는 클라이언트 수준과 서비스 제공자 수준에서 이루어지며, 다양한 평가척도를 통해 이루어진다(Steinberg & Carter, 1983). 클라이언트 수준에서 평가는 결과목표의 달성, 서비스의 효과성, 서비스의 만족도, 비공식 지원체계의 활용, 서비스의 접근성 등을 분석한다. 서비스 제공자 수준에서의 평가는 서비스 계획의 적절성, 서비스의 효율성, 서비스의 신뢰성과 연속성, 서비스의 지속적인 개선추구, 자원활용의 적절성 등을 분석한다. 종결은 사례관리 과정을 통하여 사례의 목표가 달성되었거나, 서비스가 이미 클라이언트의 복지를 위해 필요하지 않거나, 사망, 이사, 시설입소 등과 같은 클라이언트의 중대한 변화로 인하여 사례관리 과정을 계속 수행할 수 없을 경우에 서비스의 제공을 중단하는 과정이다(이근홍, 2008: 228). 사후관리는 사례가 종결된 이후 사례관리자와 클라이언트 간의 지속적인 의사소통을 통하여 관계를 지속하는 것을 말한다. 이것은 사례가 종결된 이후 사례관리서비스가 다시 필요할 때면 언제나 이전의 클라이언트에게 서비스를 이용할 기회를 제공하며, 이전의 클라이언트를 통하여 새로운 클라이언트의 의뢰를 촉진하고, 클라이언트에게 계속적인 관심과 우호의 태도를 보임으로써 지속적인 정서적 지지를 제공하며, 불행한 변화가 발생했을 때 클라이언트가 쉽게 접근할 수 있도록 한다(이근홍, 2020).

5 통합사례관리 모델

1) 통합사례관리 모델의 등장배경

통합사례관리 모델이 우리나라 사회복지현장에 대두된 배경을 이해하기 위해서는 사회서비스 전달체계의 이해와 우리나라의 특수한 상황을 파악하는 일이 선행되어야 한다.

사회복지서비스와 사회서비스의 개념을 관계 법령을 토대로 살펴보면, 「사회복지사업법」 제2조 정의에서는, 사회복지서비스를 '국가·지방자치단체 및 민간부문의 도움을 필요로 하는 모든 국민에게 상담, 재활, 직업 소개 및 지도, 사회복지시설의 이용 등을 제공하여 정상적인 사회생활이 가능하도록 제도적으로 지원하는 것'으로 규정하고 있다. 이와 같은 협의의 사회복지서비스 정의와는 달리, 「사회보장법」 제3조 정의에서는 사회복지서비스를 사회서비스로 표현하여 광의의 정의를 제시하고 있다. 즉, 사회서비스는 '국가·지방자치단체 및 민간부문의 도움이 필요한 모든 국민에게 복지, 보건의료, 교육, 고용, 주거, 문화, 환경 등의 분야에서 인간다운 생활을 보장하고 상담, 재활, 돌봄, 정보의 제공, 관련 시설의 이용, 역량 개발, 사회참여 지원 등을 통하여 국민의 삶의 질이 향상되도록 지원하는 제도'를 말한다. 현재 정부에서는 사회서비스의 개념을 바탕으로 지역사회 통합돌봄체계로 전환하는 과정에서 통합사례관리 모델에 대한 이해는 더욱 필요할 것으로 판단된다.

전달체계란 관련 서비스의 공급자와 수요자 간을 연결하기 위한 조직적 장치라고 할 수 있다(Gilbert & Specht, 1986). 다시 말해서 관련 서비스의 공급자 간을 연결시키기 위하여 또는 관련 서비스의 공급자와 수요자 간을 연결시키기 위하여 만들어진 조직적 체계를 말한다(최성재, 남기민, 1993). 전달체계의 궁극적 목적은 적절한 서비스를 효과적이고 효율적으로 전달하는 것이라 할 수 있으며, 이 목적을 달성할 수 있는 전달체계를 구축하기 위한 원칙으로는 전문성, 적절성, 포괄성, 지속성, 통합성, 평등성, 책임성, 접근용이성이 제시되고 있다. 따라서 사회서비스 전달체계는 도움이 필요한 모든 국민의 인간다운 생활을 보장하기 위해 복지, 보건의료, 교육, 고용, 주거, 문화, 환경 등의 다양한 서비스를 제공하여 국민의 삶의 질을 향상시킬 수 있도록 운영되는 서비스 공급자 간 또는 서비스 공급자와 수요자 간을 연결시키는 조직적 장치로 정의될 수 있다.

이와 같은 의미를 지닌 사회서비스 전달체계가 우리나라 상황에서는 대상자 집단별 혹은 문제·욕구 영역별로 범주화되어 있어 보호 대상자 중심의 사후대처적 서비스 중심의 분절화된 구조의 특징을 나타내고 있다. 이와 같은 특징을 지닌 전달체계 구조에서는 지역사회의 다양한 서비스 제공기관 간에 네트워킹이 부진하여 동일한 서비스의 중복제공과 서비스의 사각이 존재한다. 각 지역 단위의 서비스 제공체계에서 사례를 발굴하고 체계적으로 관리하는 공적 역할이 미흡하고, 공공과 민간의 역할분담이 명확히 이루어지지 못하여 여러 가지 서비스 욕구를 가진 주민이 일일이 서비스 제공기관을 찾아다녀야 하고, 정보가 없는 경우는 어떤 서비스도 받지 못하는 경우가 있으며, 한 사람이 중복적인 서비스를 받고 있는 경우가 발견되기도 한다. 이러한 복지서비스 전달체계의 문제점에 대한 해결 방안으로 대표적으로 거론되는 것이 서비스 통합의 추구이다(이봉주, 2006).

전달체계의 분절화 문제를 해결하기 위한 요소로 강조되고 있는 서비스 통합(service integration) 개념은 지역사회에 존재하는 중복되고 상호연계·조정되지 않은 혼란스러운 서비스 체계에 대한 해결책으로 제시되어 왔음을 설명하고 있다. 칸과 카머만(Kahn & Kamerman, 1992)은 서비스 통합을 파편화된 서비스 전달체계의 문제를 해결하고 개입 프로그램 및 전문화된 서비스와 지역사회의 개인이나 가족의 문제 혹은 욕구 간의 불일치 현상을 해소하기 위한 총체적이고 체계적인 작업이라고 규정하고 있다.

전달체계의 서비스 통합 전략으로 사례관리가 매우 효과적이다. 한국의 사회복지현장에서는 사례관리가 본연의 기능을 하지 못하고 사례관리 자체가 분절되는 경향을 보이고 있어, 사례관리 기관 간의 연계와 조정기능을 활성화시키기 위한 지역사회의 네트워크 구축을 제안하고 있다(최지선, 2010).

이처럼 우리나라의 분절화된 사회복지서비스 전달체계의 한계를 극복하기 위해 지역사회네트워크 구축 기반의 통합서비스를 수요자 중심으로 제공할 수 있도록 하는 전략이 바로 통합사례관리 모델이다.

2) 통합사례관리 모델의 원칙과 특징

사례관리의 기능에는 이미 지역사회 서비스의 조정과 통합기능이 포함되어 있으므로, 통합사례관리라는 용어 자체의 부적절성을 제기하는 일부 학자도 있으나, 이는 우리나라 사회복지전달체계의 특성을 반영한 시대적, 사회적 산물로서의 의미를 내포하고 있다.

통합사례관리는 상호 결합되어 있고 분명한 계획을 통해서 클라이언트에게 조정된 다양한 서비스를 제공하는 팀 접근으로 이루어진다. 사정, 계획, 조정, 실행, 모니터링, 평가 전 과정에서 다양한 서비스기관과 전문가가 팀에 참여하는 것을 말하며 클라이언트에 대한 서비스를 실행하는 데 역할을 하는 모든 서비스 제공자가 포함되어야만 한다고 강조한다(최지선, 2010).

기존 단위기관에서 수행하는 사례관리와 차별화되는 통합사례관리 모델의 핵심 원칙 및 특징을 제시하면 다음과 같다.

첫째, 수요자 중심의 효과적이고 효율적인 통합서비스 전달체계를 만들기 위한 광범위한 민간·공공 자원의 지역사회 네트워크 구축을 가장 핵심적인 원칙으로 제시할 수 있다. 이는 지역사회의 다양한 조직의 서비스 제공이 보다 효율적으로 제공되도록 중복·누락을 최소한으로 줄이며 한정된 자원을 최대한 활용하도록 서비스를 연계하고 조정해 나가는 지역사회 내 네트워크가 강조되고 있다. 이와 같은 네트워크 활동은 정보교환, 자원교환, 직원교류, 공동프로그램 등을 시행하며, 서비스 측면에서 다양하고 복합적인 욕구를 해결하는 데 필요한 포괄적인 서비스의 제공을 용이하게 할 뿐 아니라, 시스템 측면에서도 서비스와 자원의 효과적 분배와 공유를 통해 자원 활용을 극대화하고 서비스전달체계를 효율적으로 운영하는 데 기여한다(홍선미, 하경희, 2009).

두 번째 원칙은 서비스 수요자의 관점에서 서비스연계와 조정기능을 담당할 거점 기관(lead agency)의 설치가 필요하다는 것이다. 이 거점기관에는 통합사례관리를 담당할 서비스 코디네이터(사례관리자)를 배치하여 서비스 네트워크와 다양한 지역주민의 복지욕구를 연결시켜 맞춤형 서비스의 제공을 담당하는 사례관리 기능을 전담하도록 한다(이봉주, 2005).

세 번째 원칙은 통합사례관리팀제 운영이 필요하며, 구체적으로 서비스조정자, 주사례관리 기관 및 담당자, 서비스 제공자 등의 역할분담이 명확히 이루어져야 한다.

이와 같은 세 가지의 핵심적인 원칙 외에도 다음과 같은 특징을 제시할 수 있다. 첫 번째, 클라이언트의 복합적인 욕구를 해결하기 위해서는 사회복지, 보건의료, 교육, 고용 등의 다양한 부문 간의 협력이 이루어져야 한다. 두 번째, 다양한 조직들 간의 협력뿐만 아니라, 사회복지사, 의사, 간호사, 심리사, 교사, 고용전문가 등의 다학제 팀접근이 이루어져야 한다. 세 번째, 효과적인 통합사례관리를 수행하기 위해서, 자문과 수퍼비전, 그리고 솔루션위원회와 같은 지원체계 마련이 필요하다(이강, 2013).

이와 같은 원칙과 특징을 담고 있는 통합사례관리 모델을 적용한 사업으로, 2004년도에 시작된 We Start 마을 만들기 사업, 사회복지공동모금회 2006 테마기획 지역사회네트워크 지원사업, 그리고 2010년부터 시작된 경기도의 무한돌봄센터 사업을 들 수 있다.

We Start 마을 만들기 사업은 2004년 5월에 We Start 운동본부가 발족되면서 본격적으로 시작되었다. 이 사업은 지역사회 저소득층 아동들의 건강하고 건전한 발달을 도모하기 위해, 건강·복지·교육의 측면에서 공정한 기회를 누리고 가난의 대물림을 끊어주기 위해서 예방적이고 통합적인 개입을 통해 평등한 출발점을 제공하는 사업이다. 지역사회 보건, 복지, 교육 공동체의 실현을 목표로 다양한 아동별·가구별 욕구에 따른 복지, 교육, 보건 통합 맞춤형 서비스를 지역사회 내에서 제공하기 위해 통합사례관리체계를 수립하였다. 추진 지원체계로는 We Start 마을 운영위원회를 구성하였으며, We Start 센터를 설치해 팀장, 복지조정자, 건강조정자, 보육/조기교육조정자를 배치하여 사업을 수행하여, 아동 서비스에서의 통합적 서비스의 실현 가능성을 보여준 사업으로 보고되었다(이봉주, 2006), 이후 정부에서 드림스타트 사업으로 확대 시행하고 있는 사업이다.

사회복지공동모금회 2006 테마기획사업으로 추진된 지역사회네트워크 지원사업은 지역사회 내 서비스의 중복 및 누락 방지를 통하여 복지서비스의 효과성을 도모하기 위하여 지역사회(시·군·구 단위) 내 복지 관련 서비스를 제공하는 기관들 간의 네트워크 구축·협력을 통하여 해결할 수 있는 지역사회 우선 해결과제를 선정하고, 해당 문제해결을 위한 공동사업을 계획·수행하기 위해 전국 10개 지역[8] 컨소시엄이 선정되어, 2006년 12월부터 2009년 11월까지 3년간의 시범사업 형태로 진행되었다. 10개 지역의 사업은 표적 사회문제와 표적 집단 등에서 다양한 차이와 특징을 가지고 있으나, 지역사회의 문제·욕구를 효과적이고 효율적으로 해결하기 위해서 지역사회 네트워크를 구축하고, 사무국에 통합사례관리 전담자를 배치하여 통합사례관리시스템을 확립하는 공통적인 성과를 도출한 사업으로 보고되고 있다(한국사회복지행정학회·연세대 사회복지연구소, 2009).

경기도의 무한돌봄센터 통합사례관리체계 모형은 각 지역을 단위로 연계하는 다층적 구조모형으로 구성되어 있다. 개별기관으로부터 마을·시·군·도로 연계되는 중층적인 통합사례관리체계는 상시적으로 작동되는 서비스 네트워크를 통해 위기가구에 대한 발굴과 사례지원, 사후관리에 이르는 과정이며, 이는 지속적인 관리과

8) 10개 지역은 강원 춘천시, 경기 안산시, 부산 북구·사상구, 서울의 금천, 도봉, 노원, 성북, 송파구와 전남 여수시, 충북 청원군임.

정에서 전문적 역할분담을 통해 기능을 차별화하는 동시에 민·관의 체계적인 연계를 통해 통합적인 서비스 지원 및 관리체계로서 가능하도록 구성되어 있다. 다층체계는 1단계 기관자체 사례관리와 2단계 무한돌봄네트워크팀 통합사례관리, 그리고 3단계 시·군 무한돌봄센터 통합사례관리로 구성되며, 경기도무한돌봄센터는 시·군 무한돌봄센터의 운영지원 및 역량강화, 네트워크 구축을 지원하는 전문기관 역할을 수행한다(경기복지재단, 2009).

표 13-1 기존 통합사례관리 사업의 특징

구분	We Start	지역사회네트워크 지원사업	경기도 무한돌봄센터
특징	• 지역사회 저소득층 아동들의 건강하고 건전한 발달을 도모하여 가난의 대물림을 끊기 위한 예방적·통합 개입 • 복지·교육·보건의 통합 맞춤형 서비스 제공 • 복지조정자, 건강조정자, 보육/조기교육조정자 배치	• 지역사회 내 서비스의 중복 및 누락 방지를 통하여 복지서비스 효과성을 도모하기 위한 지역사회네트워크 구축 • 사무국에 통합사례관리 전담자를 배치하여 통합사례관리시스템 개발	• 개별기관·시군·도로 연계되는 중층적인 통합사례관리체계 • 1단계: 기관 개별 사례관리 • 2단계: 무한돌봄네트워크팀 통합사례관리 • 3단계: 시군무한돌봄센터 통합사례관리

출처: 이강(2013).

3) 희망복지지원단 통합사례관리 모델

전달체계의 분절화 문제를 극복하여 복지체감도 향상을 위한 지역 단위 수요자 중심의 복지서비스 전달체계 구축을 위해 보건복지부는 2012년 4월부터 '희망복지지원단'을 전국 시·군·구에 설치하고, 핵심 사업으로 통합사례관리를 설정하고 있다(보건복지부, 2012).

(1) 희망복지지원단

희망복지지원단은 수요자 중심의 맞춤형 서비스 제공체계의 컨트롤타워의 기능을 수행하도록 규정하고, 통합사례관리, 지역 공공·민간자원 관리, 긴급복지, 개별사례관리 사업 및 방문형 서비스 사업 연계·협력체계 구축, 읍·면·동 주민센터의 복지업무 지도·감독 등의 업무를 담당하도록 하고 있다.

희망복지지원단의 개념은 '복합적인 욕구를 가진 대상자에게 통합사례관리를 제공하고, 지역 내 자원 및 방문형 서비스 사업 등을 총괄 관리함으로써 지역 단위 통합서비스 제공의 중추적 역할을 수행하는 전담조직'으로 정의되어 있으며, 목표로는 '민관협력을 통한 지역 단위 통합적 서비스제공체계를 구축·운영함으로써 맞춤형 서비스 제공 및 지역주민의 복지 체감도를 향상시키는 것으로' 설정하여, 기초수급자 및 차상위계층 등 빈곤층의 탈빈곤·빈곤예방을 주요 목표로 하되, 전체 지역주민의 다양한 복지 수요에도 능동적 대응을 할 수 있도록 하고 있다.

그림 13-2 희망복지지원단 업무 수행체계도

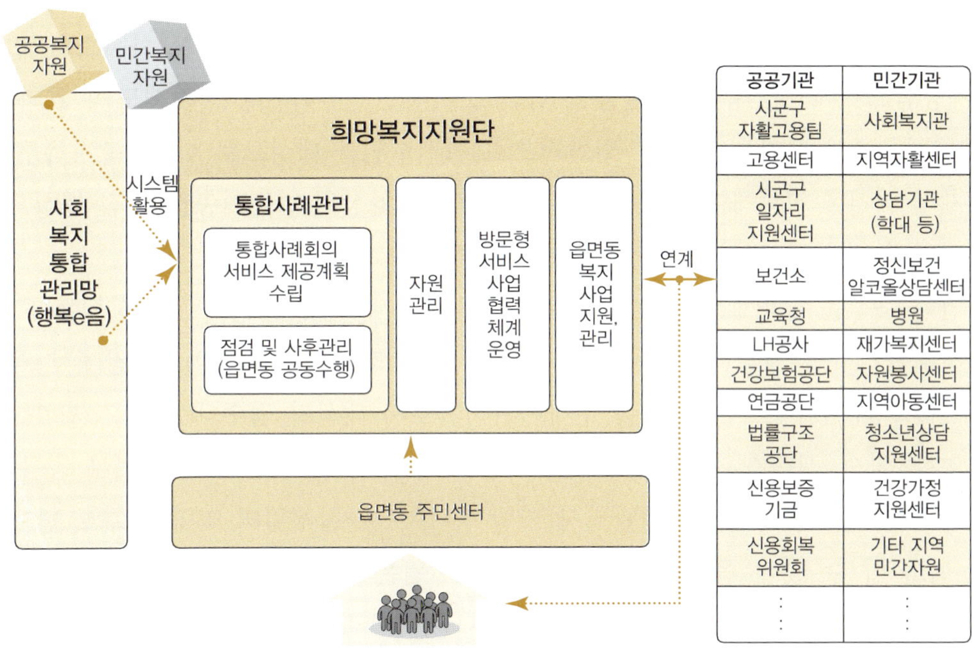

출처: 보건복지부(2012).

(2) 희망복지지원단 통합사례관리 사업 개요

통합사례관리 모델은 우리나라의 분절화된 사회복지서비스 전달체계의 한계를 극복하기 위해 지역사회네트워크 구축 기반의 통합서비스를 수요자 중심으로 제공 가능하도록 하는 전략의 의미를 담고 있다. 따라서 희망복지지원단에서 가장 핵심적인 사업으로 설정하고 있는 것이 바로 통합사례관리이다.

희망복지지원단 통합사례관리는 지역사회 공공·민간 자원에 대한 체계적인 관리·지원체계를 토대로 복합적이고 다양한 욕구를 가진 대상자에게 복지·보건·고용·주거·교육·신용·법률 등 필요한 서비스를 통합적으로 연계·제공하고, 이를 지속적으로 상담·모니터링 해 나가는 사업으로 정의되고 있다.

통합사례관리 사업의 목표는 지역주민의 다양한 욕구에 맞춤형 서비스를 연계·제공함으로써 지역주민의 삶을 안정적으로 지원·지지하고, 복지제도의 효과성·효율성을 향상시키는 것이며, 일반적으로 지역주민을 대상으로 하나, 복지욕구 및 경제적 여건을 고려하여 국민기초생활수급자 및 차상위 빈곤계층을 중점 대상으로 설정하여 탈빈곤·빈곤예방을 지원하도록 하였다.

인력 구성을 살펴보면, 우선 희망복지지원단은 팀장과 팀원으로 구성되는데, 통합사례관리사업 팀장은 통합사례관리 조정자의 역할을 수행하며, 팀원(복지공무원 및 사회복지통합서비스 전문요원)은 주사례관리자로서 대상자 접수, 욕구조사(위기도 조사 포함) 실시, 서비스 제공계획 수립, 서비스 제공 의뢰 및 점검, 종결업무 등을 수행하도록 하였는데, 통합사례관리사 역할 중 주로 간접개입의 역할을 주로 담당하게 됨을 알 수 있다. 읍·면·동 복지담당 공무원은 통합사례관리대상 가구 초기상담, 의뢰 및 종결 가구에 대한 사후관리 등을 수행하도록 하고 있고, 대상자에 대한 초기상담 또는 정기·비정기 모니터링 활동 등을 통해 대상 가구를 적극 발굴·의뢰하도록 하는 역할을 부여받고 있다. 자활관련 사업팀은 자활대상 가구에 대해서는 사례회의 공동 운영 및 점검 등 유기적 연계·협력체계를 지원하도록 하고 있으며, 통합조사관리팀은 자산조사 수행 과정에서 인지한 정보를 토대로 통합사례관리 필요 가구를 읍·면·동에 의뢰하도록 하고 있다. 그 외 지역사회복지협의체, 보건소, 교육청(학교), 시·군·구 사업팀(드림스타트, 취약 한부모 역량강화, 다문화가족지원, 장애인 사례관리), 민간복지기관과 연계·협력을 활발히 전개하도록 하고 있다.

그림 13-3 희망복지지원단 통합사례관리사업 운영체계도

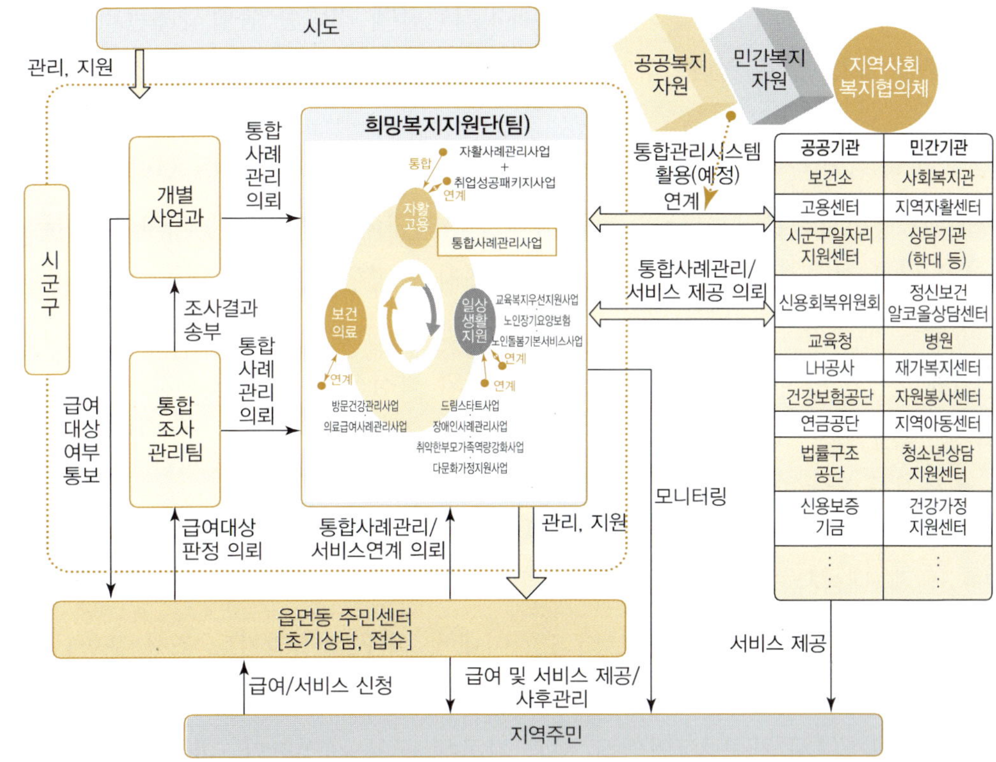

출처: 보건복지부(2012).

(3) 희망복지지원단 통합사례관리 사업 절차

통합사례관리 절차는 다음 그림과 같이 대상자 접수, 욕구조사(위기도 조사 포함), 대상자 구분·선정, 사례회의, 서비스 제공계획 수립, 서비스 제공 및 점검, 종결, 사후관리의 총 8단계로 구성되어 있다.

그림 13-4 통합사례관리사업 절차

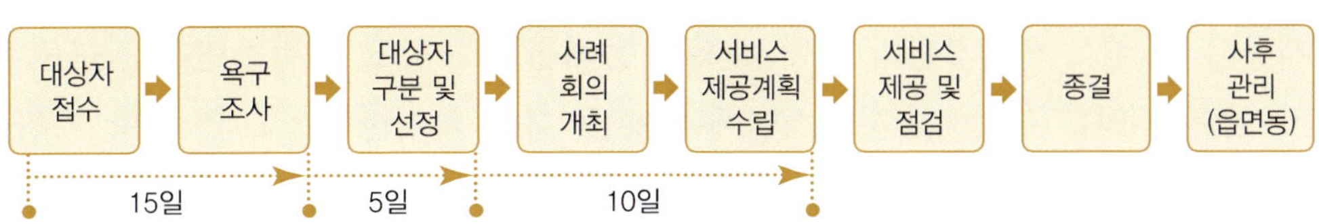

출처: 보건복지부(2012).

① 1단계: 대상자 접수

읍·면·동에서 초기상담을 거쳐 희망복지지원단에 의뢰한 통합사례관리사업 대상 가구를 즉시 접수 처리한다. 양식은 초기 상담지를 활용한다.

② 2단계: 욕구조사

접수된 통합사례관리 대상 가구를 사례관리 가구와 서비스연계 가구로 구분 선정하기 위한 심층조사이다. 욕구별 위기도 조사를 병행하여 실시함으로써 향후 개입 방향을 구체적으로 설정하는 데 필요한 정보를 수집하고 종결 전에도 다시 한번 실시하여 통합사례관리의 효과성 및 종결의 적정성을 판단하는 기초자료로 활용한다. 욕구조사 요청일로부터 15일 이내에 실시하며, 양식은 욕구조사표와 위기도 조사지를 활용한다.

③ 3단계: 대상자 구분 및 선정

욕구조사 결과 등록 완료일로부터 5일 이내에, 욕구조사(위기도 조사 포함) 결과를 토대로 통합사례관리조정자가 주사례관리자와 협의하여 대상 가구를 사례관리 가구와 서비스연계 가구, 사업대상 제외 가구로 구분 선정한다. 대상자 구분 기준은 개입 기간이 1개월 이상 예상 시 사례관리 가구로, 1개월 미만 예상 시 서비스연계 가구로 구분한다. 사례관리 대상 가구로 선정된 가구에 대해 개인정보활용 동의서를 징구한다. 대상 가구 중 서비스연계 가구로 결정된 경우에는 관련 서비스를 연계하고 사후관리를 수행한다. 서비스연계 가구는 사례관리 가구와 달리 사례회의-서비스 제공계획 등의 절차를 생략하나, 간단한 서비스 제공계획, 서비스연계 실시 및 점검, 사후관리 등의 절차는 수행한다. 주사례관리자는 서비스연계 가구 선정 후 5일 내에 관련 서비스를 연계하며, 읍·면·동은 서비스연계 가구 중 시·군·구가 요청한 가구에 대해 서비스연계 종료 후 6개월 이내에 1회 사후관리를 실시한다. 서비스 제공기관의 서비스 제공 동의를 확보하고 서비스연계 가구의 서비스 이용 동의를 구한 후 서비스연계 내용을 최종 확정한다. 그 후 해당 기관에 서비스 제공을 요청한다. 서비스연계가 시작되고 1~3개월 이내에 대상 가구의 참여 여부와 서비스 제공기관의 서비스 제공 상황 등을 점검할 수 있다.

④ 4단계: 사례회의 개최

사례관리 가구로 결정된 대상 가구에 대해 10일 이내에 서비스 제공계획을 수립하기 위하여 실시한다. 통합사례관리가 진행된 이후 대상 가구의 욕구 변화 및 문제해결 정도, 서비스 제공 점검 검토, 주사례관리자의 개입방법, 통합사례관리 종결 등을 협의하기 위하여 수시 개최한다. 전문가의 수퍼비전이 필요한 경우 외부 전문가 참여를 요청한다.

⑤ 5단계: 서비스 제공계획 수립

사례회의 결과를 토대로 통합사례관리 가구에 대한 개입목표(장기·단기)를 설정하고, 구체적인 서비스 제공계획을 수립한다. 통합사례관리 가구 결정 후 10일 내 수립한다(사례회의 개최 포함). 서비스 제공기관 담당자, 제공내용, 방법(제공횟수 및 시간) 등을 상세히 확인한 후, 통합사례관리 개입목표를 단기와 장기로 구분하여 목표 달성 가능성 및 구체성, 측정 가능성, 대상 가구 상황 등을 종합 고려하여 수립한다. 단기목표는 서비스 제공 후 3~6개월 이내에 달성 가능한 목표를 수립하며, 장기목표를 달성하기 위해 단계별로 제공해야 하는 서비스와 연관되게 설정하고, 개입 시기를 고려하여 구체적으로 수립한다. 장기목표는 6개월~1년 이상의 개입을 통해 대상 가구의 긍정적인 변화를 도모하기 위한 목표를 설정한다.

⑥ 6단계: 서비스 제공 및 점검

통합사례관리 가구에게 서비스 제공계획에 따른 서비스를 제공하고, 이행 상황 및 대상 가구의 환경·욕구 변화 등을 주기적으로 점검·파악한다. 공공·민간서비스 제공기관이 제공하는 서비스만 아니라, 주사례관리자가 제공하는 직접서비스(전문적인 지지·상담개입 등)도 포함한다. 서비스 제공의뢰 요청을 위해 주사례관리자는 서비스 제공계획에 따라 사례관리 대상 가구의 서비스 의뢰내용을 기술하여 해당 기관에 서비스 제공을 요청한다. 서비스 제공 점검은 다음 두 가지로 구분하여 시행한다.

첫째, 사례관리 가구에 대한 점검사항

- 사례관리 서비스를 통한 대상자의 변화 정도(대상자가 수립된 성과목표를 향해

나아가고 있는지, 대상자의 삶에서 어떠한 변화가 나타나고 있는지 등)

- 대상자가 연계된 서비스에 실제로 참여하고 있는지, 서비스의 양은 충분한지, 서비스의 내용은 적절한지, 서비스의 품질은 양호한지, 서비스의 제공방법은 적절한지 등
- 대상자 욕구 및 환경 변화에 따라 욕구재조사 또는 서비스 제공계획 수정이 필요한지
- 서비스 품질에 대한 대상자의 만족도 등

둘째, 서비스 제공기관에 대한 점검사항

- 서비스 제공계획과 서비스 제공기간, 횟수, 내용이 일치하는지
- 서비스 제공여건, 서비스 제공자의 변화여부 등
- 서비스 제공기관 사이의 연계나 협력이 원활한지 등

점검 방법은 상담, 서비스 이용 시 동행, 서비스 제공자와의 연락, 기록지 검토 등의 방법을 활용한다. 점검에 따른 조치는 욕구재조사, 서비스 제공계획 재수립, 종결을 위한 사례관리 평가를 시행한다.

⑦ 7단계: 종결

통합사례관리의 개입목표가 달성되었거나 거부 등의 사유로 통합사례관리 개입이 불가능할 경우 종결 여부를 결정한다. 종결 유형은 대상 가구의 긍정적 변화에 의한 종결과 대상 가구 여건에 의한 종결, 기관의 자원·능력의 한계로 인한 자체종결로 구분한다. 종결 절차는 위기도 조사를 하여 통합사례관리 가구의 욕구 심각도의 변화를 측정하고, 종결심사서에 서비스 제공계획에 따른 목표 달성 정도, 변화정도, 사후관리계획 등 정리하여 작성한다. 종결사례 평가는 서비스 제공과정, 위기도 조사 결과 등을 종합하여 통합사례 관리 개입의 적정성 및 대상 가구의 변화를 평가한다. 사례회의를 실시하여 종결사례 평가, 목표달성 정도 등 통합사례관리 개입 전체 과정을 평가하여 종결 여부를 결정한다.

⑧ 8단계: 사후관리

통합사례관리 가구(사례관리 가구 및 서비스연계 가구)에 대한 개입 종결 후 일정 기간을 설정하여 대상 가구가 변화를 지속적으로 유지하는지 등을 모니터링하는 것이다. 사후관리 결과 새로운 문제나 욕구가 발생할 경우에는 재개입 필요성 등을 판단하여 위기상황의 재발을 예방하도록 한다. 수행주체는 읍·면·동이며, 시기는 종결 후 6개월 단위로 1회씩 2번 실시(서비스연계 가구는 1회 실시)하는데, 특이사항이 있는 경우에는 사후관리를 위한 모니터링 기간 및 횟수 변경이 가능하다. 수행방안으로는 희망복지지원단은 종결된 통합사례관리 가구를 읍·면·동에 의뢰하며, 읍·면·동은 원칙적으로 대상 가구에 대해 방문상담을 하고 상담·통합사례관리 시스템에 상담내용을 입력한다. 특이사항이 있는 경우에는 희망복지지원단에 즉시 보고한다. 파악 내용으로는 대상자의 건강·영양 상태, 주거환경 등 생활실태와 욕구, 그리고 제공된 급여·서비스가 제대로 전달되고 있는지 등이며, 신규 제도 및 서비스의 변화된 내용과 이용 가능한 자원 정보를 제공한다.

참고문헌

경기복지재단(2009). 무한돌봄센터 운영 매뉴얼.

김미숙 외(2011). 선진국의 아동 사례관리체계 비교연구. 보건사회연구원.

보건복지부(2012). 희망복지지원단 업무안내.

이강(2013). 지역사회에서 위기가족을 위한 통합사례관리 실천모델 디자인과 개발. 한림대학교 대학원 박사학위논문.

이권일(2007). 사례관리의 이론과 실천. 서울: 창지사.

이근홍(1998). 케이스 매니지먼트. 서울: 대학출판사.

이근홍(2015). 사례관리 (개정판). 경기: 양서원.

이봉주(2005). 통합적 복지서비스 전달체계 구축 전략과 모델. 사회복지서비스 전달체계의 통합. 사회복지정책 대토론회.

이봉주(2006). 통합적, 예방적 아동서비스 모델의 모색: 경기도 We Start 마을 만들기 사업의 사례연구. 2006 한국아동복지학회 춘계학술대회 자료집.

임지영 외(2009). 사례관리 실천 매뉴얼. 서울시복지재단.

최성 · 남기민(1993). 사회복지행정론. 서울: 나남.

최지선(2010). 서비스통합전략으로서의 사례관리실천경험에 관한 연구: 안산시통합서비스네트워크를 중심으로. 한국사회복지행정학, 12(1), 57-88.

한국사회복지행정학회 · 연세대 사회복지연구소(2009). 사회복지공동모금회 2006 테마기획 지역사회네트워크 지원사업 결과보고서.

홍선미 · 하경희(2009). 지역사회 네트워크 중심 통합 사례관리에 대한 탐색적 연구: 안산 통합서비스 네트워크를 중심으로. 한국사회복지행정학, 11(1), 29-61.

Challis, D., Darton, R., Hughes, J., Stewart, K., & Weiner, K. (2001). Intensive care-management at home: An alternative to institutional care?. *Age and Ageing, 30*(5), 409-413.

Gilbert, N., & Specht, H. (1986). *Dimensions of social welfare policy*. Englewood Cliffs, NJ: Prentice-Hall.

Greene, S. B., McKoon, G., & Ratcliff, R. (1992). Pronoun resolution and discourse models. *Journal of Experimental Psychology: Learning, Memory, and Cognition, 18*(2), 266.

Intagliata, J. (1992). Social support and quality of life of community support clients. *Community Mental Health Journal, 28*(5), 397-411.

Kahn, A. J., & Kamerman, S .B. (1992). *Integrating services integration: An overview of initiatives, issues, and possibilities*. National Center for Children in Poverty.

Rapp, R. (1988). Chromosomes and communication: The discourse of genetic counseling. *Medical anthropology quarterly, 2*(2), 143-157.

Rose, M. (1980). A test of evolutionary theories of senescence. *Nature, 287*(5778), 141-142.

Rose, M. M., & Moore, B. C. (1995). Perceptual grouping of tone sequences by normally hearing and hearing-impaired listeners. *The Journal of the Acoustical Society of America, 102*(3), 1768-1778.

Steinberg, R. M., & Carter, G. W. (1983). *Case management and the elderly: A handbook for planning and administering programs.* Lexington Books.

Weinberg, A., Williamson, J., Challis, D., & Hughes, J. (2003). What do care managers do?—A study of working practice in older peoples' services. *British Journal of Social Work, 33*(7), 901-919.

Woodside, M., & McClam, T. (1998). *An introduction to human services,* 3rd edn, Brooks.

Woodside, M., & McClam, T. (2006). *An introduction to human services,* 3rd edn, Brooks.

Chapter

14 노인상담

1 노인상담의 이해

1) 노인상담의 정의와 필요성

일반적으로 상담은 대화와는 달리 전문적 훈련을 받은 상담자와 문제를 지닌 내담자 간에 이루어지는 전문적 협력 관계라는 특징이 있다. 상담은 일상적인 대화나 일상적인 인간관계와는 다르며, 주로 직접적 대면을 통한 전문적 조력 관계이다(이장호·김영경, 2006). 사회복지 관점에서 상담은 스스로 해결할 수 없는 욕구나 문제를 가진 개인들에게 상호 대화를 통해 스스로 문제나 욕구를 해결할 수 있도록 지원하는 적극적인 대인 복지서비스로 정의된다. 따라서 노인상담이란 도움을 필요로 하는 노인이 전문적 훈련을 받은 상담자와 대면 관계에서 은퇴 전 문제, 개인적·가족적·경제적 및 신체적 문제를 해결하고 감정, 사고, 행동 측면의 인간적 성장을 가져옴으로써 성공적인 노후생활을 영위하기 위해 노력하는 과정으로 정의된다. 을 말한다(김태현, 1985). 즉, 노인상담은 노인이 접하는 모든 사회관계 중에서 그 중요성이 새롭게 인정될 필요가 있는 노인복지 과제의 한 측면으로 은퇴로 인한 역할상실이나 재취업 등의 외부적·환경적 상황과 노인의 정서적 불안정, 소외, 죽음 등의 내적 심리상태에서 오는 불안과 긴장을 완화시키기 위해 제공되는 지적·정서적인 도움을 뜻한다.

전통사회에서의 가족관계는 긴밀하고 친지들과의 친밀한 관계에 의한 물리적 지지와 정신적 지원으로 모든 문제들이 해결되었으나, 가족 간의 유대관계가 약화되고 친족관계망이 축소되면서 다양한 노인 문제가 발생하고 있다(양경순, 2004). 또한, 가족과 친구, 친척, 이웃과 같은 1차 집단의 비공식적 관계망으로는 다양하게 발생하는 노인 문제에 적절히 대응하는 것이 이제 불가능하게 됨으로써 노인 문제에 대한 전문적 지식이나 기술 그리고 공식적인 관계망을 통한 지지와 지원이 요구되고 있다(권육상·이명재, 2002).

따라서 노인상담은 산업화, 도시화, 핵가족화와 같은 사회적 변화 속에서 소외와 가치갈등, 그리고 세대차이, 욕구좌절감 등을 느끼면서 불안하게 살아갈 수밖에 없는 노인들과의 적절한 공적관계를 모색하는 것으로 가족과 사회의 변화에 따라 그 필요성이 점점 증대되고 있으며, 다음과 같은 역할을 통하여 노인상담의 필요성을 이해할 수 있다(최혜지 외, 2020).

첫째, 상담을 통하여 표출되지 못한 욕구를 표현하게 하여 문제의 근원을 파악할 수 있고, 이러한 상담과정은 고립되고 소외된 노인들에게 제1차적 사회관계망 역할을 해 준다.

둘째, 노인의 욕구를 사실에 근거하여 정확하게 파악함으로써 노인을 이해할 수 있고, 노인욕구 충족을 위한 가족적·사회적 노력을 기울이게 되는데, 이는 상담과정을 통하여 실천될 수 있다.

셋째, 상담을 통하여 문화적 정체감을 느끼는 노인에게 변화하는 사회에 적극적으로 대처할 수 있도록 정보를 제공할 수 있다.

넷째, 문제를 가지고 있는 가족과 노인을 상담함으로써 욕구를 파악할 수 있고, 적절한 대처를 해 줌으로써 정서적 지지를 해 줄 수 있다.

2) 노인상담의 목적과 원칙

노인상담은 몇 가지 목적을 가지고 있다. 첫째, 노인이 필요로 하는 의료적·사회적·정서적 지원을 효과적으로 동원하고 이용하도록 원조하는 것이다. 둘째, 신체적인 강점을 강화하고 건강악화에 적응하도록 원조하는 것이다. 셋째, 보호와 주거에 대한 욕구가 충족되도록 돕는 것이다. 넷째, 지역사회에서 새로운 역할을 가질 수 있도록 원조하는 것이다. 다섯째, 성인자녀, 손자녀, 친척 및 지역사회와의 관계를 수정하도록 원조하는 것이다. 여섯째, 배우자나 친구 등 중요한 사람들의 상실에 적응하도록 원조하는 것이다. 일곱째, 삶의 통제력을 유지할 수 있도록 원조하는 것이다(서혜경 외, 2006).

이러한 목적을 달성하기 위한 노인상담의 원칙은 다음과 같다(이효선, 2008).

첫째, 노인상담에서 상담자는 노인의 인권을 존중하고 그들의 권리와 가치를 강화하는 데 많은 노력을 기울여야 한다. 노인들은 상대적으로 신체적·경제적·사회적 능력이 부족하고 사회적 약자로 취급될 수 있어 상담과정에서 인간으로서의 기본적 권리를 보장하고 존중해야 한다.

둘째, 노인이 편안하고 안락한 마음으로 상담을 제공받을 수 있도록 적절한 물리적 환경이 조성되어야 한다. 노인의 특성을 고려하여 편안한 의자, 적당한 온도와 조명, 이완된 분위기, 방음장치, 적절한 방의 크기와 실내장치, 비교적 짧은 상담시간 등이 제공되어야 한다.

셋째, 노인상담은 노인이 의존성을 줄이고 독립성을 증대시키며, 노인의 강점, 장점, 잠재능력 등을 강화하는 방향으로 이루어져야 한다. 노인상담은 주로 강점 관점과 권한부여 관점에서 이루어져야 하지만, 노인의 생활사도 고려하여 상담에 도움이 될 수 있도록 해야 한다.

넷째, 노인상담에서 상담자는 노인의 특성을 고려하여 사정해야 하며, 노인들 간의 개인차를 인정하고 상담자와 노인 간의 차이점도 고려해야 한다. 노인을 대상으로 상담에 필요한 자료를 수집하고 분석할 경우 노인의 다양한 특성을 고려해야 하며, 노인상담의 기법과 상담자의 역할도 개별적으로 다르게 적용되어야 한다.

다섯째, 노인상담에 대한 노인들의 인식과 관심을 고려하여 상담이 활성화될 수 있도록 노인상담의 긍정적 효과를 증명하고 적극적으로 홍보해야 한다. 노인들은 상담을 받는다는 것에 대해 자신의 약함과 부족함을 드러내는 것으로 보는 부정적 인식을 가질 수 있으므로 노인들에게 상담을 통하여 긍정적 결과를 얻을 수 있다는 확신을 부여하며, 상담자는 상담과정에서 획득한 긍정적인 효과를 노인들에게 알리는 데 많은 노력을 기울여야 한다.

3) 노인상담의 특성

노인상담은 상담자와 노인 내담자가 함께 하는 심리내적인 작업으로 노인과 노년기에 대해 전문적인 교육과 상담 훈련을 받은 자가 노인 내담자의 욕구를 이해하고 현재 상황의 적응과 성공적인 발달과업을 돕는 과정이다(정미경, 2017). 노인상담은 젊은 성인 상담에 비해 그 중요성이 간과되기도 하였는데, 이는 인간은 나이가 들어감에 따라 변화가 일어나지 않는다는 고정관념과 생존 시간이 많이 남지 않은 노인보다 그보다 남은 삶이 긴 젊은 세대들을 위한 치료가 더 가치 있다는 믿음 때문이었다(Goudie, 2010). 또한, 노인에 대한 부정확한 일반화, 고정관념들은 노인 상담에 대한 접근과 치료의 성공을 가로막았는데, 이러한 시각은 50세 이상이 되면 학습이 멈추기 때문에 노인은 상담에 적합한 내담자가 아니라고 한 프로이트(Freud, 1905)의 글 속에서도 찾아볼 수 있다(정미경, 2017). 노인상담에 대한 관심이 증가하면서, 최근 연구들에서는 노인의 특성이 상담에서 어떤 모습으로 드러나는가를 중심으로 노인상담의 특성을 다음과 같이 설명하고 있다.

(1) 상담자와 노인 내담자의 관계 역동

노인상담은 상담자와 내담자 간의 투사, 전이 혹은 역전이 등의 관계 역동이 다른 연령층의 내담자와의 상담에 비해 더 많이 나타난다(정미경, 2017). 그 이유는 내담자와 상담자의 연령 및 경험의 차이에서 기인한 다양한 경험들이 상담 관계 안에 존재하기 때문이다(이장호·김영경, 2014). 노인 내담자의 과거 발달단계를 지나고 있는 상담자, 사회문화적 경험이 전혀 다르며, 서로를 보며 자신의 가족구성원 중 누군가를 떠올리는 상담자와 내담자로서의 경험들이 상담 안에서 일어나며 이는 투사, 전이 그리고 역전이로 나타난다(최명균, 2012). 예를 들어, 노인들의 상담 주제는 수십 년의 가족사와 관련된 경우가 많아 내담자는 상담자의 모습을 통해 자식이나 배우자의 모습을 발견하기도 하고 상담자의 모습에서 자신의 모습을 찾아 비추기도 한다. 마찬가지로 상담자는 내담자의 모습에서 부모의 모습을 찾기도 하고 혹은 자신이 가진 노년에 대한 가치, 생각에 비추어 내담자를 바라보기도 한다. 그로 인해 상담자는 상담자임에도 내담자의 자식처럼 기능하기도 하고, 나이 든 사람은 말이 통하지 않는다는 편견을 가진 채 같은 말을 반복하는 노인을 무시하거나 짜증 섞인 감정적인 태도로 대하기도 한다(Scogin, 2008).

(2) 노인 내담자와의 작업 속도

노인이 새로운 내용을 학습하거나 새로운 행동을 익히기 위해서는 젊었을 때보다 더 많은 시간이 필요하다(정미경, 2017). 인지적·행동적인 부분뿐 아니라 상담 목표를 달성하기 위한 내적인 태도 변화에서도 마찬가지이다. 노인들은 다른 연령 세대에 비해 상황을 판단하거나 의사를 결정할 때 자신의 삶의 경험 체계에 의존하는 경향성이 높다(이장호·김영경, 2014). 고착화된 가치관과 삶의 방식은 새로운 가치나 관점을 받아들이고 이를 적용해 보는 상담 작업의 걸림돌이 되기도 한다(이호선, 2013). 또한, 노년기에는 전두엽의 기능 감소와 함께 주제에 벗어난 이야기를 제어하지 못하는 현상이 나타나며, 특정 상황에 머물러 되풀이하는 언어 습관이 두드러지게 눈에 띈다. 이러한 행동적 특성 역시 상담 작업을 더디게 하는 또 다른 요인으로 작용하기도 한다(Scogin, 2008). 자기개방을 주저하는 노인의 특성 역시 상담 작업을 더디게 만든다. 노인들은 변화에 대한 걱정, 문제 직면의 두려움, 비밀보장의 문제, 상담자와의 관계 등으로 인해 말하기를 주저하거나 내키지 않는 듯한 반응을 보이며 상담 작업에 몰입하지 못한다(정미경, 2017).

(3) 노인 내담자와 상담자와의 관계

노인들은 익숙한 사물과 환경, 사람을 선호하고 이에 의존하는 특징이 있는데, 상담과정에서도 노인 내담자들은 상담자에게 의존하는 모습을 보인다(이호선, 2013). 따라서 노인상담은 상담자의 노력에 기대어 시작되고 유지되기도 한다. 구체적으로 살펴보면, 노인들은 상담초기 혹은 상담 기간 내내 '죽을 날이 얼마나 남았다고 그걸 하느냐'며 자기 탐색이나 변화를 위한 연습 등에 적극적으로 임하지 않는다. 이런 경우 상담자는 내담자의 상담 주제와 상담 목표를 찾고, 그의 어려움에 도움을 제공하고자 적극적으로 상담에 임하게 되는데, 이러한 과정을 통해 내담자는 상담에서 주체가 되기보다는 상담자에게 의존하여 상담에 참여하게 된다. 상담 장면에서 보이는 내담자의 의존성으로 인해 노인상담에서는 추수 회기가 강조되는데, 그 이유는 상담 안에서 자신의 문제를 자신보다 더 적극적인 자세로 다루고, 어려움에 대해 공감하고 지지를 보내주던 상담자와의 관계가 마무리되면서 내담자가 외로움과 상실감을 느낄 수 있기 때문이다(정미경, 2017). 추수 회기는 상담이 종결되었어도 여전히 관심을 갖고 지지해 주는 사람이 있음을 내담자에게 전달하는 하나의 방법이다. 그리고 추수 상담은 내담자가 상담에서 이룬 변화를 유지하고 상담

밖 일상생활의 동력이 될 수도 있기에 노인상담에서 추수 회기는 필요하면 하는 것이 아니라 반드시 해야 한다(정미경, 2017).

(4) 상담 내용

노인상담은 심리적인 측면뿐 아니라 신체, 법률 등에 관련된 일상생활에 전반에 대한 정보를 심리상담 안에서 함께 제공할 수 있어야 한다. 왜냐하면 노인 내담자들은 사고 및 감정 배경의 탐색과 행동 변화를 추구하기보다는 지금-여기의 생활 향상과 자신에 대한 지지를 더 중요하게 여기기 때문이다(이장호·김영경, 2014). 내담자들의 요구에 부응하기 위해 상담자는 내담자의 보호자, 의사, 사회복지사 등의 관련인들과 긴밀한 관계를 맺고 필요에 따라 즉각적으로 논의를 진행해야 한다. 상담자는 종종 노인의 문제를 사회적 혹은 정서적 영역으로만 한정하는 실수를 저지르기도 한다(이호선, 2013). 하지만 모든 내담자의 어려움이 심리적인 문제에만 국한되는 것은 아니며, 특히 노인 내담자의 심리적 어려움은 신체능력, 주변자원, 대인관계, 경제수준 등의 생활 전반적인 부분과 관련되어 있는 경우가 많다(Scogin, 2008). 노인상담의 진행 역시 노인 내담자의 환경적인 상황에 따라 결정되는 경우가 많다. 따라서 상담자는 노인의 심리적 문제가 생활 속에서 어떻게 발생되고, 내담자 삶에 어떤 영향을 미치고 있는지를 이해하고 있어야 한다. 따라서 상담자가 상담 과정에서 도움을 제공하기 어려운 부분(정신과 약물복용, 만성질환, 빈곤 등)은 내담자의 동의하에 보호자와 해당 분야의 전문가 혹은 복지사와 협조하여 상담에서 제공하거나 연계할 수 있어야 하며, 이를 위해서는 상담자의 개방적인 태도가 요구된다.

(5) 상담의 지속성

노인들은 자신의 질병이나 신체적인 상황으로 인해 생활의 변동이 잦다. 그리고 노인들의 부모, 자녀, 손자녀 등 가족 안의 사건 역시 그들의 생활상 변동의 원인이 된다. 이들은 건강상의 이유나 가정사들로 인해 노인들을 실제로 다음 회기에 빠지는 경우가 많다(정미경, 2017). 이런 경우 치료적 관계 형성 여부와 내담자의 동기 수준에 따라 이후 상담 지속 여부가 결정된다.

이런 이유로 노인상담에서의 첫 회기는 다른 전체 회기를 결정짓는 매우 중요한 회기이다. 왜냐하면 노인 내담자가 상담의 지속 여부를 첫 회기 경험을 통해 결정하는 경우가 많기 때문이다(Scogin, 2008). 이에 따라 상담자는 첫 회기에는 관계 형성에 초점을 두고 내담자의 이야기에 귀를 기울이고 지지하는 태도로 내담자의 호소 문제를 잘 파악하여 반응해 주는 것이 필요하다(정미경, 2017). 일부 상담자들은 상담이 단회기 혹은 이번 회기로 끝날 수 있는 가능성과 내담자의 조심스러운 상담 태도를 감안할 때 노인상담 접근은 내담자의 강점과 자원을 찾고 변화에 대한 희망을 가질 수 있는 해결중심 치료가 적합하다고 강조하기도 한다(정미경, 2017).

2 노인상담 모델

상담 혹은 심리치료의 과정에 관한 연구는 이론별로 다양하게 이루어져 왔으며, 내담자의 발달단계와 호소 문제에 따른 이론별 상담과정도 세분화되어 이루어지고 있다(Hinrichsen & Clougherty, 2012). 노인상담 이론을 살펴보면 기존의 상담이론을 활용하는 경우와 노인에 특화된 이론을 개발하여 적용하고 있었다(정미경, 2017). 전자는 노인의 우울이나 고립감, 외로움, 치매, 인지기능 회복에 효과적인 인지행동치료, 행동치료, 회상치료를 주로 말하며, 후자는 9단계 심리치료 모델, 심리치료 적응을 위한 맥락적 전 생애 모델(Model, Contextual Lifespan Theory for Adapting Psychotherapy Model, CALTAP), 건강한 노년을 위한 지혜 기반 심리치료 모델(A Wisdom-based Model for Psychological Interventions to Enhance Well-being In Later Life) 등이 있다. 국내에서도 노화지원을 위한 상담 · 교육 모형이 개발되었으나, 이 모형은 건강한 노화를 위한 단계와 단결별 주제 활동 등이 정해져 있어 상담보다는 교육 모델에 가깝다. 따라서 노인에게 특화된 이론으로 노인상담에서 적용되고 있는 9단계 상담 모델과 맥락적 전 생애 모델(CALTAP Model), 지혜기반 모델(Wisdom-based Model)을 살펴본다.

1) 9단계 상담 모델

맥도날드와 하니(McDonald & Haney, 2003)는 상담을 받으러 오는 노인들의 동기를 개인적 문제를 해결하기 위해서, 중요한 결정을 하는 데 도움을 받기 위해서, 자신이 행복하지 못하고 어디로 가야 할지 모르기 때문에, 어려운 상황을 다루는 법을 배우기 위해서, 위기를 겪는 동안에 도움과 위로, 지지를 받기 위해서, 공감적이고 지지적인 누군가와 대화를 하기 위해서, 그들 스스로에 대해서 더 잘 알기 위해서 등, 총 일곱 가지로 설명하였다. 하지만 상담과정에서 노인 내담자는 자신이 원하는 것이 전혀 다른 것임을 깨닫기도 한다. 이는 내담자가 상담 속에서 많은 것을 알게 되며, 자신에 대해 새롭게 알게 되기를 스스로 바라기 때문이다(서혜경 외, 2013).

9단계 상담 모델은 내담자의 욕구를 충족시키는 기술과 틀을 제공하기 위해 고안된 접근이다(McDonald & Haney, 2003). 전체 9단계의 상담과정은 초기, 중기, 후기의 과정을 거친다. 먼저 초기에서는 내담자 이해하기, 래포 형성하기, 문제 정의하기 단계를 거친다. 중기에는 목표 설정하기, 탐색 및 자각하기, 대안 탐구하기, 대안 목록 작성하기 단계를 거치게 된다. 마지막 상담 후기에서는 결정 지지하기와 종결 단계를 거친다.

먼저 상담 초기는 9단계 모델의 1단계부터 3단계까지를 말한다. 상담 관계의 형성 시기이며 초기의 첫 번째 단계는 '내담자 이해하기'이다. 이때 상담자는 반영기법을 활용하여 내담자 호소 문제의 원인과 문제를 지속시키는 환경을 파악하고자 한다. 초기의 두 번째 단계는 '래포 형성하기'이다. 상담자는 내담자의 문제에 대한 판단을 보류하고 그의 말에 최대한 경청하며 지지와 존중을 보내어 자신이 보살핌을 받을 수 있음을 느낄 수 있게 해 주어야 한다. 초기의 세 번째 단계는 '문제 정의하기'이다. 이 단계에서 상담자는 내담자의 문제가 무엇인지 다루어야 한다. 즉, 내담자 평가와 진단의 단계로 문제를 파악하고 객관화하는 시기로서 내담자를 돕기 위한 상담 목표를 세우는 데 도움을 제공한다.

노인상담의 중기는 9단계 모델의 4단계부터 7단계까지를 말한다. 중기의 첫 번째 단계는 '목표 설정하기'이다. 명확한 목표 설정은 상담의 성공과 직결되는데, 노인상담에서는 목표를 설정할 때 내담자의 입장에서 만들어져야 함을 전제로 상담자와 내담자의 상호 협력을 강조한다. 이에 해결중심의 기적 질문을 통해 목표 설정이 가능함을 안내하기도 하였다. 중기의 두 번째 단계는 '탐색 및 자각하기'이다. 상담자는 내담자와 협력하여 목표를 설정한 후, 목표의 달성 여부를 호소 문제와 연결하여 확인한다. 이 과정에서 내담자는 변화를 위해 자신을 탐색하며 자신에 대한 새로운 발견을 시작하고 내담자의 저항이 등장하기도 한다. 중기의 세 번째 단계는 '대안 탐구하기'이다. 이 단계에서는 내담자의 호소 문제에 대한 탐색과 자각이 구체적인 행동으로 나타나기 시작한다. 상담자는 내담자의 변화를 위해 새로운 행동 방식을 찾아보고 실천 가능한 가능성을 시도하며, 구체적인 변화를 위한 대안을 탐색한다. 이때 브레인스토밍을 통해 최대한 많은 대안을 작성하는 것이 권장된다. 중기의 네 번째 단계는 '대안 목록 작성하기'이다. 이 단계는 대안 탐구하기와 긴밀한 상호 연결 속에서 이루어진다. 대안 탐구와 대안 목록 작성은 내담자가 필요로 하고 원하는 것을 중심으로 이루어진다. 이때 내담자가 일상생활 속에서 실제로 적용할 수 있는 실현 가능한 구체적 대안을 세우고, 적용하는 것에 대해 논의해야 한다.

노인상담의 후기는 9단계 상담의 8단계와 9단계를 설명한다. 상담 후기는 종결 및 분리의 과정이 일어나는 시기로 내담자의 홀로서기가 이루어져야 한다. 그 첫 단계는 '결정 지지하기'이다. 내담자가 앞선 단계에서 작성한 대안들을 선택하여 일상생활에 적용할 수 있도록 독려하고 지지하는 것을 말한다. 아주 작은 긍정적인 변화라도 적극적인 지지와 칭찬을 보내는 것이 필요하다. 후기의 두 번째 단계는 '종결'이다. 상담자와 내담자는 호소 문제가 해결되었다고 판단되면 상담의 과정과 목표 성취 정도를 평가하여야 한다. 또한, 상담 종결 이후에 내담자에게 예상되는 문제와 어려움에 대해서도 이야기하여 종결 이후에도 변화가 지속되도록 한다.

위에서 살펴본 9단계 상담 모델은 노인 내담자들이 당면한 문제를 해결하는 데 중점을 두고 있다. 상담을 9단계로 나누어 각각의 단계마다 구체적인 활동 방법들을 상담 현장에서 쉽게 적용할 수 있도록 구체적으로 제시하고 있다.

2) 맥락적 전 생애 모델(CALTAP Model)

CALTAP 모델(Knight & Pachana, 2015)은 노년기의 일반적인 결핍이나 상실보다는 노년기의 특별한 도전에 초점을 맞추고 있다. 이 접근에서는 노년기만의 특별한 질병과 장애가 노인 개인에게 미치는 영향에 더 큰 관심을 갖는다. 심리치료 과정에서는 노화가 진행되면서 잃어버린 능력에 대한 애도와 함께 능력을 유지하며 할 수 있는 것들을 탐색한다. 또한, 노년기가 만성질환과 죽음 불안, 우울, 인지적 쇠퇴 등의 특별한 도전이 존재하는 현실을 감안한 현실적인 계획을 세우기도 한다.

인간의 노화 과정은 삶의 모든 영역에서 내담자에게 영향을 미치고, 어려움으로 드러나기도 하기에 노인과 노화의 특성을 잘 반영한 상담이론이 필요하다. CALTAP 모델에서는 노인들과의 심리치료 접근을 위해 사회적 맥락, 코호트(Cohort), 성숙, 특별한 도전이라는 개념들을 설명하고 있다. 코호트란 특정 기간에 특정의 경험(특히 연령)을 공유하는 집단을 설명한다(고영복, 2000). 예를 들어 대표적인 코호트로는 386세대가 있다. 386세대라는 말은 '1960년대에 태어나 1980년대 대학에 다니면서 학생운동과 민주화 투쟁에 앞장섰던 30대를 일컫는 말'이었다.

이 모델에서 노인은 같은 코호트를 지닌 집단에 속해 있으며, 어떤 특정 상황에서는 젊은이보다 성숙할 뿐 아니라 만성질환이나 장애를 안고 삶에 도전하는 모습으로 그려진다. 또한, 노인이 처한 특별한 사회적 맥락과 그들이 성장한 문화에 대한 이해를 통해 노인을 잘 이해할 수 있다고 설명한다. 특정한 시기의 문화와 코호트의 상호작용이 노인의 삶에 전반적으로 영향을 미치고 있음을 설명하고 있다.

CALTAP 모델의 특징을 설명하자면 첫째, 노인들이 처한 사회 맥락적인 전후 상황(Social Contexts)을 고려한 심리치료가 진행되어야 한다. 노인들의 맥락적 요소는 노인들이 소속되어 있는 사회적 모임, 장기간의 돌봄을 받거나 돌봄을 제공하는지의 여부, 의료적인 서비스를 포함한 노인대상 서비스기관 이용 여부 혹은 이용가능 여부, 노인관련 법과 규정 등이 있다. 따라서 상담자는 내담자의 사회 맥락적인 환경과 지원이 부족할 때 이를 지원할 수 있는 기관을 연계해 주거나 함께 협력할 수 있어야 한다(Knight & Pachana, 2015).

둘째, 심리치료에서는 코호트 효과(Cohort Influences)를 염두에 두어야 한다. 같은 코호트 내의 사람들은 그들만의 특수한 역사적·사회문화적인 경험에 의해 비슷한 의식 구조 및 행동 양식을 보인다(이금자·이현지, 2008). 따라서 상담자는 노인 내담자의 코호트를 탐색하고 코호트 내의 문화적인 배경을 이해하고자 노력해야 한다. 상담자가 내담자의 코호트와 그 안의 경험들을 이해할 수 있을 때, 내담자를 공감하고 그의 어려움을 개선할 수 있도록 도움을 제공할 수 있을 것이다.

셋째, 노인들은 역경을 이겨내고 대처하는 측면에서 젊은 성인들보다 성숙한 존재이기에 상담에서는 그들의 성숙한 지혜를 적극 발견하고 지지한다. 성숙이란, 경험을 통해 획득한 대인관계와 가족 역동에서 어떻게 해야 하는지에 대한 앎이다(Knight & Pachana, 2015). 노인들은 정서적인 복합성을 가지고 있어, 다양한 분야에서의 역량과 함께 매우 세련된 대인관계 기술을 보유하고 있다. 따라서 노인 내담자들은 자신에게 일어난 일을 다양한 정서 측면에서 조망할 수 있으며 관계 속 복잡한 일들을 젊은 시절보다 수월하게 해결할 수 있다. 또한, 이들은 수십 년의 삶 속에서 형성된 복잡한 인지체계를 보유하고 이를 활용하고 있다. 이에 상담자는 노인들의 신체에 깃들어 있는 그들의 자원을 인정해 주고, 이미 생활 속에서 유능하게 기능하고 있는 모습을 일깨워 줄 수 있어야 한다.

넷째, 노년기는 이전 발달단계와 마찬가지로 일상에서의 도전(질병, 죽음 등)들을 심리치료에서 다루어야 한다. 노년기에는 만성질환, 장애, 사랑하는 가족들을 떠나보냄(상실), 누군가의 질병을 뒷바라지하는 사건과 같은 결정적인 사건들을 동시에 경험한다는 특징이 있다(Knight & Pachana, 2015). 따라서 상담 안에서는 노년기만의 특별한 인생사건을 충분히 표현할 수 있도록 해야 하며 상담자는 노년기에 주로 많이 당면하는 인생사건들을 잘 이해하고 다룰 준비가 되어 있어야 한다. 예를 들어, 상담자는 내담자가 경험하는 죽음이나 기능상실의 인지적, 행동적, 심리·정서적인 측면을 구체적으로 알고 있어야 하며, 이를 바탕으로 내담자의 호소 문제를 파악해야 한다. 그리고 내담자가 가지고 있는 자원을 바탕으로 당면한 어려움을 어떻게 해결할 수 있을지 탐색해 나가야 한다.

CALTAP 모델은 삶의 후반부를 우울증과 같은 전형적인 반응과 상실의 연속으로 설명하며, 나이듦을 '취약해지는 것'으로 표준화시켰던 1970년대와 1980년대의 관점과 차별화된다. 이 모델은 노후의 삶 속에서 자연스럽게 발생하는 상실을 받아들이고 이를 애도하는 과정을 통해 더 나은 삶으로 나아간다는 관점에서 출발하였다. 또한, 노인에 대한 이해가 나이에 기반한 사회적 역할에서 비롯되는 것이 아니라 젊은이 혹은 타인과 다른 코호트를 지닌 인간에서 출발하는 것은 개인에 대한 새로운 자기 개념의 인식과 대인관계에서 비롯된 어려움에 대한 새로운 통찰을 제공한다.

3) 지혜기반 모델(Wisdom-based Model)

지혜기반 모델(Wisdom-based Model)은 나이트와 라일드로우(Knight & Laildlaw, 2009)가 주장한 모델로서 삶의 과정에서 이루어지는 발달에 대한 긍정적인 접근과 지혜에 대한 최근의 새로운 이론에 바탕을 두고 건강한 노년을 위한 심리치료를 설명한다.

그들에 의하면 그동안의 노인상담 연구는 노년학 관점의 인생 주기에서 시작된 것이 아니라 정신건강 측면에서 비롯된 연구가 많았으나, 본 교재에서는 젊은 성인과의 작업 방식을 적용한 노인상담에서 벗어나 노인들에게 특성화된 접근을 설명하고자 하였다.

지혜는 나이에 따라 지혜가 계속 발달한다는 의견과 성인기 이후의 발달단계에서는 지혜와 나이는 상관이 없다는 두 견해로 나뉜다(Sternberg & Jordan, 2005). 하지만 지혜기반 모델에서는 지혜의 발달과 나이와의 상관관계와는 별개로 '왜 몇몇 노인들은 지혜를 획득하지 못하는가?'에 관심을 두고 있다. 이들은 노인들이 지혜를 갖추지 못하는 것은 정신과 질병이 심리적인 장벽이 되기 때문이라고 지적한다. 즉, 정신과 질병은 성공적인 성인 발달과 노년의 지혜 형성을 방해한다는 것이다. 불안과 우울에 관련된 질병은 현재의 삶과 지나온 삶을 부정적으로 인식하게 할 뿐 아니라 성공적인 대처 전략을 익히는 것 역시 방해한다. 이에 지혜를 기반한 노년기 심리치료적인 개입은 지혜와 정신과 질병 간의 상호적인 영향을 극복하기 위한 방법으로 구성된다. 노인들은 자신들이 우울과 불안에 대처한 경험을 찾아 대처 기술을 다시 배우고, 비슷한 상황에 대처함으로써 나이듦에서 비롯된 지혜를 발달시킨다고 하였다.

위에서 설명한 심리치료의 과정을 설명하기 위해 지혜기반 모델에서는 지혜의 정의에 대해 제일 처음 논하고 있다. 심리학적으로 지혜에 대해 연구자들에 의하면 지혜는 문화와 역사에 걸쳐 매우 다양하게 규정하고 있는데, 이를 종합하면 다섯 가지로 정리할 수 있다(Schaie, 1994). 첫째는 인간의 자연과 삶의 과정에 대한 실제적 지식의 저장고로서의 지혜이며, 둘째는 삶에서 만나는 어려움을 다루는 것에 대한 풍부하고 순차적인 지식으로서의 지혜이다. 셋째는 삶의 다양한 맥락과 전 인생에 걸쳐 인간이 어떻게 변해 가는지에 대한 인식으로서의 지혜이며, 넷째는 가치의 상대성과 타인에 대한 인내에 대한 이해로서의 지혜이다. 마지막으로 불확실성에 대한 이해로서의 지혜이다. 또한, 서양과 동양에서의 지혜에 대해서도 살펴보면, 서양의 지혜는 지식과 지성에 중점을 두는 반면 동양에서의 지혜는 학문적 지식이나 지성 대신 삶에 대한 더 많은 직접적인 경험과 감정의 통찰, 삶의 다른 측면을 보는 것을 의미하고 있었다.

이에 스턴버그와 루바트(Sternberg & Lubart, 2001)는 개인과 대인관계 그리고 환경과의 상호작용에서 '어떻게 해야 하는지에 대한 앎', '무엇을 해야 하는지에 대한 앎'의 메타인지적인 측면의 지식과 지성에 대해 설명하였다. 이러한 지혜에 대한 다양한 정의의 이해를 바탕으로 지혜기반 모델에서는 지혜를 '어떻게 해야 하는지에 대한 앎의 축적'으로 정의하였다.

노년기의 지혜 획득에 대해 설명하는 지혜기반 모델에서는 노인상담 과정에 대한 구체적인 절차나 과정에 대해 언급하고 있지 않다. 대신 상담에서 다루어야 할 내용에 대해 설명하고 있는데, 상담자는 노인 내담자의 인생에서 활용해 온 대처법을 상기시키고 내부 자원을 발견하여 정리하는 작업에 집중해야 한다고 강조하고 있다. 하지만 이는 개인의 상황에 따라 다를 수 있어 내담자에 따라 개인 내부 자원을 발견하는 작업 이전에 심리 교육에 더 많은 노력을 선행해야 할 필요를 제기하기도 하였다.

CALTAP 모델과 지혜기반 모델의 가장 큰 차이는 노화를 바라볼 때 연령에 따른 사회적인 맥락, 고유의 사회 역사적 맥락을 지닌 특정한 코호트와 문화적 정체성의 영향력을 살피고 있는가에 관한 것이다. 그리고 두 모델이 지닌 공통점은 노화를 삶 속에서 나타나는 자연스러운 일로 받아들이고 노인만이 지니고 있는 성숙한 정신을 활용하여 변화로 이끌고자 하는 점이다.

노인상담 치료모델로 설명한 9단계 상담 모델, CALTAP 모델, 지혜기반 모델들을 살펴본 결과 노인상담에서는 내담자의 자기 탐색이나 자기 이해를 위한 통찰 작업보다는 내담자가 실제 당면한 상황에 적응하고 어려움을 해결하는 것이 보다 강조됨을 알 수 있다. 이러한 특성은 첫째, 노인 내담자의 건강 혹은 가족 사건이나 사회적 상황에 따라 상담이 지속적으로 이루어지기 어렵고, 비교적 긴 시간이 소요되는 통찰 작업보다는 실질적인 도움이 가능한 작업이 선호되는 것으로 보인다(정미경, 2017). 둘째, 노인 내담자들에게는 많은 생활경험으로 체득한 전문지식, 지혜가 있기에 현재의 문제해결에 이를 적극적으로 활용할 수 있기 때문이다(Scogin, 2008).

셋째, 노인 내담자들은 대개 가족 및 보호자의 지지가 약한 경우가 많아, 현재 호소하는 문제에 적극적으로 개입할 수 있는 주변 자원이 부족할 수 있어 상담 안에서 이들이 당면한 어려움을 적극적으로 다루고 해결하는 데 초점을 두어야 한다(이호선, 2013).

3 노인상담의 실천

1) 노인상담의 영역

(1) 경제문제

노인 문제 중에서 빈곤은 노인들이 직면하고 있는 최고 문제 중의 하나이다. 노인이 직업생활에서 은퇴하여 연금을 제대로 받지 못하거나, 노후생활을 유지할 만한 재산이나 저축이 없거나, 의료비의 과도한 지출로 인하여 생활이 어렵거나, 자녀들로부터 생활비를 제대로 지원받지 못할 경우, 그들의 경제적 어려움은 더욱 가중된다. 빈곤은 노인의 삶의 질을 저하시키고, 생활의 만족도를 낮추며, 질병을 제대로 치료받을 수 없게 하고, 여가생활을 즐기는 데에도 도움이 되지 못하며, 심지어 자살생각을 할 수 있게 하므로 노인상담의 주요한 영역이 된다.

(2) 건강문제

노인이 되어 신체적 허약성으로 인해 만성질환에 시달리는 경우가 많으므로 건강문제는 노인들에게 가장 심각한 문제이다. 노인의 대부분이 한 가지 이상의 만성질환을 가지고 있으며, 그 질병이 장기적인 치료가 필요하거나 다른 질병들과 복합적으로 발생하기 때문에 치료가 더욱 어렵고 비용도 많이 들게 된다. 그러나 만성질환의 특성상 제대로 질병의 호전이 되지 않고 더욱 악화되는 경향이 있어 치료비의 과중한 부담, 이로 인한 생활비의 부족, 만성적인 우울증, 알코올 중독, 자살생각 등을 갖게 되어 건강문제는 노인상담의 중요한 영역이 된다.

(3) 정서문제

노인은 핵가족화로 인하여 가족 내의 역할이 상실되고 가족과의 관계가 멀어지면서 가족과 지역사회에서 소외되는 경향이 있으며, 직업생활에서 은퇴하면서 직업적 역할과 사회적 역할이 상실되어 상대적 박탈감 속에 고독하게 노후생활을 보내는 경우가 많다. 자녀들이 노인을 제대로 부양하지 않거나, 고부갈등 등과 같은 자녀들과 갈등관계에 있거나, 유산상속 등과 같은 재산분배로 인한 불화가 있거나, 노인부부 사이의 이혼, 별거 등과 같은 문제에 직면하거나, 여러 가지 문제들로 인하여 우울증이 있거나, 심지어 자녀나 배우자로부터 학대를 받을 경우 이러한 문제들은 노인상담의 중요한 영역이 된다.

(4) 법률문제

노인이 되어 성인자녀들과의 관계에서 유산의 분배는 어려운 과제 중의 하나이다. 이러한 문제가 노인과 자녀들과 원만한 합의가 이루어질 경우 별다른 문제가 되지 않으나, 서로 간에 합의점을 찾지 못할 경우 법적 문제로 진행되는 경우가 많다. 노인부부 간의 불화는 황혼이혼에 이르기도 하므로 이혼과 관련된 법적 문제는 상담의 영역이 될 수 있다. 그 외에도 노인이 인식능력의 부족으로 타인으로부터 사기를 당하거나, 타인이나 동료로부터 갑작스러운 폭행 등과 같은 신체적 위해를 당하거나, 자녀들로부터 심각한 학대를 당하거나, 노인이 범죄와 직접 관련될 경우 이러한 일들은 노인상담의 영역이 된다.

(5) 일자리문제

노인이 되어 직업에서 은퇴하였지만 신체적 건강을 유지하고 있어 일을 하고자 할 경우 그들에게 일자리가 마련된다면 빈곤의 문제를 해결할 수 있으며, 고독, 소외감, 역할상실 등에서 벗어나 노후생활의 만족을 추구할 수 있을 것이다. 그러나 노인이 전문적 지식과 기술의 부족 및 신체적 허약성으로 인하여 산업현장에서 자신의 역할을 제대로 할 수 없으며, 노인에게 적합한 일자리가 부족하기 때문에 일을 할 기회가 점점 감소하고 있다. 이러한 현실에서 노인들이 적합한 일자리를 구하고자 하는 욕구가 크기 때문에 일자리문제는 노인상담의 주요 영역이 된다.

2) 노인상담의 종류

(1) 면접(대면)상담

면접상담이란 내담자가 직접 상담자와 대면하여 자신의 문제를 내어놓고 함께 풀어가는 상담과정이다(이효선, 2008). 면접상담은 내담자가 직접 자신의 문제를 상담자의 앞에서 노출해야 하는 부담이 있고, 상담자는 내담자의 기대에 대한 만족할 만한 상담을 해야 한다는 부담이 있다. 그러나 상담자로서는 면접상담은 내담자의 언어적 표현뿐 아니라 비언어적 메시지와 그 밖의 상황에 대한 직접적인 관찰을 가능케 하므로 가장 효율적으로 상담을 이끌어 갈 기회가 된다. 특히 노인들은 언어적 표현능력이 부족하고 문제의 핵심을 놓치기 쉬운 경우가 많으며, 노인의 당면한 문제에 대한 효율적 대처방법은 가족원들의 도움이 필요한 경우가 많다. 그러므로 노인들은 면접상담을 통하여 상담자에게 자신의 문제를 더욱 분명하고 용이하게 전달할 수 있다. 따라서 면접상담은 내담자와 더불어 다양한 기법들을 사용하여 내담자의 문제에 접근하기 때문에 내담자와 상담자 간에 깊은 이해관계가 형성되고, 이는 내담자를 위한 상담 서비스 제공을 위한 기초가 된다(이효선, 2008). 그러나 노인들의 경우, 상담자를 스스로 찾아오기가 쉽지 않고, 특히 우리 사회의 고정 관념상 노인들의 내방면접상담은 그렇게 보편적이지 않다.

(2) 집단상담

집단상담은 정상적인 사람들로 하여금 그들의 문제가 더 심각해지기 전에 발견, 해결하도록 도와주는 상담의 집단적 접근으로 상담의 예방적 역할이 강조된다. 집단상담은 전문의를 찾아야 할 만큼 심각하지는 않으나, 인간성의 결핍, 세대 간의 가치관의 갈등, 정서적 미숙이나 혼란 등을 경험하는 많은 현대인들에게 도움을 줄 수 있는 유용한 방법이다. 노인집단상담에 참여하는 노인들은 대부분 적극적이고 능동적인 경우가 많다(이효선, 2008). 혹은 초기의 정신질환을 앓고 있는 노인들에 대해서는 임상적 목적으로 집단상담을 실시한다. 어느 경우이든 노인들은 집단의 다른 구성원의 이야기를 듣고 자신이 집단의 공통 목적을 향하여 함께 나아감으로써 서로에 대한 지지와 치료자 역할을 하고, 자신도 치료되고 안정감을 얻게 되는 것이 목적이다.

(3) 전화상담

우리나라는 노인의 사회적 서비스 프로그램의 일환으로 전화방문 서비스를 시작하였으며, 정부의 재정 지원이 민간사회복지기관으로 이양되어 주로 저소득층 노인을 대상으로 실시되고 있다(최성재, 1999). 전화상담은 전화매체를 활용하여 신속하고도 신뢰에 찬 관계를 통하여 인간의 위기에 개입하는 상담의 한 형태이다. 전화상담의 특징으로서는 단기상담, 익명성, 신속성, 내담자의 선택 용이성을 들 수 있다(이효선, 2008). 즉, 전화는 공간적으로 떨어진 사람과의 물리적인 거리를 초월하여 연결시켜 주는 기능을 갖고 있어 도움을 청하는 내담자가 번거롭게 상담자를 찾아가야 하거나, 상담 수속절차를 기다려야 하는 복잡함이 없이 즉시로 도움을 청하고 도움을 받을 수 있는 장점이 있다.

(4) 사이버(인터넷) 상담

우리나라에서 인터넷 상담은 주로 청소년을 대상으로 발전해 왔으며, 노인을 대상으로 하는 인터넷 상담은 소수에 불과하다. 그러나 현대의 컴퓨터 기술은 사람들의 슬픔 이슈를 토론하고, 상실에 대해 다른 사람들과 정보를 교환하고, 자원을 교환하는 것을 가능하게 하고 있다. 온라인 지지집단은 통제, 안전, 익명성을 보장하고 그들의 이야기, 고통을 공유하고, 치료방법을 가르쳐 준다. 또한, 이메일을 통해서도 가능하게 되었다(서혜경 외, 2006). 최근 노인종합사회복지관에서 가장 인기 있는 프로그램이 컴퓨터이고, 노인을 대상으로 인터넷 교육이 확산되면서 인터넷 상담 또한 활성화될 수 있는 상담영역이 될 것으로 전망된다(서혜경 외, 2006).

3) 노인상담 기법과 기술

(1) 노인상담 기법

① 회상기법

회상기법(reminiscing technique)은 개인적으로 의미 있는 과거 경험을 생각하거나 그 경험을 현실의 문제와 연관시키는 것으로, 말로 진술하는 구술 방법, 글로 적어 내려가는 서술 방법, 혹은 혼자서 과거를 되돌아보는 명상법 등이 이에 해당한다(이효선, 2008). 회상기법은 친구들이나 인생의 중요한 사람들을 만나보면서 자신을 돌아볼 수 있는 기회를 가질 수 있으며, 가족 역사의 연속성을 느끼게 해 주고 가족구성원의 사망에 대해 알아가면서 죽음의 두려움을 완화할 수 있다. 내담자가 세상에 기여했다고 여기는 일을 정리함으로써 세상에 의미 있게 참여하였음을 깨닫게 하는 효과가 있다.

② 가족조각기법

가족조각기법은 가족관계를 조각 작품으로 나타내는 기법이다. 이것은 전략적 가족치료이론에 쓰이는 한 기법으로 가족들이 어떤 특정한 사건이나 가족 간의 관계, 의사소통 유형을 언어로 설명하는 대신 시각적·공간적으로 묘사하는 기법이다(이효선, 2008). 즉, 가족들이 실제로 가상의 위치와 자세를 형성해 봄으로써 가족 간의 관계를 경험하는 비언어적 치료방법으로 가족 내의 관계가 분명해지고 갈등이 시각화·명료화되는 장점이 있으며, 가족 내에 내담자의 위치와 상황을 새롭게 느끼면서 보다 나은 가족관계 형성을 위해 협력할 수 있다.

③ 문장완성기법

문장완성기법은 개인상담이나 집단상담에서 전체 내담자에 대한 사전 정보를 수집하기 위해 사용하는 기법으로 미완성의 문장에 적절한 말을 추가하여 완전한 문장을 만들게 하여 내담자가 사용한 단어를 통해 내담자의 특성을 이해하는 방식이다. 일반적인 투사적 기법 중 하나로 분류된다(이효선, 2008). 문장완성기법은 내담자의 가치관, 고민과 해결방식, 여성관, 남성관, 가족관계, 내담자 스스로 의식하지 못한 자아상에 대한 간접적인 정보를 제공해 준다.

④ 심리극기법

심리극기법은 내담자에게 현실 문제를 직면하게 하고, 다양한 역할을 연기해 봄으로써 내적 갈등과 경험을 표현하게 하여 통찰을 얻고, 새로운 역할을 학습하는 효과가 있다(이효선, 2008). 심리극기법의 독백은 말이 없는 내담자 혹은 상담 중에 침묵이 발생할 경우 사용하는 기법으로 내담자 혼자 말하도록 하는 기법이다. 거울기법은 자존감이 낮거나 대인관계가 어려운 내담자, 비협조적인 대상자, 우울증상이 있는 내담자에게 유용한 기법이며, 빈의자기법은 빈의자를 이용해서 내담자의 상상력을 자극하거나 역할 연기를 시도하게 하여 내담자 자신에 대한 이해나 내면이 답변을 찾아내도록 하는 기법이다.

(2) 노인상담 기술

① 질문

질문은 노인의 문제를 이야기하도록 노인에게 물어서 스스로 밝히도록 하는 것으로 가장 빈번히 사용되는 상담의 방법이다. 질문은 노인이 그의 문제를 이야기하도록 격려하는 데 사용되어야 하며, 문제해결의 사고와 감정을 북돋우기 위해 사용되어야 한다. 질문은 개방적 질문과 폐쇄적 질문, 직접질문과 간접질문, 이중질문과 단일질문 등으로 구분할 수 있으며, 문제의 특성에 따라, 노인의 인지적·심리적 상태에 따라 적절한 질문의 형태를 활용해야 한다.

② 경청

경청은 노인이 말하는 것에 능동적으로 세심하게 주의를 기울이는 것으로서 노인에게 이야기할 기회를 많이 주고 감수성이 예민하게 노인의 마음속을 파악해 나가는 것이다. 경청은 단순한 신체적 과정인 청취가 아닌 정신적·정서적 과정으로서 훌륭한 상담자는 곧 훌륭한 경청자라고 말할 수 있을 정도로 상담의 중요한 방법 중 하나이다. 내담자는 상담자가 자신의 문제에 대해 관심을 가지고 수용해 주며 자신의 말을 잘 들어주기를 바라며, 이러한 경청은 문제를 해결하는 중요한 요소가 된다.

③ 명료화

명료화는 노인이 말하고자 하는 의미가 무엇인지 분명하게 하도록 하는 것이다. 즉, 이것은 노인의 진술 중에서 모호하거나 이해가 되지 않은 점을 노인이 스스로 확실히 하도록 상담자가 촉구하거나 격려하는 방법이다. 명료화는 내담자와 신뢰관계를 형성하는 데 필수적이며, 내담자의 문제를 이해하기를 원한다는 것을 전달하고 오해와 편견을 최소화하는 데 기여할 수 있다. 명료화는 대개 내담자의 말을 상담자가 완전하게 듣지 못했거나, 그가 말하고자 하는 의미를 제대로 이해하지 못했거나, 그가 모호하거나 익숙하지 않은 용어를 사용할 때 활용해야 한다(Hepworth et al., 2010). 명료화는 내담자가 자신의 의사를 분명하게 표현할 수 있도록 하며, 상담자가 그의 이야기를 주의 깊게 경청하고 있으며, 이야기에 대해 중요성을 부여하고 있음을 보여줄 수 있는 장점을 지니고 있다(엄명용 외, 2008).

④ 해석

해석은 노인으로 하여금 자신의 문제를 새로운 각도에서 이해하도록 상담자가 문제의 의미를 설명하는 것이다. 이것은 노인이 상담자의 설명을 통해 자신의 문제나 상황을 보다 잘 이해하고 환경에 능동적으로 대처할 수 있도록 하기 위한 것이다. 성공적인 상담을 수행하기 위해서는 상담자가 여러 수준의 의미와 다양한 표현으로 노인의 문제를 해석할 수 있어야 하며, 이러한 해석은 노인 문제를 해결할 수 있는 요소가 된다.

⑤ 요약

요약은 상담자가 그동안 상담해 온 문제를 간단하게 재검토하여 의사소통의 범위를 확대시키고, 내담자 이야기의 요점을 잡아주며, 다루지 못한 부분을 지적하고, 상담의 방향을 제시하고 상담의 현재 위치를 파악하고자 하는 것이다. 효과적인 요약을 위해서는 노인의 말 중에서 중요한 내용, 말할 때의 감정, 말의 목적, 말한 시기 등에 대해 주의를 기울여야 한다.

⑥ 자기노출

자기노출은 상담자가 상담 상황에서 자신의 신변에 관한 내용을 내담자와 나누는 장면을 말한다. 이것은 상담자가 내담자와의 공감을 높이고 관계를 더욱 공고히 하기 위하여 내담자의 삶이나 문제에 자신의 의견이나 경험을 결부시키는 것이다. 그러나 자기노출은 상담에서 부정적인 영향을 미칠 수 있다. 예를 들면, 내담자가 자신의 경험이 상담자에 비해 너무나 작고 초라하다고 느끼면 자신의 감정을 솔직하게 드러내지 못하고 상담을 받을 의지를 유지하기 어렵게 할 수 있으며, 내담자의 문제보다는 상담자의 경험이 상담의 주요 내용이 될 수도 있다. 따라서 상담자의 자기노출은 조심스럽게 이루어져야 하며, 정도는 다를지라도 되도록 자제하는 것이 좋다(김미령 외, 2013).

⑦ 직면

직면은 상담 중에 내담자가 어떤 상황이나 문제를 지속적으로 회피하려고 할 때 그 상황이나 문제에 직접 부딪히게 하는 것이다. 이것은 내담자의 자기인식을 고양시키고 변화를 촉진하는 기술로서 내담자가 자신의 문제들에 기여하거나 유지하도록 하는 사고, 감정, 행동 등과 직접적으로 대면하게 하는 것을 말한다(Hepworth et al., 2010). 직면은 내담자가 자신의 문제에 대해 스스로 모순과 불일치를 인식하고 자신의 사고와 행동에 변화가 필요하다는 새로운 자기인식을 갖도록 상담자가 내담자를 직접적으로 사고와 행동에 대면시키는 것이다.

4) 노인상담 과정

(1) 초기과정

노인상담을 시작하기 전에 상담실이 쾌적하고 안락하며 비밀유지가 되도록 분위기를 조성하며, 기록에 필요한 도구를 준비하고 녹음이나 녹화가 필요할 경우에는 내담자의 동의를 받기 위한 서류를 준비해야 한다. 초기과정에서는 상담의 신청과 접수, 내담자와의 관계형성과 구조화, 상담목표의 합의 및 계약이 진행된다(김미령 외, 2013). 노인상담은 내담자 본인이 상담기관에 직접 찾아와 상담신청을 하기도 하지만 가족이나 의사, 간호사, 사회복지사 등 전문가가 의뢰하여 이루어지기도 한다. 상담의 신청은 직접 방문하여 신청하거나 전화로 신청할 수 있으며, 접수 시에는 성명, 주소, 전화번호, 가족관계, 당면한 문제 등의 기본적인 사항 및 문제의 특성, 지속기간, 대처능력, 해결방안 등도 확인한다. 접수 이후에는 내담자에 대한 상담자의 이해, 수용, 존중, 배려, 신뢰, 경청 등을 통한 신뢰관계의 형성이 무엇보다도 중요하며, 상담을 보다 안정적이면서도 체계적으로 실시하기 위해 해결 가능한 범위와 제한점을 교육시키는 구조화가 필요하다. 그다음에는 내담자의 문제를 명료화하고 내담자와 상담자 상호 간에 합의를 통하여 상담목표를 설정하며 계약하는 것이다.

(2) 사정과정

사정과정은 노인의 문제와 관련된 자료를 수집하고 분석하며, 문제의 규정, 문제의 심각성, 문제로 인한 결과 등도 검토하며, 문제해결에 필요한 노인의 강점, 장점, 잠재능력, 제한점 등을 파악하고 구체적이면서도 체계적인 개입계획을 수립하는 것이다. 사정과정에서는 노인의 신체적·심리적·사회적 기능이 전반적으로 고려되어야 한다. 사정과정에서 구체적으로 파악할 사항은 노인의 건강상태, 일상생활기능수준, 성격특성, 인지기능, 정서기능, 문제해결능력, 치매 여부, 가족관계, 재정상태, 사회활동 참여수준, 주거환경, 공식·비공식 지원체계 등이다. 초기과정에서 문제의 명료화와 내담자와 상담자와의 합의에 의해 설정된 상담목표를 바탕으로 하위목표를 설정하고 우선순위를 결정하며, 사정과정에서 수집하여 분석한 자료를 통하여 상담에서 제기된 문제를 해결하기 위한 개입계획을 수립해야 한다(권중돈, 2010).

(3) 개입과정

개입과정은 문제해결을 위해 수립한 개입계획을 구체적으로 실천하며, 내담자의 문제해결을 위해 상담자가 적절한 정보, 이론, 기법 등을 선택하고 적용하는 단계이다. 개입과정에서 적절하고 효과적인 개입을 위해 상담자는 궁극적으로 달성하고자 하는 목표와 관련된 지식, 경험 및 기술을 소유하고 있어야 하며(변용만 외, 2011), 노인의 입장을 고려하여 친절하고 우호적인 분위기를 조성하며, 노인의 변화동기를 고취시키는 방향으로 문제해결 노력을 기울여야 한다(권중돈, 2010). 개입과정에서는 내담자가 자신의 문제를 자각할 수 있도록 돕고, 문제해결을 위한 동기부여가 되도록 하며, 긍정적인 변화를 자각하고 자율적인 문제해결 능력을 습득하도록 돕는 것이다. 만일 상담자가 해결하기 어려운 문제가 발생할 경우 문제에 따라 전문적인 다른 기관에 의뢰하여 해결하는 것도 효과적일 것이다(김미령 외, 2013).

(4) 종결과정

종결과정은 개입에 대한 결과를 평가하고 상담자와 내담자인 노인 간의 전문적 원조관계를 종결하며 사후관리를 하는 단계이다. 종결과정에서는 개입목표의 달성, 노인의 변화와 만족, 서비스의 효율성 등에 대해 종합적으로 평가하며, 상담자의 전문적인 판단에 근거하여 상담을 종결하고 종결에 따른 노인의 정서적인 문제를 해결하며, 종결 이후 노인과의 지속적인 의사소통을 통해 관계를 지속하고 정서적 지지를 제공하며, 필요할 때에 서비스에 쉽게 접근하여 이용할 수 있도록 한다. 노인이 상담자의 도움 없이도 스스로 자신의 문제를 해결할 수 있을까 하는 걱정과 의구심이 생기고 관계의 종결에 대한 불안감이 나타날 수 있으므로 개입과정에서 일어나 변화를 재음미하고 요약하는 과정을 통해 종결에 대한 노인의 불안을 비롯한 부정적 정서반응을 최소화할 수 있도록 하는 것이 필요하다. 그와 동시에 노인의 자율적 판단과 결정을 허용하고 격려하는 상담자의 태도와 자세가 중요하며, 이러한 과정을 통해 노인은 상담자의 도움 없이도 독자적으로 자신의 문제를 해결하고 만족스러운 삶을 영위할 수 있게 될 것이다(권중돈, 2010).

4 노인상담의 과제

1) 노인상담의 인식제고

노인 인구가 급속히 증가하고 노인 문제가 다양화·복합화·장기화되면서 노인상담은 더욱 필요할 것으로 보이며, 특히 노인자살률이 높고 노인학대가 지속적으로 증가하고 있어서 그 필요성은 더욱 증대되고 있다. 그러나 노인상담에 대한 국가적 관심과 노인의 인식은 아직도 낮은 편이며, 노인상담기관을 통하여 상담을 받는 노인들이 적고 노인상담과 관련된 홍보도 활성화되지 못하고 있다.

노인상담을 활성화하기 위해서는 무엇보다도 노인들이 자신의 문제를 해결하기 위해서는 노인상담이 필요하다는 인식을 갖도록 해야 하며, 적극적인 홍보를 통하여 노인상담에 대한 인식을 높여야 한다(박차상 외, 2008). 노인상담은 노인자살과 노인학대 예방, 가족과 지역사회의 적응, 노인치매의 예방, 재혼과 성문제의 해결, 사회적 지지의 제공 등과 관련된 훌륭한 방안이므로 노인상담에 대한 인식을 제고하여 보다 많은 노인들이 상담을 받도록 해야 할 것이다.

2) 노인상담기관 운영의 활성화

노인 인구의 급속한 증가와 더불어 노인 문제의 심각성은 노인상담기관의 필요성을 더욱 증대시키는 요인이 되고 있다. 노인상담기관으로는 노인상담센터, 노인의 전화, 노인자살예방센터, 노인보호전문기관, 치매상담센터, 노인성상담센터, 대한노인회 취업지원센터 등 다양한 분야에서 노인상담이 이루어지고 있다. 이러한 기관들마다 상담의 분야와 내용에는 차이가 있지만, 노인 문제를 상담하고 해결한다는 공통적인 목적을 가지고 있다. 노인상담이 다양한 분야에서 이루어지고 있으며 다양한 상담기관이 존재하고 있지만, 정보와 인식능력이 부족한 노인들이 상담기관을 이용하는 데 어려움이 있으며, 아직도 노인상담기관의 운영이 제대로 활성화되지 못하고 있는 실정이다. 앞으로 노인 인구의 급증과 노인 문제의 심각성에 대비하여 노인상담기관의 확충과 더불어 운영의 활성화를 위해 국가와 지방자치단체의 적극적인 지원 및 노인상담기관의 체계적인 정비가 필요하다.

3) 노인복지상담원 기능의 강화

노인복지상담원은 노인의 복지를 담당하게 하기 위하여 특별자치도와 시·군·구에 두도록 「노인복지법」에 명시하고 있다. 노인복지상담원의 직무는 「노인복지법 시행령」에서 노인 및 그 가족 또는 관계인에 대한 상담 및 지도, 노인복지에 필요한 가정환경 및 생활실태에 관한 조사, 자택에서 보호받기 어려운 노인의 노인복지시설 입소에 필요한 상담 및 지도, 노인의 단체활동 및 취업의 상담 등과 관련된 업무로 규정하고 있다. 노인복지상담원은 별도로 두거나 아동복지전담공무원, 장애인복지상담원 또는 사회복지에 관한 업무를 담당하는 공무원이 겸직할 수 있도록 하고 있으며, 대개 노인복지 업무를 담당하는 공무원이 겸직하도록 하고 있다. 앞으로 노인 문제의 심각성에 대비하여 노인상담과 관련된 업무를 체계화하고 노인복지상담원의 기능을 더욱 강화해야 할 것이다.

4) 노인상담 전문인력의 양성

노인상담이 활성화되기 위해서는 전문인력을 체계적으로 양성하여 노인상담기관에 배치하고 수준 높은 서비스를 제공받을 수 있도록 해야 하며, 노인상담 프로그램을 다양화하고 노인상담과 관련된 이론도 더욱 체계화해야 할 것이다. 노인상담 전문인력은 가칭 '노인복지상담사'로 정하고 「노인복지법」에 관련 규정을 명시해야 할 것이다(현외성, 2016). 가칭 '노인복지상담사'는 국가자격증으로 규정하는 것이 바람직할 것이며, 건강가정사처럼 일정한 학력을 갖추고 자격증에 필요한 과목을 이수하면 자격을 부여하거나, 정신보건사회복지사처럼 사회복지 분야 전문자격증으로 하는 것도 하나의 방안이 될 수 있다. 그러나 이것은 사회복지에 대한 학문적 기반이 있어야 하기에 사회복지사 2급 자격을 가지고 있는 자 중에서 필요한 과목이나 과정을 이수하게 되면 자격증을 부여하고 적절한 처우가 이루어지도록 해야 할 것이다.

참고문헌

고영복(2000). 사회학사전. 서울: 사회문화연구소 출판부.

권육상 · 이명재(2002). 인간행동과 사회환경. 서울: 대영문화사.

김태현(1985). 노인상담의 기초적 연구. 한국노년학, 5, 14-26.

박차상 · 김옥희 · 엄기욱 · 이경남 · 정상양(2008). 한국노인복지론. 서울: 학지사.

서혜경 · 정순둘 · 최광현(2006). 노인상담: 기본 기술과 과정. 서울: 학지사

서혜경 · 정순둘 · 최광현(2013). 노인상담 기본 기술과 과정. 서울: 학지사.

양경순(2004). 뇌졸중 환자를 위한 아침체조가 우울과 재활동기에 미치는 효과. 경희대학교 행정대학원 석사학위논문.

엄명용 · 노충래 · 김용석(2008). 사회복지 실천기술의 이해. 서울: 학지사.

이금자 · 이현지(2008). 노인 코호트에 따른 삶의 질 결정 요인. 노인복지연구, 41, 159-182.

이장호 · 김영경(2006). 노인상담: 경험적 접근. 서울: 시그마프레스.

이장호 · 김영경(2014). 노인상담: 경험적 접근. 서울: 시그마프레스.

이호선(2013). 노인상담. 서울: 학지사.

이효선(2008). 노인상담과 연구. 서울: 신정.

정미경(2017). 행복한 노년의 삶을 위한 노인상담. 서울: 시그마프레스.

최명균(2012). 노인상담에서 상담자의 역전이 경험. 백석대학교 대학원 박사학위논문.

Goudie, F. (2010). Psychological therapy with older adults. In R. Woolfe, S. Strawbridge, B. Douglas & W. Dryden (Eds.). *Handbook of counseling psychology*, Third Edition, 373-390. London: SAGE.

Hepworth, Dean H., et al. (2010). Direct social work practice: Theory and skills (8th ed.). Belmont, CA: Brooks/Cole Loomis, James F. (1992). Case management in healthcare. In Rose, Stephen M. (Ed.), *Case management and social work practice*. NewYork: Longman Publishing Group.

Hinrichsen, G. A., & Clougherty, K. F. (2012). 노인 우울증의 대인관계 치료[Interpersonal psychotherapy for depressed older adults. American Psychological Association] (임기영, 김지혜 역). 서울: 학지사.

Knight, B. G., & Laildlaw, K. (2009). Handbook of theories of aging. In L. V. Bengtso. (Eds.). *Wise-based model for psychological interventions to enhance well-being in later life*, 693-706. New York: Springer Publishing Company.

Knight, B. G., & Pachana, N. A. (2015). *Psychological assessment & Therapy with older adults*. UK: Oxford University Press.

McDonald, P. A., & Haney, M. (2003). 노인상담연습[Counseling the older adult]. (현외송, 하정미 역). 서울: 양서원.

Schaie, K. W. (1994). The course of adult intellectual development. *American Psychologist, 49*, 304-313.

Scogin, F. (2008). 노인상담의 첫 걸음[The first session with seniors: A step-by-step guide] (김영경 역). 서울: 시그마프레스.

Sternberg, R., & Jordan, J. (2005). *A handbook of wisdom: Psychological perspectives*. (Eds). Cambridge University Press.

Sternberg, R., & Lubart, T. I. (2001). Wisdom and creativity. In J. E. Birren & K. W. Schaie (Eds.), *Handbook of the psychology of aging* (pp. 500-522). San Diego, CA, US: Academic Press.

노인복지학

Part 05

노인복지의 주요 이슈

Chapter

15 노인인권

1 노인인권의 이해

1) 인권의 개념

인권(human rights)이라는 개념은 봉건사회의 몰락과 근대 자본주의 사회의 형성이라는 역사적 측면과 17~18세기 유럽의 자유주의 정치사상에 입각한 자연법사상에서 비롯되었다. 그러나 인권은 인간이기에 갖는 천부적 권리라는 선험적이고 절대적인 최고선으로만 기술되는 정태적 개념이 아니며, 시대 상황과 사람들 사이의 의사소통과 상호작용을 통해 구성되고 진화하는 역동적 개념이다(Ife, 2000).

인권을 인간이기 때문에 당연히 갖는 천부적 권리로서 인간의 존엄성을 보장받을 권리로 보는 관점이 있는가 하면, 평등할 권리 또는 차별받지 않을 권리로 보고 시대와 국가의 상황에 따라 강조되는 인권의 내용과 실천이 다양해질 수 있다고 보는 관점도 있다(이창수 외, 2005). 또 다른 인권에 대한 관점은 자연법적 전통에 따른 천부적 권리로서의 인권 개념이 지니는 모호함을 비판하면서 인권 관련 헌장, 선언, 국제규약, 헌법 등에 의해 구체적으로 규정된 권리로만 보아야 한다는 관점도 있다(Sweet, 2003). 이와 같이 인권 개념은 학자마다, 그리고 시대와 사회·문화적 맥락에 따라 달라지기도 하므로, 그 개념을 명확하게 정의한다는 것은 쉬운 일이 아니다.

인권은 사람이 사람답게 살기 위해 필요한 것으로서 당연히 인정된 기본적 권리 또는 인간이 자연인으로서 누려야 할 당연한 권리를 의미한다. 그러나 세계인권선언에서는 인권의 개념을 보다 적극적으로 해석해 인간이 지닌 권리라는 의미를 넘어 인간이 존엄한 존재가 되기 위해 가져야 할 당연한 권리로 보고 있다(국가인권위원회, 2004). 세계인권선언에서는 인권을 인간이 누구이고 무엇을 하든지 간에 하나의 존엄한 존재로서 존중받을 권리를 규정하고 있으며, UN 인권센터(2005)에서는 인간의 타고난 천성에 내재되어 있는 것으로, 이것 없이는 인간으로 살 수 없는 권리라 정의하고 있다. 또한, 우리나라의 「국가인권위원회법」에서는 「헌법」 및 법률에서 보장하거나 대한민국이 가입·비준한 국제인권조약 및 국제관습법에서 인정하는 인간으로서의 존엄과 가치 및 자유와 권리라고 규정하고 있다.

이러한 인권에 대한 개념 정의를 종합하면, 인권을 인간이기에 갖는 본질적이고 선천적인 권리로서, 인간이 그 자체로서 존엄성을 인정받고, 인간답게 살아가는 데 필요한 모든 권리라고 정의할 수 있다(권중돈 외, 2014).

이와 같은 인권은 다음과 같은 몇 가지 중요한 특성을 지닌다(염형국, 2004; 국가인권위원회, 2004; Reighert, 2003).

첫째, 모든 인간이 인간답게 살 권리이다. 인권은 모든 사람이 갖는 권리이며, 인간이기에 갖는 천부적·생래적 권리이고, 인간다운 삶을 영위하는 데 필요한 권리이다. 즉, 인간의 권리(right of man)라기보다는 인간답게 살 권리(human rights)이다.

둘째, 인간이 갖는 보편적 권리이다. 성, 연령, 종교, 사회적 신분 등에 관계없이 모든 인간이 인간이기 때문에 가질 수 있는 권리이다. 이때 보편성이란 모든 사람이 비슷해져야 한다거나 동일한 존재로 인정하고 동일하게 처우 받아야 한다는 의미는 아니며, 개인과 집단 사이에 존재하는 모든 다양성과 차이를 인정하고 자신의 존재에 합당한 권리를 누릴 수 있어야 한다는 것이다.

셋째, 인권은 불가분(indivisibility)의 권리이다. 개인의 인권을 인정하되, 선별적으로 어떤 인권을 부인하거나, 인권 영역의 중요성에 서열을 매겨 특정 영역의 인권을 보다 더 중요하게 또는 소홀하게 취급해서는 안 되며, 모든 권리를 인정하고 보호해야 한다.

넷째, 약자를 위한 권리이다. 사회적 약자는 당연히 누려야 할 권리를 침해 또는 박탈당하는 경우가 많으므로, 이들을 위해 반드시 지켜지고 확보되어야 하는 권리이다.

다섯째, 책임을 동반한 권리이다. 인권은 사회적 관계를 전제로 하므로 개인은 권리의 향유에 따르는 의무를 반드시 수반하며, 타인의 권리를 무시한 채 개인적 이익, 즉 사익(私益)만을 주장해서는 안 되며 모두가 서로 존중해 주어야 하는 권리이다.

여섯째, 인권은 도덕적 권리로서 실정법상의 권리 이상의 것이다. 즉, 인권은 도덕적 특성이 갖는 구속력을 가지므로 법에서 보장하고 있는 기본권에만 한정되지 않으며, 현행법이 보장하고 있지 않더라도 인간의 존엄성을 보장하는 데에 반드시 필요한 제도와 법을 초월한 권리이다. 그러므로 인권의 기준에 부합하는 정치사회 제도와 법 제도는 정당화되는 반면 인권 기준에 반하는 제도를 개혁할 수 있는 근거와 명분을 인권이 제공해 준다.

일곱째, 인권은 다양한 권리를 포괄하며 이러한 권리의 최상위 권리이다. 인간이 누리는 권리에는 실정법에 근거를 둔 법적 권리, 정치사회적 제도와 그 내적 규칙에 근거한 제도적 권리, 도덕적 원칙에 근거한 도덕적 권리 등 다양한 권리가 있다. 인권은 이러한 권리 중의 하나가 아니며 이러한 권리의 상층부에 자리 잡고, 이러한 권리에 인권의 기본 정신이 반영되거나 실행되도록 하는 권리이다.

2) 노인인권의 개념과 영역

노년기라는 특정 연령대에 속해 있는 노인은 다른 연령집단과 다름없이 인간이 누리는 모든 권리를 향유할 수 있는 인권의 주체이다. 그러므로 인권의 개념과 노인인권의 개념은 다르지 않고, 다만 그 대상이 노인으로 국한될 뿐이다. 따라서 노인의 인권은 노인이 존엄한 존재로 존중받고, 인간다운 노후생활을 영위하는 데 필요한 모든 권리(권중돈 외, 2014)이다. 그러나 인간다운 생활을 할 수 있는 권리라는 노인인권에 대한 개념 정의는 매우 추상적이며, 노인의 특성과 사회적 환경을 충분히 반영하지 못하고 있으므로, 노인의 인권을 보다 구체적으로 개념화할 필요가 있다.

노인을 위한 국제인권규약은 채택되지 않고 있지만, 노인인권에 관한 국제원칙과 계획, 법률 그리고 노인인권에 관한 기존 연구를 살펴보면, 노인인권의 영역과 세부 권리 내용을 추론할 수는 있다. 1969년 백악관 노인회의에서 채택된 미국의 노인헌장에서는 노인의 권리를 9가지로 명기하고 있다.

미국 노인헌장에서는 노인이

① 인간으로서의 역할을 수행할 수 있는 권리

② 각자의 능력에 따라 취업을 할 수 있는 권리

③ 노후생활의 궁핍을 면할 수 있는 권리

④ 여가·교육 및 의료에 대한 지역사회의 자원을 공평하게 향유할 수 있는 권리
⑤ 노후의 필요를 충족시킬 수 있는 주거에 거주할 수 있는 권리
⑥ 가족의 최선의 이익에 반하지 않는 한 정신적·경제적 원조를 받을 수 있는 권리
⑦ 본인이 원하는 경우에는 독립해 생활할 수 있는 권리
⑧ 생존이나 사망 시에도 인간으로서 존엄성을 잃지 않을 권리
⑨ 노후를 풍부하게 보내는 데 필요한 모든 지식에 접근할 수 있는 권리를 지닌다고 규정하고 있다(권중돈 외, 2014).

우리나라의 「노인복지법」 제2조에서는 노인은 존경받으며 건전하고 안정된 생활을 할 권리와 능력에 따른 경제활동 및 사회활동 참여 권리를 지님과 동시에 심신의 건강유지와 사회발전에 기여할 의무를 규정하고 있다. 국가인권위원회의 국가인권정책기본 계획(2006)에서는 노인의 주거권, 건강권, 사회복지권이라는 세 가지 권리보장을 노인인권 증진의 목표로 규정하고 있다.

〈밝은 노후〉(2004)는 권리의 주체로서의 노인, 자기결정의 원칙, 잔존 능력의 존중과 활용, 노인의 가치와 존엄의 확보라는 인권 사상을 기반으로 하여, 노인의 권리 영역을 주거권, 고용보장의 권리, 건강권, 교육권, 소득보장권, 기타의 권리라는 6개 영역으로 구분하고 있다. 김미혜(1999) 역시 인권 사상을 기반으로 하여,

① 의식주 등을 보장받을 권리
② 수발을 요구하고 받을 권리(수발청구권)
③ 적절하고 충분한 의료를 보장받을 권리
④ 적절한 노동과 이에 상응하는 소득을 보장받을 권리
⑤ 재산상의 관리, 보호를 보장받을 권리
⑥ 정치 및 정책에 참여할 권리
⑦ 문화적 생활을 누릴 권리
⑧ 권리 구제를 요구할 권리를 노인인권의 영역으로 규정하고 있다.

이상의 노인인권에 관한 국제 원칙, 법률, 선행연구에서 제시한 노인인권의 영역과 내용이 각기 상이하긴 하지만, 노인의 인권 역시 인간존엄권, 자유권, 사회권 그리고 법 절차적 권리를 포함하는 것으로 볼 수 있다. 따라서 노인인권의 영역은 인

간존엄권, 자유권, 사회권, 청구권으로 구분할 수 있다. 인간존엄권은 행복추구권과 평등권이, 자유권에는 신체자유권, 사생활자유권, 정신적 자유권, 경제적 자유권, 정치적 자유권이, 사회권은 경제권, 노동권, 주거권, 건강권, 평생교육권, 문화생활권, 사회참여권, 가족유지권, 소통권이 청구권은 법 절차적 권리가 있다. 노인을 대상으로 하는 사회복지사는 노인이 사회권을 보장 받을 수 있도록 주의를 기울여야 한다.

표 15-1 노인의 인권영역과 세부적 권리

영역	인권항목	세부적 권리
인간 존엄권	행복추구권과 평등권	• 천부적 자유와 존엄, 생명권, 신체의 자유와 안전, 강제노동과 노예제도의 금지, 고문 금지, 법 앞에서의 평등, 차별 금지
자유권	신체자유권	• 불법 체포 및 구속으로부터의 자유, 불법 강제 노역으로부터의 자유
	사생활자유권	• 사생활의 비밀과 자유, 주거의 불가침, 거주 및 이전의 자유, 통신의 자유
	정신적 자유권	• 양심의 자유, 종교의 자유, 학문과 예술의 자유, 개인적 및 집단적 표현의 자유
	경제적 자유권	• 재산권의 보장, 직업 선택의 자유
	정치적 자유권	• 정보접근권, 정치활동의 자유, 참정권
사회권	경제권	• 연금수급권, 기초생활보장권, 노후경제생활 교육받을 권리 등
	노동권	• 은퇴 준비 교육권, 경제활동 참여권(기업체 취업, 창업, 노인일자리 사업), 적정 보수를 받을 권리, 적정 노동환경 요구권(산재보험 등) 등
	주거권	• 주거환경보장권(주택소유, 주거환경 개선, 임대보증금지원 등)
	건강권	• 건강증진권(건강교육, 건강상담, 건강교실 등) • 위생 및 영양권(이미용, 목욕, 세탁서비스, 경로 식당(중식서비스), 밑반찬·도시락 배달, 푸드뱅크 등) • 건강급여권(의료이용, 건강보험과 의료급여 등) • 재활서비스 이용권(양·한방진료, 재활문제해결(물리치료, 작업치료, 운동재활, ADL 훈련 등)) • 요양보호권(방문요양, 노인돌봄서비스, 주간·야간·단기보호, 장제서비스), 시설입소권(노인요양시설 등) 등
	평생교육권	• 노인교실, 노인복지관 등의 교육프로그램 참여권(한글교실, 외국어교실, 교양교실, 정보화교육, 역사교실, 예능교실, 전통문화교실 등)
	문화생활권	• 경로당, 노인복지관 등의 여가프로그램 참여권(음악, 미술, 원예교실, 다도교실, 문화교실, 운동, 바둑·장기 등)
	사회참여권	• 자원봉사활동 참여권, 동아리·클럽 활동 참여권, 교통편의서비스 이용권 등

영역	인권항목	세부적 권리
	가족유지권	• 가족과의 교류, 가족의 부양을 받을 권리 등
	소통권	• 가족, 이웃, 친구, 비노인층 등 관계망과의 교류권
청구권	법 절차적 권리	• 청원권, 재판의 청구권, 형사보상 청구권, 국가배상 청구권, 범죄 피해자의 구조 청구권

출처: 권중돈 외(2014). pp.43-44.

2 인권과 노인복지 실천

1) 인권과 노인복지 분야의 융합

인권이 추상적이고 형식적 수준의 담론에 그친다면, 인권은 공허한 메아리에 불과할 수 있다는 인권 분야 내부의 비판이 일면서, 인권을 현실에서 보장하고 실현할 수 있는 실질적인 기제(mechanism)가 만들어져야 한다는 주장이 강력하게 제기되고 있다(조효제, 2007). 이에 인권 분야에서는 법률적·제도적 접근 이외에 실제로 인권 문제를 효과적으로 다룰 방안에 대한 논쟁이 진행되고 있다(Ife, 2006). 인권을 현실에서 구현하기 위한 각종 사회제도가 있지만, 인권이 삶을 영위하는 데 필요한 자유와 욕구의 충족을 목적으로 한다는 점에서 노인복지정책이나 실천과 더욱 깊은 연관성을 가져야 한다(Gewirth, 1982).

노인복지 분야에서도 노인복지정책과 실천을 통해 노인의 욕구충족과 문제해결을 위한 서비스 제공에는 헌신적이었지만, 노인복지가 추구해야 할 가치와 이념적 지향점, 궁극적으로 도달하고자 하는 목적에 대해서는 비교적 소홀했다는 비판이 제기되고 있다. 한 국가의 사회문화적 상황이 상이하기는 하지만, 노인복지제도의 발달단계는 첫째, 자선과 구제, 둘째, 노인 문제의 해결, 셋째, 노인의 욕구충족 단계를 거치게 되며, 마지막 단계로는 노인의 권리보장 또는 인권보호 단계로 진행된다(권중돈 외, 2014).

우리나라는 2011년 6월 「노인복지법」 개정을 통해 노인보호전문기관이 노인인권 보호 관련 사업을 전개하도록 공식화함으로써 노인복지정책과 실천에서 인권 관점을 기반으로 한 노인복지실천(Right-Based Approach, RBA)에 대한 관심이 증가하고 있다(권중돈 외, 2014). 실제로 국제사회사업가협회(IFSW, 2002)는 인권이 노인복지의 심장부라고 보고 노인복지의 가치, 윤리, 이론 및 서비스 과정 전체에서 인권을 고려하지 않으면 안 되며, 인간의 욕구에 반응하는 인권은 노인복지실천에서 반드시 옹호되어야 한다는 점을 강조하고 있다.

이처럼 인권 분야와 노인복지 분야는 상호 융합하고 협력하려는 노력을 통해 각각의 분야가 지닌 한계를 보완하고, 노인의 인권 보호와 복지증진을 도모하기 위한 실천적 행동에서 시너지 효과를 거둘 수 있다.

2) 인권과 노인복지 실천의 연관성

인권과 노인복지는 서로 다른 길을 걸어왔지만, 두 분야는 많은 연관성을 지니고 있다(Ife, 2000). 인권의 발달단계를 기준으로 살펴보면, 1세대의 인권이 주로 법률가들이 관심을 갖고 자유를 쟁취하기 위한 노력의 장이었는데, 사회복지 분야에서도 보호가 필요한 계층과 소수자의 권리를 옹호하는 활동과 인권을 보장하기 위한 노력을 전개해 왔다. 2세대 더 나아가 3세대 인권은 사회복지전문가의 역할이 중요한 영역이다. 2세대 인권의 발달과정에서는 교육권, 주거권, 건강권, 직업권, 사회보장권 등을 보장하는 노인복지제도가 확충되었으며, 공공과 민간에 의한 직접적 서비스 제공 과정을 인권 보장의 한 과정으로 이해했다. 3세대 인권의 발달과정에서는 사회복지실천에서 지역사회 개발의 측면이 강조되고 있으며(Ife, 2000), 최근에는 상생발전을 도모할 방안을 모색하는 과정에서 더욱 깊은 연관성을 지니게 되었다. 이러한 인권과 노인복지의 관계를 구체적으로 살펴보면 다음과 같다(권중돈 외, 2014).

첫째, 노인복지가 뿌리를 두고 있는 가치는 인권 사상과 유사하다. 인간의 존엄성, 자유, 평등, 민주, 정의, 사회적 책임과 연대 같은 노인복지의 기본 가치는 인권에 함축된 기본 가치와 동일하다.

둘째, 인권과 노인복지의 목적이 유사하다. 인권은 인간이 그 자체로서 존엄성을 인정받고 인간답게 살아가는 데 필요한 모든 권리이며, 노인복지의 목적은 인간다운 노후생활의 영위로서, 인권과 동일한 목적을 추구하고 있다.

셋째, 노인복지의 원칙은 인권의 원칙과 유사하다. 노인복지의 원칙은 자립, 보호, 참여, 자기실현, 존엄은 인권의 인간존엄권을 바탕으로 한 자유권과 사회권의 보장이라는 인권의 원칙과 동일하다.

넷째, 노인복지정책과 실천의 다양한 급여와 서비스, 원조 행위는 결국 인권을 현실에서 구현해 내는 방법이다. 노인복지는 목적과 목표를 달성하기 위해 노인복지정책과 노인복지실천이라는 두 가지 방법을 활용한다. 그러나 두 가지 방법 모두 인간존엄권을 기반으로 하여 노인의 자유권과 사회권을 보장하기 위한 급여와 서비스로 구성되어 있다.

다섯째, 노인복지실천의 다양한 이론과 모델, 개입 활동은 인권 관점에 근거를 두고 있다. 미국사회복지사협회(2000)는 정책 선언에 의하면 사회복지사는 사회적 약자 및 취약계층의 권리옹호, 취약집단의 건강과 복지증진에 기여 등과 같은 모든 개입 영역에서 인권 관점을 기반으로 한 실천을 요구하고 있다. 또한, 노인복지실천의 욕구 모델, 사회정의 모델, 시민권 모델, 역량강화 모델은 노인복지 수급권자의 인권을 증진하는 데 강조점을 두고 있는 것으로 인권 관점을 채택하고 있다(조효제, 2007).

3 노인인권 보호제도 실천

1) 성년후견제도

가장 인간다운 삶은 다른 누군가의 도움이나 복지제도를 이용하지 않고 삶을 스스로 꾸려나가는 것이라 할 수 있다. 그러나 치매 등으로 인해 올바른 판단이나 어떤 행위에 관한 의무나 책임을 이행하는 데 어려움을 겪는 경우 자립적 삶을 영위하기가 어려워진다. 이전의 「민법」에서는 자기판단능력이 부족하거나 미약해 자립적인 생활이 불가능하다고 판단되는 사람을 금치산자, 한정치산자로 규정해 친족중심의 후견인이 법적 행위를 대리하게 했다. 그러나 이러한 과정에 본인의 의사가 반영될 수 없었기 때문에 인권침해 요소가 많았으며, 개인의 복지증진에 크게 관심을 기울이지 못한 문제점이 있었다(한국장애인개발원, 2012). 이에 「민법」을 개정해

(2011. 3. 7.) 2013년 7월부터 판단능력이 부족한 사람의 인권을 보호하고 잔존능력을 인정하면서 그의 복리를 위해 판단을 대리하거나 도와주는 성년후견제도를 도입해 시행하고 있다(권중돈 외, 2014).

2) 노인복지 옴부즈맨제도

성년후견제도와 아울러 도입을 긍정적으로 검토할 필요가 있는 제도는 노인복지 옴부즈맨(ombudsman)제도이다. 옴부즈맨은 시민의 이익을 위해 정부 활동을 점검하고 부적절한 정부 활동으로 인해 발생한 시민의 불만, 불평, 고충, 인권침해 사례를 조사하고 보고하며, 고충의 해결을 돕는 법적 신분이 보장되는 독립적 공무원이다(Gottehrer & Hostina, 1998). 현재 노인복지 분야에서 질 높은 서비스를 담보해 내고 부당 서비스를 방지할 수 있는 장치는 사회복지시설 평가와 공공부문의 감사, 행정지도 감독과 현장점검 등이 전부이다(권중돈 외, 2014). 이러한 제도는 서비스 공급자에 대한 감독·감시 체계로서, 서비스 소비자인 노인이 경험하는 부당 서비스, 불법 서비스, 차별적 서비스 등을 찾아내는 데 한계가 있으며, 공무원이 직접 노인복지 현장을 자주 방문해 점검하고 감독한다는 것도 현실적으로 한계가 있다. 노인복지 옴부즈맨제도는 이러한 문제를 보완하고 노인의 인권침해를 예방하면서 발생한 인권침해 사례에 대해서 공정한 구제 활동을 전개할 수 있기 때문에 도입할 필요성이 매우 높다고 하겠다.

4 인권 관점 노인복지정책과 실천 과제

노인복지정책이나 실천이 노인 문제나 노인의 욕구를 해결하고 충족시키는 데 강조점을 두기보다는 노인의 인권을 보장하기 위한 인권 관점 접근(right-based approach)으로 전환될 때만이 노인 문제의 예방과 기초 욕구뿐 아니라 높은 수준의 욕구까지도 충족시킬 수 있으며, 노인이 당연히 누려야 할 권리를 보호받을 수 있는 진정한 의미의 노인복지제도로 발전할 수 있을 것이다. 이에 다음에서는 노인복지 분야에 인권 관점 실천을 도입하고 더욱 확산해 나가기 위해서 현시점에서 노력해야 할 과제는 다음과 같다(권중돈 외, 2014).

첫째, 노인인권 증진과 인권 관점 노인복지실천의 강화를 위해 가장 우선적으로 추진해야 할 과제는 노인인권의 영역과 세부적 권리에 대한 사회적 합의를 도출하는 것이다. 이러한 합의를 도출하기 위해서 선행되어야 할 것은 노인인권의 영역과 세부 권리를 규정하기 위한 공개적 논의의 장을 마련하는 것이다. 따라서 보건복지부와 국가인권위원회가 중심이 되어 '노인인권포럼' 같은 논의 구조를 마련하고, 학계·행정부·법조계·실천 현장·노인 당사자 집단이 함께 참여해 노인인권의 개념, 범위와 영역, 세부적 권리 조항에 대한 합의된 시안을 마련하여 '노인권리선언'과 같은 하나의 선언문 형태로 정리해 공식적으로 공포하고, 세부적인 행동 원칙 또는 지침을 마련할 필요가 있다.

둘째, 법 및 제도적 기반 구축이다. 노인의 인권을 증진하기 위한 복지 급여나 서비스는 법에 기반을 두고 이루어지며, 인권을 서비스로 구현하기 위해서는 법의 제정, 개정, 이행, 준수가 전제되어야 한다(조효제, 2007). 따라서 노인복지실천에서 인권 관점을 기반으로 한 급여나 서비스가 제공되기 위해서는 노인인권 보호를 위한 법률이 제정되고 정비되어야 한다. 즉, 「노인복지법」을 개정해 권리로서의 복지 성격을 보다 분명히 하고, 「장애인차별금지법」과 같은 수준의 구체적 조항을 담은 「노인차별금지법」을 제정하거나, 아니면 「노인복지법」에 노인차별 금지와 인권보호에 관한 구체적 조항을 신설해 노인의 인권을 보호하기 위한 법적 및 제도적 기반을 구축해야 한다.

셋째, 노인의 인권 의식 전환과 주체적 참여이다. 인권의 실현을 위해서는 당사자 스스로 자신의 권리를 주장하는 것이 필수적이다(조효제, 2007). 그러나 현세대의 노인들은 자신의 개인적 권리를 주장하는 것을 점잖지 못한 행동으로 간주하는 경향이 있어, 권리를 요구해야 하는 상황에도 이를 자제하는 경향이 강하다(권중돈 외, 2014). 이와 아울러 현세대의 노인들은 노인의 인권에 대해 교육을 받을 기회가 없었기 때문에 자신의 권리가 무엇인지도 모르는 경우가 많다. 따라서 노인을 대상으로 한 인권교육 프로그램을 개발해 적극적으로 실시하고, 노인 스스로 권리를 주장할 수 있는 역량을 개발하고, 노인의 권리를 향유하기 위해 활용 가능한 지역자원이나 복지정보가 상세히 담긴 노인인권 안내서를 발행해 보급함으로써 노인의 인권 의식을 강화할 수 있을 것이며, 자연스럽게 노인 스스로 자신의 권리 찾기 운동을 전개할 수 있을 것이다.

넷째, 노인복지종사자와 시민의 인권에 대한 인식 전환이다. 노인의 인권 보호는 노인의 인권 의식을 강화한다고 해서 저절로 이루어지는 것이 아니다. 그러므로 인권 관점에 근거한 노인복지실천을 위해서는 노인복지종사자와 일반시민의 노인인권에 대한 인식 증진이 필요하다. 그러므로 노인복지종사자와 예비 사회복지사에 대한 노인인권교육이 선행되어야 한다. 따라서 노인복지 기관과 시설 종사자를 대상으로 한 노인인권교육이 강화되어야 한다.

다섯째, 노인 권익 옹호와 인권 네트워크 구축이다. 노인복지제도에서 희소한 자원의 효율적 배분과 효용의 극대화 원칙, 즉 공리주의 원칙을 무시할 수는 없다. 그러나 노인복지정책과 실천에서 효율성과 효용성의 가치만을 주장하기보다는 효용과 효율의 대원칙은 수용하되 복지에 인권의 가치가 포함되도록 최대한 폭넓게 규정하고, 이러한 인권을 침해하지 않는 범위 내에서 제한된 자원을 효율적으로 사용해 효용의 최적화를 시도하는 것이 바람직하다(조효제, 2007). 그러나 노인은 자신의 권리를 주장할 권력과 기회, 자원이 제한되어 있으며, 노인복지정책이 확대됨에도 자신의 권리를 충족시키지 못하는 사회적 취약 집단에 속한다. 그러므로 노인이 자신의 권리를 충족하는 데 필요한 자원을 통제할 수 있도록 적극적으로 옹호해야 하며, 그 집단이 역량을 강화하기 전까지는 그 집단에 대해 자원 배분의 우선순위를 배분하는 조건의 평등이 이루어질 수 있도록 옹호해 나가야 한다(조효제, 2007).

참고문헌

국가인권위원회(2004). 유엔인권해설집: 국제인권장전.

권중돈 외(2014). 노인인권 길라잡이. 국가인권위원회.

김미혜(1999). 노인과 인권. 복지동향, 통권 8호, 31-40.

염형국(2004). 시설장애인의 인권보장을 위한 실천방안 모색. 교남 소망의 집. 개원 22주년 기념 세미나 자료집.

이창수 외(2005). 인권관련 정부 통계 현황에 대한 실태조사. 국가인권위원회.

조효제(2007). 인권의 문법. 서울: 후마니타스.

Gewirth, A. (1982). *Human rights*. Illinois: The University of Chicago Press.

Ife, J. (2000). *Human rights and social work*. Columbia University Press.

Reighert, E. (2003). *Social work and human rights: A foundation for policy and practice*. New York: Columbia University Press.

Sweet, W. (2003). *Philosophical theory and the universal declaration of human rights*. Univ. of Ottawa Press.

Chapter

16 지역사회 통합돌봄

1 사회서비스 전달체계 이론

1) 사회서비스 전달체계의 개념과 구축원칙

사회서비스 전달체계란 사회서비스 정책을 서비스로 옮기는 사회서비스 행정 과정에서 사회서비스조직과 이용자를 연결하기 위한 조직적 장치이자 연결망이다(박을종, 2019). 사회서비스 전달체계는 구조·기능상으로 행정 중심의 서비스연계체계와 집행체계인 서비스 체계, 운영 주체인 공적 서비스 전달체계와 비영리 민간사적 서비스 전달체계로 분류된다(박을종, 2019). 중앙정부로부터 광역시도, 시군구까지 공공부문의 행정체계, 건강보험공단에 의해 운영되는 보건의료와 장기요양서비스 사회보험 전달체계, 그리고 정부로부터 재정지원을 받는 민간부문의 사회복지관과 영리 목적의 기업 등 사회서비스기관들에 의한 전달체계까지 모두 포함된다(남찬섭, 2017).

사회서비스 전달체계는 한정된 자원을 이용자의 문제와 욕구에 최적화하여 전달해야 하므로 효율적이면서도 효과적으로 전달해야 한다는 의미에서 매우 중요한 개념이다(박을종, 2019). 따라서 일정한 원칙을 가지고 구축되어야 하며, 새로운 사회적 위험이 증가함에 따라 사회서비스가 양적으로 확대되는 과정에서 필연적으로 구조적인 문제가 발생하므로 사회서비스 전달체계는 지속적인 개선이 필요하다(김영순 외, 2007).

사회서비스 전달체계는 단지 자원배분 관점에서만 규정되는 것이 아니라 국가의 사회보장정책 패러다임과 사회적 약자의 인권에 대한 사회적 인식수준을 반영하므로 사회서비스 전달체계는 잔여적, 선별적 원칙을 적용하여 구축하는 것이 바람직하다(박을종, 2019). 사회서비스 전달체계 구축의 원칙은 사회서비스 행정이 사회서비스 정책실행을 위해 서비스 공급방침을 결정하고 추진하는 기준이 되므로 서비스연계 측면과 서비스 체계 측면을 구분하여 살펴볼 필요가 있다(박을종, 2019).

우선 서비스연계 측면에서의 원칙으로 첫째, 위계별 기능분담이다. 전달체계의 상위체계인 중앙정부는 정책 결정과 관련된 계획 및 통제기능을 분담하고, 특별시·광역시·도 등의 중간체계는 책임 기능과 지원 및 기획·조정기능에 초점을 두며, 시·군·구나 읍·면·동 단위의 하위체계는 이용자와의 직접적인 대면에 의한 서비스 제공기능에 중점을 둔다. 이러한 전달체계는 상부에서 하부로, 하부에서 상부로 연결되는 기능상의 분담이 체계적이며 일관성을 유지해야 한다. 둘째, 전문성이다. 사회서비스정책과 서비스는 전문적인 지식과 기술을 필요로 하므로 사회복지사 등 전문가가 맡도록 하는 것이 원칙이다. 사회서비스 제공과 관련하여 업무의 특성과 전문성의 정도에 따른 업무분담이 필요하며, 전문가가 권위와 자율성을 가지고 전문성을 발휘할 수 있도록 보장해야 한다. 셋째, 접근성이다. 사회서비스는 이용자의 문제와 욕구에 대응하여 접근하여야 한다. 그러므로 이용자의 선택에 따른 정보적, 물리적, 심리적 접근성이 용이하게 보장되어야 한다. 넷째, 통합성이다. 갈수록 사회서비스 이용자의 문제와 욕구가 다양해지고 복합화되는 추세에 대응하여 다양한 서비스를 연계하여야 한다. 그러므로 다양한 서비스기관들의 서비스를 통합하고 조정하여 연계할 수 있는 책임기관을 선정하고 계획수립, 자원 배분, 연계조직들과의 업무협력과 조정이 원활하게 이루어져야 한다. 다섯째, 지역사회 참여다. 사회서비스는 지역사회의 문제와 욕구를 반영하고 비공식 자원의 연계가 필수적이다. 그러므로 지역사회 차원의 서비스 계획수립과 집행과정에서 지역주민의 민주적 의사결정과 참여가 보장되어야 한다. 또한, 제도에 의한 공식급여의 한계가 있으므로 지역사회 차원의 비공식 자원을 연계하기 위한 논의와 조직적 활동이 필요하다.

다음으로 서비스 제공 측면에서의 원칙은 첫째, 평등성(보편성)이다. 소득수준이나 연령, 기타 특별한 이유 등에 따라 서비스를 제한하는 극히 특별한 경우를 제외하고는 성별·연령·소득·지역·종교·지역·지위 등과 관계없이 평등하게 보편적으로 서비스를 제공해야 한다. 둘째, 적절성(충분성)이다. 사회서비스는 그 양과 질, 제공하는 기간이 이용자의 욕구 충족과 서비스의 목표 달성에 적절해야 한다. 즉, 지역에서 제기되는 다양한 문제와 욕구에 충분하게 대응할 수 있도록 제공되어야 한다. 셋째, 포괄성이다. 사람들의 전인적이고 다양한 문제와 욕구를 동시에 또는 순차적으로 해결하기 위해서는 다양한 서비스를 포괄적으로 제공해야 한다. 서비스의 포괄성을 달성하기 위해서는 전문가가 여러 문제를 혹은 여러 전문가가 하나씩 다룰 수도 있고 또는 여러 전문가가 한 팀이 되어 해결할 수도 있다. 넷째, 연속성(지속성)이다. 사회서비스가 추구하는 자활 및 재활, 자립 생활을 달성하기 위한 전문적 과정은 오랜 시일이 소요되는 어려운 과정이다. 그러므로 문제와 욕구를 고려하여 장·단기 목표를 중심으로 지역사회 내 서비스 조직(프로그램)들이 유기적이고 통합적이며 서로 연관하여 일정 기간 끊임없이 연속적으로 제공되어야 한다. 다섯째, 책임성이다. 사회서비스를 책임져야 할 주요 내용은 서비스가 수혜자(소비자)의 문제와 욕구에 적절히 대응하는가, 서비스의 전달절차가 적법한가, 서비스가 효과적인가, 서비스의 전달과정에서 발생하는 불만의 수렴장치는 적합한가에 대한 것이다. 사회서비스 전달을 위임받은 조직은 사회적 위임의 목적과 기대에 부응할 책임이 있다.

표 16-1 사회서비스 전달체계 구축의 원칙

구축원칙	정의
보편성(평등성)	성별, 연령, 소득, 지역, 종교, 지역, 지위와 관계없이 평등하게 보편적으로 제공
적절성(충분성)	서비스의 양과 질, 제공하는 기간 모두 이용자의 다양한 문제와 욕구충족
포괄성(이용자)	전인적 문제와 욕구 해결을 위해 다차원 서비스를 다학제팀 어프로치 필요
통합성(공급자)	이용자 복합적 문제와 욕구에 분산된 공급자와 서비스 상호 유기적 연계와 협조
지속성(공급자)	단기간 해결이 어렵고 변화하는 문제와 욕구에 일정기간 끊김 없이 연속적 제공
책임성(공급자)	위임받은 목적과 기대에 적절, 적법, 효과적, 효율적 대응, 불만 수렴장치 마련
접근성(공급자)	물리적, 심리적, 정보적 격차나 어려움이 없이 필요한 언제 어느 곳에서나 접근용이
전문성(공급자)	핵심적인 주업무는 전문가, 전문성 정도에 따라 준전문가 비전문가, 자원봉사 구성

출처: 두오균(2009).

2) 사회서비스 전달체계 개선전략

사회서비스 정책이 설정한 목적이나 목표를 한정된 자원을 가지고 효율적, 효과적으로 달성하는 것이 사회서비스 전달체계의 과제이고 서비스연계와 제공 측면의 원칙이 필요한 이유다(박을종, 2019). 하지만 사회서비스 확대와 발전단계에서 국가 차원의 제도와 정책을 수립하고 하향식으로 전달함에 따라 중앙집권적 공급자 중심의 분절적 전달체계가 형성되었다(허철행, 2018). 복지국가 재정위기 등의 이유로 사회서비스 전달체계의 비효율성을 개선하고자 도입된 신자유주의 패러다임은 민간의 참여를 촉진하고 소비자 중심의 경쟁구조를 도입하였다. 하지만 공·민영서비스 공급자 간의 경쟁구조로 인해 공급자 중심의 분절성은 더욱 심화되었고, 중앙집권화된 정책 결정은 지역사회의 특수성을 반영하지 못하였다(김정원 외, 2021).

사회서비스 전달체계 구조문제 개선을 위한 개선전략에는 일반적인 개선전략과 균형유지 및 통합의 두 가지로 구분된다. 일반적인 개선전략은 전달체계 구조변경, 운영 주체, 의사결정의 권위와 통제의 재구조화, 공급과 억제의 배분방법, 전문가에 의한 업무분담 재조직화 등으로 구성되며, 의사결정의 권위와 통제의 재구조화는 의사결정의 권위와 통제의 소재를 어디에 둘 것인가 하는 전략으로서 누가 의사결정을 할 것인가 하는 문제이다(박을종, 2019). 사회서비스 전달체계 균형유지는 제한된 자원을 가지고 다양한 욕구에 대응하기 위한 전략이다(허철행, 2018). 특히 최근에는 사회서비스 전달체계에서 거버넌스의 역할이 강조되고 있다. 거버넌스(governance)는 과거의 일방적인 정부 주도적 경향에서 벗어나 정부, 기업, 비정부기구 등 다양한 행위자가 공동의 관심사에 대한 네트워크를 구축하여 문제를 해결하는 새로운 국정 운영의 방식으로 사회서비스 전달을 위한 거버넌스는 중앙과 지방정부 행정조직 내에서의 협력체계, 민간조직들 사이의 협력체계, 행정과 민간의 협력체계 등이 있다(민소영, 2018). 이러한 협력체제인 거버넌스는 의사결정을 전달체계 기관과 이용자에게 재분배하는 전략을 말하며, 이용자가 의사결정에 참여함으로써 수혜자의 욕구에 적절히 반응할 수 있고 수혜자의 접근 용이성과 서비스 책임성을 보장할 수 있게 되며, 공식적 급여로 부족한 비공식 자원을 연계하는 장치이기도 하다(박을종, 2019).

사회서비스 전달체계 구조문제 개선을 위한 개선전략은 크게 7가지로 구분하여 설명된다(박을종, 2019).

첫째, 플랫폼 구축을 통한 통합성 제고다. 중앙정부와 지방정부에서 생산된 서비스 분절성은 다양한 서비스플랫폼으로 통합할 수 있다. 플랫폼 개념을 사회서비스에 적용하면 서비스 공급과 수요를 모아서 적합하게 연계할 수 있다. 사회서비스 플랫폼은 공공과 민간 등 사회서비스 공급부문들과 사회서비스 정책을 결정하고 집행하는 행정 측면의 두 가지로 구분할 수 있다. 그러므로 플랫폼은 공급 측면에서 보건의료(health care), 사회적 돌봄(social care), 주거지원(Housing support) 세 범주별 플랫폼이 필요하고, 행정 측면은 최소단위 생활권 읍·면·동 주민자치센터를 공공컨트롤타워 플랫폼으로 위상과 역할을 부여할 수 있다.

둘째, 단일화된 인테이크(in-take)다. 인테이크는 상담과 접수를 전담하는 공동창구를 두고 그 결과에 따라 적절한 서비스를 찾아서 연계하는 것으로 집중화와 통합성의 강도가 높아진다. 특히 중요한 것은 원스톱체계를 구축하는 것이다. 한 곳만 방문하면 필요한 상담은 물론 정보획득과 적절한 서비스공급자에게 연계할 수 있도록 해야 한다.

셋째, 종합적인 정보와 의뢰시스템이다. 조직 간의 통합을 시도하지 않고 각각 독립된 조직구조를 유지하지만, 이용주민의 교환이나 서비스 연결을 목적으로 통합정보망을 구축하고, 개별사례의 상호의뢰나 통합사례회의를 통한 협력적 역할분담으로 복합적인 문제와 욕구를 중재하는 것이다.

넷째, 케어매니지먼트체계다. 생태체계이론에 이론적 기반을 둔 케어매니지먼트는 느슨한 수준에서 조직 간의 네트워크를 구성하고, 개별사례를 중심으로 욕구에 초점을 맞추어 서비스를 연계하고 관리하는 방식이다. 케어매니지먼트는 탈시설화의 경향, 복잡하고 분절화된 서비스의 중복 현상과 서비스 간 연계성 결여, 이용자와 그 가족에게 부과되는 과도한 책임, 다양한 욕구를 가진 이용자가 증가하면서 통합적 서비스 요구, 비용의 절감을 위한 효율적 서비스 관리 등의 문제해결에 효과적이다. 케어매니지먼트체계는 해당 기관 이외 지역사회 차원의 적극적인 서비스 제공을 위해 다양한 서비스 조직이 이용자의 욕구에 복합적으로 대응하기 위해 분산된 서비스를 연결하고 관리한다.

다섯째, 트레킹이다. 서로 다른 각각의 기관과 프로그램에서 다루었던 클라이언트에 대한 정보를 공유할 수 있도록 서비스 경로를 추적하여 정보를 획득할 수 있는 체계를 구축하여 이용자 욕구 맞춤형의 효과성을 배가할 수 있다.

여섯째, 위계별 기능과 역할배치이다. 지역사회 중심 커뮤니티 케어를 총괄적으로 책임지고 주도해야 하는 행정은 중앙정부-광역시·도-기초자치구-읍·면·동별로 기능과 역할을 달리 배치한다. 중앙정부는 거시적으로 제도와 정책, 재정의 책임을 지고 광역 지방정부 정책과 실행을 지원하고, 광역시도는 중앙정부 정책과 제도 및 재정을 기준으로 각 광역시도별 정책과 제도, 사업 및 재정 규모를 결정하여 기초지자체를 지원한다. 읍·면·동은 집행기구로서 생활권 수요자 밀착형 서비스를 제공하는 역할을 한다. 지역사회 중심 커뮤니티 케어 서비스 공급은 기초자치단체를 기준으로 권역생활권, 기초생활권으로 구분하여 서비스 공급조직과 사회서비스 플랫폼을 구축하여 통합한다. 미시생활권은 노인 등 서비스 필요 주민들이 도보로 10분 이내, 365일 24시간 정기·수시 밀착형 일상생활지원이 가능하도록 다기능 통합재가급여 서비스와 조직을 배치하여야 한다. 또한, 서비스 공급체계의 수요규모와 특성에 따라 기초-권역-미시생활권으로 구분하여 사회서비스 플랫폼과 공급조직 네트워크를 구성하여 제공할 수 있다.

일곱째, 지역사회 통합돌봄 주체 공통인식과 거버넌스 구축이다. 사회서비스 전달체계 한계를 극복하고 공공주도 민관 협력, 주민참여의 커뮤니티 케어 시스템을 구축하여 성공적으로 운영하기 위해서는 기초 지방정부 공무원과 공공적 민간, 지역사회 주민들이 커뮤니티 케어의 개념과 원리 및 지역사회 특성을 반영한 특성화된 커뮤니티 케어 시스템 구축과 운영에 대해 충분한 이해와 공감을 전제로 민·관, 민·민 거버넌스를 통합적으로 구축해야 한다. 하지만 가장 중요한 것은 형식적 행정권위에 의해서나 당위적 필요만으로는 안 된다는 것이다. 지역사회 공공과 민간의 주체들이 협력체계를 구축하고 연대한다는 것은 상호이해와 공감대 형성, 그리고 무엇보다도 사회적 자본을 전제로 하여야 한다.

표 16-2 사회서비스 전달체계 구축의 원칙

구축원칙	정의
플랫폼을 통한 통합성 제고	• 중앙과 지방정부 생산 다양한 서비스 통합하여 수요-공급 연계
단일화된 인테이크	• 상담과 접수 전담 공동창구를 두고 결과에 따라 적절 서비스 연계
종합적인 정보와 의뢰시스템	• 조직 간 독립구조 유지, 주민 상호의뢰·연계 통합정보망 구축 • 통합사례회의를 통한 협력적 역할분담 복합적 문제 욕구 중재
케어매니지먼트체계	• 생태체계이론 기반, 조직 간 네트워크 구성, 개별사례 중심 연계 • 조직들에 분산된 서비스 클라이언트 욕구에 맞추어 연계 관리
트레킹	• 서로 다른 감각의 기관과 프로그램 이용 클라이언트 정보 공유 • 클라이언트가 받은 서비스의 경로와 행적을 추적하여 경로 획득함
위계별 기능과 역할 배치	• 중앙정부-광역-기초지방정부-읍·면·동별 기능과 역할 배치 • 기초지방정부 기준 미시적 기초생활권과 권역생활권 구분 기준 • 기초생활권 생활밀착형 서비스, 수요, 규모별 권역 공급체계 구축
공통인식과 거버넌스	• 공공주도-민관 협력-지역사회와 주민참여 거버넌스 체계 필요 • 행정, 민간, 지역사회 주민들의 지역특성 CCS 공통 이해 공감대

출처: 박을종(2019).

3) 한국의 사회서비스 전달체계의 문제와 개선전략

(1) 한국의 사회서비스 전달체계 문제점

사회복지 전달체계는 사회복지 서비스의 공급자와 소비자를 연결시키기 위한 조직적 연결로 정의할 수 있다. 사회복지정책을 근본적으로 선택 행위라고 볼 때 전달체계는 할당 및 급여 차원의 선택이 끝난 후 실제로 그 목적을 달성하기 위한 장치를 마련하는 것이다. 전달체계는 지역사회체계 속에서 사회복지 서비스의 공급자 간 또는 공급자와 소비자인 클라이언트, 고객, 수혜자를 연결시키기 위한 조직적 장치이다. 사회복지 전달체계가 중요한 이유는 사회복지정책이 추구하는 가치이기도 하나 목표의 성취가 전달체계에 따라 달라질 수 있기 때문이다. 따라서 사회복지 전달체계는 사회복지 정책의 성과를 결정하는 중요한 요인이 되므로 전달체계의 문제점을 파악하는 것은 현재 사회복지정책의 문제점을 살펴보는 것을 의미한다. 사회서비스 전달체계 구축원칙을 고려한 한국의 사회서비스 전달체계의 문제점은 크게 사회서비스 체계의 문제와 사회서비스 연계체계의 문제로 구분된다.

① 사회서비스 체계의 문제점

사회서비스 체계의 문제점은 사회서비스 재원의 총량 부족으로 인하여 나타나는 문제이다. OECD 국가들의 공적 사회보장을 위해 평균적으로 GDP 대비 20% 이상을 지출하지만, 우리나라는 절반 수준인 10.1%에 불과하고, 사회서비스(보건의료비 제외) 지출은 1.5%로 미미한 수준이다(김승연, 2018). 이렇게 낮은 공적재원 투입으로 사회서비스의 총량 자체가 매우 부족한 상태로 인하여 나타나는 문제로 대표적으로 사회서비스는 대상의 보편성(universality), 서비스의 포괄성(coverage), 서비스 수준의 적절성(adequacy) 측면에서 문제가 제기되고 있다(김승연, 2018).

사회서비스 체계의 문제점을 살펴보면, 첫째, 대상의 보편성 문제이다. 사회서비스 전체 분야에서 서비스 필요도에 비해 실제로 이용률이 매우 낮은 수준이며, 사회서비스 욕구가 상당 부분 잠재되어 있는 것으로 볼 수 있다. 예컨대, 성인용품 서비스의 경우, 서비스 필요도가 18.8%인 데 비해 이용률은 1.8%, 미충족률이 90.4%('15)이다. 서비스 필요도에 비해 이용률이 낮은 이유는 수급권의 보편성(universality)이 취약하여 서비스를 이용하고 싶어도 수급자격이 안 돼서 이용하지 못하는 사람들이 많기 때문이다. 사회서비스가 일부 빈곤계층에 집중되거나 장애인, 노인, 아동 등을 대상으로 제공되고 있는 서비스에도 소득기준이나 가구상황 등 별도의 수급기준을 적용하여 서비스 욕구가 높아도 서비스를 받을 수 없는 서비스 사각지대가 상당히 존재한다.

둘째, 서비스의 포괄성의 문제이다. 2007년부터 바우처 사업을 통해 다양한 사회서비스를 개발 지원하고 있지만, 지역사회 내 돌봄서비스는 일상생활을 지원하는 복지서비스나 요양서비스, 보건소를 통한 건강예방 증진 서비스로 다양한 돌봄 욕구를 충족할 수 있는 포괄적 서비스가 체계적으로 갖춰지지 못하였다. 보건의료에서 진료와 간호, 재활 등은 대부분 의료기관에 의존하고 있고 노인장기요양보험과 노인맞춤돌봄서비스에서 영양, 심리, 이동지원, 주거지원 등의 서비스는 지역사회 돌봄서비스 체계에서 거의 제공되지 못하고 있다.

셋째, 서비스 수준의 적절성 문제이다. 대부분의 사회서비스가 주민의 문제와 욕구에 따라 서비스를 제공하지 않고 소득, 재산, 연령, 건강과 기능상태, 가족관계 등 기준을 정하여 선별하고 있다. 이마저도 공급자에 따라 왜곡이 발생하거나 정부가 세워 놓은 예산 범위에 한정적으로 제공된다. 예를 들어, 노인장기요양보험은

65세 이상 노인 등에 대하여 다양한 재가서비스를 이용할 수 있지만, 대다수 방문요양 중심의 재가서비스 기관에 의해 방문요양 중심의 서비스가 제공(보건복지부, 2019)된다. 장애인 활동지원 서비스는 돌봄 욕구보다 장애 등급에 따라 결정되며, 다른 사회서비스들도 엄격한 기준이 적용되고 서비스의 양과 종류에 있어서 절대적으로 부족한 현실이다.

② 사회서비스 연계체계 문제점

연계는 제휴, 조정, 협력, 통합, 네트워크 등의 다양한 용어와 비슷한 개념으로 사용되고 있다. 연계는 클라이언트에게 적절한 서비스를 제공하기 위하여 기관 간의 협력적인 관계를 형성·유지하는 과정(박태영, 2002), 각종 사회서비스를 제공하는 관련 기관 및 시설에 대상자를 의뢰하거나 협조·요청하여 통합적, 지속적으로 서비스를 받을 수 있도록 연결하는 것으로 정의된다(박을종, 2019). 따라서 사회서비스 연계체계는 서비스대상자들의 다양한 욕구에 대응하기 위한 관련 조직과 그 구성원들 간의 자원, 기술, 지식, 정보 등에 관한 연결 관계가 공식화된 체계로 정의된다(이강, 2004). 사회서비스 연계체계는 사회서비스의 포괄성, 통합성, 지속성, 책임성, 접근성, 전문성 등과 높은 연관성으로 인하여 사회서비스의 효과성과 효율성을 높이는 중요한 요인으로 작용한다.

이러한 사회서비스 연계체계의 문제점을 살펴보면 첫째, 중앙집중의 분절적인 전달체계의 문제이다. 정부수립 이래 4대 사회보험을 비롯한 사회복지서비스가 중앙집권방식으로 이루어졌는데, 2005년에 사회복지서비스가 지방으로 이양되었지만, 정책의 총괄기획과 재정 및 통제는 여전히 중앙정부의 권한이었다(남찬섭, 2017). 또한, 2006년부터 본격적으로 도입되기 시작한 바우처가 「사회서비스 이용 및 이용권 관리에 관한 법률」(「사회서비스이용권법」)의 제정을 통해 제도화되었지만, 보건복지부가 지침을 정하고 중앙조직인 사회서비스관리원에서 관리하고 있다. 2008년부터 시행된 노인장기요양보험은 관리운영기구가 건강보험공단으로 정해져 사회적 돌봄의 중요한 한 요소인 노인돌봄서비스 일부가 중앙집중화된 전달체계를 가지게 되었다(남찬섭, 2017). 이처럼 현재 사회보장서비스는 건강보험공단, 국민연금공단, 근로복지공단에 의해 관리·운영되는 4대 보험, 기재부와 복지부·국세청에 의한 공공부조, 사회서비스관리원에서 관리하는 사회서비스 바우처, 지방 이양된 사회복지서비스의 네 부문으로 분절되어 있다. 사회서비스 전달체계는 행정안전부에서 광역시도와 기초시·군·구를 거쳐서 읍·면·동에 이르는 관리·감독체계와 중앙정부 각 부처에서 광역시도와 기초자치구, 읍·면·동이나 교육부, 고용노동부, 국가보훈처에서 광역시도와 기초자치구 해당 조직으로 이어지는 사회서비스 전달체계로 분절화되어 있다(허철행, 2018).

둘째, 서비스의 연속성 문제이다. 노년기는 시간 흐름(연령)에 따라 점진적으로 건강과 기능상태가 쇠약해지지만, 질병 및 낙상 등의 원인으로 인하여 급격하게 악화되어 가정 및 지역사회에서의 예방과 급성기 치료, 아급성기 재활 및 장기요양의 보호체계가 연속적으로 작동되어야 한다. 그러므로 노년기 케어의 목표는 건강상태와 기능상태 감소 및 악화의 사이클의 기울기가 낮아지거나 급격히 떨어지는 것을 방어하고 끌어 올릴 수 있는지가 관건이다. 고령자는 급성기 치료-회복기-장기요양의 과정(케어 사이클)을 거치게 되는데, 고령 남성은 사망할 때까지 3~5회, 고령여성은 5~7회 케어 사이클을 반복한다(김승연, 2018). 따라서 케어 사이클에 맞추어 적절한 보건의료와 돌봄서비스가 필요하다. 이처럼 고령자에게 의료적 비의료적 돌봄 필요가 연쇄적으로 나타나지만, 우리나라 보건의료서비스와 장기요양 및 지역복지 서비스 간 체계적인 연계가 안 되어 돌봄서비스가 유기적으로 제공되지 못하고 있다(김승연, 2018). 이로 인해, 급성기 치료의 장기화, 재활이 안 되는 회복기, 만성적인 장기요양상태에 놓이게 된다.

셋째, 서비스 접근성과 역진성의 문제이다. 통합적인 케어매니지먼트와 서비스연계가 미흡하여 돌봄이 필요한 사람 스스로가 자신이 이용할 수 있는 서비스를 찾아서 신청해야 한다. 하지만 그 조건과 절차가 복잡해서 서비스에 대한 정보와 네트워크가 많은 특정 주민들에게 서비스를 집중하거나 중복 제공되고 그렇지 못한 주민들은 소외되는 사각지대가 발생하고 있다(김보영, 2018). 또한, 사업성 추구 때문에 지역에 따라 서비스 제공기관의 편차가 심해 서비스를 이용하고 싶어서 서비스 제공기관 또는 서비스 인력 부족 때문에 이용에 제약이 따르기도 한다. 서비스를 필요로 하는 수요자의 규모와 접근성을 고려하여 서비스 제공기관이 배치되어야 하지만 공급자 입장에서의 설치로 인해 지역별 특성을 반영하는 제공기관의 배치보다는 예산 규모에 맞춘 지역별 배치가 이루어졌다. 결론적으로 서비스의 물리적, 심리적, 정보적 접근성과 역진성 문제가 발생한다(김보영, 2018).

넷째, 임의적 전달체계에 따른 서비스 책임성 문제이다. 사회서비스 생산과 조정의 권한은 중앙정부의 해당 정책과 제도, 소관 부처의 권한과 책임으로 되어 있어 지방정부는 노인장기요양보험과 바우처 등 사회서비스 조정과 개입의 권한이 없다(허철행, 2018). 시·군·구와 읍·면·동에서는 서비스 수급자격 판단과 서비스 공급기관 등록만 관여할 뿐, 소비자 선택과 서비스 제공과정과 결과에 대해서는 알지 못한다(허철행, 2018). 결론적으로 통합돌봄이 필요한 주민에 대해서 어느 누구도 포괄적, 연속적, 지속적으로 책임지는 주체가 없다.

다섯째, 중앙과 지방정부의 사회서비스 공적인 책임 회피와 지역사회 동원문제이다. 한국에서 제도화된 사회서비스는 선별적이어서 소득, 빈곤, 돌봄, 질병, 부양의 필요성을 엄격하게 판별하기 때문에 수급권이 없으면 제공받을 수 있는 서비스가 없어서 사각지대가 광범위하다. 하지만 우리나라 지방정부는 제도화된 사회서비스 사각지대에 대해 지역사회 민간자원을 동원하는 방식으로 해결하고 있다(김보영, 2018). 하지만 지방정부가 지역사회 민간자원을 동원하는 명분을 관제나 자율적인 자원봉사로 포장하는 측면이 강하다. 시혜적인 자원봉사는 불우이웃돕기 수준이므로 취약계층의 극히 일부만을 그것도 자원봉사 주체의 취향과 의지에 따라 일방적으로 베풀고, 적극 홍보하는 과정에서 당사자는 이타적 행위에 대한 만족감을, 대다수 사회구성원은 언론 홍보를 보고 사회문제가 다 해결되는 듯 착각함에 따라 수많은 사회문제가 은폐되는 문제가 있다. 그러므로 복합적이고 광범위한 새로운 사회적 위험 대응에 대한 1차적 책임은 국가에게 있음을 명확히 해야 한다. 지역사회 참여는 강제적이거나 허위의식에 기반한 동원이 되어서는 안 된다. 지방정부 지역사회보장협의체나 주민자치회와 같이 제도화된 민·관 협치, 자치제도를 통하여 사회서비스 정책과 서비스에 대한 의사결정 및 집행과정에 참여하고 주민들의 문제와 욕구에 적합하도록 자원을 모으며 최적화하여 전달하는 방식으로 전환해야 한다.

(2) 한국의 사회서비스 전달체계 개선방안

한국의 사회서비스 체계 구조문제를 바탕으로 한국의 사회서비스 체계 개선방안은 표 16-3과 같다(박을종, 2019).

표 16-3 한국 사회서비스 체계 개선전략

구분	개선전략
기본원칙	• 재가, 준재가 중심의 통합돌봄 • 이용자 중심 맞춤형 서비스
수급권 결정의 보편성	• 문제와 욕구에 의해서만 결정 • 문제와 욕구 상황에 따른 결정
서비스 이용의 포괄성과 적절성	• 제도화된 사회서비스 급여 종류와 시간확대, 수요에 맞춘 서비스 계획수립 • 주거, 영양, 심리, 보건의료 등 서비스별 사정–사례회의–플랜수립–서비스 제공의 체계 구축 추진 • 제도화된 사회서비스 자격과 비자격자 구분 없이 문제와 욕구해결 중심으로 제도화된 사회서비스 중복과 비제도 서비스 연계
서비스 공급의 통합성과 연속성	• health care, social care, housing supportive service 각각의 통합플랫폼 구축과 케어매니지먼트 시스템 구축 • 상호의뢰와 연계체계 및 통합 • 케어매니저에 의한 건강과 기능상태별 케어 사이클 연속성 확보
공공의 서비스 책임성	• 중앙정부–광역시도–시·군·구 위계에 따른 정책 결정과 지원에 의한 읍·면·동 집행
전문성	• 읍·면·동 공공서비스통합플랫폼 설치에 의한 공공과 민간 범주별 서비스 통합 • 읍·면·동 게이트웨이와 공공서비스통합플랫폼 케어매니저의 개별 혹은 공동 사례관리 • 개입상황과 내용에 따른 읍·면·동 공공사례관리와 일상적 지속적 민간 사례관리 역할분담
접근성 개선을 위한 공급기관 위계별 적소 배치	• 지역사회 수요와 공급 및 서비스 특성을 고려한 민간서비스 공급자 규제와 촉진 • 방문간호와 방문요양, 주야간보호 등 이용주민 일상적 필수 서비스는 이용주민 가구 기준 24시간, 30분 이내 정기, 수시, 순회방문이 가능하도록 배치 • 이용주민 수요에 의한 규모와 서비스 정기성을 고려한 기초전체–생활권역–읍·면·동별 공급기관과 서비스 배치
지역사회 공공과 민간의 관계설정 및 거버넌스	• 광역 부단체장 총괄의 관련 국·과를 포괄하는 커뮤니티 케어 전담추진조직 설치와 운영 • 기초 복지정책과와 보건정책과, 사회복지과와 보건소는 각각 복지분야와 보건의료분야 정책과 사업주무부서로서 협력체계 구축과 운영 • 공공적 민간 주요 인프라 3종 복지관의 재가서비스 거점기관, 사례관리, 조직화 기능부여로 재포지셔닝 • 지역사회보장협의체와 주민자치위원회 기능 실질화와 커뮤니티 케어 주민참여 및 거버넌스 역할부여

구분	개선전략
지역사회와 주민참여	• 제도화된 사회서비스 확대와 체계적 연계를 통한 해결 우선 • 제도화된 사회서비스 대상과 비대상을 구분하지 않고 욕구 중심 지역자원 연계 • 제도기구 주민자치회, 지역사회보장협의체를 통한 정책과 사업 의사결정 참여 • 마을공동체, 마을기업, 협동조합, 사회적기업, 자활기업 등 사회적 경제기업 설립을 통한 연대와 협력방식 해결

출처: 박을종(2019).

2 지역사회 통합돌봄의 이해

1) 지역사회 통합돌봄의 개념

지역사회 통합돌봄(Community Care)의 개념은 커뮤니티(Community)와 돌봄(Care)의 개념을 모두 포함하고 있다. 커뮤니티(community)는 지역사회, 즉 공동체의 의미를 포함하고 있는데, 전통적으로는 자연발생적인 촌락공동체를 의미했지만, 촌락공동체가 근대화 과정에서 붕괴하면서 전근대적인 사회관계를 의미하는 사회과학적인 개념으로 변화되었다(김윤영·윤혜영, 2018). 따라서 커뮤니티는 지역 커뮤니티(local community)의 개념으로 지역사회라는 물리적인 공간을 강조한다. 즉, 지역성을 기반으로 하는 공동체나 공동의 유대감을 공유하고 있는 사회조직 등 다양한 의미를 내포하고 있다. 일반적으로 지역 커뮤니티는 특정 지역에 거주하고 있는 구성원들이 사회적인 상호작용을 통하여 서로에 대한 유대감 및 소속감 등을 공유하는 사회집단으로 정의된다(김윤영·윤혜영, 2018). 지역 커뮤니티는 지역사회를 주요 기반으로 지역주민과 일상생활의 전반에 걸쳐서 긴밀한 사회적 상호작용을 하고, 정서적 유대감을 공유하고 있는 사회적인 조직 단위체로서 정의할 수 있다(박병춘, 2012). 또한, 지리적인 영역을 기반으로 하는 정신적인 공동체나 상호작용과 문화적인 공유에 대한 연대성을 가진 집단으로 정의되기도 한다(김윤영·윤혜영, 2018).

정부의 지역사회 통합돌봄 정책에서 정의하는 지역사회 통합돌봄은 탈시설을 통한 커뮤니티 케어를 강조하고 있다(보건복지부, 2018). 즉, 서비스 이용자들이 기존의 격리된 시설에서 탈피하여 지역사회로 이주함으로써 지역사회 내에서 고립되지 않고 공동체의 일원으로 살아가야 한다는 점을 강조하고 있다. 이를 통해 서비스 이용자가 지역사회 활동에 적극적으로 참여하고, 지역사회는 서비스 이용자, 즉 약자들을 지역사회의 일원으로 인정하도록 해야 한다는 것이다. 이러한 지역 커뮤니티를 강화하기 위해서는 사회적으로 가치를 공유해야 하기 때문에 지역사회 내 사회적 자본의 형성이 필수적인 요소로 강조되고 있다.

지역사회와 지역 커뮤니티를 핵심 개념으로 하는 지역사회 통합돌봄은 노인과 장애인 등 돌봄(care)이 필요한 지역주민들이 자기 집이나 그룹홈 등 지역사회(community)에 거주하면서 개개인의 욕구에 맞는 서비스들을 누리고, 지역사회와 함께 어울려서 살아갈 수 있도록 보건의료, 요양, 돌봄, 주거, 독립생활 지원 등의 서비스가 통합적으로 제공되는 지역주도형 사회서비스 정책을 의미한다. 또한, 돌봄서비스가 부족하여 요양병원 및 요양시설 등 입원·수용되어 있는 환자들이 퇴원 후에 지역사회에서 살아갈 수 있도록 개개인의 욕구에 맞는 복지, 보건의료, 생활지원 등의 서비스가 제공되는 체계라 할 수 있다(보건복지부, 2018). 이처럼 지역사회 통합돌봄은 시설이나 병원이 아닌, 자신의 집이나 지역사회에서 인간의 존엄성과 최대한의 독립성을 유지하며, 사회적으로 고립 및 단절되지 않고 일상생활이 가능하도록 적극적으로 지원하는 것을 목적으로 하고 있다.

즉, 지역사회 통합돌봄의 개념은 돌봄에 있어 관여하게 되는 다차원적인 기능들이 각각 수행되면서 동시에 협업을 이루게 되는 서비스들의 통합적인 제공과정을 의미하는 복잡한 개념이다. 또한, 통합돌봄의 체계 내에서 삶의 질 향상을 목적으로 사회적인 책임을 수행하는 사회복지전달체계의 총체적 노력으로 이해할 수도 있다.

지역사회 통합돌봄의 핵심은 포괄성과 통합성으로 설명될 수 있다. 포괄성은 노인과 장애인이 사는 집에서 이들의 복합적인 욕구의 해결을 위해 필요한 다양한 서비스들을 제공하는 지점에서부터 노후까지 책임지는 통합성과 이에 대한 성과로 이어지게 되는 책임성으로 귀결되는 개념이다(황미경, 2019). 통합성은 이용자의 욕구들을 포괄하여 거주지를 중심으로 하는 한 지점에서 통합적으로 서비스가 제공될 수 있도록 하는 수요자와 제공자 간의 역학관계에서 사회복지전달체계를 통해 지속적으로 제공되어야 하는 돌봄서비스의 전문성과 접근성 강화, 파편화 방지의 요건이라 할 수 있다. 즉, 욕구에 대한 포괄성과 서비스 통합은 사회복지전달체계

내에서 지속적으로 제공되어야 한다는 것이다. 이에 지역사회에 기반을 둔 통합서비스는 서비스 간의 연계와 분절화 예방이 전제되어야 하므로 지역사회 통합돌봄 서비스의 총괄 지점은 지역주민들이 사는 읍·면·동 복지센터가 중심이 된다.

따라서 지역사회 통합돌봄에서는 광범위한 사회적 돌봄과 사회적 보호, 지역사회 보호, 지역사회복지 실현, 로컬 거버넌스 기능 중에서 민관 협력과 네트워크, 연계와 조정, 상호 보완적인 기능을 수행할 수 있는 수평적인 네트워크가 강조된다. 더불어 사회복지와 관련된 다양한 법률에 근거한 사회서비스 체계 내에서 적합한 통합돌봄 서비스를 이용자에게 연계 및 조정할 수 있는 통합사례관리 전달체계가 중요한 역할을 한다.

결론적으로 지역사회 통합돌봄은 지역사회에 거주하고 있는 지역주민들의 건강한 생활과 자립을 보장하기 위해 노후에 이르기까지 사회적인 돌봄이 필요한 보건의료, 요양, 돌봄, 독립생활 지원 등에 대한 욕구를 포괄하여 민관 협력과 연계 및 조정, 네트워크에 의한 읍·면·동 중심의 맞춤형 통합돌봄 서비스를 제공하는 지역사회의 보호체계로 정의된다.

2) 지역사회 통합돌봄의 특성

지역사회 통합돌봄은 병원이나 요양시설보다는 자신의 집에서 존엄성과 독립성을 유지하고, 사회적으로 고립되지 않고 일상생활을 할 수 있도록 지원하는 것을 주요 목적으로 한다(보건복지부, 2018). 지역사회 통합돌봄의 강화는 편안하고 친숙하게 살던 곳에서 삶의 주인으로서 자기결정권을 가지고, 그동안 맺어 왔던 관계들을 지속하여 늙어가는 에이징 인 플레이스(Aging in Place)를 가능하게 할 수 있다(석재은, 2019). 이처럼 지역사회 통합돌봄은 개인의 삶의 질을 고려하는 존엄성과 독립성의 보장을 목표로 하고 있다.

지역사회 통합돌봄은 지역사회를 기반으로, 지역사회에 의해 돌봄이 이루어지고, 지속가능한 지역사회의 돌봄 생태계의 구축을 지향한다. 따라서 지역사회 통합돌봄의 의의는 이용자 측면에서, 그동안 제도 중심의 분절된 돌봄으로부터 사람 중심의 통합적인 돌봄으로의 전환을 통해 삶의 질을 높인다는 데 의의가 있다. 특히 중요한 점은 사람 중심 돌봄으로서 서비스 제공 문화를 근본적으로 혁신하고자 하는 패러다임의 전환이 강조된다는 것이다. 즉, 지역사회 통합돌봄은 '사람을 중심'에 놓고, '사람 중심으로 조정된 돌봄'을 제공할 수 있다는 것이다(석재은, 2019). 이렇게 사람 중심으로 조정된 돌봄서비스는 이용자들이 표준화된 기능적인 욕구에 따라 분류되어 대상화된다. 또한, 분절된 제도나 공급자의 구분된 기능에 의해 분리된 서비스가 제공되는 것이 아닌, 사람마다 고유한 삶의 맥락과 욕구가 있다는 것을 정책적으로 인정하며, 이에 따라 공급자를 조정함으로써 다양한 상황과 욕구에 맞춰서 통합적인 맞춤형 대응을 한다는 것을 의미한다. 따라서 지역사회 통합돌봄은 사람 중심으로 맞춤형 돌봄서비스를 통합적으로 제공하는 것을 주요 목표로 한다. 지역사회 통합돌봄에서 사람 중심은 사람마다 다른 맥락적인 상황과 욕구들을 세심히 고려하는 개별화된 사례관리를 통해 맞춤형 서비스를 통합적으로 제공한다는 것을 의미한다. 이 과정에서 통합돌봄 서비스 제공자와 사례관리자들에게 충분한 재량권이 허용되어야 한다.

지역사회 통합돌봄의 또 다른 의의로는 '자신이 살던 곳에서 나이 들어가기(Aging in Place)'를 지원함으로써, 자기 삶의 터전에서 그동안 관계를 맺고 살아 왔던 사람들과 함께 계속 관계를 유지하여 살아가는 삶의 연속성을 보장한다는 것이다(석재은, 2019). 또한, 지역사회 통합돌봄은 삶의 주인으로서 자율성과 독립성을 유지하고 자기관리를 지속할 수 있게 재활과 함께 잔존능력의 활용을 지원한다. 개개인의 고유한 맥락과 욕구를 이해하고 서비스의 제공방식과 내용을 결정하는 데 있어서 전문가 판단뿐만 아니라, 삶의 주인으로서 자율적인 결정을 최대한 존중하게 되는 삶의 방식을 보장한다. 즉, 최대한 자율성을 보장하여 삶의 주인으로서 살아가게 되는 여건들을 마련한다는 점에서 관계적인 존재로 인간을 이해하는 돌봄, 사람 중심으로 조정된 통합적인 맞춤형 돌봄을 제공하는 접근이라 할 수 있다. 즉, 삶의 질을 고려한 돌봄서비스의 제공을 지향한다.

정책적 측면에서 지역사회 통합돌봄은 과거의 공급자 중심에서 수요자를 중심으로의 패러다임의 전환을 의미한다. 수요자 중심으로의 전환은 그동안 정책적인 편의를 위하여 이용자의 욕구에 대해 표준화된 욕구 평가와 일률적인 정책적 대응을 해 왔던 것을 벗어나, 이용자들이 처한 고유한 맥락과 상황, 그리고 개별적인 욕구들을 정책적으로 인정하여 욕구를 평가하고 맞춤형 대응을 하는 개별적인 사례관리를 의미한다. 또한, 이용자의 복합적인 욕구의 통합적인 충족을 위하여 제도 및 조직의 분리·다원화를 넘어서서 실질적인 서비스의 통합이 이루어지도록 공적인 개입과 조정이 이루어진다는 것을 의미한다. 더불어 서비스 공급기관이 공공의 목적에 부합될 수 있도록 정부가 개입하고 조정을 강화한다. 즉, 서비스 공급기관의 공공성 확대를 위한 정책적인 노력이 강화된다는 것이다. 이와 함께 지역사회 통합돌봄의 일부를 구성하는 가족이나 지역사회의 공동체에 대한 지원정책 역시 강조되고 있다.

서비스의 공급자 측면에서 지역사회 통합돌봄은 공급기관 간 경쟁보다는 소통과 협력, 연계와 네트워킹, 민관 거버넌스의 구축 및 활성화가 매우 중요하다. 즉, 통합돌봄 서비스의 민주적인 공공성을 의미하는 것으로서 민관 협치가 중요하다는 것이다. 또한, 지역사회 통합돌봄은 공식적인 제도적·정책적인 돌봄뿐만 아니라, 지역사회 공동체의 적극적인 참여를 기반으로 한다는 것이다. 즉, 지역사회 공동체는 지역사회의 연대에 근거하여 돌봄의 책임을 실천한다. 민주적인 공공성을 기반으로 지역사회 통합돌봄 거버넌스에 참여하고 활동하게 된다. 따라서 지역사회 통합돌봄은 민주적인 공공성에 대한 주체로서 지역사회와 지역주민들의 역할이 중요하다. 연속적인 개인의 삶을 보장하고자 하는 측면에서 지역성이 강조되고, 지역사회 통합돌봄 정책과 서비스 결정에 직접 참여하며, 자원봉사활동 등을 통해 돌봄서비스를 지원하고 모니터링을 하는 민주적인 공공성을 담보하는 주체로서 지역사회 공동체의 역할이 중요할 수밖에 없다.

3) 지역사회 통합돌봄의 구성요소

지역사회 통합돌봄은 지역사회 내에서의 돌봄과 지역사회에 의한 돌봄, 지방분권화로 구성된다.

첫째, 지역사회 내에서의 돌봄이다. 현재 돌봄이 필요한 사람 대부분은 대규모의 시설에서 장기간 입소해 있거나, 급성기 치료들이 필요한 상태가 아님에도 입원 치료를 지속하고 있다. 또한, 지역 내에서 돌봄의 욕구는 있지만, 요양 및 복지서비스 중심의 재가서비스들이 제공되고 있으며, 공공서비스는 포괄성과 충분성이 보장되지 못하고 있다. 더불어 받을 수 있는 공적인 서비스의 수 역시 매우 부족하며, 보건의료-요양-복지서비스 간의 연계가 되지 못하고 있다. 특히, 주거서비스는 거의 부재한 상황이며, 지역 중심의 연속적·통합적인 지역 돌봄이 이루어지지 못하고 있다. 이에 탈시설화(De-Institutionalization)가 매우 중요하다. 즉, 노인과 장애인 등의 사회취약계층을 지역사회와의 교류가 단절된 시설이나 병원 등에 고립 및 통제시킨 대규모의 거주공간에서 집합적 생활로 인해 개인의 자유를 침해하고, 이용자들의 삶의 왜곡을 만들었던 그동안의 서비스 제공방식에 대한 탈피를 의미한다. 탈시설화는 시설로부터의 탈피와 이용자의 주체성이 상실된 서비스 운영 측면에서의 탈피를 의미한다. 커뮤니티화(Comunitization) 역시 강조된다. 노인과 장애인 등 돌봄서비스가 필요한 사람들이 집에서 가족의 돌봄에 전적으로 의존해야 하고, 만약 가족의 돌봄이 불가능할 경우 시설에 입소할 수밖에 없는 그동안의 재가서비스의 한계를 극복하기 위하여 커뮤니티화를 촉진함으로써 시설화를 예방하며, 가족의 돌봄 부담을 줄여나가는 것을 의미한다.

둘째, 지역사회에 의한 돌봄이다. 현재 자생적·사적인 결사체를 의미하는 주민참여조직과 지역 공동체 등이 활성화되지 못한 상황이기 때문에, 실질적인 돌봄 주체로서 지역사회의 역할에는 한계가 있다. 또한, 공공-민간 간, 서비스 제공 주체 간, 지역사회 보건의료 및 복지 등 다직종 간의 네트워크가 약하며, 파트너십을 발휘할 수 있는 경험들이 매우 부족한 상황이다. 따라서 서비스의 공급자 중심이 아닌, 이용자가 자신들의 선택과 통제를 통하여 서비스를 이용할 수 있도록 서비스의 유연화(personalization)를 추진해야 한다. 즉, 서비스 이용자들의 권리와 편의를 향상한다는 것이다. 또한, 의미 있는 삶이 강조된다. 자기 삶을 영위하는 데 있어 인간다운 삶과 욕구를 충족하는 것은 무엇보다도 욕구충족에의 포괄성이 중요하다. 의미 있는 삶이 보장되기 위해서는 기초생활 보장 수준을 넘어서, 재정적인 결핍에 따른 기회 박탈을 회복할 수 있도록 지원해야 한다(보건복지부, 2018). 이와 함께 주체적으로 의미 있는 삶을 살아갈 수 있도록 제도적인 장치를 마련하며, 지역사회가 기여할 수 있는 다양한 기반을 구축해야 한다. 지역사회 통합돌봄은 정부가 주도하고 책임지는 것에 그치는 것이 아닌, 가족과 이웃, 지방자치단체, 그리고 비영리 부문 등이 협력하여 지역사회의 공동체를 복원하면서 각자가 기여할 수 있는 부분들이 잘 작동될 수 있도록 실천적·제도적·문화적인 노력과 대응들이 집합적이고 복합적으로 구축되어야 한다.

셋째, 지방분권화이다. 현재 중앙집권적인 행정·재정 구조로 인하여 지방자치단체들이 자체사업을 추진할 수 있는 자율성과 행정적인 여력이 거의 없으며, 자체사업을 위한 기획 경험 역시 부족한 상황이다. 특히, 지방자치단체의 복지사업 중에서 국고보조 사업이 약 90% 이상을 차지하고 있어서 중앙정부의 의존도가 매우 높은 편이다(보건복지부, 2018). 이로 인해 지역에서 필요로 하는 서비스들을 개발하거나 이를 지원하는 것이 매우 어려운 상황이다. 그러나 지역사회 통합돌봄은 지방분권화의 토대에서 탄생된다. 지역사회 통합돌봄을 추진해 왔던 선진국들의 경험을 살펴보면, 지방정부가 사업에 대한 실질적인 기획과 서비스의 연계 및 조정, 서비스의 구매, 관리감독자 등의 핵심적 임무를 수행한다. 또한, 지역주민과 민간기관들이 주체로서 지역사회 통합돌봄 거버넌스에 참여할 수 있도록 촉진한다. 그러나 우리나라는 상대적으로 지방정부의 역할 및 권한이 제한적이며, 주민참여와 주민자치 역시 비활성화된 편이라 할 수 있다. 따라서 지방분권과 지방자치의 구조에서 지역사회 통합돌봄이 실현되기 위해서는 중앙정부와 지방정부의 명확한 역할분담, 지방자치단체의 권한과 책임의 보장, 지역사회에서 민관 협력의 기반이 조성되어야 한다.

표 16-4 지역사회 통합돌봄의 구성요소

구성요소	주요 내용
지역사회 내에서의 돌봄	• 시설 위주 서비스 제공방식의 탈피(탈시설화) • 시설화의 예방, 가족의 돌봄 부담 완화(커뮤니티화)
지역사회에 의한 돌봄	• 서비스 이용자 권리 및 편의 향상 • 욕구충족의 포괄성 보장 • 개인과 가족, 이웃, 지방자치단체, 비영리 부문 등의 협력을 통한 지역사회의 공동체 복원
지방분권화	• 지방분권화와 지방자치화의 토대에서 탄생 • 명확한 중앙정부-지방정부 간 역할 분담 • 지방자치단체의 권한 및 책임의 보장 • 지역사회의 민관 협력 기반 마련

출처: 보건복지부(2018).

4) 지역사회 통합돌봄의 목적과 구현

지역사회 통합돌봄의 목적은 다음과 같은 두 가지로 설명될 수 있다(양봉석, 2022).

첫째, 인간의 존엄성에 대한 강조이다. 일상생활의 영위를 위해 다른 사람들의 돌봄이 필요한 상태에서도 가능한 한 인생의 마지막까지 삶의 주인으로서 자율성과 독립성을 존중받으며, 개별성을 인정받고 살아나갈 수 있도록 지원이 필요하다는 것을 의미한다. 따라서 돌봄이 단지, 생명의 연장을 위한 기능적인 돌봄만을 의미하는 것이 아닌, 삶의 질을 고려하는 포괄적·총체적 돌봄이 되어야 한다는 것이다.

둘째, 초고령 사회에 대응하기 위해 지속가능한 돌봄체계의 구축이다. 노인 의료비 증가율은 전체 의료비의 증가율보다 가파르게 급증하고 있고, 2017년 기준으로 노인 의료비는 전체 의료비의 40.9%를 차지하였으며, 노인 1인당 의료비는 전체인구 1인당 의료비의 약 3배가 넘는다(석재은, 2019). 더불어 의료비 중에서 요양병원에 대한 지출 비중 역시 큰 부분을 차지하고 있다. 특히, 사회적인 입원이라고 불리는 불필요한 병원 입원과 시설입소에 대한 개혁이 필요하다. 요양병원은 집과 급성기 병원 사이의 중간기관으로서, 수술 후의 회복과 재활이 주요한 기능임에도 불구하고, 신체기능이 저하된 노인들이 종신토록 거주하고 생활하는 기관으로 운영되고 있다. 이처럼 지역사회 통합돌봄은 자율성 및 독립성을 존중하고 개별성을 인정하는 맞춤형 지원을 통한 인간의 존엄성을 보장하고, 효율적이고 효과적인 의료-요양-생활지원 돌봄 시스템을 통하여 지속가능성을 확보하는 두 가지의 목적을 충족한다.

지역사회 통합돌봄의 목표는 크게 세 가지가 있다.

첫째, 건강한 노화를 목표로 한다. 건강관리와 만성질환 관리, 원활한 사회적인 관계 지속, 생활지원 서비스 등을 위한 사회시스템을 마련함으로써 정신적·신체적·사회적인 건강을 가능한 한 오래도록 유지하여 노인들의 삶의 질 향상을 목표로 한다.

둘째, 돌봄이 필요한 상황에서도 가능한 한 자신이 그동안 살던 지역사회 내에서의 일상생활을 계속 영위하는 것을 목표로 한다.

셋째, 노인건강 돌봄체계 효율적이고 효과적으로 지역사회 통합돌봄체계를 구축하여 지속가능성을 제고함으로써 불필요한 사회적인 입원을 제거하고, 시설입소를 지연시키는 것을 목표로 한다.

지역사회 통합돌봄의 목적과 목표를 구현하기 위한 과제는 다음과 같다.

첫째, 지역사회 통합돌봄은 '자신이 살던 곳에서 나이 들어가기(Aging in Place)'를 지원하여 삶의 연속성과 독립성, 자율성을 최대한 존중하고 세심히 배려할 수 있는 존엄한 돌봄들을 실천할 수 있어야 한다.

둘째, 지역사회 통합돌봄은 '사람 중심으로 조정된 돌봄(person-centered coordinated care)'을 위해 공공성이 담보된 통합적인 사례관리를 함으로써 보건과 의료, 요양, 주거와 복지 등 다양하게 분리된 영역들과 제도들이 사람 중심 돌봄이라는 공공적인 목적에 부합되고 소통과 협력, 연계될 수 있도록 해야 한다.

셋째, 지역사회 통합돌봄은 사회적인 입원 등의 비효율적인 치료 방식을 지양하며, 지역사회와 밀착하여 다양한 욕구들을 세심하게 확인하여 배려해야 한다. 또한, 지역 기반의 보건, 의료, 요양, 주거, 복지 등의 공식적인 의료돌봄과 비공식적인 돌봄, 그리고 스마트 기술들을 활용한 돌봄 등을 통해 비용 측면에서 효과적인 돌봄을 제공함으로써 지속가능성을 확보해야 한다.

넷째, 지역사회 통합돌봄은 지역사회의 돌봄 주체들의 협력을 위한 거버넌스가 매우 중요하다. 지역사회 공동체의 느슨한 연대에 입각한 돌봄 책임의 실천과 민주적인 공공성에 기반한다(석재은, 2019). 또한, 자원의 배분과 같은 지역사회의 돌봄 정책에 관한 의사결정과정에 참여하며 모니터링을 하는 등 돌봄에서의 민주주의를 지향해야 한다.

지역사회 통합돌봄의 목적과 목표를 구현하기 위한 과제를 해결하기 위한 구현 원칙은 다음과 같다.

첫째, 보편성이다. 지역사회 통합돌봄의 구성요소와 핵심적인 배경이 되는 인간의 존엄성 등의 가치체계는 돌봄에 대한 욕구가 있는 모든 지역주민에게 적용되고, 각 개인은 삶의 과정에서 어떤 단계이든지 돌봄에 대한 욕구들을 가지게 된다는 측면에서 보편성이라는 원칙을 지니고 있다. 이에 지역사회 통합돌봄은 가족구조나 인구·사회·경제적인 지위와는 무관하게 개인의 인간다운 삶을 영위하기 위한 지역주민들의 돌봄 욕구에 기반하여 보편적으로 적용되어야 한다.

둘째, 실효성이다. 지역사회 통합돌봄을 통하여 타인에 대한 의존성의 극복과 기존 돌봄서비스의 비인격성에 대한 극복이라는 탈시설화에 대한 실질적 효과를 거둘 수 있어야 한다. 지역사회 통합돌봄에 대한 주요 평가는 탈시설화라는 산출뿐만 아니라, 궁극적으로는 양질의 서비스 제공을 통한 지역주민의 삶의 질 향상이라는 결과물에 의하여 이루어져야 한다.

셋째, 탈가족성이다. 후기산업사회로 인해 가속화된 노동의 유연화와 노동소득의 분배율 하락은 과거의 남성 일인 부양가족 모형에 대한 위기를 가져왔다. 이와 함께 여성의 사회경제적인 활동이 증가하는 등 성평등 사회로의 전환은 전통적인 가족구조에서 여성에 의하여 수행되어 왔던 돌봄의 공백이라는 위험을 높이는 주요 요인으로 작용하였다. 이러한 점에서 돌봄의 공백 등 새로운 위험에 대응하기 위해 사회적인 대응과 사회서비스의 확대는 필연적인 귀결이라 할 수 있다(보건복지부, 2019). 이에 따라 지역사회 통합돌봄에서도 새로운 사회적 위험의 확산과 함께 이에 대한 정책적 대응으로써 돌봄의 탈가족화와 사회적인 돌봄에 대한 필요성은 매우 중요한 전제 중의 하나라 할 수 있다.

넷째, 충분성이다. 지역사회 통합돌봄의 실효성이 확보되기 위해서는 지역사회 통합돌봄 서비스의 제공을 위한 시설과 인력들이 돌봄의 욕구들에 맞게 충분하게 존재해야 한다. 지역사회 통합돌봄을 위한 인력과 인프라의 충분성은 양적 측면과 아울러, 종류와 질의 측면에서도 그 충분성이 확보되어야 한다. 따라서 지역주민들의 욕구에 맞는 지역사회 통합돌봄 서비스를 계획하고, 관리할 수 있는 역량과 권한을 갖추고 있는 케어 매니저나 케어 플래너들의 양성과 수급 등이 원활하게 이루어져야 한다.

다섯째, 효율성이다. 서비스 이용자들의 임의성에 기반을 둔 돌봄서비스의 이용 행태는 그동안 이윤 극대화를 추구하는 시장 행태와 결합하면서 결과적으로 돌봄서비스의 영역에서 비효율성을 증대시키는 방향으로 작동됐다. 또한, 지역사회 내 공공서비스 영역에서도 다양한 제도와 정책, 그리고 서비스가 중첩되어 작동됨으로써 정책효과의 효율성이 저하되는 현상이 지속되고 있다(보건복지부, 2019). 따라서 지역사회 통합돌봄은 지역사회를 기반으로 하는 돌봄 욕구에 대한 통합적 접근을 통해 비효율성을 경감시킬 수 있을 뿐만 아니라, 사회적인 돌봄의 비용 총량 측면에서도 비효율성을 최소화할 수 있는 방향으로 설계되어야 한다.

여섯째, 공공 책임성이다. 우리나라 헌법에서는 모든 국민은 인간으로서 존엄과 가치를 가지며 행복을 추구할 권리가 있으며(헌법 제10조), 모든 국민은 인간다운 생활을 할 권리를 가지며 국가는 사회보장, 사회복지의 증진에 노력할 의무를 진다(헌법 제34조)고 명시하고 있다. 즉, 사회권적인 측면에서 돌봄을 비롯한 다양한 사회서비스들을 시민들이 마땅히 누려야 할 시민의 권리라는 것이다. 그리고 이와 같은 시민권을 보장하기 위하여 국가와 지방자치단체는 필요한 정책적인 수단들을 제공해야 하는 책임이 있다. 이와 같은 관점들에서 사회서비스 제공에 대한 공공부문의 책무가 명확하다는 것을 확인할 수 있다. 또한, 자본주의 체제에서 돌봄 영역에 대한 공공의 개입 근거는 돌봄에 대한 사회서비스 정책이 돌봄 당사자와 돌봄 책임자들의 욕구충족이라는 것을 넘어서서, 지역주민의 역량 강화, 가족구성원들의 인적자원의 보존과 경제활동 참가율의 제고 등 사회적 가치, 즉 외부효과를 갖고 있다는 것이다. 따라서 외부효과를 가지고 있는 재화 및 용역들이 시장, 즉 민간에 의하여 주도되는 경우 과소생산이나 과소소비되는 경향이 있어서, 이와 같은 문제점에 대한 대응으로 국가와 공공이 개입함으로써 적정공급과 적정소비를 유지하기 위한 조정자의 역할 수행이 필요하다.

마지막으로, 통합성이다. 돌봄과 관련된 정보와 시설, 그리고 제공자의 분절성은 사회경제적인 지위와 이용자와 가족 등 돌봄 책임자들의 정보 접근 능력에 따라 결과적으로 돌봄의 질과 양이 결정되게 되는 결과를 초래할 수 있다. 따라서 이용자 중심의 충분성을 갖춘 지역사회 통합돌봄을 실현하기 위해서는 기존의 분절적인 구조를 벗어나야 한다. 이를 위해 지역사회 통합돌봄에 대한 창구를 전문적인 자격을 갖추고 있는 케어 매니저로 일원화하여, 이용자의 욕구에 대한 전문적인 사정에 근거하여 구성하게 되는 통합적인 케어 패키지를 제공함으로써 지역사회 통합돌봄의 실효성을 담보할 수 있을 것이다. 특히, 기존에 분절적으로 접근되고, 운영 및 관리되어 왔던 돌봄은 초기 상담부터 시작하여 욕구 사정, 케어플랜, 사후관리에 이르기까지 사람과 공간의 측면에서 통합성을 추구해야 한다.

표 16-5 지역사회 통합돌봄의 구현원칙

원칙	주요 내용
보편성	• 소득과 무관한 돌봄 욕구에 따른 서비스의 계획 및 집행
실효성	• 지역사회 통합거주 및 자립생활 지원 • 지역사회 통합돌봄의 성과지표 설정 및 관리
탈가족성	• 돌봄 인프라 확충 및 공공 책임성 확대
충분성	• 돌봄 인프라 및 돌봄서비스 확충 • 케어 플래너 양성 및 책임성 제고
효율성	• 서비스 공급자별 파편화에 따른 중복성의 해소 • 장기요양보험과 공공재정에 기반한 돌봄서비스의 연계 • 사회적 입원 및 입소 제어
책임성	• 돌봄 욕구에 대한 공공부문의 사정 및 서비스 판정, 책임성 강화 • 돌봄 인프라의 공공성 확대
통합성	• 통합적인 돌봄 계획 수립 • 효과적인 공공 케어 플래너 활동

출처: 보건복지부(2019).

3 지역사회 통합돌봄 정책

1) 지역사회 통합돌봄 정책의 개요

서구 선진국의 지역사회 통합돌봄(Community Care)은 각국의 사회서비스 체계의 구조적 문제의 대안으로 국가가 주도하여 도입하였다. 한국의 지역사회 통합돌봄도 한국의 사회서비스 체계의 구조문제 대안으로 국가가 주도하여 추진하고 있다. 한국의 지역사회 통합돌봄은 중앙정부가 2018년 11월 '지역사회 통합돌봄 기본계획'을 발표하고 2019년부터 보건복지부 주관의 선도사업을 실행하고 있다.

지역사회 통합돌봄은 주민들이 살던 곳(자기 집이나 그룹 홈 등)에서 개개인의 욕구에 맞는 서비스를 누리고 지역사회와 어울려 살아갈 수 있도록 주거, 보건의료, 요양, 돌봄, 독립생활지원이 통합적으로 확보되는 지역 주도형 사회서비스 정책이다.

그림 16-1 지역사회 통합돌봄의 개념

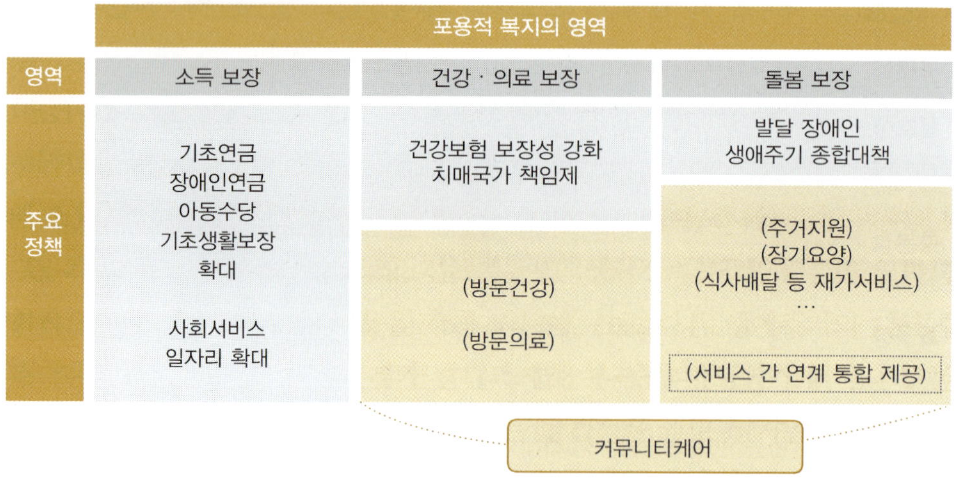

출처: 보건복지부(2018).

정부의 지역사회 통합돌봄 기본계획에서 노인이 살던 곳에서 건강한 노후를 보낼 수 있는 포용 국가라는 비전을 위해 2025년까지 커뮤니티 케어를 제공할 수 있는 기반을 구축하려는 목표를 수립하였다. 정부의 지역사회 통합돌봄 기본계획 4대 핵심요소에서 주거, 건강의료, 요양돌봄의 3대 요소는 보건의료와 장기요양보호 및 복지를 포함하는 사회서비스와 전달체계에 해당한다. 방문의료의 건강보험 급여화, 영양서비스의 장기요양보험 급여화 등 신규 서비스를 개발하거나 급성기 3차 병원 지역연계실을 통한 퇴원환자의 지역사회 연계체계 구축 등 서비스 전달체계 개편과정이 기본계획에 포함되어 있다. 4대 핵심요소에서 서비스연계는 읍·면·동에 케어 안내창구를 설치하고 공공과 민간의 서비스 공급조직과 민관 협력체계를 구축해야 한다(보건복지부, 2018). 지역사회 통합돌봄 정책 추진 로드맵은 2018년부터 2022년까지는 선도사업 실시 및 핵심인프라 확충단계이고 이후 2025년까지는 지역사회 통합돌봄 제공기반 구축을 위해 장기요양 등 재가서비스를 대대적으로 확충하며, 인력양성, 케어매니지먼트 시스템 구축 등 품질관리체계와 재정전략 등이 포함된다. 2026년부터는 보편화 단계로 진입한다.

그림 16-2 지역사회 통합돌봄 기본계획

비전: 노인이 살던 곳에서 건강한 노후를 보낼 수 있는 포용국가

목표: 2025년까지 커뮤니티케어 제공기반 구축

4대 핵심요소

주거	건강	요양 · 돌봄	서비스연계
• 노인 맞춤형 케어안심주택 • 집수리사업 • 커뮤니티케어형 도시재생뉴딜	• 집중형 방문건강서비스 • 노인만성질환 전담 예방 · 관리 • 병원 '지역연계실' 운영 • 방문의료	• 차세대 노인장기요양보험 구축 • 식사배달 등 다양한 신규 재가서비스 • 재가 의료급여 신설 • 회복 · 재활서비스	• 케어안내창구 신설(읍면동) • 지역사회 민관 서비스 연계 · 협력 (시군구 지역케어회의 등)

추진 로드맵

2018 → 2022	2022 → 2025	2026 →
선도사업 실시 및 핵심 인프라 확충	**지역사회 통합돌봄(커뮤니티케어) 제공 기반 구축**	**지역사회 통합돌봄(커뮤니티케어) 보편화**
• 선도사업 실시 → 지역 자율형 커뮤니티케어 모델 개발 • 생활 SOC 투자 → 케어안심주택 → 주민건강센터 → 커뮤니티케어형 도시재생뉴딜 • 법 · 제도 정비 → '(가칭) 지역사회 통합 돌봄기본법' 제정 → 개별 법 및 복지사업지침 정비	• 장기요양 등 재가서비스 대대적 확충 • 인력 양성, 케어매니지먼트 시스템 구축 및 품질관리체계 • 재정 전략 마련	

출처: 보건복지부(2018).

지역사회 통합돌봄의 기본계획을 바탕으로 추진 중인 지역사회 통합돌봄 선도사업은 지역 실정에 맞는 서비스를 발굴하고 제공 모델을 검증·보완하여 다양한 커뮤니티 케어 모델을 개발한다는 목적을 위해 4가지 추진 방향을 설정하여 추진하고 있다. 첫째, 지역의 자율성·창의성·다양성을 최대한 반영, 둘째, 지역자원과 역량을 최대한 투입·활용, 셋째, 함께 만들어 나가는 사업으로 운영, 넷째, 다양한 연계사업을 동시에 진행하여 사업효과 극대화, 다섯째, 선도사업의 확산·발전이다. 지역사회 통합돌봄 선도사업 기본모형은 2025년 커뮤니티 케어 제공기반 구축을 목표로 공통 제공기반을 구축하고 통합 욕구사정 및 사례관리를 통하여 해당되는 서비스를 제공하는 것으로 구성되어 있다(보건복지부, 2019).

지역사회 통합돌봄 선도사업은 시·군·구를 기본사업 단위로 하여 노화·사고·질환·장애 등으로 케어가 필요한 상태에서 평소 살던 곳에서 지내기를 희망하는 노인·장애인·만성질환자 등의 욕구에 맞추어 주거·보건의료·요양·돌봄 등의 서비스를 연계·통합 제공하여 지역사회 독립생활을 지원하는 사업내용으로 구성되

어 있다. 선도사업 지방정부 통합돌봄 도입을 위한 중앙정부 통합돌봄 정책과 사업은 선도사업 재정지원과 보건복지부, 행정안전부, 국토교통부의 연계사업, 자체사업, 민관 협력으로 구성된다(보건복지부, 2019).

그림 16-3 지역사회 통합돌봄 선도사업 개념도

① 커뮤니티케어 목표	'25년 커뮤니티케어 제공기반 구축			
	심층검토과제 연구	↑		종합계획 수립
② 선도사업 목표	커뮤니티케어 모델개발			
③ 4대 선도사업	노인통합 돌봄 모델 (4개 시군구)	장애인 자립생활 지원 모델 (12개 시군구)	정신질환자 지역사회 정착 지원모델 (1개 시군구)	노숙인 자립 지원 모델 (1개 시군구)
④ 공통제공 기반	• 읍면동 케어안내 창구 • 시군구 지역케어회의	→	민 · 관 협력체계 구축	
⑤ 서비스 흐름도	대상자 발굴: 신청 또는 발굴 · 동의 → 욕구 사정: 수요자 욕구평가 → 지원계획(케어플랜): 개인별 맞춤형 지원계획 수립	→ 서비스 제공: 민관이 협력하여 지원 계획에 따른 서비스 제공	→ 모니터링 사후관리: 제공현황 모니터링 및 지원계획 보완 · 변경	
⑥ 통합 욕구사정 및 사례관리	• 퇴원 전 종합적 환자 평가, 퇴원계획 수립 • 의료급여, 사례관리 • 재가노인인, 종합평가	• 개인별 맞춤형 지원 계획 수립	• 퇴원 전 종합적 환자 평가, 퇴원계획 수립 • 의료급여, 사례관리 • 개인별 지원계획 수립	• 개인별 자립지원 계획 수립
⑦ 서비스 제공	• 케어안심주택 – 공공임대+서비스 – 자가+서비스 • 주거환경 개선 (집수리 서비스) • 재가서비스 등	• 자립체험주택 – 공동주거(임대)+서비스 • 케어안심주택 – 공공임대+서비스 – 자가+서비스 • 주거환경 개선 (집수리 서비스)	• 자립체험주택 – 공동주거(임대)+서비스 • 케어안심주택 – 공공임대+서비스 – 자가+서비스	• 자립체험주택 – 공동주거(임대)+서비스 • 케어안심주택 – 공공임대+서비스

출처: 보건복지부(2019).

2) 지역사회 통합돌봄의 서비스 체계

(1) 주거지원서비스

주거지원서비스는 주거서비스기관이 주거서비스 제공기관을 조직하여 만성질환과 기능장애주민의 주거상황과 가족관계 및 심신 상태를 평가하여 주거지원서비스(주택개조, 어시스트 리빙, 보조기기 설치, 생활시설 입소 등)를 제공하는 것이다. 주거서비스를 조직하는 기관은 조직된 주거서비스 외 보건의료와 장기요양보호 및 사회서비스바우처, 사회복지서비스는 해당 서비스를 조직하고 사례관리하는 기관들과 연계하고 협력한다.

지역사회 통합돌봄의 주거지원서비스는 일반주거가 아니라 고령이나 만성질환 또는 장애인의 개인주거공간과 생활환경에 유니버설디자인 개념이 적용되어야 한다(채철균, 2019). 하지만 한국은 아직 커뮤니티 케어 주거에 대한 담론과 사례가 많지 않고 정부의 정책도 시작단계이다. 그러므로 커뮤니티 케어 주거지원서비스 체계 모형은 지역별로 현재의 현안에 대응하면서 동시에 관련 주체들의 네트워크 구축과 연구, 인력양성 및 기술과 정책개발까지 새로운 분야를 개척하기 위한 다면적, 단계적 대응이 불가피하다.

주거지원서비스는 어떠한 질병이나 신체적, 정신적 기능상의 장애를 가진 주민이라도 신체활동과 일상생활에 있어서 노멀라이제이션과 자립생활이 가능하도록 주거상황과 가족관계를 고려하여 물리적 환경의 개선을 위한 주거서비스(주택개조와 준주거시설 제공), 보조기기 설치, 주거관리(청소위생 및 방역서비스)의 세 가지 서비스의 지원과 사회적 환경(의료기관과 공공기관, 생활편의시설, 사회활동 참여를 위한 커뮤니티 공간 접근성)을 개선하는 서비스다(김미희, 2019). 즉, 주거지원서비스는 노멀라이제이션[9]과 자립생활을 위한 주거환경 조성이 핵심이다.

주거지원서비스의 내용은 개인주거와 주거환경의 유니버설디자인 서비스라고 할 수 있다. 부양가족이 있거나 독립적 생활이 가능한 가구의 주택수리서비스는 집안에서 질병이나 기능상의 장애에도 불구하고 일상생활이 가능하도록 주택을 개조하거나 보조기구 혹은 스마트홈 장비를 갖추는 것이다. 부양가족이 없거나 취약한 경우, 독립적으로 생활이 어려운 독거노인, 노인부부세대, 만성질환자와 장애인을 위해서는 재택에 준하는 시설을 제공하되 가급적 지역밀착형 소규모 시설인 그룹홈, 너싱홈, 케어안심주택(건강의료와 요양돌봄서비스가 지원되는 주택)을 제공한다(김미희, 2019).

주거관리서비스는 주거공간의 청소와 위생·방역서비스이다. 어시스트 리빙은 건강상의 이유로 급성기 치료와 재활훈련을 받거나 급성기 치료 이후 재택 혹은 준주거시설로 복귀하기 이전 재활과 의료서비스 및 요양돌봄서비스가 제공되는 시

9) 고령자나 장애자를 격리된 보호시설에 수용하는 사회가 아니라 이들이 일반인들과 함께 살아갈 수 있는 사회를 만들어야 한다는 생각.

설이다(김미희, 2019). 주거환경개선은 개인 주거공간에 대한 주거지원서비스 이외에 공공기관, 병·의원과 약국, 편의점, 이웃이나 친목모임 및 마을공동체 활동이 가능한 커뮤니티 공간 등 사회참여가 가능한 인프라와의 접근성을 고려하여야 하며, 상황에 따라서 신규설치하거나 일정 구역 전체에 대한 커뮤니티 케어 특화형 도시재생이 필요하다.

정부의 지역사회 통합돌봄 기본계획 주거지원체계와 연관된 정책과 사업들은 케어안심주택, 집수리사업, 커뮤니티 케어 특화형 도시재생 뉴딜의 세 가지 분야이다(보건복지부, 2018). 첫째, 노인 맞춤형 케어안심주택을 대폭 확충한다. 복지관, 종합재가센터, 주민건강센터와 연계하여 주택과 서비스 제공기관이 통합된 일체형 공공실버주택을 통해서 노인 맞춤형 서비스를 제공하는 것이다. 2022년까지 공공임대 신규 4만 호, 2025년까지 기존 15만 호를 개조하여 제공한다.

둘째, 자활기업 등 사회적 경제 조직을 활용하여 2025년까지 27만 4천 세대를 목표로 집수리사업을 실시한다. 미끄럼 방지 등 안전시설, 응급비상벨, 주방개보수 등을 통해 낙상예방 등 노인안전 및 독립생활을 지원한다.

셋째, 도시재생 뉴딜사업에 커뮤니티 케어형을 추가한다. 지방정부가 도시환경 개선, 생활 인프라 확충 및 케어 서비스를 동시에 제공함으로써 커뮤니티 케어 특화형 도시재생 뉴딜을 추진하는 것이다.

그림 16-4 지역사회 통합돌봄에서 주거지원서비스 체계도

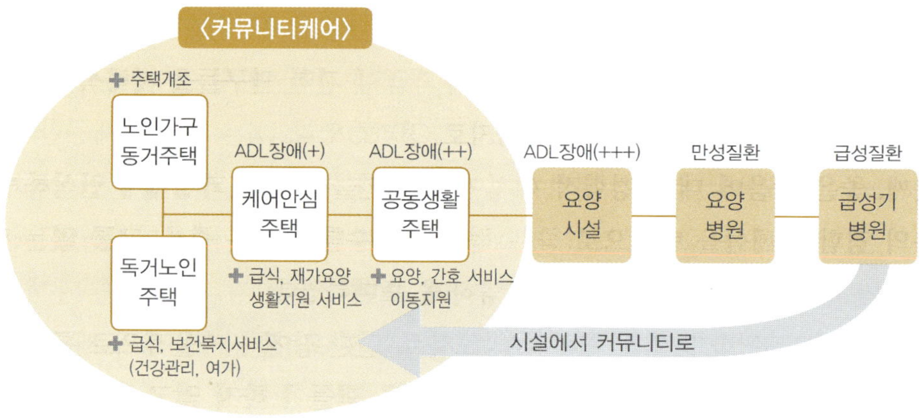

출처: 보건복지부(2018).

(2) 건강의료서비스

건강의료서비스는 공공보건기관 보건소와 일차의료기관이 주민의 질병예방과 건강증진을 최우선으로 하되 주민의 질병 상태에 따라 급성기 의료기관에 의뢰·회송하고 퇴원이나 아급성기 재활 이후 지역사회 재가 혹은 준주거 만성질환자에 대하여 방문의료서비스를 제공하는 것이다. 일차의료 보건기관인 보건소와 의원급 일차의료기관은 일상적으로 주민들의 질병예방과 건강증진을 위한 프로그램이나 주치의 서비스를 제공한다.

건강의료서비스는 첫째, 공적 권한을 갖는 시·군·구 보건소가 만성질환자 의뢰·회송을 위한 수직적 보건의료체계 급성기 1차, 2차, 3차 의료기관 및 아급성기 재활요양병원, 방문의료를 시행할 일차의료기관을 조직하여 네트워크를 구성한다.

둘째, 실질적인 커뮤니티 케어 시스템 구축과 작동 단위인 읍·면·동에서 보건소 건강생활지원센터는 공적 권한을 갖는 기관으로써 다학제팀을 구성하고 일차의료기관 주치의와 함께 주민들의 질병예방과 건강증진 및 수직적 보건의료체계 의뢰·회송, 재가방문의료를 실시한다.

셋째, 건강생활지원센터는 읍·면·동 주민자치센터 커뮤니티 케어 전담팀과 보건의료서비스가 필요한 만성질환과 기능장애 주민을 연계·의뢰받아 직접 혹은 보건의료조직 네트워크에 연계하여 사례관리와 필요한 보건의료서비스를 제공한다. 이때 읍·면·동 주민센터와 공동사례관리를 수행할 수 있다.

넷째, 다학제팀을 구성하고 방문의료를 실시하는 일차의료기관은 주치의 서비스와 함께 수직적 급성기 병원과 의뢰·회송체계를 구축하거나 건강생활지원센터를 통해 환자를 연계 받는다.

다섯째, 건강생활지원센터 다학제팀은 읍·면·동 주민센터에서 연계 받거나 급성기병원에서 의뢰받은 환자의 질병과 심리적 신체적 기능상태를 평가하고 케어플랜을 작성, 이 계획에 따라 방문하여 진료하거나 방문간호사를 통하여 필요한 의료적 조치를 취하게 된다. 또한, 다학제팀의 평가에 의하여 질병치료와 직결된 신체, 심리, 영양 부문의 전인적 서비스가 필요하다. 그러므로 의사의 진료 이외에도 간호사, 임상심리사, 임상영양사, 운동처방사, 물리치료사, 작업치료사 등이 제공하는 서비스도 해당한다.

정부 지역사회 통합돌봄 기본계획 건강의료와 연관되는 정책과 사업들은 1:1 맞춤형 의료 제공, 병원과 시설 퇴원 재가서비스, 방문형 보건의료, 방문형 간호와 호스피스, 요양병원 기능분화 및 합리화의 다섯 가지다(보건복지부, 2018).

첫째, 건강 취약노인·장애인에 대한 1:1 맞춤형 의료서비스를 제공한다. 건강보험 빅데이터를 활용한 치매 만성질환 노인 등 지속적 포괄적 관리와 2020년 6월부터 실시하고 있는 장애인 주치의와 장애인 치과주치의 두 가지 시범사업이 해당된다. 장애인 주치의 사업은 장애인 건강관리계획(케어플랜) 수립, 장애·건강상태 점검, 비대면 상담, 방문진료 서비스를 제공한다. 장애인 치과주치의 사업은 장애인 구강건강상태, 구강관리습관을 평가하고 종합관리계획을 수립하여 정기적인 점검과 불소도포, 치석제거 및 구강보건교육의 3개 행위로 구성된 구강건강관리서비스 패키지 서비스를 제공하는 것이다.

둘째, 병원이나 시설 퇴원환자에 대해 지역사회 재가서비스를 연계한다. 급성기 병원에는 지역연계실을 두고 지역연계실에서 퇴원 전 퇴원계획을 수립, 케어 안내 창구에 재가서비스를 의뢰한다. 급성기 병원 중증치료 환자의 경우 필요에 따라 해당병원 방문의료서비스를 실시할 수 있다. 장기요양시설은 전문요양실을 설치하고 재가복귀 계획을 수립, 케어 안내창구에 재가서비스를 의뢰(보건복지부, 2018)한다.

셋째, 지역사회 기반 방문형 보건·의료서비스를 실시한다. 지역주민의 건강상태에 따라 3개 군으로 분류, 방문건강관리서비스를 제공한다. 2022년까지 방문건강관리서비스 체계를 구축하고 2022년 271만 가구, 300만 명, 2025년 346만 가구, 390만 명에게 서비스를 제공할 목표이다.

그림 16-5 지역사회 통합돌봄에서 방문건강관리서비스 체계도

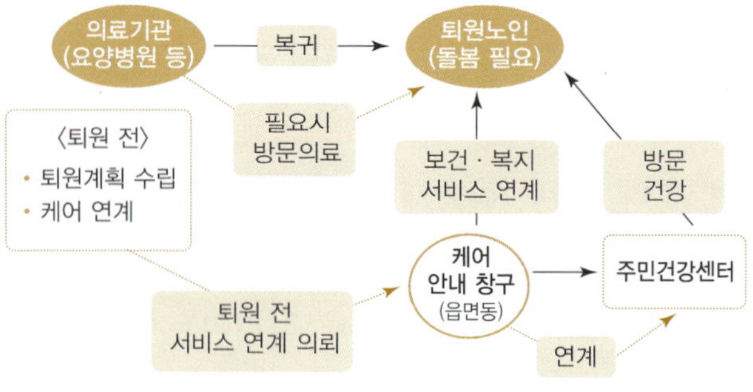

출처: 보건복지부(2018).

넷째, 지역사회 기반 방문형 간호와 가정형 호스피스를 실시한다. 만성질환자와 회복기 치료적 간호대상자에 대하여 의사 처방에 따른 방문간호서비스를 확대한다. 가정형 호스피스는 2020년 9월부터 본 사업으로 전환하여 실시하고 있다.

다섯째, 요양병원의 서비스 전문화 및 합리적 이용을 유도한다. 요양병원은 재활, 호스피스, 치매, 일반으로 기능을 분화하고 적정 이용을 유도하기 위해서 적정수가를 설정하며 불필요한 입원을 억제한다.

(3) 요양돌봄서비스

요양돌봄서비스는 어떠한 질병이나 신체적, 정신적 장애를 가진 주민이라도 지역사회 재가나 재가에 준하는 시설에서 일상생활과 사회활동참여가 이루어지도록 신체, 심리, 사회경제적 문제와 요구에 대해 전인적 서비스를 통합적으로 제공하는 것이다.

요양돌봄서비스는 노인장기요양보험과 사회서비스바우처, 사회복지서비스 사업에 해당하는 사회안전(사회복지와 사회서비스), 생활여가(일상생활지원, 여가문화), 심리정서(심리상담, 코칭과 교육), 사회참여(사회관계, 사회활동, 이동지원), 경제활동(소비생활, 자산관리), 교육(교육, 교육복지), 직업(고용과 창업, 직업훈련), 권익보장(법률지원, 인권지원)의 8개 부문의 17개 서비스로 구분할 수 있다.

정부 지역사회 통합돌봄 기본계획 요양돌봄과 연관되는 정책과 사업들은 차세대 장기요양서비스 개편, 노인맞춤돌봄서비스, 지방정부별 공공과 민간의 다양한 사회복지서비스들이다.

첫째, 2025년까지 차세대 장기요양서비스 개편이 이루어진다. 장기요양서비스 대상과 재가서비스 비중 확대와 통합재가급여, 영양 이동지원 등을 개발·적용한다. 노인장기요양 수급자를 2025년까지 11% 이상 약 120만 명 수준으로 확대한다. 재가중심 급여 이용을 확대하는데, 한번 신청하면 방문요양, 방문간호, 방문목욕, 주·야간보호서비스를 받을 수 있는 통합재가 급여가 도입되고 동일 장기요양시설에서 시설보호와 주야간보호 등을 동시에 제공하는 복합서비스의 확대가 추진된다. 또한, 이동지원, 주거환경개선 등 신규 서비스를 개발하고 식사배달 서비스 제공 모델도 연구한다. 지역에서 재가서비스를 종합적으로 제공하는 종합재가센터도 설치·운영하는데, 사회서비스원 직영(2022년까지 135개)과 종합사회복지관 등을 지정하고 「사회복지사업법」을 개정하여 종합재가돌봄서비스업을 도입하는 등 민관 협업을 추진한다.

둘째, 노인돌봄바우처 통합을 통한 노인장기요양서비스와 예방기능 분담이다. 기존 6개로 나뉘어 제공되던 노인돌봄기본서비스, 노인돌봄종합서비스, 단기가사서비스, 초기독거노인 자립지원 사업, 독거노인 사회관계 활성화 사업, 지역사회 자원연계 사업을 노인맞춤돌봄서비스로 통합하였다(석재은, 2019). 일상생활 영위가 어려운 취약노인에게 적절한 돌봄서비스를 제공하여 안정적인 노후생활 보장, 노인의 기능·건강 유지 및 악화 예방을 목적으로 서비스가 제공된다. 서비스 대상은 65세 이상 기초생활수급자, 차상위계층 또는 기초연금수급자 중 독거·조손 가구 등 돌봄이 필요한 노인(보건복지부)이다. 서비스 내용은 안전지원, 사회참여, 생활교육, 일상생활 분야의 다양한 서비스를 서비스 제공계획에 따라 직접 또는 연계하여 제공하는데, 방문형, 통원형(그룹형 프로그램) 등 제공형태를 다양화하였다.

그림 16-6 지역사회 통합돌봄에서 요양돌봄서비스 체계도

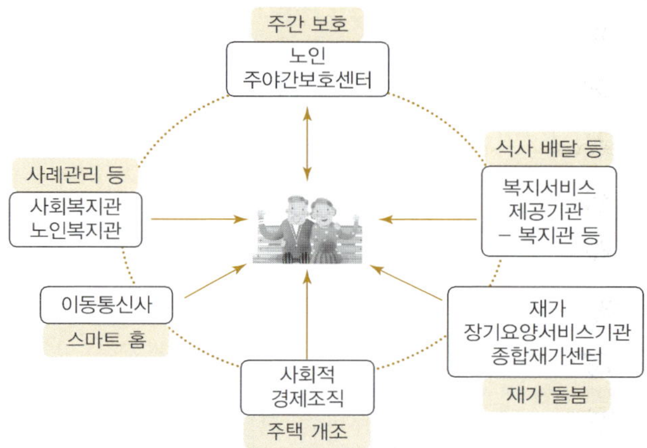

출처: 보건복지부(2018).

(4) 서비스연계

지역사회 통합돌봄 서비스 연계체계는 서비스 전달체계에 해당하며 현재의 중앙정부와 지방정부 중심의 사회서비스 전달체계 구조문제 대안으로 구축되어야 한

다. 즉, 중앙집권적이고 획일화된 보건의료와 장기요양보호 및 사회서비스바우처, 사회복지서비스 제도와 공급자 중심 민간 위주 임의적 전달체계로 인한 분절성, 비연속성, 비책임성, 비접근성, 공공행정전달의 통합적 서비스연계와 조정의 공공인프라가 부재한 사회서비스 구조문제 대안체계를 구축하는 것이다.

서비스연계는 사회서비스 전달체계 이론에 의한 한국의 사회서비스 전달체계 개선전략에 의하여 수요자 중심 패러다임 전환을 위해 분권화된 지방정부 주도의 케어매니지먼트를 통한 공적 개입과 민관 거버넌스 및 지역사회 조직화라고 규정할 수 있으며 다섯 가지 내용으로 구체화할 수 있다.

첫째, 건강생활지원센터, 종합재가센터, 주거복지센터는 각각 건강의료, 요양돌봄, 주거지원서비스 범주 공급기관 네트워크와 케어매니지먼트체계를 장착한 공공인프라 플랫폼 자격으로 포지셔닝한다.

둘째, 시·군·구, 읍·면·동 주민자치센터에 공공컨트롤타워플랫폼을 설치한다. 생활권에 가장 근접한(접근성) 행정기관 동주민센터에 3대 서비스 플랫폼들과 네트워크를 구축하고 신청자에 대한 상담부터 서비스연계·조정까지 사례관리를 수행하는 플랫폼 기능을 부여한다는 것이다.

셋째, 읍·면·동 공공컨트롤타워플랫폼의 공공사례관리 및 공적급여 제공기능 부여다. 공적급여 자격을 판단하고 연계할 수 있는 권한과 체계를 갖춘 읍·면·동 주민자치센터 담당조직에서는 신청자의 상담결과에 의해 공적급여 및 긴급한 지원이 필요한 이용자에 대한 공공사례관리 기능을 수행한다.

넷째, 읍·면·동 주민자치센터 공공컨트롤타워플랫폼과 시·군·구전담조직, 그리고 공공과 민간의 3대 범주 서비스 공공인프라플랫폼 간의 연계·협력과 공동사례관리이다. 읍·면·동 공공컨트롤타워플랫폼에서는 공공사례관리 외에 해당되는 3대 서비스플랫폼에 이용자를 연계하지만 고난이도 사례에 대해서는 시·군·구전담조직 주관의 솔루션회의를 개최하거나 공동케어회의를 실행한다.

다섯째, 지역사회 주민 개인과 전체 주민의 커뮤니티 케어 서비스 문제와 욕구를 반영하고 공공의 보건의료와 장기요양보호 및 사회서비스전자바우처, 사회복지서비스 급여에 포함되지 않거나 부족한 물품과 서비스에 대해서 지역사회 자원을 참여시키기 위한 민관 거버넌스 체계 및 주민참여, 주민조직화, 주민자치체계의 구성과 운영이다.

그림 16-7 지역사회 통합돌봄의 서비스연계 체계도

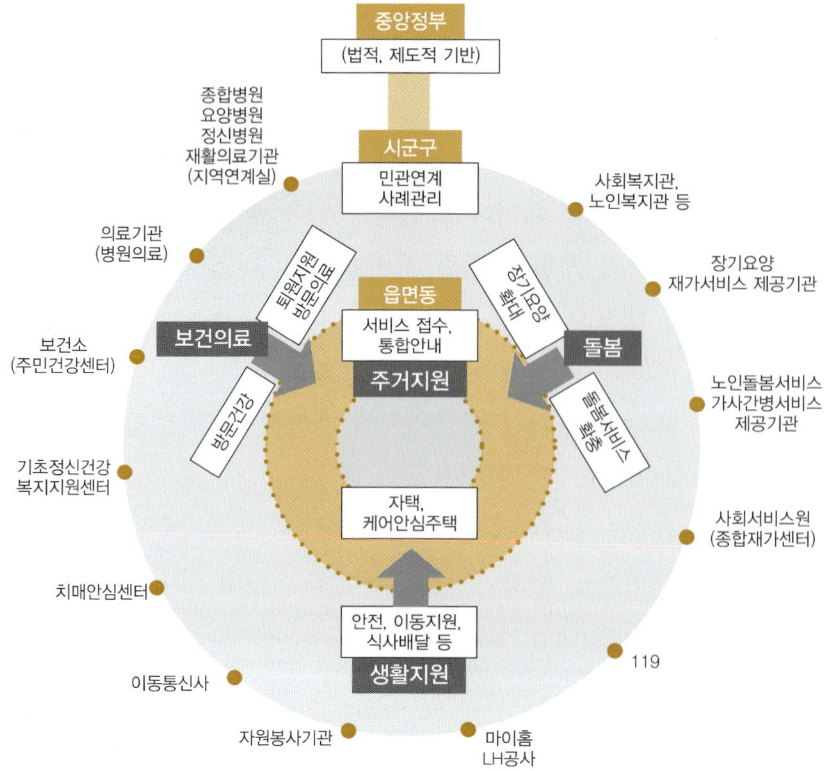

출처: 보건복지부(2018).

3) 지역사회 통합돌봄 정책의 과제

지역사회 통합돌봄 정책이 지역사회를 기반으로 사회복지 대상자의 요구에 맞는 서비스를 제공하기 위해서는 지방자치단체의 역할과 역량이 무엇보다도 중요할 수밖에 없다. 즉, 지역의 실정에 맞게 인력과 재원, 전문성, 민간자원 등을 최대한 활용함으로써 정책적 성과를 담보할 수 있다. 이를 위해서는 지역사회 통합돌봄 정책에 대한 지방자치단체의 권한과 역할이 강화되어야 하고, 지역사회 통합돌봄 인프라를 구축해야 한다. 또한, 지속가능한 지역사회 통합돌봄을 위해 지방자치단체의 집행체계가 강화되어야 하며, 서비스 품질 향상을 위한 지역사회 통합돌봄 인프라들이 확충되어야 할 것이다. 이처럼 지역사회 통합돌봄 정책의 성과를 담보하고 지역사회의 역량을 강화하기 위한 정책적 과제를 살펴보면 다음과 같다(최종현, 2022).

첫째, 지역기반 거버넌스의 구축이다. 지역사회 통합돌봄은 지방분권화의 토대에서 탄생하는 것이며, 지방자치단체가 사업에 대한 실질적인 기획과 서비스의 연계와 조정, 관리·감독자 등 핵심적인 임무를 수행해야 한다(보건복지부, 2018). 즉, 지역사회 통합돌봄의 설계부터 운영, 즉 정책 결정과 정책 집행에 있어 지방자치단체 중심으로 이루어져야 하며, 지방자치단체가 지역주민과 민간기관이 주체로서 지역사회 통합돌봄을 위한 거버넌스에 참여할 수 있도록 촉진하는 역할을 해야 한다. 이처럼 지역사회 통합돌봄 정책이 그 성과를 달성하기 위해서는 지방분권과 지방자치의 구조에서 지방자치단체의 권한과 책임이 보장되어야 하며, 중앙정부와의 명확한 역할분담과 지역사회 내에서의 민관 협력 활성화, 거버넌스 구축이 요구된다고 할 수 있다.

둘째, 중앙정부와 지방정부 간의 역할과 팩임을 명확히 해야 한다. 지역사회 통합돌봄 선도사업은 지역주도형으로 지방자치단체 단위에서 책임성과 자율성을 전제로 하여 추진되는 사업이므로, 중앙정부는 공통적인 제공기반 구축원칙과 연계를 할 수 있는 서비스들을 제시하고, 그 외의 사업에 대한 설계는 지방자치단체에서 독자적으로 기획·운영하도록 하고 있다. 따라서 지방자치단체의 자율에 의한 사업의 기획과 이에 대한 책임성을 뒷받침할 수 있는 구체적인 전략이 마련되어야 한다. 지역주도형 사업기획에 대한 경험들이 축적되지 못한 상황에서 지역사회 통합돌봄 선도사업의 실행계획들이 지역의 특성과 욕구들을 충분하게 반영함으로써 책임성과 차별성을 갖춰 나갈 수 있도록 구체적인 사업목표 설정과 대상자의 선정기준 제시, 대상자별 서비스 구성 등을 보다 체계적으로 안내하고 이끌어 갈 수 있어야 한다. 특히, 대상자별로 욕구진단에 대한 객관성 및 타당성을 확보하고, 필요한 서비스 확충과 연계에 의한 수급의 관리, 그리고 해당 서비스를 공급할 수 있게 하는 가용자원들의 확보, 사업실행의 가능성에 대한 보다 면밀한 기준들이 마련될 때만이 지역이 더 책임성을 갖고 사업의 기획을 시도할 수 있을 것이다. 따라서 각 지역의 서비스 제공모형들이 고도화되어야 하고, 이를 뒷받침하기 위한 지역사회 통합돌봄 선도사업의 전반적인 운영체계와 지역 차원의 적극적인 지원이 필요하다.

셋째, 지방자치단체의 전담 조직가 인력확충에 대한 정부지원이 필요하다. 지역 단위에서 지역사회 통합돌봄이 안정적으로 정착되기 위해서는 공통적인 제공기반 구축을 위해 제시한 지방자치단체 본청 내 조직의 신설과 인력확충계획에 대하여 중앙정부 차원의 적극적인 지원이 필요하다. 진정한 의미에서의 지역주도형 통합돌봄의 실행과 향후 확장을 위하여 지방자치단체의 자율성과 역량들이 집중되어야 할 부분은 바로 공통적인 제공기반의 구축에 필요한 지방자치단체의 기획력과 관련 자원의 확보 노력이라 할 수 있다. 특히, 이러한 노력은 대상자 발굴과 서비스의 연계, 사업에 대한 모니터링 기반의 성과관리에 먼저 집중될 필요성이 있다.

넷째, 지역에서 지역사회 통합돌봄이 자리 잡기 위해서는 통합적인 서비스의 제공을 위한 서비스 확충 논의가 가장 시급하고, 복지와 보건 서비스 간의 연계방안들이 마련되어야 한다. 다만, 서비스 간 연계 및 통합에 관한 논의들은 개별 지방자치단체 단위에서 협의·조정함에 한계가 있을 수 있다. 따라서 지역사회 통합돌봄 선도사업의 수행과정에 있어 중앙정부와 지방자치단체 간의 역할분담과 함께 협력관계의 구축이 매우 중요하다 할 수 있다. 통합돌봄을 위한 서비스의 확충이 일정한 수준까지 이룩하는 과정에서 단순한 서비스 간의 연계 및 확보 노력을 넘어서는 서비스 성과관리 차원에서의 사업모델의 고도화와 사업진행 상황에 대한 정기적인 모니터링 절차들이 마련되어야 한다. 이 밖에 지역사회 통합돌봄 기본계획의 4대 핵심요소인 주거, 건강 의료, 요양 돌봄, 서비스연계라는 요소별로 지속적·체계적인 사업관리방안을 중앙정부에서 마련하여 지방자치단체에 제시해 줄 수 있어야 한다. 특히, 돌봄 인력, 케어 매니저 등 실질적 인력확충과 서비스 제공인력들의 고용조건 개선을 위한 논의들이 동시에 병행되어야 할 것이다.

다섯째, 통합돌봄을 위한 인프라 확충이 필요하다. 지역사회 통합돌봄 선도사업은 '탈시설화'에 중점을 두고 있다. 즉, 시설에 입소하고 있는 돌봄 대상자들을 지역사회로 복귀시키고, 지역사회 내에서 정착하여 살아갈 수 있도록 지원하는 것이다. 지역사회에서 퇴원한 대상자가 건강하게 거주할 수 있도록 주거의 지원을 위한 인프라를 확충하고, 방문 의료 및 재가 돌봄서비스를 제공한다. 이처럼 지역사회 통합돌봄 정책에 대한 체감효과를 확보하기 위해서는 지역사회 내에서 활용이 가능한 돌봄 인프라 확충이 가장 기본적인 요소로 작용한다. 그러나 지역사회 통합돌봄의 인프라와 관련된 부분은 민관 협력이나 지방자치단체의 공공관리인력에 대한 논의 수준으로 축소된 경향이 있다. 즉, 공공인프라 확충에 관한 구체적인 계획이 나타나지 않고 있다.

여섯째, 지역사회 통합돌봄 인프라 확충을 위한 중앙정부의 지원이 필요하다. 지역사회 통합돌봄은 돌봄의 통합성이 지역사회 내에서 관철되어야 한다. 그러나 현행 선도사업은 돌봄의 다차원성을 구현할 수 있는 인프라와 관련 서비스의 확충은 취약하다 할 수 있다. 특히, 통합돌봄과 관련된 시범사업들이 중단되고 있어 순증이 필요한 인프라와 서비스들이 실제적으로는 확충되지 못하고 있다. 이러한 점은 선도사업 지역에서 중앙정부가 지원하는 예산금액만으로는 인프라와 서비스 확충을 시도할 수 없는 수준이라는 점과 관련되어 있다. 이로 인해 선도사업 지역들이 그렇지 않은 지역들에 비하여 돌봄 인프라와 서비스의 증가가 눈에 띄게 증가하고 있다는 것을 확인하는 것이 어려운 상황이다. 지역사회 통합돌봄은 지역사회에 있는 돌봄 인프라들이 일정한 수준 이상으로 확충된 것을 전제로 하여 작동이 되는 것이기 때문에, 인프라 확충계획은 중앙정부의 수준에서 관련 인프라와 서비스의 유형별로 단계별·연차별 목표와 구체적인 구축방안 등을 명시할 필요가 있다.

일곱째, 사업의 통합성을 높여야 한다. 지역사회 통합돌봄은 다양한 영역 및 분야에 걸쳐 있는 사업임에도 불구하고, 영역 간 칸막이 현상들이 두드러지게 나타나고 있어 사업의 통합성을 제고해야 할 필요성이 높다. 중앙정부에서부터 영역별 서비스 전달체계들이 파편화되어 있다는 것을 감안하면, 중앙정부 차원에서의 적극적인 역할과 조정 역량이 필요하다. 특히, 지역사회 통합돌봄은 복지와 보건 영역 간의 서비스 통합성이 가장 필요하다. 그러나 현재 진행되고 있는 선도사업들의 구체적인 부분은 일반적으로 지방자치단체의 복지 영역에서의 돌봄 프로그램들을 중심으로 해서 국한된 성격을 내포하고 있다. 노인 돌봄은 보건의료 영역과의 통합성을 기본적인 축으로 설정하지 않는다면, 실질적 영향력을 발휘할 수 없다. 행정 현장에서 장기요양 판정을 받지 못하게 되면, 건강보험 급여 영역인 요양병원으로의 입원들이 무분별하게 나타나고 있다. 전체적으로 건강보험 내 요양병원 체계와 장기요양보험 예산 비중이 훨씬 높다는 점을 감안할 때 지역사회 통합돌봄은 복지와 보건 영역을 모두 포괄할 수 있어야 한다.

여덟째, 통합돌봄 대상자의 확대이다. 현재 지역사회 통합돌봄 선도사업은 기초자치단체별로 노인, 장애인, 정신장애인, 노숙인 등 특정 인구집단을 선택하고 사업을 실행하는 사업 구조로 되어 있다. 대부분 선도사업은 노인을 중심으로 진행하고 있지만, 장애인과 정신질환자를 대상으로 하는 사업지역도 일부 포함되어 있고, 노숙인에 대한 선도사업도 지속해서 공모 신청을 받을 계획이다. 기본적으로 지역사회 통합돌봄 사업은 인구학적인 분야를 구별함으로써 독립적으로 시행하는 것은 바람직하지 않다. 따라서 향후 사업에서는 인구학적인 구별을 폐지하고, 기존 선도사업 주체들도 인구 대상층을 포괄적으로 재설정할 수 있도록 유인하는 방안의 마련이 필요할 것으로 판단된다.

아홉째, 서비스의 종류와 유형에 대한 구체적인 제시가 필요하다. 지역사회 통합돌봄은 공적인 책임성이 담보되어야 하는 부분에 대한 서비스의 종류와 유형을 중앙정부에서 제시할 필요가 있다. 물론, 각기 다른 지역사회의 특성이 반영되어야 하지만, 최소한 공통적인 서비스에 대해서는 중앙정부 수준에서의 통합적인 규준이 마련되어야 할 것이다. 더불어 사업목표와 성과지표의 설정 및 관리가 필요하다. 지역사회 통합돌봄은 투입 또는 과정적인 측면보다 수용자인 시민의 입장에서 돌봄에 대한 부담 경감과 삶의 질 개선에 있어 어떠한 결과를 가져오는가를 중심으로 하여 정책효과가 판별되어야 한다. 이와 관련하여 성과지표로는 삶의 만족도나 인권지수, 거주의 안정성, 지역사회 통합생활지수, 사회적인 입원(소)율 등을 제시할 수 있다. 특히, 지역사회 통합돌봄 예산은 선도사업을 수행하는 지방자치단체 중 일부에 대하여 지원되고 있지만, 금액이 충분하지 않고, 이러한 지원은 지속해서 담보되지 않는 상황이다. 따라서 gateway 또는 care plan의 역할을 담당하게 될 공공인력과 종합재가센터 등을 비롯한 공공운영 인프라, 그리고 확충될 돌봄서비스에 대하여 지속해서 예산 및 인력의 지원을 어떤 식으로 어떻게 할 것인가에 대한 구체적인 계획을 마련해야 한다. 즉, 중앙정부와 광역자치단체, 기초자치단체의 역할분담에 대한 청사진이 필요하다.

열째, 지역사회와 공동체의 역할 강화가 필요하다. 커뮤니티 추진 주체 차원에서 지역사회와 공동체의 역할이 부족하다고 할 수 있다. 1차 선도사업에 선정된 일부 지방자치단체는 마을 공동체와 사회적 경제 조직을 활용하여 통합 돌봄서비스를 제공하거나, 대상자와 자원봉사자들을 연계하는 방안을 제시하였다. 그러나 사회적 경제 조직에서 활동하고자 하는 인력들을 고용하거나, 자원봉사자들을 구하는 것에 있어 어려운 모습들을 보인다. 이러한 방식은 단기적인 방안으로서 고려해 볼 수는 있으나, 조직적으로 인력들을 확보하고 이들에 대한 적절한 보상이 없다면, 향후의 지속가능성을 담보하기가 어렵다.

참고문헌

김미희(2019). 커뮤니티 케어 주거부분 추진방향. 커뮤니티 케어 유니버설디자인 적용을 위한 세미나 자료집. 한국장애인개발원, 17-49.

김보영(2018). 문재인 정부 커뮤니티 케어, 역사적 전환과 선진국 흉내를 가르는 세 가지 관건. 월간 복지동향, 238, 11-18.

김승연(2018). 커뮤니티 케어의 추진방향 및 사회적 경제. 안산형 노인 커뮤니티 케어 성공적 추진을 위한 토론회, 9-11.

김영순·최현수·이윤경·방효정(2007). 복지국가별 사회서비스의 발전과정과 시사점. 보건복지포럼, 48-50.

김윤영·윤혜영(2018). 커뮤니티케어 해외사례와 함의 그리고 구상. 비판사회정책, (60), 135-168.

김정원·남궁명희(2021). 한국의 돌봄사회서비스와 사회적 경제: 공급장의 성격과 사회적 경제의 대응을 중심으로 한 고찰. 경제와 사회, 279-316.

남찬섭(2017). 사회서비스 전달체계의 문제점과 과제. 월간 복지동향, (227), 5-13.

두오균(2009). 사회복지서비스 전달체계 개선방향. 국가위기관리학회 학술대회, 105-120.

민소영(2018). 찾동과 복지관 협력모델 및 역할제언 연구. 경기대 산학협력단.

박병춘(2012). 지역발전과 지역공동체. 지역사회연구, 20(2), 1-26.

박을종(2019). 지역사회복지론. 서울: 은하출판사.

박태영(2012). 지역사회복지의 정체성에 관한 연구. 한국지역사회복지학, 43, 639-668.

보건복지부(2018). 지역사회 통합돌봄 기본계획.

보건복지부(2019). 지역사회 통합돌봄(커뮤니티 케어) 선도사업 추진계획.

석재은(2019). 지역사회통합돌봄: 사회서비스 패러다임 전환과 과제. 한국사회보장학회 정기학술발표논문집, 83-109.

이강(2004). 지역사회 정신보건조직의 연계실태 연구. 가톨릭대학교 대학원 석사학위논문.

채철균(2019). UD 적용한 커뮤니티 케어 주거 추진방향. 커뮤니티 케어 유니버설디자인 적용을 위한 세미나 자료집, 한국장애인개발원, 51-63.

최종현(2022). 지역사회 통합돌봄 정책의 성과분석. 명지대학교 대학원 박사학위논문.

허철행(2018). 한국 사회복지서비스 전달체계의 혁신: 지방분권형 거버넌스 복지국가. 사회과학연구, 34(1), 1-33.

황미경(2019). 커뮤니티 케어와 통합사례관리 연계 네트워크 실천 방안 연구. 한국케어매니지먼트연구, (30), 161-184.

Chapter

17 노인의 죽음

1 죽음의 이해

1) 죽음의 정의

'생자필멸(生者必滅)'이라는 말이 있듯이 모든 인간은 반드시 죽음을 맞이한다. 따라서 인간은 생명 탄생과 동시에 죽음이 예정되어 있다는 필연성과 생명을 영원히 유지할 수 없다는 유한성을 지니게 된다. 인간에게 있어서 죽음은 현재의 삶과 절대 분리될 수 없고, 그 삶은 생명을 유지해 주지만, 이후에는 반드시 죽음이 뒤따르는 원칙성 때문에 삶과 죽음은 불가분의 관계인 것이다. 이렇게 인간 삶의 끝에는 반드시 죽음이 기다리고 있고 삶의 여정은 죽음 맞이의 준비 기간이자 과정이라고 볼 수 있다. 더불어 죽음은 인간 삶의 과정, 즉 인간의 성장 및 발달의 마지막 단계에 속해 있기 때문에 삶의 현실이자 삶의 총체적 완결이라고 볼 수 있다. 프로이트(Freud, 1915)는 인간이 삶의 본능과 동시에 죽음의 본능도 함께 지니고 태어났다고 보면서 죽음을 삶의 목적으로 보았고, 융(Jung, 1999)은 인간의 탄생에 의미가 있듯이 죽음도 인간의 삶에서 중요한 의미를 지니고 있다고 하였다. 또한, 실존주의 철학자 야스퍼스(Jaspers, 1948)는 죽음을 인간의 존재에 대한 근본적 의의로 설명했고, 하이데거(Heidegger, 1971)는 현재 존재하는 인간을 죽음으로의 존재라고 규정하였다(채유진, 2021, 재인용).

죽음은 생의 끝, 종착점, 종결 등을 뜻하는 것으로, 죽음을 맞이하는 순간부터 더 이상의 생명을 이어가지 못하여 이 세상에 존재하지 않는 상태를 말한다. 죽음은 죽는 순간부터 그동안 살아 왔던 삶으로 절대 되돌아갈 수 없다는 불가역성을 지니는 동시에 인간이 직접 경험해 보지 못하여 입증할 수 없는 미지의 세계라는 불가지성을 지닌다(김상우, 2005). 즉, 우리는 죽는 순간 더 이상 이 세상에 존재하지 않을

뿐만 아니라 어디로 가는지 또는 어떻게 되는지조차 알 수 없다. 따라서 인간은 죽음 이후 어떻게 될지 모른다는 사실과 혼자 미지의 세계를 가야 한다는 불안과 두려움에 사로잡히며 공포에 시달리게 된다. 이러한 죽음의 공포는 공포에 수반되는 복합적 감정의 혼합이고, 구체적 공포 대상은 죽음에 이르기까지 경험하는 육체와 마음의 고통인 것이다(구인회, 2015). 로버트슨(Robertson, 1987)은 죽음을 앞두고 있는 시점에서 가장 강한 감정은 공포이며 분노와 냉소가 뒤따른다고 하였고, 질부르그(Zilboorg, 1943)는 죽음의 공포는 인간에게 있어서 극렬하므로 부정(denial)의 방어기제가 나타난다고 하였다. 베커(Becker, 1973)는 인간은 유한적 존재로 죽음을 피할 수 없다는 것을 깨닫는 순간부터 죽음 공포의 노예가 되고 이를 벗어나기 위해 불멸의 존재를 찾게 되며, 죽음의 공포는 모든 불안의 근원으로 죽음 불안의 회피가 등장한다고 하였다. 파이어스톤(Firestone, 1993)은 생의 과정에서 죽음 불안 반응은 방어적 행동 및 자기 보호적으로 나타나고, 솔로몬 등(Solomon et al., 2015)은 죽음의 두려움이 클수록 자존감을 충족시키기 위해 스스로 의지하는 자존감의 근거에 집착하면서 자신의 존재가치를 확인한다고 하였다. 이렇게 죽음은 미리 경험해 볼 수 있는 것이 아니므로 인간에게 있어서 보편적이거나 객관적으로 받아들여지지 않는다.

죽음에 대한 전통적 정의에 따르면 '심장 및 호흡 기능과 뇌 반사의 영구적인 소실'을 죽음이라 한다. 호흡운동과 심장박동이 멈추고 뇌 반사가 소실된 것이 불가역적일 때 죽음을 판단하고 다시 24시간을 기다려야 법적으로 죽었다고 판정할 수 있다. 여기서 '24시간'의 기점이 되는 시각은 입원 환자의 경우 담당의사의 사망진단 시각이지만, 퇴원 후 48시간이 지났거나 그 밖의 경우는 의사의 시체 검안이 이루어진 시각부터다. 따라서 법률적으로 사망진단 후 24시간이 지나야 사망이 확정되어 사망진단서를 발급받을 수 있으므로 사망진단 후 24시간 이내에는 매장이나 화장도 할 수 없다(구인회, 2015).

죽음이란 어떤 상태를 말하는가? 퀴블러-로스(Kubler-Ross, 1968)는 인간의 고독, 고립, 인격의 상실, 인상의 제거, 기계화되는 것이라고 하였고, 카스(Kass, 1971)는 살아 있는 상태에서 죽음의 상태로 변화되는 것이라고 하였다. 칼리시(Kalish, 1985)는 모든 생명체에서 자연스럽게 발생하는 생물학적 사건으로 원죄의 결과 또는 신(神)과 일체화되어 가는 정체성의 변화로 정의하고 있다. 브리태니커 백과사전(Encyclopaedia Britannica)에서 죽음을 모든 생물이 경험하는 생명 과정에서 완전한 정지 상태라고 하고, 웹스터사전(Webster Dictionary)에는 죽음에 대해 생명이 있는 것의 소생 가능성이 전혀 없는 상태로 모든 생체기능이 영구적으로 정지되었다는 의미와 생명이 종결되었다는, 즉 죽는다는 사실이나 행동 및 과정을 뜻한다고 하였다. 세계보건기구(World Health Organization, WHO)에서 죽음은 심장과 폐의 기능이 불가역적 정지로 뇌간을 포함하는 모든 뇌기능의 불가역적 소실 상태라고 하였고, 미국 생명통계국에서는 죽음에 대해 삶에 대해 의미할 수 있는 소견이 전혀 없는 영구적인 종식이라고 하였다. 미국 하버드 대학교 위원회에서는 무반응, 무 동작, 무호흡, 무반사, 일직선 뇌파로 나타나는 반응을 사망기준으로 삼았고, 죽음정의위원회는 뇌사판정 기준을 발표했는데, 외부 자극에 반응이 없는 깊은 혼수상태와 호흡정지 상태, 모든 뇌 반사의 손실 등으로 12시간 이상 경과된 상태라고 하였다(김미라, 2010).

2) 죽음에 대한 관점

(1) 생물학적 죽음

죽음을 생물학적 정의에 의하면 심장과 폐가 정지되어 영혼과 육체가 회복될 수 없을 정도로 이탈된 상태를 의미한다(고윤석, 2010). 그리고 심폐소생술을 하지 않거나 그 효과가 없을 때 나타나는 뇌신경과 모든 조직이 괴사하는 과정으로 건강한 신체의 세포가 생명정지 상태로 가는 과정이다(김창숙 외, 2002). 즉, 죽음은 심장정지 하나로 모든 세포의 정지라고 볼 수 없어 단순한 심폐기능의 마비나 기능 수행의 불가능으로 정의 내릴 수 없다. 따라서 생물학적 관점의 죽음은 인간의 모든 세포가 연속적인 화학변화의 중지를 의미한다.

(2) 의학적 죽음

의학적, 즉 임상적 죽음은 심장박동과 호흡이 영구적으로 정지되었다는 증거가 있는 경우를 말하며, 호흡과 심장의 완전한 정지뿐만 아니라 뇌의 활동이 중지된 상태를 모순과 논쟁이 가장 낮은 죽음이라고 정의하고 있다. 그러나 최근 의학발달에 따른 의술개발로 뇌기능 정지 상태에서 호흡과 심장박동 등의 활동을 연장하게 되어 뇌사(腦死)라는 죽음에 대한 새로운 판정 기준이 도입되었다(김대동, 2010). 뇌사의 개념은 말 그대로 뇌의 죽음을 뜻하는 것으로 1800년대부터 정의되고 있지만, 사회적으로 다양한 의견이 제시되고 있어 하나의 통일된 개념으로 정의하기에는 조심스러운 부분이 있는 실정이다(김창숙 외, 2002). 그럼에도 불구하고 우리나라는 1983년 대한의학협회에서 죽음에 대해 심장, 폐, 뇌 반사의 불가역적 정지 상태를 인정하며 죽음의 증상으로 호흡정지, 심박동정지, 동공확대, 광 반사 소실이라고 했고, 1989년에는 심장, 폐 기능의 불가역적 정지, 뇌간을 포함한 전뇌기능의 불가역적 소실이라고 했으며, 1993년에는 처음으로 뇌사에 관한 선언으로 의학적 죽음이 심박동과 호흡운동 정지에 더불어 뇌의 기능 정지까지 포함하게 되었다(노유자 외, 1994).

(3) 철학적 관점의 죽음

고대 철학자들은 인간을 죽는 존재 또는 죽어야 하는 존재로 여겼다. 소크라테스(Socrates)는 인간의 죽음을 영혼과 육신이 분리되는 것으로 영혼 불멸의 신념을 지니며, 존재의 실체를 영혼으로 보면서 죽음은 영혼과 육체의 분리로 영혼이 육체의 속박에서 해방되는 것이라 하며 죽음을 공포 또는 두려움의 대상이 아닌 낙관적 태도를 보였다(배영기, 1992). 플라톤(Platon)도 소크라테스와 같이 죽음을 통해 육신의 속박으로부터 영혼이 해방되는 것이라고 하면서, 죽음으로 인해 영혼이 파멸되는 것이 아닌 육체의 감옥에서 벗어나 신의 세계로 귀환하여 본래의 목표에 도달할 수 있게 되는 것이라 하였다(황명환, 2013). 그러나 아리스토텔레스(Aristoteles)는 플라톤의 세계관을 비판하며 영혼을 육신의 형상이나 가동의 원리로 보았다. 따라서 인간은 영혼을 통하여 자기의 본질을 현실적으로 지니게 되고, 육신의 형상에서의 영혼이 인간 자신의 실현을 위한 중요한 본질적 요소라고 하였다. 그럼에도 불구하고 그는 육신과 정신의 모든 측면을 인간의 특성이라고 보며 영혼과 육신이 분리될 수 없는 하나의 복합적 또는 합성적 실체라고 하였다(황명환, 2012). 에피쿠로스(Epicurus)학파는 죽음은 인간의 생존에는 존재하지 않으며 인간에게 죽음이 다가오는 순간 인간이 존재하지 않는다고 하였다(배영기, 1992). 이들은 사후세계를 무(無)라고 단정 짓고 인간은 죽음으로 육신과 영혼이 함께 없어지므로 죽음 이후의 삶이나 잃어버린 삶에 대해 두려워하거나 염려하는 등의 필요가 없고, 현재 후회하지 않는 삶을 살 수 있도록 미래를 향해 살아가라고 하였다(이혜경, 2017).

중세의 13세기 철학자 토마스 아퀴나스(Thomas Aquinas)는 인간의 단일성을 통해 죽음을 이해하면서 영혼은 육체에 형체를 부여하는 형상이고 육체는 인격적 영혼의 표현이므로, 영혼이 육체를 통해 현실적으로 존재하는 것이라고 하였다(이혜경, 2017). 그리고 1311년 비엔나 공의회(Concilium Viennense)에서도 인간 사후의 구원은 육신에서의 해방이 아닌, 육신과 영혼의 단일성을 호응하며 이를 통한 전인적인 인간이 완성됨으로 실현된다고 하였다(황명환, 2013). 더불어 중세의 철학자들은 대부분 기독교적 영향을 많이 받았다. 아우구스티누스(Augustinus)는 스토아학파의 영향을 받아 그리스도의 죽음과 부활에 대한 교리를 체계화시켜 죽음의 공포를 해결하고자 하였다. 그는 죽음의 공포는 늘 인간 자신의 마음 안에 존재한다고 하면서 이것은 결국 하나님의 은총으로만 해결될 수 있다고 하였다(배영기, 1992). 라너(Rahner)는 우주론적 차원으로 죽음의 의미를 깊게 통찰하였는데, 그는 죽음의 보편성은 인간이 일으킨 죄의 결과로 인간의 윤리적 종말인 죽음을 맞이한다고 하였다(황명환, 2013). 종교개혁자 루터(Lurher)는 신앙인은 그리스도를 향하여 영원한 생명의 희망으로 죽음을 수용하고 극복해야 한다고 하였다. 그는 죽음은 원죄로부터 왔지만 그리스도가 죽음과 죄악을 승리로 이끌어 인간에게 영원한 생명을 부여했기 때문에 죽음이 그리스도 안에서 두려운 것이 아니라고 하였다(이혜경, 2017).

근세의 17세기 철학자 스피노자(Spinoza)는 중세의 기독교적 교리에서 벗어난 견해를 지녔는데, 인간은 이성의 보호에 의하여 살기 때문에 죽음 따위는 생각하지 않는다고 하였다. 따라서 그는 죽음을 비임의적인 감성 안에 존재하는 공포의 근원으로 보고 죽음을 생각하지 않고 명상하는 삶을 추구하였다(채유진, 2021). 계몽주의와 실용주의 철학자들과 러셀(Russell)은 인간의 불행은 죽음의 두려움에서 시작된다고 하면서 삶의 행복감 향상이 죽음에 대한 치유책이라고 하였다. 여기에 레오나르도 다빈치(Leonardo da Vinci)도 하루를 잘 보내면 행복한 수면을 이룰 수 있듯이 삶을 잘 살게 되며 행복한 죽음을 맞이하게 된다고 하였다(채유진, 2021). 18세기 헤겔(Hegel)은 무(無)에 대해 단순히 없어지는 존재가 아닌 다른 어떤 존재로 여기면서 죽음에 대한 문제를 대수롭지 않은 문제로 처리하라고 하였다(김대동, 2010). 실존주의 철학자들은 죽음의 내적 체험을 중요시했는데, 죽음이 삶의 마지막으로 현실적 삶에서 어떤 의미를 갖는지에 대해 생각하는 질문을 통해 자신의 죽음관에 대해 스스로 생각할 수 있도록 하고 있다. 또한, 그들은 죽음의 내적 경험을 중요시하며, 인간은 누구든지 죽음을 통하여 자기를 잃는 것을 실존적으로 느낄 수 있는 실존적 자각을 경험해야 한다고 하였다. 이를 통해 인간은 죽음은 무엇인가, 죽음을 어떻게 수용할 것인가, 자기 자신의 죽음을 위하여 어떤 마음가짐을 가지고 준비할 것인가 등의 삶의 마지막인 죽음이 인간의 현실적인 삶에 어떠한 의미를 지니는지에 대한 질문을 통해 자신의 죽음관을 생각하게 된다고 하였다(김대동, 2010). 니체(Nietzsche)는 인간답게 살 수 있는 권리가 상실된 상태나 의미 있는 삶을 유지하기 어려운 상태의 인간은 자신의 이익을 위하여 죽음을 의도적으로 드러낼 권리가 있다고 하였다. 즉, 인간의 권리는 인간이 자신의 생명을 포기하는 것을 선택했다면 그 선택 자체를 존중하는 것이 그 특징이라고 하였다(배영기, 1992).

20세기에 들어서면서 실존주의 철학자들은 인간이 죽음을 직시하지 못하고 은폐하여 고유한 경험을 왜곡하기 때문에 인간이 죽음을 인식하고 실존 내적으로 수용할 것을 촉구하였다. 즉, 죽음의 실존 내적 수용은 인간이 자신의 죽음으로 형성되는 관계와 그 관계로 자신의 삶에 영향을 주는 것이 인간이 추구해야 할 죽음의 철학적 관심 대상이 된다는 의미이다(채유진, 2021). 키에르케고르(Kierkegarrd)는 모든 사람이 죽는다는 사실을 아는 것은 인간이론에 대해 아는 것인데, 이러한 진리로 나 역시 죽어야 한다는 사실을 알고 깨닫게 되는 것은 더 중요한 것이라고 하였다. 따라서 죽음을 자신과 무관한 것이 아닌, 자신의 삶의 일부로 받아들여 철학적 소재로 삼아야 한다는 죽음의 인간화에 대한 촉구라고 할 수 있다(김대동, 2010).

(4) 종교적 관점의 죽음

종교는 인간의 삶에 직접적 또는 간접적으로 많은 영향을 미치면서 죽음의 문제를 다루고 있어 우리는 다양한 종교의 죽음관에 대해 살펴볼 필요가 있다.

무교(巫教)는 인간을 영혼과 육체로 나누며 영혼은 혼(魂), 귀(鬼), 백(魄)의 혼합으로 생명체를 형성하고, 인간이 죽음을 맞이함으로써 혼(魂)은 하늘, 귀(鬼)는 공중, 백(魄)은 지상으로 돌아가게 된다고 하였다. 즉, 죽음으로 영혼과 몸을 분리하게 되어 혼(魂)이 나가면 인간이 죽는 것이라고 본 것이다(김대동, 2010). 그리고 죽음을 이승과 저승이라는 시공간의 존재론적 구조로 나타내며, 이승에서의 삶을 다한 사람이 삶의 임계점을 넘어 저승이라는 다른 세계로 넘어가서 영생하는 것이라고 보고 있다(정진홍, 1995). 또한, 이승에서 사람이 죽으면 저승에서 새로운 삶을 지속하게 된다는 것은 저승에서의 재탄생을 의미하는 것으로 자동적인 것이 아닌 이승에서 쌓아 놓은 도덕적, 윤리적, 영적 업보에 의해 주어지는 것이라고 말하고 있다(양명숙, 2013). 이것은 인간이 죽음 이후 저승에서 영원히 살 수 있다고 보는 영생과 죽음 이후에 다른 종류로 다시 태어날 수 있다고 보는 환생이라는 윤회적 삶에 대한 관점도 지닌 것이다(김대동, 2010).

불교(佛教)는 죽음을 없는 것으로 깨닫고자 노력하고 있는데, 그 자체를 부정하면서 죽음을 극복하고자 하고 있다. 이는 죽음에 대한 새로운 차원의 인식이었지만, 결국 그들은 죽음을 인간이 피할 수 없는 존재로 받아들이게 되면서 보다 높은 차원의 체득을 통해 현실적인 죽음을 극복할 수 있다고 하였다(정상기, 2012). 불교에서는 죽음에 대한 문제를 마음의 문제로 보았는데, 이는 궁극적으로 무심(無心: 고(苦), 무상(無相), 무아(無我)로 대표되는 현상세계의 진실)의 상태인 적정(寂靜)이며 모든 모순을 초월한 청정한 경지인 열반의 상태에 이르게 될 때 해결된다고 보았다(배영기, 1992).

유교(儒教)는 죽음을 자연의 이치인 자연현상의 일부로 보았다. 따라서 유교에서는 생명이 있으면 죽음이 있고 시초가 있으면 종말이 있는 것을 필연적 현상으로 보고, 우주 및 자연 원리에 순응하는 것이 인간의 올바른 도리라고 주장하고 있다. 이렇게 유교에서의 죽음은 인간에게 있어 자연의 법칙이고 운명이기 때문에 순응적으로 받아들이되 지나친 고뇌나 고민에 빠져들지 말아야 한다(양명숙, 2013).

도교(道教)의 학자들은 인간 삶의 법칙을 자연에서 찾을 수 있고 세상의 모든 것은 지속적으로 변화하는 자연 상태에 있다고 하였다. 따라서 인간 자신을 자연에 적응시켜야 함을 주장하며 죽음을 삶의 자연적 변화과정 중의 일부분으로 여겼다(Kenneth & John, 2006). 대표적으로 장자(莊子)는 죽음은 삶의 동반자이고 삶의 시초로 숨을 쉬는 기운과 결합이라고 하면서 숨을 쉬는 기운과 결합했을 때 생명이 있는 것이고 이것이 흩어지면 죽음이 있는 것이기 때문에 삶과 죽음은 함께 동반하는 친구라고 하였다. 노자(老子)는 인간의 죽음은 자연법칙에 따른 당연한 일이고, 생명을 아끼며 죽음을 두려워하는 것은 해가 되는 일이라고 했다(양명숙, 2013).

그리스도교는 구약성서와 신약성서로 나뉘는데, 구약성서에서는 죽음을 죄에 대한 벌로 연결하여 망자(亡子)를 위해 슬픔을 표하거나 숭배하는 일 등을 구약성서에 나오는 이스라엘 민족의 최고 유일신을 거스르는 행동으로 여겼다. 이들은 죽음은 영혼과 육체가 갈라지는 상태를 뜻한다고 했는데, 이것은 죽음 이후 육체는 썩지만 영혼은 심판을 받는다는 것을 의미하는 것이다. 또한, 죽음은 인간 누구에게나 정확한 사실이지만 언제 어떻게 죽음을 맞이하게 될지는 아무도 모른다고 하였다. 그리고 이들은 인생에 대해 죽음을 향해 행진하는 행군으로 비유하며 어떻게 죽을 것인지를 바르게 알게 되었을 때 비로소 보람 있는 인생이라고 하였다. 여기에서 이들이 말하는 이상적인 죽음은 노년기의 자연스러운 죽음으로 생애에 대한 보상이자 행복의 성취 및 풍성한 축복인 동시에 이러한 죽음은 천국에서 하느님을 모시며 영원한 행복을 누릴 수 있기 때문에 천국으로 가는 길목이 즐겁다고 하였다(노유자 외, 1994). 그리고 이들은 죽음의 보편성과 인생의 허무함을 거론했는데, 죽음을 천명으로 여기고 죽음에 대한 해방은 하느님의 은총이 개입되어야 가능하고 죽음에 대한 권세가 인간에게 영향을 줄 때 하느님에게 호소하는 방법만 있을 뿐이라고 하였다(노유자 외, 1994). 신약성서에서도 구약성서와 같이 그리스도교의 근원으로 인간은 하느님에 의해 창조됨으로써 생명과 영을 부여받게 된다는 성서적 생명관을 지니고 있다. 따라서 이들의 죽음에 대한 관점도 하느님이 근원이고 희망이다. 그러나 신약성서에서 인간은 죽음 이후에도 계속 살아 있다는 초월적 희망을 나타내는데, 이는 그리스도의 보여주는 죽음의 신비가 절정에 이르게 된 것이며 그리스도의 강생과 죽음으로 죽음 자체가 극복되는 것이다. 그러나 인류는 이후 그 의미를 바꾸어 그리스도와 영원히 살기 위한 그리스도와의 죽음이라는 새로운 의미를 부여하게 되었고, 여기에서 인간의 존재는 생물학적 죽음을 뛰어넘는 미래의 부활이라는 목적이 강조되었다. 따라서 신약성서에서 육체적인 죽음은 삶의 끝이 아닌 새로운 삶으로 옮겨가는 것으로 이해되고 있다(채유진, 2021).

(5) 한국의 죽음관

전통적으로 한국에서는 죽음을 삶 그 자체로 바라보면서 살아 있는 사람들과 공유하는 개념으로 여겼다. 현세와 내세를 나누거나 하늘과 땅, 밤과 낮이 분리되는 개념이 아닌, 하나로 만들어진다는 미분화된 사고방식의 내재화로 죽음을 인간 삶의 연속과 조화로 여기며 자연 그대로 받아들이는 세계관을 지니고 있다. 사계절 변화에 따른 만물의 생성과 성장 그리고 소멸과 순환의 흐름이 존재하듯, 우리는 죽음을 자연현상으로 이해하며 인간의 생로병사와 함께 자연스럽게 받아들였다. 나아가 한국의 내세관은 관념적인 특징과 무속신앙의 영향을 받아 저승을 이승의 연장선으로 여기고 저승을 내세보다 승격된 조상의 세계로 받아들이고 있다(채유진, 2021). 그리고 한국의 영혼관은 사후에 저승으로 가는 사령의 존재와 살아 있는 사람의 육신에 깃들어 있는 생령의 존재를 믿으며, 영혼을 평안히 저승으로 잘 인도하고자 하였다. 더불어 한국에서는 죽은 사람의 영혼을 살아 있는 사람과 동일하게 인격적으로 대우를 하는데, 이것은 우리가 죽음을 맞이하는 자(者)에게 '돌아가셨다'라고 하며 이생에서의 명(命)을 마치고 저승으로 가서 살게 된다는 표현에서 그 의미를 알 수 있다(이혜경, 2017).

한국에서 가족구성원의 죽음은 단지 생의 끝이 아닌, 죽음으로 인해 모든 친척과 지인들이 모여 망자에 대한 회상을 비롯해 관계 개선으로 인연의 끈을 계속하는 것을 뜻한다(이혜경, 2017). 즉, 한국에서의 죽음은 생물학적 죽음만을 뜻하는 것이 아닌, 심리적, 철학적, 종교적 측면 등 통합적이고 복합적인 의미를 담고 있고, 죽음과 관련한 종교나 형이상학적 관점 및 과학적 관점이 함께 내재되어 있기 때문에 초월적 존재와 과학적 이해의 혼용이라고 볼 수 있다.

3) 현대사회의 죽음에 대한 인식

죽음에 대한 인식은 죽음에 대한 다양한 요소의 감정들이 혼합된 개념으로 호의적이거나 비호의적인 반응을 복합적으로 나타내는 현상을 말한다(채유진, 2021). 죽음에 대한 인식은 인간이 죽음을 앞두고 자신의 죽음을 사회문화적, 종교적, 철학적, 가치관 등의 배경과 조건에 따른 생각과 수용의 태도가 다르기에 죽음을 준비하는 과정에서 필연적 조건이다(김석란, 2015).

그러나 현대사회에서는 대부분 죽음에 대해 준비하는 과정조차 누리지 못하고 의미 없는 죽음을 맞이하는 경우가 많다. 현재 우리는 순리적인 자연의 법칙에 따른 죽음을 맞이하는 것이 아닌, 생명 연장만을 위해 동원된 수많은 의료기기에 의존하면서 의료기 화면에서 말해 주는 신호로 사망선고를 받고 있다. 이렇게 현대를 살아가는 우리는 삶과 죽음에 대한 권리, 죽음의 방법을 선택하는 권리, 사후의 권리 등의 죽음과 관련된 모든 것을 자신의 결정이 아닌 의료전문가, 법률가, 장례전문가 등에게 위임하고 있는 것이다(김석란, 2015). 이처럼 우리는 삶의 마지막 과정인 죽음에 대해 멀리하게 되면서 생명 탄생과 삶의 본질적 의미까지 찾지 못하고 흐지부지한 채, 세상을 마감하고 진정한 죽음이 아닌 사망만 남게 되는 것이다. 이는 현대사회에서 말하는 죽음의 부재, 즉 죽음의 비인간화 현상으로 죽음에 대한 의식적 또는 비의식적 경험이 줄어들게 되는 것을 의미한다(박중철, 2018). 따라서 현대사회에서 죽음은 개인에게 있어서 재난과 같은 일로 터부시되거나 금기의 대상으로 여기게 되었고, 죽음에 대한 이해, 질, 가치 등을 무의미하게 만들었다.

현대사회가 반영하고 있는 사회문화적 배경 속에서 죽음의 특징은 다음과 같다.

오늘날을 살아가고 있는 현대인들은 늙어가는 과정에서 병들고 쇠약해지면 의료기관을 찾는데, 그곳에서 치료뿐만 아니라 죽음까지 경험하게 되면서 죽음이 개인적 사건에 불과하게 된다. 이러한 의료체계 속에서 현대인은 저마다의 삶에서 살아가는 과정뿐만 아니라 '갇혀 있는 인간'으로 죽음으로 가는 과정까지 고립과 고독 속에서 죽음을 맞이하게 된다. 즉, 개인의 죽음은 의도치 않게 병원에 갇혀 타인에게 아무 의미도 전달하지 못한 채, 외롭게 죽어가는 고독 그 자체인 것이다(Elias, 2012). 더불어 현대인들이 경험하는 타인의 죽음은 자신의 삶과 상관없는 세상에서 흘러가는 무의미한 사건에 불과하다고 여긴다. 이는 공동체적 죽음에 대한 경험이 없는 현대인의 특징이라고 할 수 있으며, 죽음에 대한 무관심과 허무함의 특징을 내포한 것으로 볼 수 있다(박중철, 2018). 또한, 위생개념의 변화와 의학발달의 시작은 사회 및 과학 분야에서 생명을 연장하고자 하는 도전과 방법을 계속화하는 현상으로 오늘날의 죽음을 지연시킬 수 있다는 시도와 성공에 대한 희망이라는 결과만을 추구하게 만든 것이다(Elias, 2012). 결국, 과학이 발달할수록 의학은 인간의 죽음에 깊이 개입하게 될 것이고, 현대 의학은 죽음이 실패라는 결과에 불과하기 때문에 죽어가는 사람을 절대 그냥 두지 않을 것이다. 따라서 현대사회에서 죽음은 금지된 영역으로의 접근일 수밖에 없고, 우리는 죽지 못하는 죽음을 맞이해야 하는 현실에 살게 될 수밖에 없게 된다(박중철, 2018).

리프턴(Lifton, 1968)은 죽음에 대한 현대인의 태도에 영향을 미치는 현상에 대해 다음과 같이 말했다. 첫째, 개인은 도시화 현상으로 자연과 삶, 죽음의 순환적 과정에서 멀어진다고 했고, 둘째, 개인이 도시화 현상으로 병원과 양로원에 모이게 됨으로써 죽음이 더욱 생소한 경험으로 변화한다고 했다. 셋째, 현대는 핵가족의 증가로 대가족제도가 사라지고 가족구성원의 죽음을 지지하고 도와줄 사람이 없게 되어 주변의 노인이나 친척의 죽음을 접할 기회가 적어졌고 그 현상은 더욱 심화되고 있다. 넷째, 종교를 통해 죽음을 극복하고자 했던 내세의 강조를 통한 충격의 최소화와 죽음에 대한 특별한 의미와 목적 부여 및 영원성 기대 등이 현저히 감소되었다. 다섯째, 의학기술의 발달로 죽음에서 의미를 찾는 문제보다 안락사, 뇌사, 존엄사 등의 의학 윤리문제가 대두되었다. 여섯째, 오늘날은 대량 죽음, 핵무기 파괴의 위협 등을 받는 현실로 개인의 죽음에 대한 감각이 무뎌지게 되었다고 했다(노유자 외, 1994).

그러나 이러한 사회적 배경에서 현대인들은 죽음에 대한 관점을 새롭게 접근하기 위한 시도와 노력을 하고 있는데, 이것은 최근 대두되고 있는 웰다잉(Well dying), 좋은 죽음, 품위 있는 죽음, 존엄한 죽음이다. 이는 현대사회의 발달에 따라 현대인들이 높은 삶의 질을 추구하면서 죽음으로 가는 과정, 즉 죽음의 질에 대한 관점을 새롭게 바라보면서 나타난 현상이다. 죽음에 대한 견해는 다양한 요소와 의미 부여에 따라 다르기 때문에 어떤 죽음이 행복한 죽음이고 불행한 죽음인지에 대해 말하기는 어렵다(채유진, 2021). '잘 죽는 것'은 죽음 관련 연구에서 '좋은 죽음(good death)', '존엄사(dying with dignity)'로 개념화시켜 말하고 있지만, 이것은 개인의 생각이나 문화에 따라 다르고 맥락적 상황에 영향을 받는다. 따라서 죽음에 대한 견해는 같은 분야의 초보자와 연륜자조차 그 견해가 다르고 죽음의 과정을 돌보는 저마다의 역할과 경험에 따라 차이가 있다(Schwartz et al., 2003).

최근에는 웰빙(well being)과 더불어 웰다잉(well dying)에 대한 관심이 증가하고 있다(신현호, 2006). 웰다잉의 'well'은 '잘, 좋게, 아주' 등의 의미를 지니고, 'dying'은 죽는다는 의미를 지니는 것으로, 웰다잉은 편안한 죽음, 행복한 죽음, 품격 높은 죽음, 좋은 죽음을 의미할 뿐만 아니라 준비된 죽음, 품위 있는 죽음, 아름다운 죽음 등의 폭넓은 의미까지 내포하고 있다(정운경, 2015). 이러한 웰다잉은 죽음이라는 공포 앞에서 외면이나 도피가 아닌 수용의 자세로 생의 마지막을 의연하고 아름답게 맞이하는 것으로 죽음에 대한 무관심 또는 부정적 의미에서 문화적이면서 행복한 죽음으로의 의미를 지니게 되는 변화를 말하는 것이다(Schwartz et al., 2003).

서양에서 'Good Death'는 우리의 웰다잉과 유사한 개념인데, 이것은 본인의 의사결정에 따른 죽음을 맞이하기와 통증으로부터의 자유라는 뜻으로 인식되고 있다(Jacquelyn et al., 2017). 이는 좋은 죽음을 위해서 증상의 조절과 의사소통의 중요성을 강조하는 것이다. Debate of the Age Health and Care Study Group은 좋은 죽음의 원리를 12가지로 제시하였는데, 먼저 자신이 죽는다는 것과 앞으로의 일에 대해 예상할 수 있는 것, 앞으로 일어날 일들에 대한 조절력을 가지는 것, 존엄성과 사생활에 대해 보호받는 것, 고통의 완화와 다른 여러 증상들에 대해 통제력을 가질 것, 임종의 장소를 선택할 수 있는 것, 내용 여부에 상관없이 전문가에게 정보를 제공받을 것, 영적 및 정서적 지지를 받을 것, 장소 여부에 상관없이 호스피스 간호를 제공받을 것, 임종을 함께 보낼 사람을 선택할 수 있는 것, 생명 연장술에 대한 사전선택을 통해 자신의 의사결정이 존중받을 것, 주변 지인과 이별의 시간을 갖는 것, 무의미한 생명연장을 하지 않는 것이라고 하였다(Jacquelyn et al., 2017).

죽음을 앞둔 환자의 좋은 죽음을 맞이하기 위해 다음과 같은 조건을 충족시켜야 한다. 첫째, 죽음을 앞두고 있다는 것과 무엇을 기대하고 있는지에 대해 알아야 한다. 둘째, 발생하는 일에 대해 합리적인 통제가 가능해야 한다. 셋째, 존엄성과 개인성을 보장받아야 한다. 넷째, 고통 완화 및 다른 증상들을 적절하게 통제할 수 있어야 한다. 다섯째, 죽음을 맞이하는 장소에 대한 선택권이 보장되어야 한다. 여섯째, 자신의 질병 상태에 대한 정보 및 전문가의 의견 등의 접촉이 이루어져야 한다. 일곱째, 영적 및 정서적 후원이 가능해야 한다. 여덟째, 어떤 장소든지 호스피스 및 완화의료의 돌봄 제공이 가능해야 한다. 아홉째, 환자 곁에 누군가 있어야 하고, 마지막을 함께 보내고 싶은 사람에 대한 발언권이 있어야 한다. 열째, 환자가 원하는 방향을 존중하는 사전의료 지시서 및 유언장 등을 작성할 수 있어야 한다고 했다. 열한째, 마지막 작별 인사를 가질 수 있는 시간과 기회가 제공되어야 하고, 열두째, 삶을 떠날 시간이 되었을 때 인위적인 삶의 연장이 아닌 자연스러운 죽음을 맞이할 수 있어야 한다(Schwartz et al., 2003).

따라서 우리 사회는 웰다잉의 개념을 바탕으로 죽음과 죽음의 과정에 대해 폭넓고 깊게 고찰할 필요가 있다. 죽음은 인간 누구에게나 찾아오는 삶의 마지막 과정이며, 피할 수 없는 현실이기 때문에 모든 사회구성원이 죽음의 질에 대한 권리와 보호를 받을 수 있는 법적 제도를 마련하도록 노력해야 할 것이다.

2 죽음에 대한 심리적 반응

1) Elisabeth Kubler-Ross의 심리적 반응 단계

엘리자베스 퀴블러-로스(Elisabeth Kubler-Ross, 1968)는 200여 명의 죽음을 앞둔 말기환자들을 대상으로 죽음에 관한 연구를 통해 죽음으로 가는 과정에서 부정과 고립, 분노, 협상, 우울, 수용이라는 5단계로 구분하여 설명하였다(채유진, 2021).

첫 번째 단계는 부정(Denial)과 고립(Isolation)의 단계이다. 대다수의 말기환자는 자신의 병이 치유 불가능 상태라는 것을 통지받았을 때 강한 부정의 모습과 거부 또는 일시적 방어 반응을 보인다. 그리고 이때 고립이 함께 나타나는데, 이는 환자가 가족이나 주변인에게 자신의 죽음에 대한 이야기를 기피하면서 스스로 고립 상태로 만들어 소외감을 느끼는 것을 말한다.

두 번째 단계는 분노(Anger)의 단계이다. 환자는 자신의 병에 대해 더 이상 부정할 수 없게 되면서 현실을 인정하지만, 분노나 화가 폭발하기 시작한다. 이때 환자의 분노는 가족과 의료진이 감당하기 힘들 정도의 감정들이 닥치는 대로 나타나며, 환자는 자신의 증상이 심화되고 확신으로 느껴질수록 분노와 더불어 시샘과 원망이 함께 나타나기도 한다.

세 번째 단계는 타협(Bargaining)의 단계이다. 환자는 죽음을 인정하면서 과거의 잘못을 반성하거나 헌신, 봉사 등을 다짐하는 태도를 보여주는데, 이는 현재의 신체 상태에서 신체적 불편감이나 통증 없이 조금이라도 생명을 연장하고자 타협을 시도하는 것이다.

네 번째 단계는 우울(Depression)의 단계이다. 환자는 타협을 시도함에도 불구하고 죽음이 현실 그대로, 즉 변화 불가능하다는 것을 깨달으며 좌절과 실망을 넘어선 슬픔이 우울의 단계로 접어들게 된다. 이때 환자는 자신에게 소중한 것을 모두 잃어야 한다는 상실감도 함께 느끼며 우울로 접어들게 되는데, 이 우울은 비탄의 2가지 과정으로 반응적 우울(Reactive Depression)과 예비적 우울(Preparatory Depression)로 구분된다. 반응적 우울은 죽음에서 비롯된 사회적 지위나 경제적 상실, 가정문제, 과거의 죄, 자존감 상실 등 과거의 상실로 인해 나타나는 우울을 뜻하고, 예비적 우울은 미래의 상실에서 비롯된 것에서 나타나는 것이다.

다섯 번째 단계는 순응(Acceptance)의 단계이다. 이때 환자는 극도로 쇠약해진 신체적 상태를 나타내며 현실을 수용하게 되고 심리적 안정을 찾게 된다. 환자는 대부분 수면 상태를 유지하지만, 무감정의 수면이고 환자 스스로 관심 범위가 줄어들며 혼자 조용히 쉬고 싶어 한다. 그러나 환자가 순응의 상태라고 해서 행복한 감정을 느끼는 것이 아니라는 점을 명심해야 하고, 오히려 가족과 지인들의 이해와 격려, 도움이 필요한 시기이다.

2) Aries Philippe의 죽음을 두려워하는 이유

아리에스(Aries, 1975)는 『죽음의 역사』라는 저서를 통해 죽음을 공포의 대상으로 여기고 두렵게 느끼게 되는 이유에 대해 8가지로 설명하고 있다.

첫째, 죽음을 경험할 수 없는 것에 대한 공포로, 죽음은 인생에서 연습 없이 단 한 번만 경험해야 하는, 즉 알 수 없고 짐작도 할 수 없는 사건이 공포로 느껴지는 원초적인 공포라고 하였다.

둘째, 고독에 대한 두려움으로, 환자는 병을 진단받는 순간부터 본격적인 의료적 개입이 이루어지기 때문에 의도치 않은 고립을 당하고 소외감을 느끼게 된다고 하였다.

셋째, 인간관계의 단절로 인한 두려움인데, 환자는 의료적 개입과 치료가 삶의 중심이 되기 때문에 다양한 사회적 관계 및 외부와 단절되고, 이로 인해 주변인들을 잃게 되는 고독감과 소외감에 대한 두려움을 느끼게 된다.

넷째, 신체를 잃게 될지 모른다는 두려움으로, 이것은 죽음을 앞두고 있는 환자에게 가장 큰 두려움이라고 말하고 있다.

다섯째, 자기통제능력을 상실하게 되는 두려움으로, 환자는 지금까지 주도적인 삶을 살았지만 병의 진행 과정을 통해 그 위기를 느끼면서 통제력 상실의 두려움을 느끼는 것이다.

여섯째, 통증에 대한 두려움으로, 환자는 진통제로도 통증 조절이 어렵게 되는 상황을 경험하면서 통증이 오기 전부터 심리적으로 불안정하면서 두려움을 호소하게 되는 것이다.

일곱째, 삶에 대한 주체성 상실에 대한 두려움으로, 지금까지의 삶에 대한 의미나 가치 또는 무엇을 남기면서 살았는지에 대한 물음으로 자신의 주체성을 상실하게 됨에 대해 두려움을 가지게 된다는 것이다.

여덟째, 퇴행에 대한 두려움으로, 환자는 병의 진행으로 인해 타인에게 의존하고 폐를 끼치는 것에 대한 두려움을 가지게 된다고 말하고 있다.

3) Thorson과 Powell의 죽음의식

토르손과 포웰(Thorson & Powell, 1988)은 죽음에 대한 불안요소와 죽음에 대한 의미를 죽음의식(Death Orientation)이라는 개념을 제시하였다. 이들이 제시한 죽음의식은 죽음의 염려나 걱정, 죽음에 대한 불안, 죽음에 대한 두려움과 무서움, 죽음에 대한 이해, 죽음에 대한 의미로 구성된 다측면적인 개념이라고 하면서, 죽음의식은 이러한 요소들에 의하여 죽음의식이 이루어진다고 하면서 인간은 죽음에 대하여 다음과 같은 태도를 보인다고 하였다. 첫째는 죽음에 대한 두려움의 태도이고, 둘째는 죽음을 극복하려고 하는 불복종 태도이다. 따라서 임종을 앞둔 환자들이 죽음에 대한 두려움을 완화하여 평안하고 평화로운 죽음을 맞이할 수 있도록 도움을 제공하는 일은 매우 중요하다고 하였다.

4) Alfons Deeken의 죽음에 대한 감정

알폰스 디켄(Alfons Deeken, 1999)은 『상실감과 임종에 대한 호스피스 케어』에서 인간은 죽음의 공포에 대해 불안과 두려움의 반응이 9가지 형태로 나타난다고 설명하고 있다.

첫째는 통증에 대한 공포인데, 죽음을 앞둔 환자는 신체적, 정서적, 사회적, 정신적 고통에 대한 두려움과 공포를 느끼게 된다.

둘째는 고독의 공포로, 말기환자는 죽음을 앞두고 자신이 혼자 남겨지게 될 것이라는 마지막 시간에 대한 두려움을 나타낸다.

셋째는 불쾌한 경험의 공포로, 환자는 병의 진행을 통해 자신이 타인에게 추해지는 외모나 부정적인 이미지를 보이게 되는 것에 대한 두려움을 느끼면서 불쾌감이 병원, 병실 등의 환경으로 연결되어 나타난다.

넷째는 가족과 사회에 대한 부담의 두려움으로, 환자는 병으로 인해 가족과 사회에 경제적으로 부담을 주어 자신이 그들에게 과도한 짐이 될 것이라는 두려움을 가지게 된다.

다섯째는 미지에 대한 두려움으로, 죽음은 알 수 없는 세계이고 통제 불가능하기 때문에 이에 대한 불안은 무지와 수동적 반응으로 나타난다고 하였다.

여섯째는 삶의 공포로부터 결과하는 죽음의 공포로, 인간에게 죽음과 삶의 공포는 함께 존재한다고 하면서 인간의 감정은 삶의 흔적이고 죽음의 염려라고 하였다.

일곱째는 인생과업에 대한 불완전함의 두려움으로, 환자는 인생과업의 끝마침이나 잠재적인 깨달음을 얻지 못하는 인생의 마지막 시간을 고통스럽게 여긴다. 결국 죽음의 공포는 삶의 성취가 만족스럽지 못한 이들에게 가장 큰 두려움이 되어 불완전함의 고통으로 다가온다.

여덟째는 인간소멸의 두려움으로, 죽음의 두려움에서 가장 근본적인 것이고, 인간의 자기소멸 공포는 자기보호라는 당연한 본능으로 자연스러운 현상이다.

아홉째는 사후재판과 처벌의 두려움으로, 이것은 경우에 따라 나타나지만, 대부분의 사람은 인생에서 훌륭한 업적에 보답하고 죄악은 벌하게 되며 사후 선고를 받게 된다는 믿음을 지니게 된다고 하였다.

3 노년기 죽음의 의미와 태도

1) 노년기 죽음의 의미

죽음은 모든 인간에게 적용되는 보편적이며 피할 수 없는 경험이지만, 인간사회는 죽음을 생물학적, 자연적 현상뿐만 아니라 문화적 현상으로 이해하고 있다. 그러므로 죽음은 시대적인 상황에 따라 그 의미를 다르게 부여하고 있고, 죽음의 의미를 파악하기 위해서는 죽음에 대한 문화적 특성을 고려한 이해가 우선되어야 한다.

'죽음에는 때가 없다'는 말이 있듯이 죽음은 생의 마지막 과정에 들어선 노인 세대만의 전유물은 아니다. 그러나 젊은이보다는 노인이 가까이 다가온 죽음을 준비하며 살아간다고 볼 수 있어 노년기에 죽음을 준비하는 것은 생의 핵심 과업이라 할 수 있다. 따라서 노인은 죽음 자체보다 '언제', '어떻게' 죽느냐 하는 임종에 대한 관심이 더 큰 것으로 보고되고 있다. 즉, '좋은 죽음(Good Death)에 대한 소망을 품고 있다는 것이다(김신미 외 , 2003). 이는 노인들이 한정된 기간 동안 삶을 살면서 죽음에 직면하고 있으며, 노인들은 그들 주위에서 죽음과 관련된 불안감을 체험하면서 동시에 자기의 죽음에 대해서도 인식하고 있기 때문이다.

노년기에는 배우자의 사별, 퇴직, 신체기능 및 생산성의 저하, 죽음의 임박 등의 정신적으로나 심리적으로 어려움을 겪게 되는데, 그중 다른 생애주기와 다르게 노년기에는 죽음이라는 특별한 문제가 당면과제로 부각된다. 노년기에 자신 또는 타인의 죽음은 생물학적 현상으로 누구나 겪는 당위성을 갖고 있지만, 정신적으로나 심리적으로는 노인 개개인의 삶의 태도와 죽음에 대한 사회적 이해에 따라 다양한 의미를 가지고 있다. 노인이 노년기에 접어들면 당연히 죽음과 자신의 붕괴하는 불가피한 현상을 자각하기 시작하고, 지나온 일생을 회고하며 자신의 성격을 재조직·재통합하려는 행동 경향을 보이는데, 이는 과거에 대한 회상을 통해 자아에 대한 새로운 사고, 과거 경험과 그 의미의 재평가 등에 의해 나타난다(Butler, 1975). 또한, 나이가 들어감에 따라 죽음에 대한 의식은 항상 수반되며, 살아갈 수 있는 시간이 상대적으로 짧아지고 죽음이 다가온다고 자각하는 것은 그들이 남은 생을 어느 정도 유용하게 보내는 데 중요한 역할을 한다(정상기, 2012). 노년기에는 정신·심리적 건강에 영향을 주는 죽음을 직시하고 이해할 수 있게 되면서 나머지 인생에서 일어나는 갖가지 어려운 변화들에 적극적이고 생산적으로 대처해 나갈 수 있으며, 노년기 죽음의 직시가 남은 인생을 좀 더 긍정적으로 보게 하며, 노년기의 심리적 적응을 성취하여 아무런 두려움 없이 죽음에 직면할 수 있도록 해주는 긍정적인 측면을 갖고 있다(이혜경, 2017).

따라서 노년기 죽음의 의미는 지금까지 지나온 다른 어떤 시기보다 삶의 모든 영역에 큰 영향력을 지니고 있으며, 자신의 죽음을 어떻게 인식하고 있느냐에 따라 자신과 자신이 살아온 삶을 의미 있고 가치 있는 것으로 평가하고, 앞으로 남아 있는 삶을 보다 건강하고 활기차게 보내고자 하는 삶에 대한 태도와 만족도에 영향을 준다고 할 수 있다.

2) 노인의 죽음에 대한 태도

죽음에 대한 태도는 개인의 가치관 종교, 철학, 삶의 과정 등에 따라 차이가 있으며, 사회문화적 배경에 따라 다르게 이해한다. 특히 노년기는 죽음이 임박해 옴에 따라 다른 연령에 비해 죽음에 대한 태도 정립이 중요한 파업 중 하나라 할 수 있는데, 단순히 공포와 불안감으로 죽음을 회피하는 태도로 죽음을 강하게 부정하기도 하고, 모든 인간이 겪는 자연현상이라 수용하고 죽음을 인정하고 긍정적으로 바라보기도 하는 등 죽음에 대한 태도가 다르게 나타나고 있다.

죽음에 관한 연구에서는 죽음 자체보다 죽음으로부터 오는 공포 때문에 더욱 두려움을 느끼며, 죽음에 대한 공포를 임종과정에 대한 공포, 죽음 자체에 대한 공포, 사후결과에 대한 공포, 그리고 타인의 죽음과 임종에 대한 공포 등 4개의 요소로 설명하고 있다(Michael, 1979). 특히 임종 과정에서 희망은 영원한 생명에 대한 기대로서 죽음에 대한 공포를 극복하는 데 중요한 역할을 한다(Deeken, 1988).

죽음에 대한 태도를 연구한 벨과 베이트슨(Bell & Bateson, 1979)은 죽음의 태도에 영향을 미치는 중요한 요인으로 주관적 연령, 성, 종교성, 배우자의 건강, 주거형태, 은퇴, 삶에 대한 만족, 사회경제적 지위를 제시하였다. 그러나 이러한 요인들이 노인의 죽음 태도에 긍정적으로 영향을 주는지, 부정적으로 영향을 주는지에 대한 연구결과는 일정하지 않다. 이는 죽음에 대한 태도가 단순한 요인으로 설명될 수 없는 다차원적 개념으로 이해되어야 함을 간접적으로 시사한다.

노인의 죽음에 대한 태도의 국내 연구에서 노인들은 죽음을 자연현상으로 삶의 마지막 과정이라 생각하고 긍정적인 태도를 보이며, 이러한 태도는 생활만족도, 자신이 지내온 생에 대한 평가, 불안감, 내세에 대한 태도 등이 유의한 관계가 있었다고 하였다(조은아, 2022). 이와는 반대로 노인들의 죽음에 대한 태도가 부정적이며, 이러한 태도에는 성별, 연령, 사회적 및 가족적 요인들이 영향을 미치는 것으로 나타났다(임송자·송선희, 2012). 한편, 죽음에 대한 불안을 연구한 결과 노인들의 죽음 불안은 죽음 그 자체보다 죽어가는 과정에서 야기되는 질병, 고통으로 인한 불안이 더 높고, 자신보다는 타인에 대한 죽음 불안이 더 높은 것으로 나타났다. 또한, 통계적으로 사회적 지지(가족, 친구 등), 성별, 교육수준, 연령 등이 죽음 불안에 영향을 주는 것으로 나타났다(안경진·박경숙, 2021).

3) 노인의 좋은 죽음

노인을 대상으로 한 좋은 죽음(Good death), 죽음에 대한 인식(Recognition of death)은 노인들이 죽음을 긍정적으로 경험할 수 있는 방법을 제공하기 위해 동서양에서 다양하게 다루어졌다(김명숙, 2010). 특히 고령화, 노인 우울 및 자살, 빈곤 등 노인 문제에 본질적이고 예방적인 접근을 지향하는 사회복지학에서 노인들의 삶에 긍정적 영향력을 제공하기 위한 죽음에 관한 연구가 매우 중요하게 대두되었다. 이는 실용학문의 특성상 사회복지정책과 실천으로 이어지고 특별한 문제나 욕구를 갖고 있는 노인들의 삶의 질과 존엄성에 직접적 연관성을 갖기 때문이다. 따라서 사회복지학에서의 죽음에 대한 주제의 성찰과 연구는 노인들의 삶이 다양한 만큼 임상실천을 더욱 풍요롭고 넓게 채워 나가는 기회를 제공한다는 점에서 매우 중요한 의미를 가진다(길태영, 2019).

노인이 인식하는 좋은 죽음은 죽음 과정의 전인적인 측면에서 존엄하게 대우를 받으며 자율성과 죽음에 대한 신념이나 가치관이 보장되는 것으로 정의하고 있다(이명숙·김윤정, 2013). 노년기 삶과 죽음에 대한 이해, 죽음과 죽어감의 이해, 잘 살고 잘 죽는 법, 임종문화에 대한 변화, 호스피스·완화의료와 연명의료결정법 등 죽음과 관련된 다양한 이슈에 대해 사람들의 관심이 증가하고 있다.

우리나라에서는 2000년대 중반부터 무의미한 연명치료 중단과 인간으로서 존엄한 죽음에 대한 필요성이 사회문제로 제기되었고, 2016년 「호스피스·완화의료 및 임종과정에 있는 환자의 연명의료결정에 관한 법」 제정으로 이에 따른 국가적 개입과 죽음에 대한 사회적 관심이 높아지기 시작하면서 좋은 죽음을 준비하는 데 도움을 줄 수 있는 방법 마련과 죽음 준비의 필요성이 강조되었다(길태영, 2019). 문헌에서는 웰빙(Well being), 웰에이징(Well aging)과 관련하여 죽음이라는 단어와 직면하기 어렵다는 점을 들어 웰다잉(Well dying)이라는 용어가 등장하기 시작하였고, 사회복지를 포함한 다양한 학문 분야에서 좋은 죽음, 품위 있는 죽음, 존엄한 죽음으로 함께 다루었고, 임종의 순간에 존엄성과 품위가 유지되는 것을 좋은 죽음으로 표현하였다(민들레·조은희, 2017).

좋은 죽음에 대한 인식은 다각적이고 개별화된 경험에 의해 묘사되는 것으로 의학에서는 임상적, 문화적, 윤리적 기준에 따라 달라질 수 있다고 주장하였고, 심리학, 신학, 사회학, 인류학 등의 학문 분야에서는 죽어가는 개인의 관점과 가족구성원의 역할에 의해 마지막 삶의 질에 영향을 받는다고 보고하였다. 하지만 우리 사회는 죽음을 공포로 여기는 문화를 갖고 있어서 죽음에 관한 개방적인 대화를 시작으로 어떻게 죽고 싶은지, 실제로 삶의 끝에서 필요한 것과 원하는 것이 무엇인지에 대한 질문에 대답을 찾아낼 수 있어야만 더 많은 노인들이 좋은 죽음을 맞이하게 되고 삶의 마지막을 위한 가능성과 변화의 기회를 얻게 된다(Meier et al., 2016). 한국 노인은 좋은 죽음에 대한 질문에 고통이 없는 편안함, 죽음에 대한 준비(유언, 장례준비 등), 가족에게 부담을 주지 않는 것, 가족과 좋은 관계를 유지하는 것을 중요한 요소로 간주하였으며, 특히 자손에게 미치는 영향이 매우 중요한 요인인 것으로 밝혀졌다(길태영, 2019).

좋은 죽음에 대한 노인의 인식을 분석한 연구에서는 노인들은 좋은 죽음을 생의 가장 큰 복 중 하나로 간주하여 운명적인 사고로 바라보는 것, 하늘이 주신 명을 다하여 사는 것으로 삶의 마무리를 할 기회를 제공하는 중요한 과업으로 인식하는 것, 죽음에 대한 생각을 통해 삶에 여러 가지 긍정적 영향을 미치는 것, 죽음을 순리로 받아들이는 것과 또 다른 삶의 시작으로 인식하는 것, 독립적으로 생활할 수 있을 때 죽는 것, 행복한 삶을 살려고 하는 것으로 일상의 삶을 잘 살아가는 것이 결국은 좋은 죽음을 맞게 하는 것, 마지막 순간까지 자식과 가족을 배려하고 인간으로서 존엄성을 지키며 자연스럽게 삶을 마무리하는 것, 가족들과 따뜻한 집에서 임종을 맞이하는 것과 준비된 죽음 등 좀 더 다양하게 좋은 죽음에 대해 인식하고 있었다(신향숙, 2018).

길태영(2019)은 좋은 죽음에 대한 노인의 인식에 관한 연구들을 재해석하여 좋은 죽음에 대한 한국 노인의 인식을 4가지로 정리하였다.

첫째, 좋은 죽음에 대한 경험적 해석이다. 노인들은 삶의 과정에서 인식하게 된 죽음의 경험적 해석을 바탕으로 좋은 죽음을 천수를 다하는 죽음, 고통 없는 편안한 죽음, 자연스러운 죽음 등으로 다양하게 표현하였다.

둘째, 배려와 소망이 담긴 죽음이다. 노화로 인한 장애나 자율적으로 통제할 수 없는 상황을 염려하여 가족이나 주변 사람들을 힘들게 하지 않고 좋은 이미지를 갖고 죽음을 맞이하는 것이다. 이와 관련하여 노인들은 자손이나 배우자보다 먼저 죽는 것, 자손들이 잘사는 것을 보고 죽는 것, 가족들이 임종을 지켜주는 것을 가장 큰 소망으로 여겼고, 가족들과 주변 사람들에게 부담을 주지 않는 배려하는 죽음을 맞이하는 것을 좋은 죽음으로 인식하였다.

셋째, 죽음을 준비하며 삶의 의미를 유지하는 것이다. 노인이 스스로 결정하고 준비하는 삶의 마무리가 이들에게는 하나의 큰 축복으로 죽음의 순간까지 후회 없을 만큼 의미 있고 가치 있는 삶을 살고자 하는 궁극적인 삶의 목표가 담긴 의미이다. 이와 관련하여 노인들은 자신이 원하는 곳에서 맞이하는 죽음, 좋은 죽음을 위한 준비, 후회 없이 살다 가는 의미 있는 죽음을 좋은 죽음으로 인식하였다.

넷째, 죽음을 받아들이는 것이다. 노인이 되기까지 자신의 노화 및 질병, 가족 및 친지, 사회적으로 다양한 삶의 경험을 통해 죽음관이 형성되고, 이러한 개인의 죽음관은 삶과 상호작용하는 것으로 사후세계에까지 영향을 주고받는다. 이와 관련하여 노인들은 삶의 소멸, 삶으로부터의 해방, 삶의 연장, 또 다른 삶의 시작을 스스로 받아들여야 할 좋은 죽음으로 인식하였다.

참고문헌

고윤석(2010). 의료현장에서 경험하는 죽음. 웰다잉 교육매뉴얼. 서울: 각당복지재단.

구인회(2015). 죽음에 관한 철학적 고찰. 한길사.

길태영 (2019). 한국노인의 좋은 죽음에 대한 인식: 질적 해석적 메타통합의 적용. 노인복지연구, 74(2), 193-218.

김대동(2010). 품위 있는 죽음과 생명의 상담. 서울: 한들 출판사.

김명숙(2010). 한국인의 죽음에 대한 인식과 태도에 관한 철학적 고찰. 유학연구, 22, 73-108.

김미라(2010). 일 지역사회 보건직 근무자의 호스피스 완화 케어 관련 인식조사. 한양대학교 임상간호정보대학원 석사학위논문.

김미옥(2015). 사회복지학에서의 죽음에 관한 응시와 성찰 - 질적연구방법의 유용. 한국사회복지질적학회, 9(1), 5-27.

김상우(2005). 죽음의 사회학. 부산대학교 출판부.

김석란(2015). 암환자의 죽음인식이 웰다잉과 영적 안녕에 미치는 영향에 관한 연구. 한영신학대학교 대학원 박사학위논문.

김신미 · 이윤정 · 김순이(2003). 노인과 성인이 인식하는 '좋은 죽음'에 대한 연구. 한국노년학, 23(3), 95-110.

김창숙 외 5인(2002). 기초호스피스. 서울: 현문사.

노유자 · 한성숙 · 안성희 · 김춘길(1994). 호스피스와 죽음. 서울: 현문사.

민들레 · 조은희(2017). 한국 사회에서 좋은 죽음에 대한 개념 분석. 노인간호학회지, 19(1), 28-38.

박중철(2018). 죽음을 대하는 의학의 새로운 태도 모색. 연세대학교 대학원 박사학위논문.

배영기(1992). 죽음학의 이해. 서울: 수문사.

신향숙(2018). 장기요양시설 입소노인의 죽음에 대한 인식 및 자기결정 경험 연구. 서울기독대학교 대학원 석사학위논문.

양명숙(2013). 의미있는 죽음을 위한 호스피스 교육에 관한 연구. 장로회신학대학교 교육대학원 석사학위논문.

이명숙 · 김윤정(2013). 노인이 인식하는 좋은 죽음. 한국콘텐츠학회, 13(6), 283-299.

이혜경(2017). 웰다잉 준비교육 프로그램의 개발과 효과. 목포대학교 대학원 박사학위논문.

정동호 · 이인석 · 김광윤(1987). 죽음의 철학-현대 철학의 논의를 중심으로. 서울: 청람문화사.

정상기(2012). 한국인의 죽음이해. 웰다잉 지도자 교육과정. 서울: 각당복지재단.

정운경(2015). 웰다잉 프로그램과 노인의 삶의 질, 죽음불안과 자아통합감의 관계 연구. 서울벤처대학원대학교 박사학위논문.

채유진(2021). 호스피스 환자를 위한 심리상담 모형개발 및 적용. 차의과대학교 대학원 박사학위논문.

황명환(2013). 죽음, 새로운 삶의 시작. 서울: 섬.

Firestone, A. D. (1993). Medicare hospice benefit: Early program experience. *Health Care Financing Review.*

Freud, S. (1915). Our attitude towards wars. in The standard edition of the complete psychological works of Sigmund Freud, vol. xiv. trans. James Strachey in collaboration with Anna Freud, assist. Alix Strachey and Alan Tyson (London: The Hogarth Press, (1975). 290.

Heidegger, M. (1971). Erlauterungen zu Holderlins Dichtung, 4, Frankfurt.

Jaspers, K. (1948). *Philosophie*, 2. Aufl., Berlin.

Jung, C. G. (1999). *Jung on death and immortality.* Edited by Jenny Yates. NJ: Princeton university.

Kalish, R. A. (1985). *Death, grief, and caring relationships.* CA: Books/Cole Publishing Company.

Kass, L. R. (1971). Death-process or event?. *Science, 173*, 1174-1178.

Kenneth, J. D., & John, D. M. (1983). 죽음학의 이해. (김재영 역, 2006). 경기: 인간사랑.

Kübler-Ross E. (1968). *On death and dying.* New York: Macmillan.

Robertson, H. (1987). *Meeting death: In hospital, hospice, and at home.* Diane Pub Co.

Schwarts, C. E., Major, K., Rogers, J., Yunshen, M. A., & Reed, G. (2003). Validation of a new measure of concept of a good death. *J Pallat Med, 6*(4), 575-84.

Solomon, S., Greenberg, J., & Pyszczynski, T. (2015). *The worm at the core: On the role of death in life.* (이은경 역, 슬픈 불멸주의자: 인류문명을 움직여 온 죽음의 사회심리학). 서울: 흐름출판.

Thorson, J. A., & Powell, F. C. (1988). Element of death anxiety and meanings of death. *Journal of clinical Psychology, 44*(5), 691-701.

Zilboorg, G. (1943). Fear of death. *The psychoanalytic Quarterly, 12*, 465-475.

Chapter

18 호스피스 · 완화의료

1 호스피스의 이해

1) 호스피스의 역사와 정의

호스피스(Hospice)의 어원은 4세기경 처음 로마에서 사용된 것으로 라틴어 손님(Hospice), 손님 접대(Hospitum)에서 기원되었고, 영어권에서 사용하는 Hospital, Hostel, Hotel 등이 같은 어원을 가지고 있다(노유자 외, 1994). 또한, 라틴어로 손님, 여행자, 손님을 접대하는 사람, 만남의 장소, 성지순례자들이 쉬어 가는 숙소의 의미를 하는 Hospes에서도 어원을 찾을 수 있다(김수지 외, 1997). 이처럼 호스피스는 '손님을 스스로 맞이하고 돌보며 환대한다'라는 뜻으로도 볼 수 있다(김미라, 2010). 중세기에 들어와 호스피스는 예루살렘으로 성지순례를 가는 순례자나 여행자가 쉬어 가는 휴식처라는 장소와 아픈 사람이나 죽어가는 사람을 위한 숙소를 제공하고 필요한 간호를 베풀면서 시작되었다(노유자 외, 1994). 십자군 운동의 시기에는 수도회의 주도로 군인과 여행자에게 휴식처를 제공하고 부상병을 치료하며 임종자에게 장례를 치러주는 등의 기능까지 할 수 있는 기관으로 설립되었다. 17세기에는 프랑스 성 빈센트 바울(St. Vincent de Paul)이 자선 수녀회를 창립하여 환자들을 돌보며 사회에서 소외되고 버림받은 환자까지 돌보도록 했는데, 이것은 17세기 후반 프랑스, 영국, 독일 등지로 확대되었다(조현, 1994).

19세기부터 현대 호스피스의 의미와 유사하게 죽음을 앞둔 환자에게 돌봄을 제공하는 곳의 개념으로 사용하기 시작했는데, 1815년 아일랜드 더블린 성모 선종원(Irish Sisters of Charity)이 최초의 현대적 호스피스라고 할 수 있다. 이를 시작으로 1836년 독일에 기독교 정신을 바탕으로 가난하게 죽어가는 환자를 위해 호스피스 기관이 설립되었으며, 이는 영국의 엘리자베스 프라이(Elizabeth Fry)를 통해 나이팅

게일에게 전파되었다. 그 후 영국에서는 호스피스가 발달하여 1877년 노팅검에서 죽어가는 환자들을 위한 기도를 목적으로 하는 '작은 수녀회'가 설립되어 임종환자를 위한 가정방문을 통해 환자와 가족에게 돌봄을 제공한 것이 지금의 칼버리 호스피스(Calvary Hospital)의 기원이다(김수지 외, 1997). 현대에는 1900년 아일랜드 자선수녀회(Irish Sisters of Charity)가 영국 런던 성 요셉 호스피스(St. Joseph Hospice)를 설립하면서 본격적으로 자리 잡기 시작했다. 1950년대 후반 성 요셉 호스피스 기관의 의사 시실리 손더스(DR. Cicely Saunders)가 호스피스 이론과 원칙을 널리 알리면서 1967년 영국 런던에 성 크리스토프 호스피스(St. Christoper's Hospice)를 설립했는데, 이것은 현대의 전문적이고 체계화된 호스피스 시설의 모델이 되었다(채유진, 2021). 이곳은 말기환자를 대상으로 분노와 우울 등의 혼란스러운 감정을 자연스럽게 극복하고 마지막 순간까지 인간다운 삶을 유지하는 심리적, 영적 돌봄에 중점을 두면서 호스피스 시설로의 적합성과 전문인력의 양성 및 프로그램 개발에 주력하였다(조현, 1994).

국내의 호스피스는 1963년 마리아의 작은 자매 수도회 수녀들이 강원도 강릉에 7개의 병상을 마련하여 마리아 갈바리 의원을 설립하여 가난 때문에 의료혜택을 받지 못하는 말기환자들을 간호하면서부터 시작되었다(노유진 외, 1994). 갈바리 의원은 1978년 임종실을 마련하여 임종환자들을 본격적으로 돌보았으나 1989년 재정난으로 인해 가정 호스피스로 운영되었다. 국내의 호스피스는 갈바리 의원을 시작으로 1981년 가톨릭 의과대학 의학과와 간호학과에서 학생 중심의 학생 호스피스를 주축으로 1982년 가톨릭 성모병원에서 호스피스 활동모임을 이루게 되면서 1987년 가톨릭 성모병원과 강남 가톨릭 성모병원에 호스피스과가 개설되었다. 또한, 1983년 전주 예수병원은 간호사업부를 중심으로 호스피스 형태의 운영을 시작하여 1988년 호스피스위원회가 구성되어 운영되고 있다. 본격적인 가정 호스피스는 1986년 이화여자대학교 간호대학에서 시작되었고, 1988년 세브란스 암센터에서도 가정 호스피스를 개설했으며, 1989년 춘천 성 골롬반 의원이 가정방문 간호서비스를 시작하였다. 1992년 한국가톨릭호스피스협회와 한국호스피스협회가 창설되면서 호스피스는 사회운동으로 확장되었다(서강대학교 생명문화연구소, 1998). 그 후 1995년 가톨릭 간호대학 호스피스 교육연구소가 개설되면서 전문적인 호스피스 교육이 이루어지기 시작한 것에 힘입어 1998년 의료계에서 한국 호스피스·완화의료 학회를 창설하였다. 이후 2002년 호스피스·완화의료 제도화 계획에 대한 발표를 시작으로 호스피스·완화의료 활성화를 위한 다양한 대책과 시범사업이 마련되어 활성화되고 있다(채유진, 2021).

호스피스는 그 역사에서 알 수 있듯이 시대의 흐름과 사상 등에 따라 개념과 의미가 변화되었기 때문에 호스피스를 단정적으로 정의하기에는 무리가 있지만, 오늘날 대부분 호스피스는 의료적 치료 개입이 불가능한 죽음을 앞둔 환자에게 치료를 목적으로 두는 것이 아닌 돌봄을 위한 서비스를 제공하는 것으로 해석하고 있다.

웹스터 사전(Webster Dictionary)에서 호스피스는 여행자들을 위한 숙소라고 하거나 가난한 사람들을 위한 집이라고 하였으며, 스테드만 의학사전(Stedman's Medical Dictionary)은 호스피스를 죽어가는 사람과 가족의 신체적, 정서적, 사회적, 영적 고통의 완화와 마지막까지 인간존엄성을 지켜갈 수 있는 지지적 봉사 프로그램을 제공하는 것으로, 브리태니커 백과사전(Encyclopaedia Britannica)은 죽음을 앞둔 환자의 신체적, 정서적 고통을 감소시키기 위해 세워진 시설 또는 병원으로 정의하고 있다. 미국국립병원협회(National Hospital Association, NHA)는 호스피스를 말기환자와 가족에게 가정 또는 병원에서 의학적 관리와 간호를 중심으로 지속적인 프로그램을 제공하여 환자를 지지하고자 하는 보살핌이라고 하였으며, 미국호스피스협회(National Hospice Organization, NHO)는 호스피스를 환자와 가족이 죽음 전·후 시기에 경험하는 신체적, 정서적, 경제적, 사회적, 영적 어려움을 해결할 수 있도록 도움을 주는 것으로, 환자의 경제적 상황과 상관없이 하루 24시간 언제든지 제공되어야 하며, 환자의 진료와 교육을 위해 모든 사항을 기록하고 유지하는 것으로 정의하였다(노유자 외, 1994).

호스피스를 연구한 학자들은 호스피스를 생명에 인위적 개입을 사용하는 것이 아닌 자연스러운 임종 환경을 제공하는 것(Cohen, 1979), 다양한 영역의 간호를 통해 환자가 자신의 죽음을 인간적으로 수용할 수 있도록 하는 것(Franco, 1979), 말기환자와 그의 가족에 대한 전인적 간호(Malfour & John, 1983), 죽음을 앞둔 환자의 신체적, 심리적, 사회적, 영적 측면에서 최대한 건설적으로 삶의 영위할 수 있도록 간호하는 것(Twycross, 1995)으로 정의하였다. 이처럼 호스피스는 다양한 영역에서 신체적, 정서적, 사회적, 영적 치유 완화와 전인적 고통 조절의 제공과 타인과 관계회복뿐만 아니라 영적 가치를 발견하는 등의 잠재적 가치를 발휘할 수 있도록 환자에게 격려와 지지를 주고, 환자들이 지닌 신념과 믿음에 존경을 표하고 신앙적 부분까지 포함하는 개념이다(Allison, 2005).

국내 연구에서는 호스피스를 환자의 수명을 인위적으로 연장 또는 단축의 시도 없이 자연스러운 임종 환경을 제공함으로써 그들의 신체적, 영적, 심리적 간호를 통해 자신의 죽음을 인간답게 수용하도록 하는 것(조현, 1994), 죽음을 직면한 환자와 가족을 돌봄으로써 인간적 존엄성 및 삶의 질 향상과 유지를 통해 마지막 순간을 평안하게 맞이하도록 돕는 것이고, 환자와 가족의 신체적, 정신적, 사회적, 영적 요구를 충족시키면서 사별가족의 애도과정까지 포함한 총체적 돌봄(노유자 외, 1994)으로 정의하고 있다. 또한, 전문인력과 비전문인력으로 구성된 팀이 말기환자와 가족의 고통을 이해하고 조절하여 남은 삶의 질을 향상시키고 사별의 경험으로 인한 유가족의 해로운 요소들을 예방하는 복합적인 활동(김수지 외, 1997)으로 호스피스를 정의하였다. 최화숙(2002)은 호스피스(HOSPICE)의 철자를 이용하여 정의하였다. H는 Hospitalization이라고 하면서 호스피스 기관 입원과 병원 입원, O는 Organization으로 전문인력과 비전문인력의 팀 구성, S는 Symptom control로 환자의 증상을 통제하고 조절하기 위한 것, P는 Psychological로 심리적 안정과 지지, I는 Individual로 환자 개인에게 맞는 맞춤형 돌봄, C는 Communication으로 의사소통, E는 Education으로 호스피스 활동에 참여하는 모든 구성원에 대한 호스피스 교육, S는 Spiritual care로 영적 지지를 의미한다고 하였다.

이처럼 다양한 논의를 종합하면, 호스피스는 치료를 위한 의료적 개입이 불가능하고 생명 연장이나 단축을 위한 직접적인 의료적 개입이 이루어지지 않은 죽음을 앞둔 말기환자의 신체적, 정서적, 사회적, 경제적, 영적 고통의 감소와 그들의 실제적 문제 및 요구 사항 등의 도움을 제공하는 총체적 돌봄의 의미이다. 이러한 의미는 여러 분야의 전문가로 구성된 팀이 상호 협력하여 환자와 가족에게 차별 없는 돌봄과 위안을 제공하고, 지난 삶에 대한 의미와 가치를 느끼며 죽음을 자연스러운 삶의 과정으로 수용하면서 평화롭고 품위 있는 죽음을 맞이할 수 있도록 돕는 사랑과 배려의 활동을 포함한다. 따라서 호스피스는 전인적인, 즉 이상적이고 바람직한 인간으로의 돌봄으로 말기환자와 가족이 돌봄의 대상이며 다양한 전문가와 비전문가 등으로 구성된 팀에 의해 돌봄을 제공받고, 말기환자의 마지막 생을 돌보는 활동이다.

2) 호스피스의 사상과 원칙

호스피스의 사상은 인간을 이해하는 인간론에서 시작되었다. 즉, 호스피스는 인간을 대상으로 인간이 참여하여 이루어지는 돌봄이다. 이러한 인간론은 인간의 존재와 생명 현상, 생명의 존엄성, 인간의 삶, 인간의 실존 문제를 연구하는데, 이 중에는 인간이 실존에 있어 가장 인간다운 모습이라고 할 수 있는 고통인 죽음도 포함된다. 이들은 죽음에 대해 인간을 이해하는 출발의 근원으로 삼고 호스피스 사상과 철학을 탐구한다(서영준, 2012). 여기에서 호스피스는 치료개념의 의료기술에서 벗어나 인간 존중과 이해를 바탕으로 자기결정(self-determinism)과 창의성을 중시하는 인도주의(Humanism), 그리고 인간을 하나의 통합체로 이해하는 총체주의(Holism) 사상과 철학을 바탕으로 발전한 것이다(노유자 외, 1994). 이렇게 호스피스는 인간을 대상으로 돌봄을 제공하는 것으로 인간 존재와 생명의 존엄성을 인정하고 사랑을 전하는 인본주의적 돌봄(Humanistic Care)이며, 인간의 삶과 죽음에 대해 실존적 인간 그대로의 모습을 인식하고 이해하여 호스피스 사상을 다룬다(서영준, 2012).

이와 같은 호스피스 사상을 바탕으로 스토다드(Stoddard, 1979)는 호스피스에 6가지 원칙을 제시하였다. 첫째는 신체적·정서적·사회적·영적으로 절망하고 있는 환자에게 용기 부여와 고통감소이고, 둘째는 가정적 분위기와 가정간호의 가치관을 바탕으로 환자들을 돌보아야 한다. 셋째는 환자와 가족을 간호의 단위로 함께 포함하고, 넷째로 의료전문가가 반드시 개입되어야 한다. 다섯째는 사별 후 가족의 슬픔을 함께 나누어야 하고, 마지막으로, 호스피스는 사랑으로 차별 없이 누구에게나 봉사가 제공되어야 한다.

베커(Becker, 1999)는 신체적, 정서적, 영적 돌봄을 바탕으로 호스피스 철학 척도(Hospice Philosophy Scale, HPS) 10가지를 제시하였다. 첫째는 삶의 과정에서 임종은 정상적인 부분이고, 둘째는 환자와 가족은 정신적, 영적으로 임종 준비를 해야 하며, 셋째는 가정에서 이루어지는 돌봄은 환자의 존엄성과 자존감을 최대한 유지할 수 있어야 한다. 넷째는 임종의 순간까지 편안한 삶을 살도록 해야 하고, 다섯째는 성장 단계에서 죽음은 마지막 단계라고 했으며, 여섯째는 호스피스의 목표는 편안한 죽음을 이루도록 하는 것이라고 하였다. 일곱째는 호스피스 돌봄의 중심은 존엄성을 지니며 죽음을 맞이하는 것이고, 여덟째는 여러 분야로 구성된 협력적 팀은 호스피스 환자와 가족의 요구를 연속선상으로 제공할 수 있어야 하며, 아홉째는 환자와 가족은 돌봄 계획에 대하여 함께 활동하고 반응하는 파트너가 될 수 있어야 하고, 마지막으로 호스피스는 죽음의 과정을 서두르거나 연장하는 것이 아니다.

미국병원합동평가위원회(Joint Commission on Accreditation of Healthcare, JCAH)는 호스피스의 원칙과 표준을 첫째, 환자와 가족은 호스피스 케어의 한 단위이며 둘째, 호스피스 케어는 전문적인 팀에 의해 이루어지며 셋째, 호스피스 케어는 지속적으로 제공한다. 넷째, 호스피스 케어는 가정케어를 기본으로 제공하며 다섯째, 호스피스 케어는 입원환자 케어도 제공하고 여섯째, 호스피스 케어는 의무기록을 문서화하고 보관한다. 일곱째, 호스피스 케어는 통제기관이 있어야 하며 여덟째, 호스피스 케어는 관리 및 행정적인 업무가 유지되어야 한다. 아홉째, 호스피스 케어는 자원이용의 재검토가 필요하며, 마지막으로 호스피스 케어에 대한 질적인 보장제도가 확립되어야 한다(채유진, 2021).

3) 호스피스의 유형

(1) 병원 내 병동 호스피스(Hospice unit within a Hospice)

병원의 내부에 일부 병동에서 호스피스 활동을 하는 것으로, 의료시스템과 의료인력 활용이 바로 이루어질 수 있는 장점이 있지만, 일반 병원의 특성상 완화적 관리(Palliative care)보다 급성 질환관리(Acute care)에 초점을 두기 때문에 어려움이 발생할 수 있고 다른 직원이나 방문객 등의 일반인들에게 죽음의 장소로 보일 수 있는 단점도 내포하고 있다(성숙자, 2006).

(2) 병원 내 산재형 호스피스(The Inpatient Scattered-Bed Consultative)

병원 내 산재형 호스피스는 1975년 미국에서 개발되어 성 누가 루스벨트 병원에서 처음으로 시도된 것으로 병원 내 호스피스 팀이 구성되어 간호를 수행하였는데, 거의 내과 병동 또는 암 병동의 호스피스 환자들이 병실 내의 다른 환자들과 함께 입원하여 호스피스 간호를 제공받았다. 이것은 병원에서 빈 병상을 활용할 수 있는 장점은 있지만, 호스피스 환자들이 다른 환자들과 함께 지내기 때문에 그에 맞는 병원 규정을 맞추는 등의 어려움과 병실의 다른 환자가 회복을 하여 퇴원하는 과정을 지켜봐야 하는 고충이 있다(성숙자, 2006).

(3) 독립형 호스피스(Free Standing Hospice)

독립형 호스피스는 호스피스만의 목적을 가지고 별도의 건물을 가지고 독립적으로 운영하는 형태를 의미하는데, 대부분 병원의 부속 형태로 독립적으로 운영되는 경우가 많다. 모든 환자가 의뢰할 수 있으며 자원봉사자 교육기관 여부에 상관없이 봉사자로 참여할 수 있으며, 환자의 기존 주치의를 그대로 연결할 수 있는 장점을 가지고 있다(성숙자, 2006).

(4) 시설 호스피스(Nursing Home for Hospice)

시설 호스피스는 병원 입원이나 가정간호가 불가능한 환자를 위해 가정과 같은 분위기가 형성된 곳에서 호스피스 간호 서비스를 받을 수 있도록 마련된 시설이다. 이곳은 24시간 상주하는 간호사의 돌봄과 정기적으로 방문하여 처방을 해 주는 의사가 존재하는 형태이다(성숙자, 2006).

(5) 가정 호스피스(Hospice Home Care)

가정 호스피스는 호스피스 전문 구성원이 환자의 가정에 방문하여 간호하는 형태로 전 세계에서 널리 이용되는 보편적 유형이다. 이것은 의료비가 절감되고 환자가 편안한 환경인 자신의 집에서 호스피스 서비스를 제공받을 수 있는 장점이 있지만, 가족의 부담이 가중되는 단점이 있다. 그러나 증상 조절이 어렵거나 임종의 임박 또는 가족의 휴식을 위해 일시적으로 입원 허용과 24시간 호스피스 전문 구성원과 연락을 가능하게 함으로써 절충보완이 가능한 특징을 지니고 있다(성숙자, 2006).

(6) 혼합형 호스피스

혼합형은 여러 가지 유형 중에서 2가지 이상의 유형을 혼합하여 운영하는 경우를 말한다. 즉, 병원 내 호스피스 병동을 운영하는 동시에 가정 호스피스도 함께 운영하거나 병원 내 산재형 호스피스를 운영하면서 가정 호스피스를 함께 운영하는 등의 다양한 유형들을 뜻한다(김수지 외, 1997).

2 호스피스·완화의료의 개념과 정책

1) 호스피스·완화의료의 개념

호스피스라는 용어는 보편적으로 '호스피스'라고 널리 사용되고 있지만, 이 외에도 비슷한 의미를 지니고 있는 '임종간호', '터미널 케어', '호스피스 케어', '완화치료', '완화의학', '완화요법', '완화케어', '말기치료', '호스피스·완화의학' 등으로 다양하게 사용되고 있다. 이러한 용어들의 의미는 비슷하지만, 그 내용과 강조점에서 조금씩의 차이를 나타내고 있다(이영옥, 2012).

말기치료는 죽음을 예견할 수 있거나 죽음을 앞둔 시기의 환자를 돌보는 치료를 뜻하고, 호스피스는 환자의 말기치료 및 죽음의 과정 그리고 가족들의 사별까지 포괄적으로 돌보는 치료이다. 완화치료는 호스피스 치료뿐만 아니라 항암제 등의 의료적 개입을 함께 이루어 생명연장까지 포괄한 치료이고, 완화의학은 완화치료를 현대 의료체계로 포함시켜 하나의 분과로 독립시킨 의료분야이다. 여기에서 완화치료는 중증질환으로 인한 스트레스, 증상, 통증을 완화시키는 것에 중점을 두는 치료이고, 완화의학은 완화치료에서 포함하고 있는 여러 분야 중에서 의학 분야를 말하는 것인데, 완화라는 단어는 질병의 근본 원인을 적극적 또는 공격적 개입의 완치목적이 아닌, 환자의 입장에서 편안하고 안정감을 제공하는 개념이라고 할 수 있다(채유진, 2021). 완화치료가 생명 위협의 중증질환자를 대상으로 진행되는 것이라면 말기치료는 죽음을 예견할 수 있는 환자를 대상으로 진행하는 것이다(Keegan & Drick, 2011). 따라서 호스피스·완화의료는 의료적 개입 외에 케어(care)의 개념을 더 많이 포함시켜 강조하기 위한 치료라고 볼 수 있다. 호스피스가 말기환자의 죽음과 가족의 사별까지 포함한 총체적이며 전인적인 돌봄서비스라면, 완화의료는 환자의 호스피스 치료를 위한 구체적이고 실제적인 의료행위를 말하는 것이다. 또한, 호스피스는 의사, 간호사, 사회복지사, 자원봉사자, 성직자, 요법치료사 등 다양한 분야의 구성원들의 호스피스 팀으로 운영되는 것이라면, 완화의료는 주로 의료인들을 중심으로 운영되는 것이다(채유진, 2021).

세계보건기구(World Health Organization)는 호스피스·완화의료에 대해 생명 위협의 질병으로 인해 발생하는 통증 및 그 외 신체적, 심리적, 사회적, 영적인 어려움을 지니게 되는 환자와 가족의 문제를 미리 발견하여 그에 맞는 평가와 치료를 통해 고통 예방과 해소를 통해 삶의 질 향상을 목적으로 하는 의료라고 정의하고 있다(WHO, 2014). 유럽완화의료협회(The European Association for Palliative Care, EAPC)는 완화의료에 대해 치료에 반응하지 않는 질환의 환자에게 통증 및 타 증상의 관리, 사회적, 심리적, 영적 문제를 포함하는 적극적이고 전인적인 돌봄이라고 정의하고 있다. 더불어 이것은 다학제적인 접근으로 환자, 가족, 지역사회를 포함하고, 환자의 장소 여부에 상관없이 그들의 요구에 있어서 가장 기본적 돌봄을 제공하고 긍정적인 삶과 정상적인 임종과정을 제공한다. 여기에 인위적으로 죽음의 기간을 조작하는 것이 아닌, 자연스러운 죽음을 맞이할 때까지 최선의 삶의 질을 유지할 수 있도록 해야 한다고 하였다(채유진, 2021).

한국 호스피스·완화의료학회에서는 호스피스·완화의료에 대하여 완치 불가능의 죽음을 예견하는 환자와 가족의 신체적, 정서적, 사회적, 영적 고통을 완화하여 삶의 질의 향상과 평안하고 거룩하게 삶을 마칠 수 있도록 돕는 전문적인 의료 활동이라고 하였다(호스피스·완화의료학회, 2019). 우리나라 의료법의 「연명의료결정법」 제2조에서 호스피스·완화의료란 말기환자 또는 임종과정에 있는 환자와 그 가족에게 통증과 증상의 완화 등을 포함한 신체적, 심리사회적, 영적 영역에 대한 종합적인 평가와 치료를 목적으로 하는 의료라고 정의하며(호스피스완화의료사업안내, 2019), 「암관리법」 제2조에서 말기암환자의 호스피스·완화의료란 통증과 증상의 완화 등을 포함한 신체적, 심리사회적, 영적 영역에 대한 종합적인 평가와 치료를 통하여 말기암환자와 그 가족의 삶의 질 향상을 목적으로 하는 의료라고 정의하고 있다.

2) 호스피스·완화의료 정책

우리나라는 호스피스가 비교적 일찍 도입되었음에도 제도적 지원을 받지 못하다가 2002년에 호스피스 완화의료 시범사업을 계획하고 시행하면서 정부 차원의 개입이 시작되었다. 1998년 7월, 국회보건복지포럼에서 '호스피스제도화에 대한 세미나'를 개최하여 호스피스 완화의료 법제화가 처음 추진되었고, 2002년에 보건복지부가 호스피스 완화의료 제도화 및 법제화를 위한 시범사업 계획을 수립하여,

2003년에 '제1차 말기암환자 호스피스 시범사업'을 시행하면서 본격적인 국가정책 차원의 호스피스 개입이 시작되었다(김창곤, 2019).

보건복지부는 2005년부터 말기암환자 완화의료 전문기관 활성화 사업을 시작하였고, 2006년에는 '제2기 암정복 10개년 계획(2006~2015년)'을 수립하여 말기암환자 전문의료기관의 법적 기준을 마련하였다(홍영선, 2008). 말기환자에 대한 호스피스 서비스를 확대 보급하기 위하여 보건복지부는 2006년 10월 '말기환자 전문의료기관 지정기준 고시'를 신설하여 호스피스 전문기관 지정제를 도입하였고, 2011년 이후 「암관리법」, 2017년 8월 이후에는 「연명의료결정법」에 의해 지정되고 있다(김창곤, 2019).

호스피스·완화의료의 제도화에 있어서 핵심적인 요소인 국민건강보험 급여화를 위한 노력은 2007년부터 시작되어, 2008년까지 완화의료 특성에 맞는 수가 개발을 위한 연구용역을 국민건강보험심사평가원이 추진하여 완화의료 급여화를 위한 근거기반을 마련하였으며, 이를 토대로 입원형 완화의료 건강보험수가 1차, 2차 시범사업에 대한 평가를 거쳐, 말기암환자에게 제공되는 완화의료 서비스(병동형)에 대한 국민건강보험 급여제도를 시행하였다(김창곤, 2019). 한국의 국민건강보험제도에서 일반환자의 본인부담률은 입원환자의 경우 20%, 외래의 경우 30~60%이지만, 암환자의 경우에는 국민의료비 경감을 위하여 산정특례제도를 적용하여, 확진일로부터 5년간 국민건강보험급여의 본인부담률이 2005년에는 10%로, 2009년부터는 5%로 낮아졌으나, 5년이 경과되면 산정특례지원이 만료된다. 또한, 국민의료비의 경감을 위해 소득수준에 따라 본인부담상한제도 시행되고 있다. 2015년 7월부터 입원형 호스피스 완화의료 요양기관에 국민건강보험수가를 일당정액제를 기본으로 적용하면서, 증상완화를 위한 별도의 시술이나 적극적인 통증 치료에 대해서는 별도의 행위별 수가를 적용하고 있으며, 호스피스전문 요양보호사를 완화의료 전문기관에 배치하는 완화의료 도우미제도를 시행하여, 환자 및 가족들의 가장 큰 부담이었던 간병비를 본인부담률 5%만 부담하고, 나머지는 국민건강보험급여에서 제공하고 있다.

한편, 2013년, 보건복지부는 호스피스·완화의료 활성화 대책을 발표하였고, 2014년에는 「암관리법」 시행령과 시행규칙을 개정하여 가정형, 자문형, 호스피스 완화의료 유형의 법적 근거를 마련하였으며, 「암관리법」 시행령과 시행규칙을 개정하여 완화의료 전문기관의 평가를 국립암센터에 위탁하도록 하였다. 2015년에는 「암관리법 시행규칙」을 개정하여 가정형, 자문형 호스피스의 법적기준을 마련, 2016년에는 가정형(21개소)과 요양병원(12개소), 2017년에는 자문형(20개소) 호스피스 수가 시범사업을, 2018년에는 소아청소년 완화의료 시범사업(2개소)을 시행하고 있다. 2016년에는 「호스피스·완화의료 및 임종과정에 있는 환자의 연명의료결정에 관한 법률」이 제정되어, 호스피스 완화의료의 대상질환이 기존의 말기 암 대상에서 암, 후천성면역결핍증, 만성 폐쇄성 호흡기질환, 만성 간경화로 확대되었고, 2017년에는 호스피스 완화의료 관련법이 시행되었으며, 2018년에는 연명의료결정 관련법이 시행되었다(김창곤, 2019).

이 법령이 시행됨에 따라 말기암환자에게 국한되었던 호스피스·완화의료 서비스가 다른 비암성 말기환자들에게도 확대되었고, 말기환자들이 자유의사에 따라 연명의료를 결정할 수 있는 법적근거가 마련되었다. 보건복지부가 지정한 호스피스·완화의료 전문기관은 2019년 기준 서울 21개 포함 전국 108개가 운영되고 있고, 점차 확대 추진 중이다(중앙호스피스센터, 2019). 호스피스전문기관 지정은 「연명의료결정법」 제25조와 「연명의료결정법 시행규칙」 제20조에 따르고, 이들 기관은 「의료법」 및 「마약류 관리에 관한 법률」 등에 따른 운영 및 서비스 제공의 관련 법안을 준수해야 한다. 호스피스전문기관의 인력기준은 입원형, 가정형, 자문형으로 나뉘는데, 입원형은 의사 또는 한의사 전문의 1인 이상으로 병동의 병상 20개당 전문의 1인이고, 간호사는 병동의 병상 10개당 1인 이상, 사회복지사는 병동당 1급 자격증을 보유한 1인 이상이다. 가정형은 의사 또는 한의사 전문의 1인 이상이고, 간호사는 호스피스전문간호사나 가정전문간호사 또는 호스피스전문기관에서 2년 이상 호스피스 업무 경력이 있는 간호사 1인의 배정이며, 사회복지사는 1급 자격증 보유자이다. 자문형은 의사 또는 한의사 전문의 1인 이상이고, 간호사는 호스피스 전문간호사나 종양전문간호사 또는 호스피스전문기관에서 2년 이상 호스피스 업무 경력이 있는 간호사 1인 이상이며, 사회복지사는 1급 자격증 보유자 1인 이상이다. 호스피스전문기관의 필수인력은 유형과 관계없이 보건복지부장관이 인정하는 60시간 이상의 호스피스 기본교육을 표준교육과 매년 4시간의 보수교육을 이수해야 한다. 여기에 가정형과 자문형은 별도로 16시간 추가교육을 이수해야 한다. 호스피스전문기관의 시설에 관한 지침은 병동, 입원실, 임종실, 간호사실, 처치실, 상담실, 가족실, 목욕실, 화장실, 사무실, 이동차량, 그리고 호스피스·완화의료 병동 내 필수장비들을 갖추도록 권고하고 있다(호스피스완화의료사업안내, 2019).

한국의 호스피스·완화의료 정책의 대상체계는 말기암 이외에 후천성면역결핍증, 만성 폐쇄성 호흡기질환, 만성 간경화 등으로 확대되었으며, 급여체계는 일당정액수가와 행위별 수가의 복합지불방식으로 입원형 완화의료 건강보험제도가 시행 중이다. 한국 호스피스 완화의료의 전달체계는 입원형·자문형·가정형으로 구분되며, 완화의료 전문기관의 지정·평가·지원제도가 운영되고 있으며, 재원체계는 국민건강보험기금과 국가지원금, 기관자체 예산과 후원금 등으로 조달되고 있다(김창곤, 2019).

3 호스피스·완화의료 대상자

1) 호스피스·완화의료 대상자의 선정기준

호스피스·완화의료 대상자는 「연명의료결정법」 제2조 제6호에 따른 호스피스 대상 환자, 즉 말기환자로 진단받은 환자 또는 임종과정에 있는 환자와 그 가족을 말한다. 말기환자란 적극적 치료에도 불구하고 근원적 회복이 불가능한 증상악화로 보건복지부령에 따른 절차와 기준으로 담당의사와 해당 분야 전문가 1인에게 수개월 이내의 사망 예상의 진단을 받은 환자를 뜻하고(호스피스완화의료사업안내, 2019), 말기란 현대 의학으로 완치 불가능하고 죽음의 예후가 정확한 상태를 의미하고, 현실적으로 삶의 모든 것과 이별을 준비해야 하는 상태를 말한다(김석란, 2015). 임종과정에 있는 환자란 「연명의료결정법」 제16조에 의해 담당의사와 해당분야 전문가 1인에게 임종과정이라는 의학적 판단을 받은 환자를 뜻하고, 임종과정은 치료에도 불구하고 회생 및 회복 불가능하며 급속도의 증상 악화로 사망에 임박한 상태를 뜻한다(호스피스완화의료사업안내, 2019).

한국호스피스협회에서는 호스피스·완화의료 대상자 선정기준을 첫째, 암 진단을 받은 후 의학적 치료를 시행했음에도 불구하고 더 이상의 치료 효과를 기대하기 어려운 경우이고, 둘째, 의사에게 6개월 내지는 1년 정도의 생존 기간 진단을 받은 환자, 셋째, 의사의 동의 또는 의뢰를 하는 경우, 넷째, 환자 또는 가족이 증상의 완화를 위해 비치료적 간호를 결정한 경우, 다섯째, 연고가 거의 없는 경우로 호스피스의 도움이 필요하다고 선정되는 경우로 하고 있다(한국호스피스협회출판부, 2010). 보건복지부 국립암센터의 선정기준은 제20조(완화의료의 대상자) 말기암환자 완화의료(이하 "완화의료"라 한다)의 대상자는 말기암환자로서 본인이 완화의료 이용을 희망하는 사람으로 한다고 하며, 첫째, 말기암환자란 적극적인 치료에도 불구하고 근원적인 회복의 가능성이 없고 점차 증상이 악화되어 몇 개월 내에 사망할 것으로 예상되는 암 환자를 말한다. 둘째, 말기암환자 완화의료란 통증과 증상의 완화 등을 포함한 신체적, 심리사회적, 영적 영역에 대한 종합적인 평가와 치료를 통하여 말기암환자와 그 가족의 삶의 질을 향상시키는 것을 목적으로 하는 의료를 말한다(국립암센터, 2012).

호스피스·완화의료 대상자에 대한 기준에 대해 자세히 알아보면 다음과 같다. 「연명의료결정법」 제2조 제3호의 담당의사와 해당분야 전문가 1인이 말기환자 여부의 진단을 임상적 증상, 타 질병 또는 질환의 존재 여부, 약물 투여 또는 시술 등의 개선 정도, 종전의 진료 경과, 타 진료 방법의 가능 여부, 그 외 제1호에서 제5호까지의 규정 안에서 보건복지부 장관이 말기환자 진단을 위해 필요를 인정하는 기준을 종합적으로 고려하여 진단해야 한다(호스피스완화의료사업안내, 2019). 대한의학회(2016)에서 발표한 질환별 기준이 있는데, 암, 후천성면역결핍증, 만성 폐쇄성 호흡기질환, 만성 간경화로 나뉘어 제시되어 있다. 암은 다음 2가지 사항 중 1개 이상 해당되는 경우로, ① 적극적 암 치료에도 불구하고 수개월 이내의 사망이 예상되는 상태, ② 암의 진행으로 인해 일상수행능력의 심각한 저하와 신체 장기 기능의 악화로 회복의 기대가 어려운 상태이다. 후천성면역결핍증은 HIV 감염자가 다음 5가지 항목 중 1개 이상 해당되면서 Karnofsky Performance Status(KPS, 일상생활동작평가척도) 기능 수준이 50% 이하인 상태로, ① 다당제 내성으로 3개월 이상의 항레트로바이러스제 치료의 실패로 CD4 세포(면역세포 표면에 있는 당단백질 분자)〈25cell/ml이거나 HIV RNA(혈중 바이러스 양)〉100000copies/ml의 경우, ② 임상적 중증 뇌병변 장애로 중추신경계림프종, 진행성 다발성 백질 뇌병증, HIV뇌병증, HIV 관련 치매, 치료 불응의 뇌톡소포자중충증 등, ③ 에이즈 정의 암 또는 기타

암성 질환 말기, ④ 말기심부전, 말기호흡부전, 말기간경화, 투석하지 않는 말기신부전, ⑤ 기타 상기 합병질환이 아니어도 감염전문의 진단에 따른 말기 호스피스 돌봄이 필요한 경우이다. 만성 폐쇄성 호흡기질환은 다음 3가지 항목 중 1개 이상 해당되는 경우로, ① 매우 심한 만성 호흡기질환으로 인한 호흡곤란으로 의자에 앉아 있는 것이 어려운 경우, ② 장기간의 산소치료가 필요하고 담당의의 수개월 내에 사망이 예상되는 경우, ③ 호흡부전으로 장기간의 인공호흡기가 필요하거나 폐이식이 필요하지만 금기 기준에 해당 또는 이식 불가능의 경우이다. 만성 간경화는 Child-Pugh(잔여 간기능검사) c등급 비대상성 간경변증 환자로 다음 3가지 항목 중 1개 이상 해당되는 경우로, ① 적극적 치료에도 호전이 없는 간신 증후군, ② 적극적 치료에도 호전이 없는 위중한 간성 뇌증, ③ 적극적 치료에도 호전이 없는 정맥류 출혈인데, 이때 간이식 가능한 경우는 제외이다.

2) 호스피스 · 완화의료 대상자의 욕구

호스피스 · 완화의료 분야에서 죽음을 앞두고 있는 말기환자의 욕구에 대해 파악하고 이해하는 것은 결코 경시해서는 안 될 중요한 요소이다. 이는 호스피스 · 완화의료 구성원이 환자의 죽음을 맞이하는 과정에 대해 적절히 대처하는 능력을 향상시켜 주고, 적절한 돌봄서비스를 제공하기 위한 기초자료의 역할을 하기 때문이다. 또한, 가족들은 죽음의 과정에 대한 지식습득을 통해 자신과 사랑하는 이의 죽음을 준비할 수 있게 되고, 적절한 대처기술을 개발하도록 도움을 준다.

칼리시(Kalish, 1985)는 매슬로(Maslow)의 5단계 욕구에 따라 죽음을 앞둔 환자의 욕구를 설명했는데, 1단계의 생리적 욕구에서 죽어가는 환자의 생리적 욕구는 일반적인 사람과 다르지 않지만 욕구의 정도나 만족을 추구하는 행동의 차이만 보이지만, 질병에 의한 통증과 고통은 환자들의 삶의 질에 많은 영향을 준다고 하였다. 2단계의 안전감의 욕구에서 죽어가는 환자는 안전감에 대한 욕구가 강하게 나타나는데, 질병에 의한 여러 방면으로 두려움과 불안감을 느끼기 때문이라고 하였다. 3단계 사랑과 소속감의 욕구에서 환자는 자신이 주변인들에게 버림받거나 환영받지 못하거나 관심 받지 못하는 것 등을 민감하게 느낀다고 하였다. 4단계 자기존중의 욕구에서 말하는 자기 및 타인으로부터의 존중 욕구 만족은 개인의 능력이나 자주성이 상실됨으로써 타인에게 의지하게 되면서 가족이나 주변인들에게 자신이 부담스러운 존재라고 여기게 되는 것을 말한다. 따라서 환자들에게 선택권을 부여하거나 스스로 할 수 있는 일을 성취하도록 하여 주체성을 느낄 기회를 제공해야 한다고 하였다. 5단계 자아실현의 욕구에서 죽음을 앞둔 환자는 얼마 남지 않은 시간 동안 미완성 일, 소원, 미해결문제 등에 대해 적극적으로 완성하고 싶어 한다고 하였다. 칼리시는 5단계 욕구 단계에서 가장 낮은 단계의 욕구가 충족되어야 높은 단계의 욕구가 충족될 수 있다고 하면서 기본적으로 1단계의 육체적 통증과 고통의 완화가 중요하다고 하였다(임기운 외, 2007).

일반적인 말기환자는 통증으로의 자유, 고독으로의 자유, 에너지의 보존과 유지, 자기존중감 유지 등의 욕구를 지니고 있으며, 이것의 충족은 그들의 남은 생에 대한 만족에 큰 영향을 미치게 된다. 그러므로 이러한 말기환자의 욕구체계에 대하여 에버솔과 헤스(Ebersole & Hess, 1990)는 다음과 같이 설명하였다. 첫째, 환자는 통증에서 벗어나려고 하고, 신체적으로 드러나는 증상과 낌새를 제거하기를 원하며, 자신의 에너지를 보존하려고 한다. 둘째, 환자는 안전함을 원하는데, 자신을 돌봐주는 사람을 신뢰하고자 하며, 자신의 진실을 듣고 있다고 느끼기를 원하고, 나아가 내면에 감추어진 공포에 대해 말하고 싶어 한다. 셋째, 환자는 누군가와 이야기를 나누고 싶어 하고, 이해와 사랑을 주고받기를 원하며, 임종의 순간까지 자신을 돌보아주는 사람과 함께 있기를 원한다. 넷째, 환자는 개인의 정체감을 유지하고 싶어 하기 때문에, 자신의 쇠약함을 직면하여 존중받기를 원하고, 삶의 일부가 마무리되어 가고 있음을 정상적인 사람처럼 느끼고 싶어 하며, 자신의 독립성을 유지하고 싶어 한다. 다섯째, 죽음에 대해 의미를 깨닫고 싶어 하면서 피할 수 없는 미래에 대해 스스로 감수하기를 원하고 있다.

또한, 이미정(2005)은 말기환자의 욕구에 대해 첫째, 안정의 욕구로 죽어가는 환자는 자신을 완전히 믿고 맡길 수 있는 타인의 존재를 원한다. 둘째, 타인으로부터 자신에 대한 관심을 얻는 욕구로 죽음을 앞둔 환자는 죽어가는 과정에서 자신의 모든 것을 함께 나눌 타인의 관심이 필요하다. 셋째, 평안에 대한 욕구로 죽음을 앞두고 극심한 고통을 호소하기 때문에 고통을 완화시킬 환경의 제공과 그들의 욕구를 충족시킬 수 있는 돌봄이 제공되어야 한다. 넷째, 커뮤니케이션의 욕구로 삶의 마지막 시기의 환자는 자신의 지난 삶이나 기분, 감정 등에 대한 이야기를 나누기를 원한다. 다섯째, 자녀 또는 가족과 함께 있기를 원하는 욕구로 죽음을 앞둔 시점에서 이들은 가족들이나 사랑하는 사람들의 관심과 사랑을 받으며 함께 있기를 원한다. 여섯째, 유쾌함에 대한 욕구로 죽음을 앞둔 환자이지만 아직 죽은 것이 아니기 때문에 평소와 같은 위트나 유머를 느끼기를 원한다고 하였다.

3) 호스피스·완화의료 대상자의 상실

호스피스·완화의료 대상자의 상실은 다음과 같이 설명할 수 있다.

첫째, 경험의 상실(loss of experiencing)이다. 경험은 인간 고유의 능력으로, 오감은 외부 자극을 통해 인간에게 경험을 제공하는 동시에 여러 감각을 만든다. 태어날 때부터 지니게 되는 이 능력은 죽어가는 과정에서 감각기관의 손상이나 약물작용에 의해 박탈당하게 된다. 따라서 죽음을 바로 목전에 두고 있는 환자의 대부분이 긴 수면상태에 있거나 혼미한 정신 상태를 지니게 되는 것이다.

둘째, 자신을 비롯한 지인의 상실(loss of people)이다. 죽음을 앞둔 환자는 자기 자신을 비롯한 지인의 상실을 두려워하고 자신의 죽음으로 인해 고통스러워할 지인들을 걱정한다. 칼리시(Kalish, 1985)에 따르면 죽어가는 환자의 상실 중에서 가장 중요한 상실은 '자신의 죽음으로 인한 지인들의 애통함'이라고 하였다.

셋째, 심신조절 및 각종 능력의 상실(loss of control and competence)이다. 인간은 자신의 몸과 마음을 스스로 통제나 제어할 수 있는데, 죽음이 다가올수록 스스로 통제나 제어할 수 있는 능력을 잃게 된다.

넷째, 계획 완수 능력의 상실(loss of capacity to complete projects and plants)이다. 우리는 일상생활 속에서 나름의 계획을 세우고 실행하며 완성하는 과정의 연속이라고 할 수 있는 삶을 살아가지만, 죽음을 앞둔 환자는 이러한 삶의 계획을 실현하지 못하기 때문에 좌절하고 분노하게 되는 것이다.

다섯째, 사물의 상실(loss of things)이다. 인간은 인생을 살아가면서 자신만의 것을 소유하게 되지만, 죽는 순간 자신의 모든 것을 가지고 갈 수 없게 된다는 현실에서 오는 상실감이다.

여섯째, 신체의 상실(loss of body)이다. 인간은 자신의 신체를 비롯한 신체기관들에 의지하며 삶을 살아가지만 죽음으로 자신의 신체를 잃게 되고 신체가 썩어가게 된다는 사실에 공포를 느끼게 된다.

일곱째, 꿈의 상실(loss of dream)이다. 인간은 현실을 바라보며 살아가면서 미래를 꿈꾸는데, 죽음은 꿈을 잃어버린다는 것을 의미하기 때문에 죽음이 다가올수록 꿈이 실현될 수 없다는 것을 깨닫게 된다. 그러나 미래가 없다는 사실을 통해 현재 내가 여기에 살아 있다는 현실과 현재를 살아간다는 삶의 본질을 깨닫게 되기도 한다(임기운 외, 2007).

4) 호스피스·완화의료 대상자의 임무

호스피스·완화의료 대상자의 임무는 다음과 같이 설명할 수 있다.

첫째, 중단된 일(과제, 역할 등)을 완수하는 것으로, 이 시기의 환자는 삶에 대한 의의가 무엇인지와 자신의 임무나 역할이 무엇인지 자문하게 된다. 따라서 환자 자신에게 가장 소중한 사람이 누구였는지, 무엇이 가장 소중한 일인지, 자신에게 가장 필요한 것이 무엇인지, 가장 하고 싶은 것은 무엇인지 등으로 자신의 관점과 욕구를 탐색하고 풀어나갈 수 있도록 해야 한다.

둘째, 의료적 개입과 간호 서비스에 대해 이해하는 것으로, 죽음을 앞두고 있는 환자의 병을 비롯하여 자신과 관련된 모든 일을 결정하는 것을 타인에게 맡기는 것보다 환자 자신이 적극적으로 참여하고 결정하기를 원한다. 따라서 환자와 관련된 모든 일에 대한 정보를 제공해야 한다.

셋째, 시간과 에너지를 효율적으로 활용하는 것으로, 얼마 남지 않은 시간 동안 환자가 남은 일이나 원하는 일 등을 수행할 수 있도록 시간과 에너지를 효과적으로 활용하도록 도움을 제공해야 한다.

넷째, 사후의 준비로, 비록 얼마 남지 않은 시간이지만 환자가 원하는 방향이나 가족들이 당황하지 않도록 사후에 대해 미리 대비할 수 있도록 도움을 제공해야 한다.

다섯째, 마주하게 될 수많은 상실을 조절할 수 있어야 하는 것으로, 환자는 존재의 상실감에 대해 마지막의 순간까지 자신의 마음을 안정시키고 유지할 수 있어야 하기 때문에 가족, 의료인, 지인, 종교 등의 도움을 받도록 해야 한다.

여섯째, 죽음과 사후세계에 대한 의문을 해소해야 하는 것으로, 환자는 죽음의

미혹이 감소되면 자신의 상태에 대해 정확하게 인지하고 인정하며 자신의 믿음을 통한 사후세계를 이해하게 된다. 또한, 환자는 가족들이 자신을 편안하게 보내는 모습을 마주할 때 비로소 자신의 죽음을 수용하게 된다(임기운 외, 2007).

코어(Corr, 1992)는 죽음을 앞둔 환자의 임무를 생리적, 심리적, 사회적, 정신적으로 나누어 설명하였다.

생리적 차원의 임무에서는 육체적 기본 욕구인 영양, 수분, 휴식, 운동 등을 만족시키고 통증을 완화시켜야 하고 강제적 간호보다는 환자의 의견을 존중해야 한다는 점을 명심해야 한다.

심리적 차원의 임무는 환자의 심리적 안정과 주체성을 최대한으로 높여주도록 해야 한다. 즉, 환자는 안전한 환경에서 사랑의 돌봄을 제공받고 있다고 느낄 수 있도록 해야 하고 마지막 소원을 존중하며 존엄하고 풍성한 삶의 마무리를 영위하도록 해야 한다.

사회적 차원의 임무는 환자와 주요 관계를 맺은 지인들과의 인간관계가 유지될 수 있도록 해야 한다.

정신적 차원의 임무는 심리적인 것이나 종교적인 것과 전혀 다른 것으로 환자 개인의 삶의 의미를 포함하는 핵심적인 생명의 가치에 관한 것이다. 즉, 환자 생명의 원리와 가치를 찾는 것이다.

참고문헌

국립암센터(2012). 호스피스 완화의료 지원사업 현황.
김미라(2010). 일 지역사회 보건직 근무자의 호스피스 완화 케어 관련 인식조사. 한양대학교 임상간호정보대학원 석사학위논문.
김석란(2015). 암환자의 죽음인식이 웰다잉과 영적 안녕에 미치는 영향에 관한 연구. 한영신학대학교 대학원 박사학위논문.
김수지 · 오송자 · 최화숙(1997). 호스피스: 사랑의 돌봄. 서울: 수문사.
김창곤(2019). 한국 호스피스 완화의료의 역사. 한국호스피스완화의료학회지, 22(1), 1-7.
노유자 · 한성숙 · 안성희 · 김춘길(1994). 호스피스와 죽음. 서울: 현문사.
서강대학교 생명문화연구소(1998). 생명과 호스피스. 제15회 세미나 자료집. 7-8.
서영준(2012). 사랑과 돌봄의 학문 호스피스학. 서울: 동문사.
성숙자(2006). 임종 전 환자에 대한 호스피스의 활동에 관한 연구. 가야대학교 행정대학원 석사학위논문.
이미정(2005). 고령화 사회의 호스피스 완화의료의 발전방안. 명지대학교 사회복지대학원 석사학위논문.
이영옥(2012). 중환자실 간호사의 호스피스 완화간호 인지정도와 교육요구도. 한양대학교 임상간호 정보대학원 석사학위논문.
임기운 · 증환상 · 임혜진 · 진석기 · 이패이(2007). 죽음학-죽음에서 삶을 만나다. (전병술 역, 2012). 도서출판: 모시는 사람들.
조현(1994). 우리나라 호스피스 모델 개발에 관한 연구. 대한병원협회지, 4-16.
중앙호스피스센터 http://hospice.go.kr/index.do
채유진(2021). 호스피스 환자를 위한 심리상담 모형개발 및 적용. 차의과대학교 대학원 박사학위논문.
최화숙(2002). 호스피스 간호사 최화숙이 쓴 아름다운 죽음을 위한 안내서. 서울: 월간조선사.
한국호스피스협회 출판부(2010). 호스피스 총론.
호스피스 · 완화의료 사업안내(2019). 호스피스 완화의료 사업안내 자료집. 11-1352000-002474-10.
호스피스 · 완화의료학회 http://www.hospicecare.or.kr/

Allison, M. K. (2005). Hospice philosophy, practice, and the construction of personhood among British Hospice Patient, Ph. D. diss., Detroit, Michigan: Wayne State University.
Becker, J. E. (1999). Oncology social worker' attitude toward hospice care, Ph. D. diss. New York University.

Cohen, S. R. (1979). *Hospice prescription for terminal care.* 26. Aspen Systems Corporation: Maryland.

Corr, C. A. (1992). A task-based approach to coping with dying. *Omega: Journal of Death and Dying, 24*(2), 81-94.

Ebersole, P., & Hess, P. (1990). *Toward healthy aging.* St. Louis, MO: CV. Mosby.

Franco, V. W. (1979). Reverence for the humanity of dying. The hospice demonstration program. *Inquiry. 21,* 338-348.

Kalish, R. A. (1985). *Death, grief, and caring relationships.* CA: Books/Cole Publishing Company.

Keegan, L., & Drick, C. A. (2011). *End of life: Nursing solution for death with dignity.* Springer Publishing Company: New York.

Malfour, M. M., & John, F. S. (1983). Whither hospice evaluation. *J. of Chronic Disease, 36*(11), 733-736.

Stoddard, S. (1979). *The hospice movement.* New York: Stein and Day Publishers.

Twycross, R. (1995). *Introducing palliative care.* Redcliff Medical Press.

WHO(2019). Definition of palliative care. Retrieved March, 2019.

Chapter

19 노인의 성(性)

1 노인 성의 이해

1) 노인 성의 개념

성에 대한 인간의 관심과 흥미는 태어날 때부터 시작하여 숨을 거둘 때까지 지속한다. 물론 노화현상의 하나로 질과 양적인 면에서 정력이 감퇴하는 것은 사실이지만 그렇다고 어느 시기가 되면 정력이 고갈되는 그런 유한적인 것은 아니며 연령과 관계없이 죽을 때까지 지속되는 기본적 권리이며, 인간의 근본적인 생활의 존재 방식이라고 할 수 있다(임춘식, 2009). 노인에게 성이란 단순히 육체적인 성관계를 의미하는 것은 아니며 노년기에 상실되었던 직업활동 중심의 사회적 관계를 대신하여 소외감과 고독감을 해결해 주는 생활의 중요한 부분이다(박태룡, 2006). 노년기 부부의 사랑은 오랫동안 평생을 걸쳐 함께 해 온 배우자에게 따뜻함을 느끼고, 연결된 느낌을 갖는 친밀감으로 설명하고 있다(강진경 외, 2001).

섹슈얼리티(Sexuality)[10]는 노년기에도 늘 채워지지 않는 갈증이 있는 생리적인 욕구이다. 인간은 출생 순간부터 죽음에 이르기까지 전 생애 동안 자신의 섹슈얼리티를 끊임없이 표현한다. 노인이 되면 섹슈얼리티와 무관한 생활을 한다고 생각하는 것은 옳지 않으며, 오히려 노년기 특유의 성생활이 시작된다고 표현하는 것이 바람직하다.

노인 대부분은 성교를 유일한 성적 유희로 여기지 않으며 오히려 상대방과 애무하고 온정을 나누면서 서로의 생활에 대한 자신감과 연대감, 자기유용감을 얻는 등 정신적 만족감을 얻고 있음이 밝혀지고 있다. 그러므로 노년기의 긍정적인 성생활

10) 섹슈얼리티(Sexuality)는 성적인 것 전체를 말한다. 성적 욕구, 성적 행동, 성에 대한 태도, 감정, 사회적 담론, 가치관, 정체성 등이 모두 포함된다.

은 고독감 해소와 생활에 대한 보람을 높여주는 중요한 심리적 요소가 된다(윤가현, 2017).

현대사회에서는 노인들의 성에 대해 쾌락으로서의 성, 라이프스타일로서의 성이 부각되고 있다. 이러한 성에 대한 일련의 인식변화는 노인들의 생활에 있어 성적 생활이 갖는 중요성을 상기시키는 한편 실제 노인들의 생활에 대한 가치, 자기 존재감, 생활에 대한 만족감과 결부된 형태로 성을 바라보게 한다.

이러한 변화에도 불구하고 여전히 사회적 시선은 노인들을 성적 존재로서 인정하기보다는 탈(脫) 성적인 존재로서 성적인 욕구를 바람직하지 않은 것으로 인식하도록 하고 있다(서정애, 2010). 생리적 기능의 저하와 관계없이 인간의 가장 근본적인 성적 욕망은 여전히 존재한다. 근대사회에서는 생명력이 넘치는 '늙지 않는' 노인상을 이상으로 여기면서도 생명력의 원천인 성 활동에서만은 '고갈된' 노인으로 여기는 모순적인 태도를 보여 노인의 성을 터부시하는 경향이 있다(김진아, 2012).

성은 인간의 근본적인 생활의 존재 방식이자 본능으로 종족 보존을 위한 생식의 욕구와 함께 사랑의 표현, 긴장해소, 감정적 이완, 만족감 및 소속감에 대한 요소가 함축되어 있다(권명숙, 2002). 노인의 성적 기능, 성행동은 일반적으로 나이가 들면 신체적인 기능 저하로 성행위의 빈도와 강도는 감소하지만, 성에 대한 욕구나 성 활동은 지속되는 등 노인들의 성에 대한 기본적 욕구를 가진 존재이다. 건강하고 즐거운 노년을 보내기 위해 가장 필요한 것 중의 하나는 노인의 성에 대한 올바른 인식이며, 이를 위해서는 무엇보다도 노인의 성에 대한 긍정적 사고를 갖고 그들을 이해할 수 있는 사회적 분위기를 조성하는 것이다(김용숙, 2010).

성 인식이란 개인이 갖는 성적인 느낌, 욕구, 태도 그리고 중요도 등에 대한 인식을 말하는 것으로 성은 인생 전반에 걸쳐 꾸준히 발달하여 충동과 본능에 의한 동물적 행위가 아닌 이성과 감정, 정신의 종합적 작용의 총체이며, 통제 및 조절이 가능하고 타인과 인격적으로 만날 수 있도록 건전하게 길들어져야 한다. 또한, 결혼생활에서의 성은 부부로서 애정과 사랑을 나누는 중요한 신체 언어적 의사소통과 즐거움을 추구하는 순간이며 성 그 자체가 신체의 자기 표출이다.

2) 노인 성의 특성

노인에 대한 사전적 정의는 '늙은 사람', '나이 든 사람'이다. 일반적으로 우리가 노인이라고 인식하는 연령층은 65세 이상인 것이며, 이는 인구학이나 사회학에서 통용되는 개념이다. 노인에 대해서 정의하는 것은 쉽지 않으나, 일반적으로 노인은 인간의 노화 과정에서 나타나는 생리적, 심리적, 환경적 행동의 변화가 상호작용하는 복합 형태이며, 구체적인 특징으로 첫째, 환경의 변화에 적절히 적응할 수 있는 조직기능이 감퇴하고 있는 사람, 둘째, 생체의 자체 통합능력이 감퇴하여 가는 시기에 있는 사람, 셋째, 신체적 기능, 조직기능 등에 쇠퇴현상이 일어나는 시기에 있는 사람, 넷째, 생활에 대한 적응능력이 점차 결손되어 가고 있는 사람, 다섯째, 삶의 예비능력이 감퇴되어 적응에 어려움을 겪는 사람으로 규정하고 있다(박태룡, 2006).

프로이트는 인간은 '성적인 존재이며' 삶의 본능은 바로 성생활에서 시작되고, 이 본능이 삶의 에너지로 전환된다고 하였다. 그러나 노인의 사랑과 성은 문화적 부정주의(negativism), 노인 차별주의(ageism)적 관점에서 의도적 혹은 무의식 주의로 도외시되어 왔다. 그러나 성에 관한 고전서인 킨제이 보고서(1948)에서는 60세 이상의 노인의 95%, 70세 이상 노인의 70%가 성적 활동 능력이 있음을 주장하고 있다(양옥남, 2002). 이것은 노화가 노인의 성을 표현하는 방식에 있어 변화와 적응을 요구할지 모르지만, 나이가 든다고 성적인 존재인 것이 중단되는 것은 아니다. 노인의 성 관계 및 성 태도에 대한 조사 연구에 따르면(장필화 외, 2011). 유배우자 중 여성의 61.4%(70명 중), 남성의 70%(110명 중)가 성생활을 하는 것으로 나타났으며, 연령이 낮을수록 성생활 빈도가 높았다. 배우자가 없는 여성의 65.5%(130명 중), 6.9%(9명), 배우자가 없는 남성의 성생활의 경우, 45.0%(90명 중), 25.6%(23명)가 성생활을 하는 것으로 나타났다. 비율은 낮지만 배우자가 없는 경우의 사람도 성생활을 하는 것을 알 수 있다.

노인의 성 문제는 생식보존의 측면에서 논의가 아니라 정서적 측면에서 논의되어야 한다. 성행위와 관련된 여러 애정이나 이해타산, 남자다움 혹은 여자다움 등의 과시, 고독의 해소 등 성행위는 단순한 성적 만족이 아니라 대단히 많은 이유나 동기에 의해서 행해진다(김태현·한희선, 1996). 인간의 성은 성욕, 생식, 애정 3가지

요소가 복합적으로 이루어지고, 노화로 인해 생식기능이 끝났다고 해도 성적 기능이 모두 상실된 것은 아니다. 그러므로 성은 인간적인 보람과 애정적인 부분이다. 각 개인에게 있어 성은 사랑의 행위, 남녀 간의 정신적, 육체적 결합으로서 사회문화적 의미와 사회적 존재로서 정체감을 만든다. 즉, 성은 인간적인 애정과 사는 보람이다. 개인에 있어서 성과 사랑의 행위는 남녀 간의 육체와 정신적 결합으로, 사회적 의미와 사회적 존재로서의 정체감을 형성시킨다. 또한, 성행위에 대한 개인적 인식은 남녀 간의 성 기능의 차이, 정신적·심리적 상황, 그리고 개인적 사회경험이 작용하는 지극히 사적인 상황이다(손창형, 2006).

사람의 삶에서 성은 자신을 확인하고 타인과의 관계에서 자극제가 될 수 있다. 성생활은 삶에 있어 활력소의 역할을 하는 중요한 행위이다. 노인의 성은 성적 욕구 충족이나 생식기능의 측면이 아니라 위로, 위안이라는 정서적 의미가 중요하다. 노인에게 있어 생리적 특징은 성이란 이성에 대한 정신적 감정과 신체적 움직임을 유발하는 인간의 원초적 본능이다. 남성과 여성 모두에게 있어 노화는 성적인 구성요소들, 충동, 동기, 소원, 자극, 오르가슴 그리고 감정적인 만족 등 어느 것에도 부정적인 영향을 미칠 수 있다. 하지만 노화로 인한 변화들은 점진적이기 때문에 부부들은 적응을 위한 시간을 가진다. 더불어 성과 연관된 상황에서 각자 동원하게 되는 인지적이고 감정적인 성향은 각자가 경험하는 즐거움에 영향을 미친다(안재순, 2004).

그러나 노인의 성생활은 이러한 생명 탄생의 원초적 기능이 상실되고 이성 간의 감정을 교류하는 행위로서만 이해될 수 있다. 또한, 노인의 성생활은 사회 공동체의 원동력 등의 의미를 담고 있다(손창형, 2006). 하지만 성행위 자체만을 자녀의 출산을 위해서 필요한 것으로 간주되던 성인식에 비추어 임신이 불가능한 노인들의 성생활은 매우 부정적이고 자연에 대한 죄악으로 생각되었다(권정희, 2004). 따라서 과거에는 '노인은 성적인 존재가 아니다'라고 규정하였다. 이러한 고정관념이 아직도 상당 부분 해결되지 못한 채 남아 있다.

전통적인 성문화는 현대사회에 들어와서 많은 변화를 겪어 성행위가 아름답고 행복한 것으로, 사랑하는 이성 간의 진실한 표현의 방법으로 인식되고 있으나, 여전히 노인의 성행위에 대해서만은 노인뿐만 아니라 사회 전체가 부정적인 시각으로 바라보고 있는 것이다(손창형, 2006). 노인의 성생활에 대한 편견은 연령집단이

나이를 먹는다는 이유로 인해 그 연령집단이 가진 성적 욕구 표출을 혐오하는 태도 혹은 적의를 갖는 태도를 말한다(김승국, 2003). 노인의 성생활에 대한 편견 및 신화는 노인의 성생활에 대한 태도 및 행동과도 깊은 관련을 가지고 있다. 이러한 사회적 편견에 대한 연구가 서구사회에서는 많이 이루어지고 있다. 서구사회에 형성된 고정관념은 노인들이 성교가 약화되고, 노인들의 성생활은 비도덕적이고, 더러운 것이고, 섹스를 위한 성적인 욕구와 신체적인 능력이 나이에 따라 쇠퇴하며, 노화의 한 부분으로 발기부전으로 보고, 성교는 오직 젊은 사람들만을 위한 것이라는 사회적 신화를 강화시키는 것을 지적한다(김광태, 2002).

우리나라의 노인 성생활에 대한 편견은 노인들은 몸과 마음이 노쇠하고 얼마 남지 않은 삶을 비전 없이 그날그날 살아가는 존재로서 성적 욕구는 아예 존재하지 않는 것으로 간주하고 욕구를 인정하더라도 조소나 비난의 대상으로 여기는 것이 우리 사회의 풍조이다. 이러한 편견은 성생활을 생식의 기능에서만 파악하고 있는 것으로 생식의 시기를 지난 노인의 성 활동은 불필요한 것으로 여기며, 노인의 이성 교제도 성생활을 제외하고 이를 바람직한 모델로 강요하고 있다. 특히 여성의 순결을 중시하는 역사적 전통으로 인해 여성 노인들은 남성 노인보다 일찍 성욕감퇴를 경험할 뿐만 아니라 그것을 당연시하고 성생활과 아무런 접점이 없는 노인으로 존재하도록 문화적 압력이 가해진다. 체면 때문에 성관계에 만족을 누리지 못했다는 호소나 재혼을 원치 않는다는 노인들의 입장은 문화적 편견이 강요되고 있음을 보여주며, 여성 노인의 경우 홀로 지내는 것을 미덕으로 여기는 경향이 많아 성생활은 더 인정받기 힘든 측면이 있다(김송고, 2022).

인간의 성 활동은 삶을 영위하는 과정에서 지속됨에도 불구하고, 노인의 성 활동은 신체적이며 생리적 제약과 사회, 문화적 압력으로 인해 노인 자신 및 사회구성원의 성적 편견이 작용하여 제한되어 왔다(윤진, 1999). 노인 세대는 사회변화에도 불구하고 대부분 성에 관한 한 이중성을 가지고 있다. 노인의 성생활은 노인 자신의 삶을 영위하는 데 혹은 인간적인 권리를 누리는 데 매우 중요한 역할과 기능을 하고 있다.

노인은 심리적 기능에 영향을 받게 되는 계기가 지적 기능의 저하와 신체적 변화의 자각에 의함이다. 즉, 신체기능의 쇠퇴는 체력의 감퇴와 함께 활동성의 감퇴, 정력 부족, 인내 부족, 흥미 범위의 협소화 등으로 인해 자기중심이 되게 할 뿐만 아니라 나이가 애정과 기분의 변화나 자아존중감 저하와 같은 심리적 노화나 심리적 변화를 가져오게 된다고 한다(윤진, 1999).

죄의식, 단조로움, 우울, 수행에 대한 불안감, 분노는 노인의 심리적 측면이다. 노화가 될수록 성생활을 잘 수행하지 못하는 마음 상태가 크며, 창피함에 따라 욕구 충족을 시키지 못할 것에 대한 두려움, 상대방의 불응, 성교에 따른 실패의 두려움 등 다양한 원인이 있으며, 노인의 성적 관심과 활동에 부정적인 영향을 준다. 남성 노인은 노화에 따른 정상적 생리 변화를 알지 못한 채 성적 수행에 대한 불안감으로 고통을 받는다. 이러한 불안은 스스로 자기 예언적으로 작용하여 실제 생리적 문제를 발생시키기도 한다(박태룡, 2006). 이러한 사실은 성행위가 단순히 성교 행위에 머무르지 않고 보다 넓은 인격 체제와 관련 있는 심리적 행동을 포함하고 있음을 시사하는 것이다. 따라서 성을 단순히 국부적인 성행위로만 좁게 생각하여 그 배후에 있는 심리적 요인을 고려하지 않은 것은 부적절하다. 특히 노인의 성에는 성행위의 의미와 정신적인 측면이 강하게 반영되어 있다(임춘식, 2009).

3) 노인의 성생활

우리나라에서는 1980년대 이전에는 노인의 성에 대한 언급 자체가 요주의 대상으로 지목받으며 의료나 간호학 분야에서 간헐적으로 다루어지기는 하였다(이현심, 2010). 그러나 1980년대 초부터 노인의 성과 문화, 성생활 만족도, 노인의 성 관리라는 주요 주제로 연구가 시작되어 1990년대는 성생활에 영향을 미치는 요인을 탐색하거나 성생활 실태 등 노인의 성에 대한 연구가 본격적으로 이루어졌다. 이후 2000년대에 들어오면서 노인의 성생활 현상을 다각적인 차원에서 다루기 시작하였다. 성생활 인식, 태도 및 욕구와 관련한 연구를 비롯하여 노인의 성교육 프로그램, 노인의 성생활과 생활만족도, 성 지식 및 태도 등 다양한 주제로 노인의 성에 관한 연구들이 이루어졌다.

오늘날 노인들은 시대적 격동기와 유교의 전통적 가치관 속에서 살아 왔음에도 불구하고 노년기의 성생활을 중요하게 인식하고 실제 성생활을 영위하고 있는 것으로 많은 연구에서 나타나고 있다. 특히, 남성 노인들은 여성 노인들보다 성생활에 훨씬 더 많은 관심을 가지고 성적 욕구를 느끼며 어떤 통로를 통해서라도 성행위를 하는 것으로 나타났다. 2000년 이후 우리나라 노인들의 성생활과 관련된 연구들을 주요 주제별로 분류하면 성 인식 및 성 의식과 성 욕구에 관한 연구, 성생활 실태에 관한 연구, 노인의 성과 생활의 만족도에 관한 연구, 노인의 성교육 프로그램에 관한 분야 등이다(조임현, 2011).

나이가 들면서 신체의 다른 부위에서 노화가 일어나듯이 성호르몬의 분비나 성 기능에서도 변화가 나타난다. 그러나 이러한 성 기능의 변화가 성생활에 미치는 영향은 신체의 다른 부위의 노화가 생활에 미치는 영향과는 약간 다르다. 왜냐하면, 인간의 성적 욕구와 성행동을 보이는 동기는 매우 다양하기 때문이다. 성 욕구를 본능이라는 입장에서 바라볼 때, 성행동은 성적 긴장을 해소하고 쾌락을 추구하려는 동기에서 일어나며, 인간의 성행동은 다양한 심리·사회적 요인인 사랑, 경험과 학습, 그리고 사회적 기술 등에 의해 영향을 받는다. 나이가 들수록 이런 생리적 요인보다는 심리·사회적 요인이 성생활에 미치는 영향력은 더욱 커진다(조임현, 2011).

노년기 성 활동은 서로의 생활에 대한 자신감을 주며, 연대감을 부여하며, 자기 효능감을 얻게 하는 등 정신적인 만족감을 얻는 데 기여한다. 이는 노년기의 고독감 해소와 생활에 대한 보람을 높여주는 윤활제의 역할을 한다고 볼 수 있다(김태현·한희선, 1996). 여성 노인의 성적 반응에 관해 최초의 실험실 상황에서 체계적으로 연구한 마스터스와 존슨(Masters & Johnson, 1966)은 갱년기 이후의 여성의 성적 반응의 모든 단계(흥분, 고원, 극치, 해소의 각 단계)에서 감퇴한다. 이를테면, 성적 홍조는 보다 제한적으로 나타나고 윤활화 정도가 약해지며 음핵의 자극에 대한 반응이 지체되고 오르가슴의 시간이 짧아지는 등의 변화를 보인다는 것이다. 그럼에도 불구하고 여성 노인들이 노년기에도 상당한 정도의 성적 능력과 효율적인 성행위의 수행역량을 보인다는 사실을 발견했다고 강조한다. 결론적으로 여성 노인은 성적 반응의 각 단계에서 충분한 성행위의 수행능력을 보여주고 있다는 것이고, 이것은 특히 효율적인 성적 자극에 규칙적으로 접한 여성일수록 더욱 그러하다는 것이다. 젊을 때의 성행위 빈도만큼 자주 성적 관계를 가지지 못할 생리적 이유는 존재하지 않는다고 부연하고 있다.

그리고 남성의 성은 나이와 관련된 생식력의 변화는 첫째, 테스토스테론의 수준이 감소하고 둘째, 정자 생산이 감소하며 셋째, 정액의 일관성과 양의 변화를 경험하며 넷째, 사정 능력이 약화되고 다섯째, 전립선 크기가 증가하며 여섯째, 흥분한 발기가 서서히 진행되고 일곱째, 사정 전보다 오랫동안 발기가 유지되며 여덟째, 사정횟수가 줄어들게 되고 아홉째, 재발기를 위한 기간이 길어지는 것을 포함하고 있다. 나이든 남성은 테스토스테론의 감소 때문에 리비도의 감소를 경험하게 되고 음경의 발기 기능도 나이를 먹어 감에 따라 감소하게 된다. 따라서 나이든 노인은 발기를 위해 보다 많은 자극을 필요로 한다. 이러한 변화들이 시사하는 바는 정상적으로 건강한 남성 노인들은 전희와 성교 동안 발기가 지속될 수 있는 능력을 유지하고 있지만, 그들이 완전한 발기를 달성하기 위해서는 보다 많은 시간이 필요하고 생리적인 발기부진이 점차 확대되어 간다는 것이다. 결과적으로 남성의 오르가슴의 도달은 점점 더 어려워지고 사정은 보다 힘을 잃게 되지만 불가능한 것은 아니다(안재순, 2004).

이러한 생물학적인 퇴화에도 불구하고 19세기 중반 이후 새롭게 등장한 성생활의 개념은 생물체의 성적 차이뿐만 아니라 성적 능력과 성을 둘러싼 문화, 관습, 제도 등의 종합적인 의미로 발전해 오고 있는데, 그것은 육체 중심의 좁은 의미의 성 개념을 벗어나 감정, 의지, 행위 양식이 포함된 포괄적 의미로 개념으로 사용되고 있다(김승국, 2003). 이처럼 성에 관한 개념은 단순히 육체적인 행위, 정신적인 사랑으로 구분되는 것이 아닌 육체와 정신이 함께 동반되어 성의 출발은 인간관계에서 시작됨을 알 수 있으며, 성을 논할 때 우선순위는 인간관계를 기초하여 생명이 탄생하여 그 생명이 다할 때까지 인간과 인간과의 관계, 남성과 여성과의 관계이다. 푸코(Foucault, 1997)에 의하면 성생활은 때로는 성적 욕망을 지칭하고 동시에 성적 존재를 가리키기도 하며, 내적 현상과 외적 현상, 정신적 영역과 물질적 세계 모두를 가리키는 용어로 사용되기도 한다고 하였다. 또한, 동양에서 '성'이라는 개념은 마음심과 살아 있는 몸, 생의 결합된 뜻을 내포하는 용어로 양편을 동시에 나타내고 있다. 즉, 한 사람의 전인격 또는 나면서부터 지니는 본바탕, 즉 천성을 의미한다. 여기서 몸과 마음은 어떤 뚜렷한 경계선이 있는 것이 아니라 둘은 거의 항상 밀접한 관계를 가지는데, 인간의 성에 대한 욕구나 충동, 또는 성적 행위와 그에 따른 감정도 결국은 몸과 마음이 연결되어 있음을 알 수 있다.

따라서 성이란 행위 자체만을 말하는 성적 행동이나 성적인 쾌락만을 의미하는 것이 아니라 전체적인 인간 그 자체를 뜻하는 것으로 서양에서 이야기하는 성생활과 같은 개념을 말한다. 이런 사실들은 노인들의 성적 욕구가 젊은 사람들의 성적 욕구와 차이 없이 생활의 만족에 중요한 하나의 요인임을 말해 주고 있다.

결론적으로 성행동을 결정짓는 제1요소는 성욕으로 마스터스와 존슨(Masters & Johnson, 1966)의 이론과 같다. 성욕은 인간의 기본적인 욕구 중의 하나이며, 이는 노년기가 되어도 소실되지 않으며 인간의 성적 반응은 노화 과정에 의해 느려지기는 하나 없어지지는 않는다.

2 노인의 성 태도와 욕구

1) 노년기 성생활의 중요성

인간에게 섹스는 근원적인 에너지이자 힘든 일상을 이겨내게 하는 생활의 활력소이다. 젊은이와 마찬가지로 노인들도 성을 생활의 중요한 부분으로 여기고 있으며, 왕성한 성생활을 유지하는 노인이 많다. 노인들이 성생활을 하면 신경, 뇌 등 육체 전반에 자극이 가해지면서 교감신경이 활성화돼 활력을 찾게 된다. 성관계는 신체적 건강에도 기여한다. 남성의 성호르몬인 테스토스테론의 분비는 성행동에 대한 효과뿐 아니라 근육, 뼈, 음식섭취, 성장호르몬을 촉진하는 역할을 한다. 또한, 뇌를 자극해 노화와 치매, 건망증 진행 등을 억제하고 혈액순환에 좋을 뿐 아니라 전립선을 보호하는 데도 도움을 준다. 이밖에 성적 흥분이나 쾌감은 세균이나 암세포에 저항하는 T-임파구를 증가시키고, 엔도르핀은 강력한 천연 진통제를 분비시켜 일정 기간 통증을 완화해 주는 효과도 있다고 한다(임장남, 2008).

노인의 성생활은 생리적 측면에서도 필요한 것으로 알려져 있다. 미국 예일대 연구팀이 조사한 결과를 보면, 매주 성관계를 갖는 여성은 그렇지 않은 여성보다 월경주기가 더 일정하고 여성 호르몬인 에스트로겐 분비도 증가해 골다공증과 골절을 예방하는 효과가 있으며, 실제로 7~8년 젊어 보이는 사람들을 조사한 결과 이들은 일반인보다 성관계를 2배가량 많이 하는 것으로 나타났다(임춘식, 2008). 마스터스와 존슨(Masters & Johnson, 1966)은 저서 『Human sexual response』에서 자궁절

제술이나 관절염, 고혈압 등 질병 유무와는 관계없이 여자 노인 중 스스로가 건강하다고 생각하는 노인들이 성생활을 활발하게 하는 것으로 나타나 주관적인 건강 상태에 대한 인지가 단순히 건강 차원만 아니라 그들의 생리적, 정신적 부분의 성 행동의 중요한 차원이라 하였다(임장남, 2008).

노년기 우울증의 20%가 성생활과 관련된 것으로 일을 통한 즐거움이 없는 노인의 경우 성생활을 통해 죽음에 대한 불안감, 상실감 등을 방지할 수 있다. 60세를 전후한 이들 가운데는 에스트로겐이나 테스토스테론 등의 성호르몬을 주입했을 경우 노르에피네프린이나 세로토닌 같은 우울증 예방물질이 분비되어 우울증이 호전되는 것으로 나타났다. 미국 국립노인연구소의 연구결과에 의하면, 노인들은 심장마비가 오고 나서 12~16주가 되면 성생활을 할 수 있고 해야 한다고 주장하며, 이는 실제로 제2의 심장마비의 위험을 감소시킬 수 있다고 한다. 또한, 성 활동이 활발한 노인은 그렇지 않은 노인보다 질 위축이 덜 나타났고, 관절염을 가진 노인의 성관계는 관절의 각도와 사지의 움직임을 크게 향상시켰으며, 이는 류머티즘 관절염 치료제의 일종인 코르티손(cortisone)의 분비가 촉진된 결과로 볼 수 있다. 따라서 꾸준한 성생활은 노화에 대한 부정적 효과를 줄일 수 있음을 지적하였다(임장남, 2008).

2002년 세계 32개국 40~80세 성인 남녀를 대상으로 한 성 기능 관련 조사보고서인 '화이자 글로버 보고서'에 따르면, '인생에서 성생활이 얼마나 중요한가'라는 질문에 우리나라 조사대상(남녀 각각 6백 명)의 87%(남성: 96%, 여성: 82%)가 '중요하다'고 답변하여 세계에서 가장 성생활을 중요시하는 국민으로 조사되었다. 2위인 이탈리아와 스웨덴이 각각 82%, 프랑스 81%, 스페인, 독일, 브라질이 각각 80%, 미국 79%, 영국 70%, 대만 58%, 일본과 중국은 각각 53%로 나타났다. 건강하게 오래 살려면 가능한 한 늙어서까지 성생활을 계속해야 한다는 것이다. 규칙적인 성생활을 함으로써 남성의 경우에는 고환 음경의 위축과 퇴화를 막고 뇌 전두엽을 자극해 뇌의 소화, 치매, 건망증 등의 진행을 억제하며, 세포의 산소 이용률을 높여 심호흡의 효과를 얻을 수 있고, 뇌에서는 엔도르핀이 분비되어 행복감을 주고 몸에 이로운 여러 가지 물질을 증가시키는 효과가 있다고 하였다(이경희, 2006).

미국의 성의학자 테레사 크렌쇼 박사는 성생활이 건강에 어떻게 기여하는지를 다음과 같이 설명하고 있다. 성생활은 육체적 운동의 한 형태로 일주일에 세 번씩 성생활을 가질 경우 7,500kcal가 소모되며, 1년 동안 합치면 120km를 달린 셈이라고 한다. 또한, 남성의 대표적 질환인 전립선 관련 질환은 전립선에서 만들어진 분비물에 의해 생기거나 악화되는 것으로 알려져 있다. 따라서 성생활을 통한 규칙적인 음경 운동은 전립선 관련 질환을 일으키는 분비물을 없애 주고 성생활 후의 만족감은 정신이나 순환기계를 건강하게 한다.

각종 통증을 완화할 수 있는 성생활은 호르몬을 보충하는데, DHEA[11)]혈중 농도는 평상시보다 5배나 올라간다. 따라서 나쁜 콜레스테롤에 대한 좋은 콜레스테롤의 비율을 유익하게 조절하는 한편 총콜레스테롤 수치를 얼마간 낮추는 효과도 있다.

성행위는 여성에게 특히 유익한데 정기적인 성생활은 질 윤활작용과 에스트로겐 생산을 자극한다. 또한, 여성 호르몬의 농도를 높여 심장병을 막고 질 조직을 더욱 부드럽게 하며 지속적인 성생활을 통해서 생식기의 기능이 유지되면 질의 건조 증세나 성행위 시와 오르가슴 시에 근육의 수축, 그리고 질의 형태와 크기를 그대로 유지하는 데 도움이 된다(이경희, 2006).

부부간에 직접적인 성관계가 어렵다면 이른바 대안 행위로도 충분히 사랑을 확인할 수 있다. 성행위의 유형으로 남녀 간의 피부접촉, 키스나 포옹, 애무, 자위행위, 성교로 분류하고 있지만, 주로 성교(Sexual Coitus)에만 집중하고 있다는 것이다. 성행위를 사랑의 표현으로 본다면 성교만이 절대적인 것은 아니며, 오랜 세월을 함께 살아온 노부부에게는 서로 간의 믿음을 바탕으로 한 진실한 대화나 신체적 접촉을 통한 정신적 사랑이 서로의 애정을 표현하는 방법에 있어 의미가 크다고 볼 수 있다.

브라운(Brown, 1989)은 노후에서 성생활의 중요성을 노인에게 특히 많이 소요되는 의료비용의 예산을 절약하는 하나의 방법과 관련지어 설명하고 있다. 성생활을 계속하는 노인은 그렇지 않은 노인과 비교하여 노인성 질환의 유병률이 낮아 궁극적으로 노인에게 소요되는 의료비용을 절약할 수 있고, 노후의 생활만족도를 증가시킬 수 있어 노년기 성생활이 중요하다고 하였다. 실제로 노후에 성관계가 없는 노부부는 사이가 원만하지 못한 경우가 많으며 남성은 정서적으로 안정되지 않고, 심

11) 신장 위에 있는 부신에서 만들어지는 천연 호르몬의 일종으로 면역력 개선, 에너지 증가, 기억력 강화, 안티에이징 등에 도움이 되는 반드시 필요한 성분

하면 신경이 곤두서면서 매사에 짜증이 난다고 토로한다. 따라서 노후의 건전한 성생활은 소원해진 부부관계를 더욱 원활하게 하는 요소가 되어 이를 통해 제2의 허니문 시기를 경험하는 노인들도 많다.

2) 노인의 성 태도

성과 관련된 신념과 가치의 표현 형태가 성 태도의 개념이며, 개인이 갖는 일관성 있는 사고, 감정 및 행동 양식이라 볼 수 있다. 또한, 성 태도는 사회화의 결과이며 개인이 속한 문화권 내에서 형성된다(나임순, 2005). 인간은 개인이 살아가는 사회 제도적 환경에 영향을 받고 발달단계에 따라 성장한다. 그리고 생물학적 발달과 함께 성 정체감을 형성하여 성 태도에 영향을 미친다(강지현·박부진, 2003). 인간은 누구나 노년기에 이르게 되고 생의 과정에 따라 성 역시 심리적으로, 신체적으로 성숙도를 갖추게 된다. 하지만 노인의 성 욕구가 아예 없는 것으로 간주하거나 그 존재를 인정할지라도 중요성을 간과하는 것이 우리 사회의 분위기이다. 인간의 행동은 그 나라의 사회문화적 영향을 받아 형성된다는 측면에서 성 태도는 사회화의 결과이며 개인이 속한 문화권 내에서 형성된다(나임순, 2005).

노인의 성 태도는 노인의 성생활 유형을 반영하므로 노인의 성 태도 및 성생활의 유형을 파악할 수 있을 뿐 아니라 사회의 성에 대한 인식과 성문화도 어느 정도 파악할 수 있다(이창은·김주희, 2000). 즉, 젊은 시절의 성 태도, 성생활, 사회적 성문화 등이 노인의 성 태도에 영향을 미친다는 것이다. 노인들은 성에 대부분 긍정적인 태도와 함께 성생활에 대한 중요성을 인식하고 있는 것으로 조사되었다(이창은·김주희, 2000). 또한, 노인들은 젊은 시절 성에 대해 부정적인 인식을 갖고 있었으나, 현재 그들의 성에 대해서는 긍정적인 태도를 취하는 이중적 가치관을 지니고 있다(이혜자·김윤정, 2004). 과거와 달리 노인의 성에 대해 개방적인 사회적 분위기 조성은 노인의 성에 대해 수용적이고 긍정적 태도를 보이는 것과 관련 있다. 성에 대한 개방적 태도는 삶의 만족도를 높일 수 있는 것으로 나타났다(나동석·김영대, 2011).

성 태도는 시대가 변하면서 개방적인 경향으로 바뀌는 면이 있는데, 실질적으로 보수적이냐 개방적이냐는 문제도 중요하지만, 성 태도에 대한 신념과 가치관이 긍정적이고 올바르게 정립되어 표현되는 것은 성 만족도나 성 활동성, 그리고 성 기능에 주요한 요소이다(최진일·이민홍, 2013). 노인의 성에 대한 태도와 성 욕구에 대한 대처 활동은 노인의 주관적 행복감에 영향을 주며 노인의 건강을 증진시킬 뿐만 아니라 우울감을 상쇄함으로써 노인의 주관적 행복감에 직간접적으로 영향을 준다(나동석·김영대, 2011).

높은 삶의 만족도는 성 지식이 많고 성 태도가 긍정적에 따른 결과임을 선행 연구가 나타내고 있다. 이처럼 노인의 성 지식과 성 태도는 노인이 살아가는 노년기 삶의 질에 영향을 주는 중요한 부분이다. 노인의 성에 관한 기존 연구들은 노인들의 성에 대한 태도가 노인들의 성행동의 적극성과 삶의 만족도에 영향을 준다고 하였다(DeLamater & Sill, 2005). 노인들이 배우자에 대한 낭만적 열정, 즉 애정과 친밀감을 강하게 가지고 있을수록 노인의 성에 대해 긍정적인 태도를 가지며 책임감이나 삶의 만족도가 높다(이혜자·김윤정, 2004). 멀리건과 모스(Mulligan & Moss, 1991)의 연구에서는 연령이 들어감에 따라 성에 대한 관심도는 낮아지지만 70대까지 성에 대한 관심이 보통 이상으로 유지되는 것으로 나타났다. 그 예로 2000년부터 2001년까지 세계 각국 40부터 80세까지 성에 대한 태도와 행동을 조사한 '화이자 글로버 보고서'에 의하면 우리나라 60세 이상 노인의 89%가 섹스가 중요하다고 응답하여 73%인 세계평균보다 높게 나타났다(이경희, 2006).

노인의 성생활에 대한 욕구는 다양한 요인의 영향을 받고 있다. 대부분의 노인은 이성에 대해 성 욕구를 느끼며 성적인 상상을 하고 기회만 되면 새로운 이성 친구를 사귀고 싶어 한다. 젊은 사람과 그렇게 큰 차이는 없으나, 노인이 스스로 성 욕구 자체를 억제하고 있음은 신체적·생리적 차이에 의해 실질적으로 충족시킬 수 없는 것과 관련되어 있다. 그러나 현대사회 의학의 발달은 성적 기능 저하에 대한 치료법들이 다양하게 개발되어 노인들이 성에 대한 관심이 증가하고 있다(나임순, 2005). 따라서 성을 행복을 추구하는 하나의 수단으로 생각을 하는 노인들이 점차 증가하는 추세이다. 남성 노인과 여성 노인의 성 태도는 다양한 요인에 영향을 받고 있다. 특히 남성이 여성보다 성생활에 훨씬 더 많은 관심이나 성적 욕구를 느끼며 성행동을 하는 것으로 나타나고 있다.

인간의 성 기능은 20세를 전후로 절정에 달하며, 그 이후에는 서서히 저하되는 과정을 거치게 되면서 심리적인 영향을 받는다. 특히 노화 과정에서 나타나는 성에 대한 이미지는 심리적인 반응이 다소 강하게 작용되면서 성적 욕망이나 표현을 포기하게 된다(나동석·김영대, 2011). 이러한 현상은 과도한 불안, 만성적인 우울 상태나 신경증 상태를 야기하기도 하고 심지어 자살에 이르기도 한다. 이러한 사실은 성을 단순히 신체적인 성교 행위로만 좁게 생각하는 것이고 인간 행동의 다른 구성 요소인 심리적인 요인을 고려하지 못한 것이다(이현심, 2010).

성 태도 연구에서 개인의 연령, 성별, 교육수준, 소득 등의 인구사회적 특성에 따라 성 태도의 차이를 보고했다(안옥희·박인전, 1993). 성 태도에 개방적인 태도를 보인 집단은 교육수준이 높을수록, 연령이 낮을수록, 대도시에 살수록, 경제수준이 높은 경우였다. 성 태도는 배우자의 건강상태, 부부관계의 친밀도, 성 욕구, 성 지식 등에 의해 영향을 받는다고 한다. 배우자가 건강할수록, 부부생활을 유지하는 노인 집단일수록, 성 관련 지식이 많을수록 허용적인 태도를 취하는 것으로 나타났다. 긍정적인 성 태도를 형성하기 위해 성에 대한 지식교육이 병행되어야 할 것이다. 이러한 점에서 올바른 성교육을 통해 건전하고 긍정적인 성 태도를 변화시켜야 한다는 점을 시사하고 있다(김혜원, 2003).

박태룡(2006)은 노인의 성에 대한 태도 조사에서 노인들이 성에 대한 사회적 편견을 불식하고 성생활에 대한 긍정적인 태도를 보이게 하여 만족스럽고 행복한 노인 생활을 영위하도록 하고, 노인 상호 간의 건강한 이성 교제와 더불어 노인의 노후에 대한 긍정적인 태도를 갖도록 할 필요가 있고, 행복한 노인 생활은 삶의 질 향상도 직결되어 있다고 하였다. 이는 노인의 삶의 질 향상과 성공적 노화는 긍정적인 성 태도와 관련이 있다는 것이다. 따라서 노인의 긍정적 인식 향상을 위한 성교육 프로그램 보급·확대와 함께 사회적 차원에서 다양한 연령층의 사회적 관심이 필요하며 이는 노인의 삶의 질 향상과 성공적 노화에 밀접한 관련이 있다. 사회복지 관련 종사자와 일반인들 모두가 노인의 성생활과 성 태도를 성적인 건강을 도모하기 위해 노인성에 대한 개방적이고 수용적인 태도를 취하는 것이 중요하다(최진일·이민홍, 2013).

3) 노인의 성 욕구

인간의 성에 관한 관심과 욕구는 젊었을 때와 비교해서 어느 정도는 감소하겠지만 노인의 대부분은 연령과 관계없이 성에 대한 꾸준한 욕구를 가지고 있으며 죽을 때까지 본능으로 남아 있다고 한다. 건강하고 성 파트너가 존재하는 한 계속 유지하고 있으며, 심지어 편마비환자가 목욕 시에도 성기가 발기하는 현상이 일어나기도 한다. 따라서 성생활을 할 수 없을 만큼 신체적으로 장애를 갖고 있는 경우를 제외한다면 성생활은 삶이 지속되는 동안 계속되는 것으로 보아도 무방할 것이다.

노인의 성적 욕구는 연령과 질병, 규칙적인 약물 사용, 성 태도, 성 파트너의 존재 여부, 경제적 수입에 영향을 받는 것으로 나타났다. 즉, 연령이 낮고 질병 상태 중 특히 고혈압이 없는 경우에서 성 욕구가 높았으며, 혈압약을 복용하지 않은 경우에서 성 욕구가 높게 나타났다. 그리고 여성 노인의 경우는 성 파트너의 존재 여부가 성적 욕구에 많은 영향을 미친다(이영란, 2009).

2002년 박진표 감독의 〈죽어도 좋다〉라는 한 편의 영화가 사회를 떠들썩하게 만들었다. 70대 노인의 사랑과 성을 다룬 이 영화는 노인의 성에 무관심하고 성관계가 가능하지 않다는 일반인의 통념을 깨뜨리며 사회적 반향을 일으켰다. 그러나 아직도 노인의 성 욕구와 성생활의 당위성을 부인하는 사람이 많다. 노인이라고 성에 관심이 없는 건 아니다. 성욕은 인간의 기본적인 욕구이며 노년기가 되어도 소실되지 않는다. 그러므로 노인들은 성적 욕망이 없으며, 욕망이 있더라도 사랑을 하기에는 너무 허약하다 등의 사고방식은 잘못된 편견에 지나지 않는다.

노인이 성적 욕구를 느끼고 있는지에 따라서 욕구의 완전소실, 욕구의 감소, 욕구의 지속, 그리고 욕구의 억제(사회적 통념)의 네 가지로 구분하였다. 그러한 성적 욕구는 남자에게서, 건강상태가 좋을수록, 개방적 태도일수록, 평생 성생활을 했을 때, 배우자 건강상태가 좋을수록 높아진다고 보고하여 노인의 성적 욕구는 개개인의 성격과 가치관에 의해 차이를 보임을 알 수 있다. 우리가 알고 있는 일반적인 성은 나이가 들면서 성욕과 성행위는 자연히 줄어들고, 노화에 따라 쇠퇴하는 대표적인 생물학적인 현상으로 믿어 왔다. 그러나 실제로는 나이가 들면서 감소하는 여러 능력 중에서 가장 오래 남는 기능 중 하나가 성 기능이다. 성적 능력은 개인차가 있으며 연대가 올라갈수록 남녀 모두 성적 능력이 저하되고 있지만, 남자의 성적 능력은 80세까지 유지되고 있으며, 여자도 30.9% 정도로 성적 능력이 나타났다. 여성의 경우 30대에 성 감도가 최고조에 달하여 40대까지는 그대로 유지되다가 이후 점차 감퇴하게 되지만 50대까지는 유지된다(이영란, 2009).

1999년 미국의 대표적 노년단체인 미국은퇴자협회(AARP)가 미국 전역의 45세 이상 1,384명을 대상으로 한 성 의식 조사결과, 만 60세에서 75세 남성 노인의 64%가 '배우자가 신체적으로 매력 있다'는 응답을 하였다. 75세 이상 노인 가운데 남성 노인의 26%, 여성 노인의 24%가 성생활을 유지하고 있는 것으로 나타났다. 전체적으로 조사대상의 남자 72%, 여자 75%가 적어도 월 1회 이상 성행위를 하는 것으로 나타났으며, 60~75세 남자 그룹의 경우 64%가 '배우자가 육체적으로 대단히 매력 있다'라고 응답하였는데, 이는 만 45~59세 그룹의 59%보다 높은 수치이다. 이 조사결과를 통해 나이가 들어도 성적 욕구는 줄어들지 않는다는 것을 알 수 있다.

우리나라에서도 65세 이상의 남녀 노인 113명을 대상으로 조사한 이창은과 김주희(2000)는 전체 노인의 19.5%는 현재 성생활을 하고 있으며, 성생활 빈도는 한 달에 1.37회이고 남자 노인의 84%가 성적 욕구는 지속된다고 하였으며, 여자 노인의 85.7%는 성적 욕구가 소실된다고 발표한 연구결과를 통해서 노년기 성적 욕구는 여성 노인보다는 남성 노인이 더 적극적임을 알 수 있다. 노인의 성에 대한 고정관념은 '자기만족적 예언(self-fulfilling prophecy)'[12]의 한 형태로 노인의 성에 대한 태도와 성행동을 제약하는 요인이 된다는 것이다. 이를테면 성적인 능력이 활발한 노인일지라도 사회적 인식이 '노인들은 성에 대한 관심이나 능력이 없다'라고 되어 있으면 이러한 믿음을 자의반 타의반으로 받아들여 성적 욕구를 억제하거나 심한 경우 자신은 이제 성적 능력이 없다고 인정하게 되는 결과를 가져온다는 것이다. 억압적이지 않은 사회에서의 성욕은 강박성으로부터 해방된 사회로 행동의 자율성을 가져오게 되며, 행복과 사랑 그리고 타인에 대한 존중을 결부시킬 수 있는 개인 생활의 윤리를 강조한다. 지금까지의 연구결과를 보면 노인들도 인간의 기본적인 성욕을 느끼고 유지하고 있으며, 신체기능이 쇠퇴해도 만족스러운 성생활을 영위할 수 있음을 알 수 있다. 당뇨병이나 고혈압과 같은 질환이 없는 경우 90세까지 성 반응

12) 첫째, 직감에 따라 대부분 맞다. 둘째, 새로운 경험도 기꺼이 받아들이고 틀에 박힌 방식을 깨라. 셋째, 잘된 일을 생각하며 매일 잠시 시간을 보내라. 넷째, 중요한 모임이나 전화를 받기 전에 스스로 행운아라고 상상하라.

이 유지된다는 것이 의학계의 결론이다. 이처럼 성에 대한 욕구는 식욕이나 휴식의 욕구와 더불어 인간에게 가장 강렬하고 기본적인 욕구이다. 배고픈 사람에게는 음식이 중요한 요소인 것처럼 성에 대한 욕구 또한 충족되어야 할 중요한 요소이다.

3 노인의 성 건강

1) 성 건강의 개념

세계보건기구(World Health Organization, WHO)에서는 성 건강에 관한 국제회의를 통해 성 건강의 개념을 신체적 성 건강과 안전한 성생활, 인권의 영역까지 포함한 것으로 보았다(WHO, 2010). 성 건강은 개인과 부부, 가족의 신체적 건강과 정서적 건강 및 웰빙의 상태로 지역사회와 국가의 사회경제적 발전의 기본으로 보고 있다(WHO, 2010). 성이란 생물학적인 의미에서 생식기의 차이나 성생활의 개념을 넘어 사회적 역할의 젠더를 포함하는 섹슈얼리티로 보아야 한다. 19세기에 등장한 섹슈얼리티는 성과 관련된 생각, 사회적 제도와 규범, 성 정체성을 모두 포함하는 의미로 신체적 의미를 넘어서는 인간의 삶 전체를 포함하는 포괄적 의미를 갖는다(김연순, 2005).

성 건강의 개념은 노인보다는 청년기나 장년기 남성들의 비뇨생식기계 건강증진을 생각하기 쉽다. 특히 종족 보존의 기능을 다한 여성 노인들의 성을 무성적 개념으로 인식하거나, 남성 노인들의 성은 더 이상 쾌락적 욕구를 충족하기 어렵다고 생각하여 성 건강의 개념을 무시하기 쉽다. 그러나 성은 한 사람의 정체성을 의미하는 것이므로, 노인의 삶은 오랜 시간 사회 환경에 적응하며 형성되어 온 주관적이고 복합적인 의미를 갖는다는 점에서 신체기능적 측면을 넘어서는 심리적, 사회적 의미로서의 성 건강을 이해함이 필요하다.

성 건강의 향상은 노인들의 자존감과 효능감을 높여 심리·정서적으로 노년기 불안감을 낮추고, 신체기능의 발달을 도와 노화를 늦추며, 지속적인 소통을 통한 관계향상에 기여하여, 주관적 건강을 높이고, 성공적 노화로 연결될 수 있는 바탕이 된다. 긍정적 성 태도와 적극적 성 활동성을 보이는 성 건강이 높은 집단이 주관적 건강과 삶의 질을 높게 인식하는 것으로 나타났다(유지혜·강창현, 2019). 긍정적 성 태도는 오랜 시간 사회적 관계를 통해 형성된 성에 대한 가치관의 반영으로 젊은 시절 긍정적 성 경험의 영향을 많이 받는다. 따라서 자아존중감이 높고 효능감이 높은 노인들이 성에 대해 긍정적 태도를 보인다(유지혜·강창현, 2019). 친밀한 대상과의 성관계는 정서적 만족감을 높이고 신체건강을 증진시키는 성 건강 향상으로 이어진다.

2) 정신적 성 건강

정신건강이란 정서적 고통이나 장애와 관련된 심리적 행동 패턴으로 불안, 우울 장애를 포함하고 있다(Sevgi, 2004). 정신적 성 건강이 높다는 것은 긍정적인 성 태도와 건강하고 올바른 성생활에 대한 인식을 갖고, 성적 친밀감을 형성하며, 노년기 성적 활동을 이어가는 것을 의미한다. 이미 많은 연구에서 건강한 성생활이 노인의 심리적, 정신적 안정과 삶의 만족도를 높일 수 있다고 밝히고 있다(나동석·김영대, 2011). 노인들의 성생활 유지는 우울증 감소와 사회적 관계 형성에서 긍정적으로 작용하여 노인들의 정신건강에 도움이 된다(Silva et al., 2014).

노인들은 생물학적 노화로 인한 신체기능의 약화와 인지기능의 쇠퇴로 심리적 우울감을 갖고, 죽음에 대한 불안과 두려움을 갖게 된다. 우리나라 노인들의 현재 고민과 걱정을 묻는 2018 노인실태조사에서도 건강과 경제적 어려움 외에 소외 및 고독감, 무료함, 배우자의 건강 및 신체기능 약화를 주요한 걱정으로 꼽고 있다. 노년기 삶의 질을 높이기 위해서는 삶의 즐거움과 만족감, 행복감을 갖는 정신적, 심리적 건강이 중요한 요인이 된다. 규칙적인 성생활은 사회활동 감소에서 오는 상실감을 대신하여 정신적, 심리적으로 건강한 상태를 유지하는 데 도움을 주며, 이를 위해서는 올바르고 긍정적인 성인식과 태도를 갖는 것이 중요하다(나동석·김영대, 2011). 긍정적 성인식과 태도는 성생활의 만족도를 높이고, 노년기 생활만족도 향상과 밀접한 관련이 있다고 보았다(김춘미·이홍자, 2010). 노인들이 규칙적인 성생활을 유지함으로써 우울감을 낮추고, 행복감을 느끼며 성공적 노화로 이어질 수 있다(유재언, 2018). 따라서 정신적 성 건강은 긍정적 성인식과 성 태도에서 비롯되며, 이는 노화로 인한 불안과 우울을 감소시켜 노년의 정신건강에 긍정적으로 작용한다.

그러나 건강하고 긍정적인 성 태도는 오랜 시간 누적된 성의 가치관과 태도가 반영된 것으로 복잡한 사회적 관계 속에서 형성되어 왔다. 우리나라 노인들은 성교육의 부재와 노인의 성에 대한 부정적 인식으로 긍정적 성 태도를 형성하기가 쉽지 않다. 노년기의 성교육은 성지식을 높임으로써 긍정적 성 태도를 형성하고, 성 욕구에 대하여 적극적이고 표현적인 긍정적 태도로 변화시킬 수 있는 계기가 될 수 있다(나임순, 2005). 노년기 성생활의 어려움을 노화에 의한 자연스러운 현상이라고 인식하고 성생활에 대한 부정적 인식을 갖거나 폐쇄적 태도를 갖는 것은 바람직하지 않다. 노년기의 건강한 삶과 건강한 성생활을 즐기기 위해서는 적절한 성교육을 통해서 노화에 따른 신체변화를 수용하고, 긍정적 성인식과 태도를 가질 수 있도록 성지식 함양이 필요하다(윤하나, 2019).

3) 신체적 성 건강

노년기 성생활의 유지는 노화로 인해 약화된 신체기능을 강화시키고, 신체적 건강을 촉진하는 요소로 작용하여 노인들의 신체적, 정신적 건강에 도움을 준다. 최근 발표되고 있는 의학계의 연구에서도 노인들의 성생활이 신체적, 심리적 기능의 회복에 도움이 된다고 밝히고 있다. 연구결과에 의하면, 적절한 성관계가 노화로 인한 신체기능 향상에 도움은 주며, 심폐기능을 향상시키고 호흡량 증가로 인한 폐활량 증가, 혈액순환이 원활해진다고 보았다(김송고, 2022). 또한, 노년기의 신체활동이 신체적, 심리적, 사회적으로 유익할 뿐 아니라 인지기능 향상과 뇌질환 예방에도 긍정적인 영향을 미친다고 보았다(박윤진, 2015). 여성의 성 기능 장애와 스트레스 연구에서 비뇨생식기계의 장애가 신체 상태나 정서 상태와 밀접하게 관련되어 있으므로, 여성들의 지속적인 성 기능 장애는 평상시의 스트레스 상태와 밀접하므로 여성 스트레스 감소는 생식기 건강과 연결됨을 언급하였다(윤하나, 2019). 노화로 인한 자존감 상실, 우울감 등의 정서적 요인은 성적 행위에 대한 관심을 저하시키고 지속적인 스트레스로 인해 성 기능 장애로 이어질 수 있다고 보았다(감성철 외, 2017). 노화와 함께 감소하는 DHEA가 주관적 건강감을 낮추고, 우울감을 느끼게 하며, 인지와 기억력을 약화시켜 심혈관과 면역기능 및 근력과 체 성분, 골 대사에 관여하여 골다공증을 유발할 수 있다고 보았다(이덕철, 2005). 스트레스는 부신의 기능을 약화시켜 DHEA 생성을 억제하고 과도한 코르티솔 분비로 인해 체내 단백질 합성능력을 저하시켜 단백질 분해가 증가되면서 근육약화나 골다공증을 유발할 수 있다(이덕철, 2005). 즉, 노년기의 심리 정서적 우울감과 불안 및 스트레스는 성 욕구 저하와 성 기능의 장애를 가져오고, 성생활의 불편감은 심리적 우울감으로 이어져 노년기 삶의 질을 악화시키는 악순환을 반복하게 된다. 그러므로 노년기에 성생활을 지속한다는 것은 스트레스를 감소시키고, 코르티손 생성을 도와 골다공증을 예방하며 다양한 신체 근육기능을 강화하는 데 도움이 되므로 노년기 건강한 성생활 유지의 선순환으로 이어질 수 있다.

성생활을 통한 스트레스의 감소 효과는 성의 쾌감이 생식기의 쾌감보다는 뇌의 신경전달물질과 관련이 있기 때문이다. 성관계를 하는 동안 뇌에서 분비되는 엔도르핀과 도파민은 즐거움과 행복감을 느끼게 하고 노년기 건강한 관계유지의 동기를 부여한다. 노년기의 건강한 성생활은 운동 효과뿐 아니라 긍정적 사고 및 행복감을 증진시켜 스트레스를 낮추며 부신의 기능을 회복하는 데 도움을 줄 수 있다. 회복된 부신에서는 지속적인 DHEA를 생성하면서 호르몬 분비 능력을 회복하여 신체적 건강과 심리적 안정감을 유지할 수 있다(이덕철, 2005).

일반적으로 노화는 외부 자극에 대한 반응의 저하로 항상성 유지 능력이 저하되면서 외부 스트레스와 질병에 취약해지고 만성질환의 가능성이 높아지는 상태이다(장학철, 2015). 이러한 스트레스로 인한 노인들의 비뇨생식계 영향은 빈뇨, 발기부전, 성교통, 불감증 등이 나타난다(김철민 외, 2006). 남성 노인들의 발기부전과 같은 성 기능 장애는 자존감이 낮아지거나 죄책감, 우울증을 경험하며 성에 대한 흥미를 잃고 정신적 스트레스를 유발하여 성욕을 감소시키고 성 기능 저하로 이어지는 악순환을 반복한다(감성철 외, 2017). 그러나 남성 노인의 성 기능 약화는 단순히 노화만으로 보기는 어렵다. 동맥경화나 고혈압, 당뇨 등의 성인질환과 음주, 흡연, 약물오용 등의 생활습관에 의해 형성되는 경우가 많다(윤가현, 2017). 여성 노인의 질 건조증과 질 염증은 에스트로겐 분비의 감소로 인해 질 벽이 얇아지면서 성교 시 통증을 유발하기도 하지만 이는 성욕 감소나 성 기능 약화의 직접적인 원인이 되는 것은 아니다. 폐경이 되어도 부신에서 생성되는 테스토스테론으로 인해 여성 노인들의 성적 관심과 성생활은 지속적으로 이어갈 수 있다(윤가현, 2017). 노년기 노화로 인한 신체기능 저하는 성 욕구의 저하를 의미하는 것이 아니므로, 안정적인 성 관계의 유지가 스트레스로 야기된 남성의 발기부전과 여성의 성기능장애를 치료하는 효과가 있다(김철민 외, 2006).

노인들의 왜곡된 성 인식과 낮은 성인지 감수성은 노년의 성을 남성 위주의 과장된 환상으로 인식하게 되면서, 노인 성범죄를 유발하는 원인이 되기도 한다. 성생활의 즐거움을 느끼는 중추가 뇌라는 것을 감안하면, 생식기를 통한 만족감보다는 성관계 시의 지속적인 대화를 통한 공감과 친밀감, 사랑의 느낌이 노년기 삶에서 더 큰 만족감을 일으킬 수 있다.

4) 감정적 성 건강

감정적 성 건강은 성생활을 통한 행복감을 공유하고 자연스러운 성적 환상과 성적 욕구를 표현함으로써 건강한 성관계를 유지할 수 있도록 도와준다. 인간의 본능 중 기본적 욕구인 성욕은 감정적 즐거움과 행복감에 대한 기억과 표현이므로 노인이 되어도 없어지지 않는다(유지혜·강창현, 2019). 성에 대한 관심의 표현과 성 활동은 사회문화적으로 개인적인 차이가 크다. 성 욕구의 표현과 성 활동에서 적극적일수록 성 건강이 높고, 긍정적 성 태도와 올바른 성 지식을 가지고 있다(유지혜·강창현, 2019). 성 욕구는 젊은 시절 긍정적인 성생활로 인한 감정적 즐거움을 경험한 노인들에게서 높게 나타나는 반면, 불편한 성 경험이나 과거 성생활의 고통을 경험한 노인들은 성생활에 부정적이며, 감정적인 거부감이 강하다. 학력이 낮고 배우자로부터의 강압적 성관계와 폭언을 경험했던 무배우자 여성 노인들은 노년기가 되어 낮은 자존감과 효능감 저하로 이어져 새로운 사회적 관계 형성에서 어려움을 겪는다(유지혜·강창현, 2019).

노인들의 성생활 유지를 위해서는 감정적 즐거움을 공유하는 다양한 스킨십과 성적 친밀감으로 감정적 성 건강을 높여줄 필요가 있다. 많은 노인들의 성문제는 우울, 스트레스와 같은 정서적 불안에서 기인하며, 나이가 들수록 성교 행위 자체보다는 신체적 접촉과 대화 등 성관계를 둘러싼 감정적인 요소들을 더욱 중요하게 생각하기 때문이다(Lander, 1997). 노인들의 주된 성 문제는 성적 욕구 상실에 기인한다. 남성 노인들은 성 기능 저하에 따른 자신감 상실과 심리적 위축, 배우자의 이해 부족으로 인한 성욕의 감퇴를 성 문제로 들고 있다. 여성 노인들은 신체적, 심리적 변화에 대한 배우자의 이해 부족과 과거로부터 누적된 성생활의 불만, 가부장적 태도 등으로 인해 성에 대한 무관심과 성적 욕구가 없음을 성 문제로 들고 있다. 따라서 노인들의 성 문제는 성에 대한 소통 부재와 성적 욕구를 형성하는 심리·정서적인 부분이 크게 작용하고 있다(유지혜·강창현, 2019).

특히 과거로부터 누적된 심리적 위축과 성욕 저하의 문제는 신체 자율신경계와의 직접 연결되어 성 기능 장애 및 성관계 시의 통증과 같은 신체적 문제로 발현된다. 심리적 스트레스는 주관적인 경험의 반영으로 과거 불편했던 경험의 믿음과 상상 등은 대뇌피질과 변연계의 모든 기억을 동원하여 부정적 기억을 강화하여 해석하게 되고, 자율신경인 교감신경을 활성화시켜 성욕 감퇴와 성 기능 문제를 유발하게 된다(변광호, 2001). 특히 여성 노인들은 감성적 교감의 심리적 요인이 성생활에서 더욱 큰 부분을 차지하므로 대화와 소통을 통한 좋은 관계 형성이 성적 친밀감과 성관계 만족도를 높이는 데 중요한 요인이 된다(감성철 외, 2017). 남성들의 발기부전은 남성성을 잃어버리는 것이라는 왜곡된 신념에서 벗어나 성 파트너와의 대화를 통해 서로 간의 친밀감을 형성하는 것이 노년기 성생활에서는 더욱 중요하다. 그러므로 노년기의 성은 육체적 기본 욕구를 넘어 우울 예방 및 건강한 신체자아의 인식이며, 상대방과의 위로와 위안이라는 심리 정서적인 측면까지 포함하는 것이다(이창은, 2000).

5) 사회적 성 건강

사회적 성은 남성과 여성의 성 역할에 기초한 사회적 성에 대한 태도와 고정관념 등을 포함하는 성 역할의 정체성으로 설명될 수 있다. 노년기 사회적 성 건강을 위해서는 노인뿐 아니라 우리 사회 전반의 성인지 감수성을 높여 성 역할의 평등의식과 인권의식, 상호 간의 존중과 배려에 대한 인식의 전환이 함께 이루어져야 한다.

남녀의 성 역할에 있어서 우리 사회는 전통적으로 가부장적 의식이 강하여 교육의 기회나 경제활동에 있어서 남성 위주로 형성되어 왔고, 부부간에도 남성 위주의 보이지 않는 권력관계가 존재하는 경우가 많았다. 가부장적 한국사회에서 여성의 성은 남성 성행위의 수동적 존재이고 남성으로부터 보호받아야 할 대상으로 간주되었다(이소원·김찬우, 2015). 매스컴 등을 통해 여성 노인은 성적 매력을 상실한 무기력하고 무능한 존재이며 가족 돌봄의 역할로 제한되어 표현되고 있다(김연순, 2005). 그러나 사회적 변화와 함께 여성 노인들의 성 역할에 대한 불편감은 노년기 부부갈등과 황혼이혼의 원인이 되고 있다. 남편의 전통적 성 역할에 대한 태도와 아내의 평등적 태도가 부부갈등을 유발하는 원인이 된다(박하영 외, 2018). 노년기 부부간의 관계 만족도를 높이고 은퇴 이후 변화된 노년의 삶을 건강하게 영위하기 위해서는 성 역할에 있어서 평등의식 고양이 필요하다. 성 역할에 대한 평등의식이 높은 사람일수록 자존감이 높고, 새로운 상황에 능동적으로 대처하며, 높은 사회적 경쟁력을 갖고 사회적 변화에 유능하게 대처할 수 있다(박하영 외, 2018).

노인들의 사회적 성 건강을 저해하는 또 다른 원인으로는 노인들의 성생활에 대한 사회적 편견을 들 수 있다. 노인을 바라보는 이 같은 사회적 차별로는 노인들은 성적인 존재가 아니라는 생각과 노인이 되면 성적 능력을 상실하여 성욕이 없을 것이라는 그릇된 고정관념으로 노인의 성에 대한 사회적 무관심과 이해 부족을 심화시키며, 노인시설의 종사자들조차도 노인의 성과 관련된 행위를 문제시하는 경향이 있다(오진주·신은영, 1998). 또한, 노인의 성행위는 건강을 해치는 행위라는 편견과 노인의 성에 대한 관심은 과거 호색가였을 것이라는 단정하는 경우도 있다(김문영·이현주, 2001). 이와 같은 사회적 편견은 노인들의 성 욕구를 억제하게 만들고, 무리한 억제로 인한 각종 문제를 발생시키기도 한다. 여성의 성은 순결 이데올로기로 규정하면서도 남성들은 성에 대해 자유롭고 주도적인 사회적 분위기를 형성하여, 결혼 여부와 무관한 다양하고 개방적인 성생활에 대해 사회적으로 묵인하였다(이소원·김찬우, 2015). 이러한 사회적 현상은 노인 성폭력으로 이어지기도 한다. 최근에는 노인들에 대한 성인지 감수성을 높이고, 노년기 성생활에 대한 사회적 편견을 극복하고자 지자체별 노인 성생활 실태에 관한 연구와 성교육, 성 상담에 대한 정책적 제안이 이루어지고 있다(강창현 외, 2018).

사회적 성 건강이 높다는 것은 사회적 관계 속에서 평등하고 존중받는 스스로의 권리를 갖는 것이고, 노년의 성에 대한 인지 감수성이 높은 것을 의미한다. 노년의 성생활에 있어서 성적 욕구와 쾌락의 추구는 연령 및 성별 차이와 무관하게 공통으로 느끼는 욕구이므로 성생활의 목적은 쾌락의 수단이 아닌 관계적 맥락에서 상호간의 소통으로 이해하여야 한다. 성관계는 남녀 모두에게 즐거움을 주고, 친밀감과 애착을 증폭시키는 것이므로 노년기의 성을 신체적 쾌락만이 아닌 심신의 이완, 즐거움, 의사소통, 교류, 친밀감의 공유로 보아야 한다(Steinke & Bergen, 1986). 사회적 성 건강은 유배우자 노인들의 부부관계 만족도와 무배우자 노인들의 이성 교제 및 새로운 관계 형성을 위한 사회활동 참여 등의 모든 행위를 포함하는 노년기 사회적 관계 형성의 핵심적 요소라 할 수 있다.

참고문헌

감성철·김수진·문경현(2017). 장기요양 환사에서 발생하는 성문제. *Journal of the Korean Medical Association, 60*(7), 555-560.

강지현·박부진(2003). 한국 노인부부의 성 의식과 성 생활에 관한 사례 연구. 노인복지연구, 22, 105-126.

강진경·신수진·최혜경(2001). 결혼지속 연수에 따른 한국 부부의 사랑 구조의 변화 양상. 한국가정관리학회지, 19(5), 51-66.

강창현 외(2018). 노인 성의식 조사 및 개선사업 개발. 단국대학교 산학협력단.

권명숙(2002). 노인의 성(Sexuality)에 대한 탐색적 연구. 연세대학교 대학원 박사학위논문.

권정희(2004). 부산시 노인의 성생활과 노인의 성 인식에 관한 연구. 인제대학교 대학원 석사학위논문.

김문영·이현주(2001). 노년기 성의 중요성 인지도에 관한 연구. 정신간호학회지, 10(4), 675-685.

김송고(2022). 노인의 성생활 및 성태도가 삶의 질에 미치는 영향. 대구대학교 대학원 박사학위논문.

김승국(2003). 노인들의 삶의 질에 영향을 미치는 성생활에 관한 연구. 동아대학교 대학원 석사학위논문.

김연순(2005). 생애사를 통해 본 여성 노인의 섹슈얼리티. 여성건강, 6(2), 121-146.

김용숙(2010). 현장에서 본 노인 성교육: 성 상담의 실제와 요구. 인구보건복지협회.

김진아(2012). 목회자 아내의 결혼만족도가 역할 만족도에 미치는 영향. 성결대학교 신학대학원 석사학위논문.

김철민 외(2006). 일차의료에서 ADAM-Kor 설문지를 이용한 남성 갱년기의 유병률 및 성생활 인식도. *Korean Journal of Health Promotion, 6*(1), 1-8.

김춘미·이홍자(2010). 일개 지역 노인들의 성인식, 성생활 및 생활만족도. 지역사회간호학회지, 21(3), 282-292.

김태현·한희선(1996). 노년기의 부부관계. 생활문화 연구, 9(1), 15-27.

김혜원(2003). 남녀청소년들의 성지식, 성태도, 성행동의 현황 및 관계분석. 한국심리학회지 상담 및 심리치료, 15(2), 309-328.

나동석·김영대(2011). 노인의 성생활과 성태도가 삶의 만족도에 미치는 영향. 노인복지연구, 52, 185-203.

나임순(2005). 노인의 성지식과 성태도가 성욕구 대처행동에 미치는 영향. 숭실대학교 대학원 박사학위논문.

박윤진(2015). 신체활동이 뇌의 구조적 특성에 미치는 효과. 한국웰니스학회지, 10(3), 231-242.

박태룡(2006). 노인의 성에 대한 태도 조사. 사회복지개별연구, 12(3), 235-249

박하영 · 전혜정(2018). 남녀노인의 성역할 태도 유형이 부부관계 만족도와 부부갈등 수준에 미치는 영향. 한국가족관계학회지, 23(1), 21-47.
변광호(2001). 마음-뇌= 육체의 연결: 스트레스 반응. 한국정신과학회 학술대회논문집, 15, 31-46.
서정애(2010). 노인 성 상담 사례로 본 노인의 성문화. 인구보건복지협회 학술대회 자료집.
손창형(2006). 노인의 성생활과 삶의 만족도에 관한 연구. 영남대학교 대학원 석사학위논문.
안옥희 · 박인전(1993). 도시주부의 성역할 태도와 가정관리에 대한 가치의식이 가사노동만족도에 미치는 영향. 대한가정학회지, 31(4), 1-21.
안재순(2004). 노인의 성 생활에 대한 지식과 태도 비교 연구. 대전대학교 대학원 석사학위논문.
오진주 · 신은영(1998). 노인의 성적욕구에 대한 시설종사자들의 태도에 대한 조사 연구. 한국노년학, 18(2), 97-109.
유재언(2018). 미국 노인의 성생활 건강과 성적 권리 보호. 국제사회보장리뷰, 2018(봄), 71-80.
유지혜 · 강창현(2019). 노인 성 건강의 유형과 특성에 관한 연구: 천안시를 중심으로. *OUGHTOPIA, 34*(2), 157-197.
윤가현(2006). 성, 그 억압과 진보의 혁신. 서울: 살림출판사
윤진(1999). 성인 · 노인 심리학. 중앙적성출판사.
윤하나(2019). 노년기 성교육의 필요성과 방안. *Journal of the Korean Medical Association, 62*(6), 320-324.
이경희(2006). 홀로된 여성노인의 성에 관한 현상학적 연구. 전남대학교 대학원 석사학위논문.
이덕철(2005). 노인에서 DHEA 보충 요법의 허와 실. 대한임상노인의학회지, 6, 191-200.
이소원 · 김찬우(2015). 중년기, 노년기 여성들의 경험적 성생활에 관한 질적연구. 사회복지연구, 46(2), 125-151.
이영란(2009). 노인의 성 생활과 삶의 만족도에 관한 연구. 단국대학교 정책경영학 석사학위논문.
이창은 · 김주희(2000). 유배우자 노인의 성에 대한 탐색적 연구. 한국노년학, 20(3), 185-195.
이현심(2009). 노년기 남여 성 생활 비교에 관한 근거이론 연구. 백석대학교 대학원 박사학위논문.
이혜자 · 김윤정(2004). 부부관계(사랑과 성)가 노년기 삶의 질에 미치는 영향. 한국노년학, 24(4), 197-214.
임장남(2008). 노년기 성교육 프로그램 개발과 효과성 연구. 서울기독대학교 대학원 박사학위논문.
임춘식(2009). 노인의 성: 노인복지. 서울국제노인문화예술제 학술세미나집. 9-19
장필화 · 김미덕 · 이동옥 · 안태윤 · 윤혜린 · 이상화 · 김은실 · 양민석(2011). 영화에 재현된 노인여성의 성과 사랑. 한국여성커뮤니케이션학회, 20(1), 137-171.
장학철(2015). 노년내과 심포지엄: 항노화 치료 임상적 근거와 효과는?. 대한내과학회 춘계학술발표논문집, 2015, 60-64.
조임현(2011). 노인의 성 인식에 관한 탐색적 연구. 노인복지연구, 52, 391-417.
최진일 · 이민홍(2013). 노인의 성지식과 성태도가 생활만족도에 미치는 영향에 대한 성행동의 매개효과 연구. 한국사회복지교육, 21, 19-39.

Brown, L. (1989). Is there sexual freedom for our aging population in long-term care institutions?. *Journal of Gerontological Social Work, 13*(3-4), 75-93.

DeLamater, J. D., & Sill, M. (2005). Sexual desire in later life. *Journal of sex research, 42*(2), 138-149.

Foucault, M. (1997). 성의 역사-쾌락의 활용. 이규혁 역(2000). 서울: 나남출판사.

Lander, E. (1997). *Sex after 60: The catch phrase.*

Masters. W., & Johnson. V. (1966). *Human sexual response*. Boston: Little Brown.

Mulligan, T., & Moss, C. R. (1991). Sexuality and aging in male veterans: A cros s-sectional study of interest, Ability, and activity. *Journal of Arch Sex Behave, 20*, 17-25.

Sevgi O. A. (2004). Mental health: A powerful predictor, of sexual health?. *American Sexually Transmitted Diseases Association, 31*(1), 13-14.

Silva R. et al. (2014) Mental health, sexuality and aged. *Journal of Nursing and Socio environmental Health, 1*(2), 181-189.

Steinke, E. E., & Bergen, M. B. (1986). Sexuality and aging. *Journal of Gerontological Nursing, 12*(6), 6-9.

WHO(2010). Develop sexual health programmes. A framework for action. For further information contact: Department of Reproductive Health and Research.

저자소개 | 전명숙

- 신라대학교 사회복지학 박사
- 동아대학교 사회복지대학원 석사
- 부산과학기술대학교 사회복지계열 장례행정복지과 사회복지전공 교수
- 복지사회교육연구소 풍성한 학자 대표 연구원
- 부산과학기술대학교 웰다잉연구소 연구원
- 한국방송통신대학교 사회복지학과 사회복지현장실습지도
- 한국장례문화총연합회 사무총장
- 전국장례관련학과 교수협의회 사무총장
- 진흥원격평생교육원 노인복지론 강의교수
- 이룸원격평생교육원 인간행동과 사회환경 강의교수
- MBC아카데미원격평생교육원 인간행동과 사회환경 강의교수
- 고용노동부(HRD-Net) 사회복지사 1급 한번에 끝내기 강의교수
- 고용노동부(HRD-Net) 직업상담사 2급 한번에 끝내기 강의교수

前) 신라대학교 사회복지학과 외래교수
동원과학기술대학교 사회복지학과 외래교수
대구사이버대학교 사회복지학과 사회복지현장실습지도교수
한국사회복지상담학회 사무국장

노인복지학

초판 1쇄 인쇄 / 2023년 2월 10일
초판 1쇄 발행 / 2023년 2월 15일

저　자 / 전　명　숙
발행인 / 이　중　수
발행처 / 동　문　사

서울특별시 서대문구 홍제원 1길 12
(홍제동 137-8)
Tel: 02)736-3718(대), 736-3710, 3720
Fax: 02)736-3719
등록번호: 1974.04.27. 제9-17호
가격: 26,000원

ISBN: 979-11-6328-501-4(93330)
E-mail: dong736@naver.com
www.dongmunsa.com